国家级“十三五”规划教材

电子商务网站建设与维护

主　编　李　彦　刘坤彪
副主编　刘　珍　赵立响
徐小辉

天津大学出版社
TIANJIN UNIVERSITY PRESS

图书在版编目（CIP）数据

电子商务网站建设与维护 / 李彦，刘坤彪主编．—天津：天津大学出版社，2018. 7
国家级“十三五”规划教材
ISBN 978-7-5618-6143-1

Ⅰ．①电…　Ⅱ．①李…②刘…　Ⅲ．①电子商务—网站建设—高等学校—教材　Ⅳ．①F713. 36 ②TP393. 092

中国版本图书馆 CIP 数据核字(2018)第 167645 号

出版发行　天津大学出版社
地　　址　天津市卫津路 92 号天津大学内（邮编：300072）
电　　话　发行部：022-27403647
网　　址　publish. tju. edu. cn
印　　刷　天津市泰宇印务有限公司
经　　销　全国各地新华书店
开　　本　185mm×260mm
印　　张　28. 5
字　　数　717 千
版　　次　2018 年 7 月第 1 版
印　　次　2018 年 7 月第 1 次
定　　价　59. 00 元

前 言

电子商务作为现代服务业中的重要产业，有“朝阳产业”“绿色产业”之称，具有“三高”“三新”的特点。“三高”即高人力资本含量、高技术含量和高附加价值；“三新”即新技术、新业态、新方式。电子商务已经成为国民经济和社会信息化的重要组成部分。未来电子商务的发展将模糊线上商务与线下商务的概念，电子商务与传统企业之间的联系会越来越密切。很多传统企业意识到在电子商务的实施过程中，电子商务网站的策划、建设、管理、推广与维护已经成为企业电子商务的一项重要工作。

本书遵循理论够用、注重应用的原则，主要介绍了电子商务网站概述、电子商务网站的规划与设计、电子商务网站建设实用技术基础、电子商务网站创建实例、电子商务网站管理、电子商务网站推广等内容，把培养学生的动手能力和岗位实践能力放在第一位，从而为其将来在各类企业从事电子商务网站构建、管理等工作奠定坚实基础。在内容的选取和设计上，遵循国家职业资格认证对电子商务网站建设与管理相关职业岗位的知识、能力、素质要求，并结合企业电子商务网站建设实际业务流程，使学生在“教、学、做”一体化教学模式过程中，充分发挥主体作用，把教学的着力点放在引导学生的“学和做”上，培养学生可持续发展能力、职业迁移能力与创新能力。本书知识面宽、操作性强、难度适中、自成体系，不仅适合高职高专电子商务专业学生使用，也适合相关专业学生自学使用。

编者

2018 年 6 月

目 录

第一章　HTML 语言

第一节　HTML 概述与基本结构

一、HTML 概述

HTML 的英语全称是 Hypertext Marked Language，即超文本标记语言，是一种用来制作超文本文档的简单标记语言。超文本传输协议（Hyper Text Transfer Protocol，HTTP）规定了浏览器在运行 HTML 文档时应遵循的规则和进行的操作。HTTP 的制定使浏览器在运行超文本时有了统一的规则和标准。用 HTML 编写的超文本文档称为 HTML 文档，它能独立于各种操作系统平台。自 1990 年以来 HTML 就一直被用作 WWW（World Wide Web，也可简写为 Web，万维网）的信息表示语言，使用 HTML 描述的文件需要通过 Web 浏览器显示出效果。

所谓超文本，是指它可以加入图片、声音、动画、影视等内容，事实上每一个 HTML 文档都是一种静态的网页文件，这个文件里面包含 HTML 指令代码，这些指令代码并不是一种程序语言，它只是一种排版网页中资料显示位置的标记结构语言，易学易懂，非常简单。HTML 的普遍应用带来了超文本技术——通过单击鼠标从一个主题跳转到另一个主题，从一个页面跳转到另一个页面，与世界各地主机的文件链接，可直接获取相关的主题。具体如下所示。

通过HTML 可以表现出丰富多彩的设计风格：

图片调用：<IMG SRC = "文件名" >
文字格式：<FONT SIZE = " +5" COLOR = "#00FFFF" >文字</FONT>

通过HTML 可以实现页面之间的跳转：

页面跳转：<A HREF = "文件路径/文件名" > </A>

通过 HTML 可以展现多媒体效果：

声频：<EMBED SRC = "音乐地址" AUTOSTART = true >
视频：<EMBED SRC = "视频地址" AUTOSTART = true >

从上面可以看到，使用 HTML 超文本文件时需要用到的一些标签。在 HTML 中每个用作标签的符号都是一条命令，它告诉浏览器如何显示文本。这些标签均由“ <”和“ >”符号以及一个字符串组成。而浏览器的功能是对这些标记进行解释，显示出文字、图像、动画，或播放声音。这些标签符号用“ <标签名字 属性>”来表示。

HTML 文档只是一个纯文本文件。创建一个 HTML 文档，只需要两个工具，一个是 HTML 编辑器，另一个是 Web 浏览器。HTML 编辑器用于生成和保存 HTML 文档的应用程序。Web 浏览器用于打开 Web 网页文件，提供查看 Web 资源的客户端程序。

二、HTML 的基本结构

一个 HTML 文档由一系列的元素和标签组成。元素名不区分大小写，标签用于规定元素的属性和它在文件中的位置。

HTML 文档包括文档头和文档体两部分。在文档头中会对这个文档进行一些必要的定义，文档体才是要显示的各种文档信息。

下面是一个最基本的HTML 文档的代码。

实例 1－1

```
<HTML> ---------------------------        开始标签
<HEAD> ---------------------------  |  头部标签
<TITLE>一个简单的 HTML 示例</TITLE>
</HEAD> ---------------------------
<BODY> ---------------------------        |  文件主体
<CENTER>                            |
<H1>欢迎光临我的主页</H1>                |
<BR>                            |
<HR>
<FONT SIZE=7 COLOR=red>                 |
这是我第一次做主页                  |
</FONT>                           |
</CENTER>                           |
</BODY> ---------------------------
</HTML> -------------------------              结尾标签
```

<HTML>和</HTML>在文档的最外层，文档中的所有文本和 HTML 标签都包含在其中，它表示该文档是以超文本标记语言（HTML）编写的。事实上，现在常用的 Web 浏览器都可以自动识别 HTML 文档，并不要求有<HTML>标签，也不对该标签进行任何操作，但是为了使 HTML 文档能够适应不断变化的 Web 浏览器，还是应该养成不省略这对标签的良好习惯。

<HEAD>和</HEAD>是 HTML 文档的头部标签，在浏览器窗口中，头部信息不被显示在正文中，在此可以对标签插入其他标记，用以说明文件的标题和整个文件的一些公共属性。若不需头部信息则可省略此对标签，但还是应该养成不省略这对标签的良好习惯。

<TITLE>和</TITLE>嵌套在<HEAD>和</HEAD>头部标签中，两标签之间的文本是文档标题，被显示在浏览器窗口的标题栏。

<BODY>和</BODY>标签一般不省略，两标签之间的文本是正文，是在浏览器窗口要显示的页面内容。

上面的四对标签在文档中都是唯一的，HEAD 标签和 BODY 标签嵌套在 HTML 标签中。

三、HTML 的标签与属性

对于刚刚接触超文本的朋友，遇到的最大的障碍就是一些用“<”和“>”括起来的句子，称之为标签。标签是用来分割和标记文本元素的，以形成文本的布局、文字的格式及五彩缤纷的画面。标签通过指定某块信息为段落或标题等来标记文档某个部件。属性是标记中参数的选项。

HTML 的标签分单独标签和成对标签两种。成对标签是由始标签 <标签名> 和尾标签 </标签名> 组成的，成对标签只作用于这对标签之间的文档。单独标签的格式为 <标签名>，在单独标签相应的位置插入元素即可。

大多数标签都有自己的一些属性，属性要写在始标签内，用于进一步改变显示的效果，各属性之间无先后次序，且是可选的，也可以省略而采用默认值。其格式如下：

<标签名　属性 1　属性 2　属性 3　…> 内容 </标签名>

其一般原则是大多数属性值不用加双引号，但包括空格、%、#等特殊字符的属性值必须加双引号。为了养成良好的习惯，提倡对属性值全部加双引号。如：

<font color = "#ff00ff" face = "宋体" size = "30"> 字体设置 </font>

注意事项： 输入始标签时，一定不要在“<”与标签名之间输入多余的空格，也不能在中文输入法状态下输入标签名及属性，否则浏览器将不能正确识别括号中的命令，从而无法正确显示信息。

| 第二节 | HTML 主体标签及属性、颜色的设定

为了使网页绚丽多姿，吸引更多的浏览者，可以给网页添加更多的标签及属性，即对网页中的元素进行修饰、布局。

一、HTML 的主体标签 <body>

在 <body> 和 </body> 之间放置的是页面中的所有内容，如图像、文字、表格、表单、超链接等设置。

<body> 标签有自己的属性，设置 <body> 标签的属性，可控制整个页面的显示方式，具体见表 1－1。

表 1－1

<body> 标签的属性	描　述
link	设定页面默认的链接颜色
alink	设定鼠标正在单击时的链接颜色
vlink	设定访问后链接文字的颜色
background	设定页面背景图像

（续）

<body>标签的属性	描　述
bgcolor	设定页面背景颜色
leftmargin	设定页面的左边距
topmargin	设定页面的上边距
bgproperties	设定页面背景图像为固定，不随页面的滚动而滚动
text	设定页面文字的颜色

格式：

```
<body text = "#000000" link = "#000000" alink = "#000000" vlink = "#000000"
background = "gifnam. gif" bgcolor = "#000000" leftmargin = 3 topmargin = 2
bgproperties = "fixed" >
```

实例 1-2

```
<html>
<head>
<title>bady 的属性实例</title>
</head>
<body bgcolor = "#ffffe7" text = "#ff0000" link = "#3300ff" alink = "#ff00ff"
vlink = "#9900ff" >
<center>
<h2>设定不同的链接颜色</h2>
测试 body 标签<p>
<a href = "http://www.baidu.com/" >默认的链接颜色</a><p>
<a href = "http://www.sina.com.cn" >正在按下的链接颜色，</a><p>
<a href = "http://www.sohu.com/" >访问后的链接颜色，</a><p>
<a href = "#" onClick = "window.history.back()" >返回</a>
</conter>
</body>
</html>
```

说明：

<body>的属性设定页面的背景颜色为#ffffe7，文字的颜色为#ff0000，链接的颜色为#3300ff，单击的链接颜色为#ff00ff，单击过后的颜色为#9900ff。

<body>中是页面中的链接标签，对于属性可根据页面的效果来定，用哪个属性就设定哪个属性。对于上面的属性在后面的章节中还会介绍，在这里就不逐一引用了，学习目的主要是掌握标签及属性的使用方法。

二、颜色的设定

颜色值是一个关键字或一个 RGB 格式的数字，在网页中用得很多，在此先介绍一下。

颜色是由“red”“green”“blue”三原色组合而成的，在 HTML 中对颜色的定义使用十六进位表示，对于三原色 HTML 分别给予两个十六进位定义，也就是每个原色可以有 256 种彩度，故此三原色可混合成 16 777 216 种颜色。如：

白色的组成是 red = ff, green = ff, blue = ff, RGB 值即为 ffffff

红色的组成是 red = ff, green = 00, blue = 00, RGB 值即为 ff0000

绿色的组成是 red = 00, green = ff, blue = 00, RGB 值即为 00ff00

蓝色的组成是 red = 00, green = 00, blue = ff, RGB 值即为 0000ff

黑色的组成是 red = 00, green = 00, blue = 00, RGB 值即为 000000

应用时常在每个 RGB 值之前加上"#"符号，如 bgcolor = "#336699"，用英文名字表示颜色时直接写名字，即 bgcolor = green。

RGB 颜色可以有四种表达形式：

（1）#rrggbb，如#00cc00；

（2）#rgb，如#0c0；

（3）（x，x，x）rgb，x 是一个介于 0 到 255 之间的整数，如 rgb（0，204，0）；

（4）（y%，y%，y%）rgb，y 是一个介于 0 到 100 之间的整数，如 rgb（0%，80%，0%）。

Windows VGA（Video Graphics Array，视频图像阵列）形成了 16 个关键字：aqua，black，blue，fuchsia，gray，green，lime，maroon，navy，olive，purple，red，silver，teal，white，yellow。

| 第三节 | 文字版面的编辑

一、换行标签

换行标签是一个单标签，也叫空标签，不包含任何内容，在 HTML 文件中的任何位置只要使用了
 标签，当文件显示在浏览器中时，该标签之后的内容将显示在下一行。

实例 1－3

```
<html>
<head>
<title>无换行示例</title>
</head>
<body>
无换行标记:登鹳雀楼白日依山尽,黄河入海流。欲穷千里目,更上一层楼。
<br>有换行标记:<br>登鹳雀楼<br>白日依山尽,<br>黄河入海流。<br>欲穷千里目,
<br>更上一层楼。
</body>
</html>
```

二、换段落标签 <p> 及属性

由 <p> 标签所标识的文字，代表同一个段落的文字。不同段落间的间距等于连续加两个换行符，也就是要隔一个空白行，用以区别文字的不同段落。它可以单独使用，也可以成

对使用。单独使用时，下一个 <p> 的开始就意味着上一个 <p> 的结束。良好的习惯是成对使用。

格式：

```
<p>
<p align=参数>
```

其中，align 是 <p> 标签的属性，该属性有三个参数 left，center，right，这三个参数分别设置段落文字的左、中、右位置的对齐方式。

实例 1-4

```
<html>
<head>
<title>测试分段控制标签</title>
</head>
<body>
<p>花儿什么也没有。它们只有凋谢在风中的轻微、凄楚而又无奈的吟怨,就
像那受到了致命伤害的秋雁,悲哀无助地发出一声声垂死的鸣叫。</p>
<p align="right">或许,这便是花儿那短暂一生最凄凉、最伤感的归宿。</p>
<p align="center">而美丽苦短的花期</p>
<p align="left">却是那最后悲伤的秋风挽歌中的瞬间插曲。</p>
</body>
</html>
```

三、原样显示文字标签 <pre>

要保留原始文字排版的格式，可以通过 <pre> 标签来实现，方法是把制作好的文字排版内容前后分别加上始标签 <pre> 和尾标签 </pre>。

实例 1-5

```
<html>
<head>
<title>原样显示文字标签</title>
</head>
<body>
<pre>
   白日依山尽,
       黄河入海流。
          欲穷千里目,
             更上一层楼。
</pre>
</body>
</html>
```

四、居中对齐标签 <center>

文本在页面中使用 <center> 标签进行居中显示，其是成对标签，在需要居中的内容部分起始处加 <center>，结尾处加 </center>。

实例 1-6

```
<html>
<head>
<title>居中对齐标签</title>
</head>
<body>
<center>
《黄鹤楼送孟浩然之广陵》<p>
故人西辞黄鹤楼，
烟花三月下扬州。
孤帆远影碧空尽，
唯见长江天际流。
</center>
</body>
</html>
```

五、引文标签（缩排标签）<blockquote>

<blockquote> 标签可以用来建立一个引文，特别适用于较长文本的引用，引文显示时将会自动右移，左边空出几个格，加以区别。

实例 1-7

```
<html>
<head>
<title>引文标签</title>
</head>
<body>
春<br>
<pre>
<blockquote>
盼望着，盼望着，东风来了，春天的脚步近了。<br>
一切都像刚睡醒的样子，欣欣然张开了眼。山朗润起来了，水涨起来了，太阳的脸红起来了。
小草偷偷地从土里钻出来，嫩嫩的，绿绿的。园子里，田野里，瞧去，一大片一大片满是的。坐着，躺着，打两个滚，踢几脚球，赛几趟跑，捉几回迷藏。风轻悄悄的，草软绵绵的。
</blockquote>
<blockquote><blockquote>
桃树、杏树、梨树，你不让我，我不让你，都开满了花赶趟儿。红的像火，粉的像霞，白的像雪。花里带着甜味儿；闭了眼，村上仿佛已经满是桃儿、杏儿、梨儿。花下成千成百的蜜蜂嗡嗡地闹着，大小的蝴蝶飞来飞去。野花遍地是：杂样儿，有名字的，没名字的，散在草丛里，像眼睛，像星星，还眨呀眨的。
```

```
"吹面不寒杨柳风",不错的,像母亲的手抚摸着你。风里带来些新翻的泥土的气息,混着青草味儿,还有各种花的香,都在微微润湿的空气里酝酿。鸟儿将巢安在繁花嫩叶当中,高兴起来了,呼朋引伴地卖弄清脆的喉咙,唱出婉转的曲子,跟轻风流水应和着。牛背上牧童的短笛,这时候也成天嘹亮地响着。
雨是最寻常的,一下就是三两天。可别恼。看,像牛毛,像花针,像细丝,密密地斜织着,人家屋顶上全笼着一层薄烟。树叶儿却绿得发亮。小草儿也青得逼你的眼。傍晚时候,上灯了,一点点黄晕的光,烘托出一片安静而和平的夜。在乡下,小路上,石桥边,有撑起伞慢慢走着的人;地里还有工作的农民,披着蓑戴着笠。他们的房屋,稀稀疏疏的,在雨里静默着。
</blockquote> </blockquote>
<blockquote> <blockquote> <blockquote>
天上风筝渐渐多了,地上孩子也多了。城里乡下,家家户户,老老小小,也赶趟儿似的,一个个都出来了。舒活舒活筋骨,抖擞抖擞精神,各做各的一份事儿去。
"一年之计在于春",刚起头儿,有的是工夫,有的是希望。
春天像刚落地的娃娃,从头到脚都是新的,它生长着。
春天像小姑娘,花枝招展的,笑着,走着。
春天像健壮的青年,有铁一般的胳膊和腰脚,领着我们上前去。
</blockquote> </blockquote> </blockquote>
</pre>
</body>
</html>
```

六、水平分隔线标签<hr>

<hr>标签是单独使用的标签，是水平线标签，用于段落与段落之间的分隔，使文档结构清晰明了，使文字的编排更整齐。通过设置<hr>标签的属性，可以控制水平分隔线的样式，见表1-2。

表1-2

属性	参数	功能	单位	默认值
size		设置水平分隔线的粗细	pixel（像素）	2
width		设置水平分隔线的宽度	pixel（像素）、%	100%
align	left，center，right	设置水平分隔线的对齐方式		center
color		设置水平分隔线的颜色		black
noshade		取消水平分隔线的 3d 阴影		

实例1-8

```
<html>
<head>
<title>测试水平分隔线标签</title>
</head>
<body>
<center>
```

```
春　晓
<hr>
春眠不觉晓,
<hr size="6">
处处闻啼鸟。
<hr width="40%">
夜来风雨声,
<hr width="60" align="left">
花落知多少。
<hr size="6" width="30%" align="center" noshade color="red">
</center>
</body>
</html>
```

七、署名标签 <address>

<address>标签一般用于说明某个网页是由谁或是由哪个公司编写的以及其他相关信息。在<address>和</address>标签之间的文字显示效果是斜体。

实例 1-9

```
<html>
<head>
<title>署名标签</title>
</head>
<body>
<center>
乐 游 原
<hr width="50%" size="5" color="ffcc00" align="center"><pre>
向晚意不适,
驱车登古原。
夕阳无限好,
只是近黄昏。
</pre>
<hr width="50%" size="5" color="ffcc00" align="center">
<address>
[唐] 李商隐
</address>
</body>
</html>
```

八、特殊字符

在 HTML 文档中，有些字符没办法直接显示出来，如“?”。使用特殊字符可以将键盘上没有的字符表达出来，而有些 HTML 文档的特殊字符在键盘上虽然可以得到，但浏览器在解析 HTML 文档时会报错，如“<”等，为防止代码混淆，必须用一些代码来表示它们。HTML 中几种常见的特殊字符及其代码见表 1－3。

表 1－3

特殊或专用字符	字符代码	特殊或专用字符	字符代码
<	<	©	©
>	>	×	×
&	&	®	®
"	"	空格	

实例 1－10

```
<html>
<head>
<title>特殊字符</title>
</head>
<body>
<center>
&lt;赋得古原草送别 &gt;
<hr width="49%" size="5" align="center" noshade><pre>
离离原上草，
一岁一枯荣。
野火烧不尽，
春风吹又生。
</pre>
<hr width="49%" size="5" align="center" noshade>
<address>
白居易 &copy;
</address>
</body>
</html>
```

九、注释标签

在 HTML 文档中可以加入相关的注释标签，便于查找和记忆有关的文件内容和标识，这些注释内容并不会在浏览器中显示出来。

格式：

```
<! --注释的内容-- >
```

实例 1－11

```
<html>
<head>
<title>注释标签</title>
</head>
```

```
<body>
<! --body 标签是主体内容 -- >
<center>
&lt;赋得古原草送别 &gt;
<hr width="49%" size="5" align="center" noshade> <pre>
<! pre 代表原样显示排版格式>
离离原上草，
一岁一枯荣。
野火烧不尽，
春风吹又生。
</pre>
<hr width="49%" size="5" align="center" noshade>
<address>
白居易 &copy;
</address>
</body>
</html>
```

十、字体属性

1. 标题文字标签 <hn>

<hn>标签用于设置网页中的标题文字，被设置的文字将以黑体或粗体显示在网页中。

格式：

```
<hn align=参数>标题内容</hn>
```

说明： <hn>标签是成对出现的，<hn>标签共分为六级，在<h1>和</h1>之间的文字是第一级标题，是最大最粗的标题；在<h6>和</h6>之间的文字是最后一级标题，是最小最细的标题。align 属性用于设置标题的对齐方式，其参数为 left（左），center（中），right（右）。<hn>标签本身具有换行的作用，标题总是从新的一行开始。

实例 1-12

```
<html>
<head>
<title>设定各级标题</title>
</head>
<body>
<h1 align="center">一级标题。</h1>
<h2>二级标题。</h2>
<h3>三级标题。</h3>
<h4>四级标题。</h4>
<h5 align="right">五级标题。</h5>
<h6 align="left">六级标题。</h6>
</body>
</html>
```

2. 文字格式控制标签 <font>

<font>标签用于控制文字的字体、大小和颜色，控制方式利用属性设置得以实现。<font>标签的属性见表1-4。

表1-4

属性	使用功能	默认值
face	设置文字的字体	宋体
size	设置文字的大小	3
color	设置文字的颜色	黑色

格式：

```
<font face=值1 size=值2 color=值3>文字</font>
```

说明：如果用户的系统中没有face属性所指的字体，则将使用默认字体；size属性的取值为1~7，也可以用"+"或"-"来设定字号的相对值；color属性的值为RGB颜色"#nnnnnn"或颜色的名称。

实例1-13

```
<html>
<head>
<title>控制文字的格式</title>
</head>
<body>
<center>
<font face=黑体 size="6" color="red">盼望着,盼望着,东风来了,春天的脚步近了。
</font><p><font face=隶书 size="+3" color="green">
一切都像刚睡醒的样子,欣欣然张开了眼。<p>山朗润起来了,水涨起来了,太阳的脸红起来了。
</font><p>
<font face=楷体 size="4" color="#ff00ff">
小草偷偷地从土里钻出来,嫩嫩的,绿绿的。<p>园子里,田野里,瞧去,一大片一大片满是的。
<p>坐着,躺着,打两个滚,踢几脚球,赛几趟跑,捉几回迷藏。<p>风轻悄悄的,草软绵绵的。
</font>
</center>
</body>
</html>
```

3. 特定文字样式标签

在有关文字的显示中，常常会使用一些特殊的字形或字体来强调、突出、区别，以达到提示的效果。在HTML文档中用于这种功能的标签可以分为两类：物理类型和逻辑类型。

1）物理类型

（1）粗体标签<b>：放在<b>与</b>标签之间的文字将以粗体方式显示。

（2）斜体标签<i>：放在<i>与</i>标签之间的文字将以斜体方式显示。

（3）下划线标签<u>：放在<u>与</u>标签之间的文字将以带下划线方式显示。

实例 1-14

```
<html>
<head>
<title>字体的物理类型</title>
</head>
<body>
<center>
<font color="#ff0000" size="+2"><b>这些文字是粗体的</b></font><br><br>
<i>这些文字是斜体的</i><br><br>
<u>这些文字带有下划线</u>
</center>
</body>
</html>
```

2）逻辑类型

逻辑类型是使用一些标签来改变字体的形态和式样，以便产生一些浏览者习惯的或约定的显示效果，常用的逻辑类型标签有 8 种，作用于放在标签之间的文字。

实例 1-15

```
<html>
<head>
<title>字体的逻辑类型</title>
</head>
<body>
<pre>
em 标签:<em>用于强调的文本,一般显示为斜体字</em>
strong 标签:<strong>用于特别强调的文本,显示为粗体字</strong>
cite 标签:<cite>用于引证和举例,通常是斜体字</cite>
code 标签:<code>用于指出这是一组代码</code>
small 标签:<small>规定文本以小号字显示</small>
big 标签:<big>规定文本以大号字显示</big>
samp 标签:<samp>规定显示一段计算机常用的字体,即宽度相等的字体</samp>
kbd 标签:<kbd>由用户输入文本,通常显示为较粗的宽体字</kbd>
var 标签:<var>用于表示变量,通常显示为斜体字</var>
dfn 标签:<dfn>用于表示一个定义或说明,通常显示为斜体字</dfn>
sup 标签:12<sup>2</sup>=144
sub 标签:硫酸铁的分子式是 Fe<sub>2</sub>SO<sub>3</sub>
</pre>
</body>
</html>
```

|第四节| 建立列表

在 HTML 页面中，合理地使用列表标签可以起到提纲和格式排序文件的作用。列表分为无序列表和有序列表两类。无序列表就是项目各条列间并无顺序关系，纯粹只是利用条列来呈现资料而已，此种无序标签在各条列前面均有符号以示区隔。而有序列表就是指各条列之间是有顺序的，如从1，2，3，…，一直延伸下去。列表的主要标签见表1－5。

表1－5

标　签	描　述
<ul>	无序列表
<ol>	有序列表
<dir>	目录列表
<dl>	定义列表
<menu>	菜单列表
<dl>/<dt>/<dd>	定义列表的标记
<li>	列表项目的标记

一、无序列表标签<ul>

无序列表使用的一对标签是<ul>和</ul>，无序列表指没有进行编号的列表，每一个列表项前使用<li>。<li>的属性type有三个选项，这三个选项都必须小写：disc（实心圆），circle（空心圆），square（小方块）。

<ul>如果不使用其项目<li>的属性值，即默认情况下的<ul>会加“实心圆”。

格式1：

```
<ul>
    <li>第一项
    <li>第二项
    <li>第三项
</ul>
```

格式2：

```
<ul>
    <li type=disc>第一项
    <li type=circle>第二项
    <li type=square>第三项
</ul>
```

实例1－16

```
<html>
<head>
<title>无序列表</title>
</head>
<body>
<ul>
    <li>默认的无序列表加"实心圆"
    <li>默认的无序列表加"实心圆"
```

```
    <li>默认的无序列表加"实心圆"
</ul>
<ul>
    <li type=square>无序列表 square 加方块
    <li type=square>无序列表 square 加方块
    <li type=square>无序列表 square 加方块
</ul>
<ul>
    <li type=circle>无序列表 circle 加空心圆
    <li type=circle>无序列表 circle 加空心圆
    <li type=circle>无序列表 circle 加空心圆
</ul>
</body>
</html>
```

二、有序列表标签 <ol>

有序列表和无序列表的使用格式基本相同，有序列表使用标签 <ol> 和 </ol>，每一个列表项前使用 <li>。<ol> 列表的结果带有表示前后顺序的编号。如果插入和删除一个列表项，编号会自动调整。

顺序编号的设置由 <ol> 的两个属性 type 和 start 来实现。start = 编号开始的数字，如 start =2 则编号从 2 开始，如果从 1 开始可以省略，或是在 <li> 标签中设定 value = "n" 改变列表行项目的特定编号，例如 <li value = "7">。type = 用于编号的数字、字母等的类型，如 type = a 则编号用英文字母。为了使用这些属性，把它们放在 <ol> 或 <li> 的初始标签中。有序列表 type 的属性见表 1－6。

表 1－6

type 类型	描 述
type = 1	表示列表项目用数字标号（1，2，3，…）
type = A	表示列表项目用大写字母标号（A，B，C，…）
type = a	表示列表项目用小写字母标号（a，b，c，…）
type = I	表示列表项目用大写罗马数字标号（Ⅰ，Ⅱ，Ⅲ，…）
type = i	表示列表项目用小写罗马数字标号（i，ii，iii，…）

格式 1：

```
<ol type=编号类型 start=value>
    <li>第 1 项
    <li>第 2 项
    <li>第 3 项
</ol>
```

格式 2：

```
<ol>
```

```
        <li>第 1 项
        <li>第 2 项
        <li>第 3 项
    </ol>
```

实例 1-17

```
<html>
<head>
<title>有序列表</title>
</head>
<body>
  <ol>
    <li>默认的有序列表
    <li>默认的有序列表
    <li>默认的有序列表
  </ol>
  <ol type=a start=5>
    <li>第 1 项
    <li>第 2 项
    <li>第 3 项
    <li value=20>第 4 项
  </ol>
  <ol type=I start=2>
    <li>第 1 项
    <li>第 2 项
    <li>第 3 项
  </ol>
</body>
</html>
```

三、嵌套列表

将一个列表嵌入到另一个列表中，作为另一个列表的一部分，叫嵌套列表。无论是有序列表还是无序列表的嵌套，浏览器都可以自动分开排列。

实例 1-18

```
<html>
<head>
<title>嵌套列表</title>
</head>
<body>
<h3>目录</h3>
<ol type=a>
  <li>这是以序号类型 a 开头的第一行内容</li>
```

```
  <li>这是以序号类型 a 开头的第二行内容</li>
<ol type=A start=3>
     <li>这是以序号 A 类型 C 开头的第一行内容</li>
     <li>这是以序号 A 类型 C 开头的第二行内容</li>
<ol type=1 start=51>
       <li>这是以序号数字 51 开头的第一行内容</li>
       <li>这是以序号数字 51 开头的第二行内容</li>
       <li>这是以序号数字 51 开头的第三行内容</li>
       </ol>
     <li>这是以序号 A 类型 C 开头的第三行内容</li>
     </ol>
  <li>这是以序号类型 a 开头的第三行内容</li>
</ol>
<hr>
</body>
</html>
```

四、定义列表的标签 <dl> <dt> <dd>

定义列表的标签也叫描述性列表，定义列表默认为两个层次：第一层为列表项标签 <dt>，第二层为注释项标签 <dd>。<dt> 和 <dd> 标签通常是成对使用的。也可以一个列表项对应于几个解释项，但这种方式很少用。<dd> 默认的注释是显示在另一行中，当使用 <dl compact="compact"> 后，注释项和列表项将显示在同一行。

格式：

```
<dl>
    <dt>第 1 项<dd>注释 1
    <dt>第 2 项<dd>注释 2
    <dt>第 3 项<dd>注释 3
</dl>
```

实例 1-19

```
<html>
<head>
<title>定义性列表</title>
</head>
<body>
定义性列表<p>
<dl>
  <dt>WWW: <dd>WWW 是 World Wide Web 的缩写,也可简写为 Web;
  <dt>WWW: <dd>WWW 又叫万维网;
  <dt>WWW: <dd>Internet 提供的最常用的服务是 WWW; </dl>
</body>
</html>
```

五、目录列表标签 <dir> 和菜单列表标签 <menu>

<dir> 为目录列表标签，<menu> 为菜单列表标签，它们的格式和无序列表 <ul> 是一样的。

格式 1：

```
<dir>
    <li>第一项
    <li>第二项
    <li>第三项
</dir>
```

格式 2：

```
<menu>
    <li type=disc>第一项
    <li type=circle>第二项
    <li type=square>第三项
</menu>
```

实例 1-20

```
<html>
<head>
<title>无序列表</title>
</head>
<body>
<ul>
    <li>默认的无序列表加"实心圆"
    <li>默认的无序列表加"实心圆"
    <li>默认的无序列表加"实心圆"
</ul>
<dir>
    <li>默认的目录列表加"实心圆"
    <li>默认的目录列表加"实心圆"
    <li>默认的目录列表加"实心圆"
</dir>
<menu>
    <li>默认的菜单列表加"实心圆"
    <li>默认的菜单列表加"实心圆"
    <li>默认的菜单列表加"实心圆"
</menu>
<dir>
    <li type=square>目录列表 square 加方块
    <li type=square>目录列表 square 加方块
    <li type=square>目录列表 square 加方块
</dir>
```

```
<menu>
    <li type=circle>菜单列表 circle 加空心圆
    <li type=circle>菜单列表 circle 加空心圆
    <li type=circle>菜单列表 circle 加空心圆
</menu>
</body>
</html>
```

| 第五节 | 图像的处理

图像可以使 HTML 页面美观生动且富有生机。浏览器可以显示的图像格式有 jpeg、bmp、gif。其中，bmp 文件存储空间大、传输慢，不提倡用；常用的 jpeg 和 gif 格式的图像相比较，jpeg 图像支持数百万种颜色，即使在传输过程中丢失数据，在质量上也不会有明显的差别，但占位存储空间比 gif 大，gif 图像仅包括 256 种色彩，虽然质量没有 jpeg 图像好，但具有占位存储空间小、下载速度快、支持动画效果及背景色透明等特点。因此，使用图像美化页面可视情况确定使用哪种格式。

一、背景图像的设定

在网页中除了可以用单一的颜色作背景外，还可以用图像设置背景。

设置背景图像的格式：

```
<body background = "image-url" >
```

其中，image-url 指图像的位置。

实例 1-21

```
<html>
<head>
<title>设置背景图像</title>
</head>
<body background="imge/11.gif" >
<center>
<p> </p>
<p> </p>
<p> </p>
<p> </p>
<p> <font color="#006600"size=" +6" >盼望着,盼望着,东风来了,春天的脚步近了。</font>
</p>
</center>
</body>
</html>
```

二、网页中插入图像标签 <img>

网页中插入图像用单标签 <img>，当浏览器读取到 <img> 标签时，就会显示此标签所设定的图像。如果要对插入的图像进行修饰，仅用这一个属性是不够的，还要配合其他属性来完成。插入图像标签 <img> 的属性见表 1-7。

表 1-7

属　性	描　述
src	图像的 url 路径
alt	提示文字
width	宽度，通常只设为图像的真实大小以免失真，改变图片大小最好用图像工具
height	高度，通常只设为图像的真实大小以免失真，改变图片大小最好用图像工具
dynsrc	avi 文件的 url 路径
loop	设定 avi 文件循环播放的次数
loopdelay	设定 avi 文件循环播放延迟
star	设定 avi 文件的播放方式
lowsrc	设定低分辨率图像，若所加入的是一张很大的图像，可先显示图像
usemap	影像地图
align	图像和文字之间的排列属性
border	边框
hspace	水平间距
vlign	垂直间距

<img> 的格式及一般属性设定：

```
<img src = "logo. gif"  width = 100 height = 100 hspace = 5
vspace = 5 border = 2 align = "top"  alt = "Logo of PenPals Garden"
lowsrc = "pre_logo. gif" >
```

1. 插入普通图像

实例 1-22

```
<html>
<head>
<title>插入普通图像</title>
</head>
<body>
<center>
<h2>爱在深秋</h2>
<img src = "../../imge/6-5.gif" >
```

```
</center>
<wbr>
<p>秋雨无声无息地下着。<br>
飒飒的秋风不可一世地横行在萧条的郊外。无力与秋风抗争的枯叶,只能带着丝丝牵挂,无可奈何地飘离留恋的枝头。秋蝉哀弱的残声逐渐地少了,地上落叶多了……<br>黄昏,我漫步在郊外的林间,想细细地品味秋雨的凄冷。<br>
然而,“雨到深秋易作霖,萧萧难会此时心”,此时,又有谁能听我诉说心中的那份情怀呢?<br>
</p>
</wbr>
</body>
</html>
```

2. 设定上下左右空白位置

实例 1-23

```
<html>
<head>
<title>设定图像与文本之间的距离</title>
<body>
<img src="../../imge/6-5.gif" align="left" hspace="20" vspace="20"><font size="+3">
秋雨无声无息地下着。<br>
飒飒的秋风不可一世地横行在萧条的郊外。无力与秋风抗争的枯叶,只能带着丝丝牵挂,无可奈何地飘离留恋的枝头。秋蝉哀弱的残声逐渐地少了,地上落叶多了……<br>
黄昏,我漫步在郊外的林间,想细细地品味秋雨的凄冷。
然而,“雨到深秋易作霖,萧萧难会此时心”,此时,又有谁能听我诉说心中的那份情怀呢?</font>
<br>
</body>
</html>
```

3. 设定字画对齐方式

图像的对齐:

(1) 单独占一行时,放在<p>和</p>之间,用<p>的对齐属性进行设置;

(2) 与文本在同一行时,用其自身的 align 属性(top,middle,bottom)设置图像与文本的垂直对齐,其中 bottom 为默认值;

(3) 图文混排时,用 align 属性可实现图像的左、右环绕文本(left 表示图像在左、文本在右,right 表示图像在右、文本在左)。

实例 1-24

```
<html>
<head>
<title>控制图像相对于文字基准线的水平对齐方式</title>
</head>
<body>
<img src="../../imge/6-2.jpg" align="left">
```

```
此图像相对于文字基准线为靠上对齐的多行文字<br>试想在圆月朦胧之夜,海棠是这样的妩媚而嫣润;枝头的好鸟为什么却双栖而各梦呢?在这夜深人静的当儿,那高踞着的一只八哥儿,又为何尽撑着眼皮儿不肯睡去呢?它到底等什么来着?舍不得那淡淡的月儿么?舍不得那疏疏的帘儿么?不,不,不,您得到帘下去找,您得向帘中去找——您该找着那卷帘人了?它的情韵风怀,原是这样这样的哟!朦胧的岂独月呢;岂独鸟呢?但是,咫尺天涯,教我如何耐得?<br>我拼着千呼万唤;你能够出来么?
<br>这页画布局那样经济,设色那样柔和,故精彩足以动人。虽是区区尺幅,而情韵之厚,已足沦肌浃髓而有余。我看了这画,瞿然而惊:留恋之怀,不能自已。故将所感受的印象细细写出,以志这一段姻缘。
但我于中西的画都是门外汉,所说的话不免为内行所笑。——那也只好由他了。
<p>
<hr color="#00ff00">
<img src="../../imge/6-2.jpg" align="right">
此图像相对于文字基准线为靠上的多行文字对齐<br>试想在圆月朦胧之夜,海棠是这样的妩媚而嫣润;枝头的好鸟为什么却双栖而各梦呢?在这夜深人静的当儿,那高踞着的一只八哥儿,又为何尽撑着眼皮儿不肯睡去呢?它到底等什么来着?舍不得那淡淡的月儿么?舍不得那疏疏的帘儿么?不,不,不,您得到帘下去找,您得向帘中去找——您该找着那卷帘人了?它的情韵风怀,原是这样这样的哟!朦胧的岂独月呢;岂独鸟呢?但是,咫尺天涯,教我如何耐得?<br>我拼着千呼万唤;你能够出来么?
<br>这页画布局那样经济,设色那样柔和,故精彩足以动人。虽是区区尺幅,而情韵之厚,已足沦肌浃髓而有余。我看了这画,瞿然而惊:留恋之怀,不能自已。故将所感受的印象细细写出,以志这一段姻缘。
但我于中西的画都是门外汉,所说的话不免为内行所笑。——那也只好由他了。
<p>
<hr color="#00ff00">
<img src="../../imge/6-2.jpg" align="top">
此图像相对于文字基准线为顶部单行对齐<p>
<hr color="#00ff00">
<img src="../../imge/6-2.jpg" align="bottom">
此图像相对于文字基准线为底线单行对齐</p>
<p>
<hr color="#00ff00">
<p><img src="../../imge/6-2.jpg" align="middle">
此图像相对于文字基准线为置中单行对齐</p>
<p> </p>
<p><a href="#" onClick="window.history.back()">返回</a></p>
<p>
</body>
</html>
```

4. 图片大小设定

实例 1-25

```
<html>
<head>
<title>图像大小的设定</title>
</head>
<body>
<center>
<p>
```

```
缩小图像
<p> <img src="../../imge/6-3.gif" width="350" height="200"> <p>原图显示
<p>
<img src="../../imge/6-3.gif" width="400" height="236"> <p>放大图像
<p>
<img src="../../imge/6-3.gif" width="500" height="250">
</p>
</center>
</body>
</html>
```

5. 图像边框的设定

实例 1-26

```
<html>
<head>
<title>设定图像的边框</title>
</head>
<body>
<center>
<div align="center">
<pre> <img src="../../imge/xjbjtp22.jpg" border="10"> </pre>
</div>
</body>
</html>
```

三、用 <img> 标签插入 avi 文件

格式：

```
<img dynsrc="avi 文件地址">
```

用 <img> 标签插入 avi 文件的属性见表 1-8。

表 1-8

属　性	描　述
dynsrc	指定 avi 文件所在路径
loop	设定 avi 文件循环次数
loopdelay	设定 avi 文件循环延迟
start	设定文件播放方式 fileopen/mouseover（网页打开时即播放/当鼠标滑到 avi 文件时播放）

实例 1-27

```
<html>
<head>
```

```
<title>设定图像的边框</title>
</head>
<body>
<center>
<p align="center">
<img dynsrc="../../imge/mmm.avi" loop="-1" start="mouseover">
</p>
</center>
</body>
</html>
```

第六节 建立超链接

HTML 文件中最重要的应用之一就是超链接，超链接是一个网站的灵魂，Web 上的网页是互相链接的，单击被称为超链接的文本或图形就可以链接到其他页面。超文本具有的链接能力，可层层链接相关文件。超链接除了可链接文本外，也可链接各种媒体，如声音、图像、动画，通过它们可享受丰富多彩的多媒体世界。

建立超链接的标签为 <a> 和 </a>。

格式：

```
<a href="资源地址"target="窗口名称" title="指向链接显示的文字">超链接名称
</a>
```

说明：标签 <a> 表示一个链接的开始，</a> 表示链接的结束；

属性“href”定义了这个链接所指的目标地址，目标地址是最重要的，一旦路径上出现差错，该资源就无法访问；

属性“target”用于指定打开链接的目标窗口，其默认方式是原窗口，建立目标窗口的属性见表 1-9；

表 1-9

属性	描述
_parent	在上一级窗口中打开，一般使用分帧的框架页
_blank	在新窗口打开
_self	在同一个帧或窗口中打开，这项一般不用设置
_top	在浏览器的整个窗口中打开，忽略任何框架

属性“title”用于指定指向链接时所显示的标题文字；

“超链接名称”是要单击到链接的元素，元素可以包含文本，也可以包含图像，文本带下划线且与其他文字颜色不同，图像通常带有边框显示，用图像作链接时只要把显示图像的标志 <img> 嵌套在 <a href="url"> 和 </a> 之间就能实现图像链接的效果，当鼠标指向“超链接名称”处时会变成手状，单击这个元素可以访问指定的目标文件。

一、链接路径

每一个文件都有自己的存放位置和路径，了解一个文件到要链接的文件的路径关系是创建链接的根本。

URL（Uniform Resourc Locator，统一资源定位器）指的就是每一个网站都具有的地址。

同一个网站下的每一个网页都处于同一个地址之下，在创建一个网站的网页时，不需要为每一个链接都输入完全的地址，只需要确定当前文档同站点根目录之间的相对路径关系即可。因此，链接可以分以下三种：

（1）绝对路径，如 http://www.sina.com.cn；

（2）相对路径，如 news/index.html；

（3）根路径，如 d | /web/news/index.html。

1. 绝对路径

绝对路径：包含标识 Internet 上的文件所需要的所有信息。文件的链接是相对原文档而定的，包括完整的协议名称、主机名称、文件夹名称和文件名称。

格式：

通信协议://服务器地址:通信端口/文件位置……/文件名

Internet 遵循一个重要的协议即 HTTP（Hypertext Transfer Protocol，超文本传输协议），HTTP 是用于传输 Web 页的客户端/服务器协议。当浏览器发出 Web 页请求时，此协议将建立一个与服务器的链接；当链接畅通后，服务器将找到请求页，并将它发送给客户端，信息发送到客户端后，HTTP 将释放此链接，这使得此协议可以接受并服务于大量的客户端请求。

Web 应用程序是指 Web 服务器上包含的许多静态的和动态的资源集合，Web 服务器承担着为浏览器提供服务的责任。

www.sina.com.cn 就是资源所在的主机名，通常情况下使用默认的端口号 80，资源在 WWW 服务器主机 Web 文件夹下，资源的名称为 index.html。如 http://www.163.net/myweb/book.htm（此网址为假设）表明采用 HTTP 从名为 www.163.net 的服务器上的目录 myweb 中获得文件 book.htm。

2. 相对路径

相对路径是以当前文件所在路径为起点，进行相对文件的查找。一个相对的 URL 不包括协议和主机地址信息，表示它的路径与当前文档的访问协议和主机名相同，甚至有相同的目录路径。通常只包含文件夹名和文件名，甚至只有文件名。可以用相对 URL 指向与源文档位于同一服务器或同一文件夹中的文件。此时，浏览器链接的目标文档处于同一服务器或同一文件夹下。

（1）如果链接到同一目录下，则只需输入要链接文件的名称。

（2）要链接到下一级目录中的文件，则只需先输入目录名，然后加“/”，再输入文件名。

（3）要链接到上一级目录中的文件，则需先输入“../”，再输入文件名。

相对路径的用法见表 1-10。

表 1－10

相对路径名	含　义
href = "shouey. html"	shouey. html 是本地当前路径下的文件
href = "web/shouey. html"	shouey. html 是本地当前路径下“web”子目录下的文件
href = ". . /shouey. html"	shouey. html 是本地当前目录的上一级子目录下的文件
href = ". . /. . /shouey. html"	shouey. html 是本地当前目录的上两级子目录下的文件

3. 根路径

根路径目录地址同样可用于创建内部链接，但大多数情况下不建议使用此种链接形式。

根路径目录地址的形式也很简单，首先以“/”开头，代表根目录，然后书写文件夹名，最后书写文件名。

如果根目录要写盘符，就在盘符后使用“｜”，而不用“:”，这点与 DOS 的写法不同。如：

/web/highight/shouey. html

d｜/web/highight/shouey. html

也许读者会问，链接本地计算机上的文件时，应该使用相对路径还是根路径？在绝大多数情况下，使用相对路径比较好，如用绝对路径定义了链接，当把文件夹改名或者移动之后，那么所有的链接都要失效，这样就必须对所有 HTML 文件的链接进行重新编排，而一旦将此文件夹移到网络服务器上，需要重新改动的地方就更多了，这将是一件很麻烦的事情。而使用相对路径，不仅在本地计算机环境下适用，就是上传到网络或其他系统下也不需要进行多少更改就能准确链接。

二、超链接的应用

1. 书签链接

链接文档中的特定位置也叫书签链接，在浏览页面时如果页面很长，要不断地拖动滚动条，会给浏览带来不便，要使浏览者既可以从头阅读到尾，又可以选择自己感兴趣的部分阅读，这种效果就可以通过书签链接来实现。其方法是选定一个目标定位点，用来创建一个定位标记，用 <a> 标签的属性 name 的值来确定定位标记名 <a>；然后在网页的任何地方建立对这个目标标记的链接“标题”，在标题上建立的链接地址的名字要和定位标记名相同，前面还要加上“#”号，如 <a href = "#定位标记名">。单击标题就会跳到要访问的内容。

书签链接可以在同一页面中链接，也可以在不同页面中链接，在不同页面中链接的前提是需要指定好链接的页面地址和链接的书签位置。

（1）在同一页面中使用链接的地址：

```
<a href = "#书签名称" target = "窗口名称" >超链接标题名称 </a>
```

（2）在不同页面中使用链接的地址：

```
<a href = "URL 地址#书签名称" target = "窗口名称" >超链接标题名称 </a>
```

（3）链接到的目的地址：

```
< a name = "书签名称" >目标超链接名称 </a >
```

name 的属性值为该目标定位点的定位标记点名称，是给特定位置点（这个位置点也叫锚点）起的名称。

实例 1 - 28

```
< html >
< head >
< title >唐诗欣赏 </title >
</head >
< body >
< a > < h2 >唐诗欣赏 </h2 > </a >
< a > < h2 >李白 </h2 > </a >
< a href = "#T. 2"  target = "_blank" >清平调三首 </a > < br >
< a href = "#T. 1" >长干行 </a > < br >
< a href = "#T. 3" >月下独酌 </a >
< hr >
< br > < br >
< h3 > < a >清平调三首 </a > </h3 >
云想衣裳花想容，< br >春风拂槛露华浓。< br >若非群玉山头见，< br >会向瑶台月下逢。< br >一枝红艳露凝香，< br >云雨巫山枉断肠。< br >借问汉宫谁得似？ < br >可怜飞燕倚新妆。< br >名花倾国两相欢，< br >常得君王带笑看。< br >解释春风无限恨，< br >沉香亭北倚阑干。
< h3 > < a >长干行 </a > </h3 >
< pre >
妾发初覆额，< br >折花门前剧。< br >郎骑竹马来，< br >绕床弄青梅。< br >同居长干里，< br >两小无嫌猜。< br >十四为君妇，< br >羞颜未尝开。< br >低头向暗壁，< br >千唤不一回。< br >十五始展眉，< br >愿同尘与灰。< br >常存抱柱信，< br >岂上望夫台。< br >十六君远行，< br >瞿塘滟滪堆。< br >五月不可触，< br >猿声天上哀。< br >门前迟行迹，< br >一一生绿苔。< br >苔深不能扫，< br >落叶秋风早。< br >八月蝴蝶来，< br >双飞西园草。< br >感此伤妾心，< br >坐愁红颜老。< br >早晚下三巴，< br >预将书报家。< br >相迎不道远，< br >直至长风沙。
</pre >
< a href = "#top" >唐诗欣赏 </a >
< br > < br >
< h3 > < a >月下独酌 </a > </h3 >
< pre >
花间一壶酒，< br >独酌无相亲。< br >举杯邀明月，< br >对影成三人。< br >月既不解饮，< br >影徒随我身。< br >暂伴月将影，< br >行乐须及春。< br >我歌月徘徊，< br >我舞影零乱。< br >醒时同交欢，< br >醉后各分散。< br >永结无情游，< br >相期邈云汉。
</pre >
< p > < a href = "4 - 2 - 12. html#libai" >李白蔑视权贵 </a > </p >
</body >
</html >
```

实例1-29

```
<html>
<head>
<title>李白</title>
</head>
<body>
<center>
<a href="4-2-11.html#lb"><h1 align="center"><font color="#339933">李白</font></h1></a>
<font color="#339933" size="+2">李白(701—762),<br>字太白,号青莲居士。<br>祖籍陇西成纪(今甘肃省天水市附近的秦安县),<br>隋朝末年其先祖因罪住在中亚细亚。<br>李白的家世和出生地至今还是个谜,<br>学术界说法不一。<br>一说李白就诞生在安西都护府所辖的碎叶城,<br>五岁时随父迁到绵州昌隆县青莲乡。<br>
<p>李白性情豪放,<br>喜爱纵横家的作风,<br>爱好任侠之事,轻视财货。<br>早年在蜀中度过。他的父亲是个富商。<br>李白二十五岁开始漫游全国,<br>走过湖北、江西、河南、山东等地。<br></p><p><a>李白蔑视权贵</a>,<br>传说他喝醉酒,<br>曾在玄宗面前使高力士给他脱靴。<br>高力士认为这是很大的耻辱,<br>就摘取李白诗句激怒杨贵妃。<br>玄宗每次让李白做官,杨贵妃就加以阻止。<br>李白知道玄宗的亲信对他有意见,<br>于是恳求还家。<br>玄宗赐给他财物,放他走。<br></p>
<p>李白是我国唐代伟大的浪漫主义诗人,<br>被誉为“诗仙”。<br>他的诗豪迈瑰丽,诗里有突破现实的幻想,<br>也有对当时民生疾苦的反映和对政治黑暗的抨击。<br>他的诗文具有清新明朗、<br>奔放流畅的特点。</p></font></center>
</body>
</html>
```

2. 在站点内部建立链接

所谓内部链接，指的是在同一个网站内部，不同的 HTML 页面之间的链接关系。在建立网站内部链接的时候，要明确哪个是主链接文件（即当前页），哪个是被链接文件。内部链接一般采用相对路径链接比较好。

在站点内部建立链接见表1-11。

表1-11

当前页面	被链接页面	超链接代码
2-1. html	3-1. html	<a href="3-1. html">超链接元素</a>
3-1. html	1-1. html	<a href="asm/1-1. html">超链接元素</a>
sy. html	1-1. html	<a href="ssm/asm/1-1. html">超链接元素</a>
2-1. html	sy. html	<a href=".. /sy. html">超链接元素</a>
1-1. html	sy. html	<a href=".. /.. /sy. html">超链接元素</a>
sy. html	2-1. html	<a href="ssm/2-1. html">超链接元素</a>

3. 外部链接

所谓外部链接，指的是跳转到当前网站外部，与其他网站中的页面或其他元素之间的链接关系。这种链接的 URL 地址一般要用绝对路径，要有完整的 URL 地址，包括协议名、主机名、文件所在主机的位置的路径以及文件名。

最常用的外部链接格式是 <a href = "http://网址" >，还有其他的格式见表 1 - 12。

表 1 - 12

服　务	URL 格式	描　述
WWW	http://" 地址"	进入万维网站点
Ftp	ftp://" "	进入文件传输协议
Telnet	telnet://" "	启动 Telnet 方式
Gopher	gopher://" "	访问一个 Gopher 服务器
News	news://" "	启动新闻讨论组
E-mail	email://" "	启动邮件

1）链接其他站点

站点之间的页面和元素的链接是万维网交流信息的关键，通常用 HTTP 协议来建立网站之间的超链接。

格式：

```
<a href = "http://" 网址" >
```

实例 1 - 30

```
<html>
<head>
<title>链接到 http://</title>
</head>
<body>
<center>
<h2>绝对路径链接</h2>
<hr>
<a href = "http://www.sina.com.cn" title = "打开新浪首页" > <img src = "../../imgelogo(3).gif/" > </a> <br> <br>
<a href = "http://www.tsinghua.edu.cn" >清 华 大 学</a> <br> <br> <a href = "http://www.pku.edu.cn" >北 京 大 学</a> <br> <br>
<a href = "http://www.shisu.edu.cn" target = "_blank" >上海外国语学院</a> <br> </center>
</body>
</html>
```

2）发送 E-mail

在 HTML 页面中，可以建立 E-mail 链接。当浏览者单击链接后，系统会启动默认的本地邮件服务系统发送邮件。

格式：

```
<a href = "mailto: E-mali 地址; subject = 邮件主题" >描述文字</a>
```

在实际应用中，用户还可以加入另外的两个参数“? cc = E-mali 地址”和“&body = ?”，分别表示在发送邮件的同时把邮件抄送给第三者和设定邮件主题内容。邮件的参数见表 1－13。

表 1－13

参　数	描　述
subject	电子邮件主题
cc	抄送收件人
body	主题内容
bcc	暗送收件人

如果希望同时写下多个参数，则参数之间使用“&”分隔符。

实例 1－31

```
<html>
<head>
<title>发送邮件</title>
</head>
<body>
<p>
<a href = "mailto: zhoujr3071@ yahoo. com. cn? cc = benbenmao@ 163. com&Subject = 早安 &bcc = a@
b. c &body = 早安,笨笨猫祝你度过一个快乐的早晨!" >
向笨笨猫的好友发送邮件(抄送笨笨猫)
</a>
</p>
</body>
</html>
```

单击“向笨笨猫的好友发送邮件（抄送笨笨猫）”后打开系统的邮件服务软件 Outlook Exqress 发送邮件。

3）链接 FTP

Internet 上资源丰富，通过 FTP 文件传输协议，就可以获得各种免费软件和其他文件，FTP 协议是使计算机与计算机之间能够相互通信的语言，FTP 使文件和文件夹能够在 Internet 上公开传输，通过 FTP 可以访问某个网络或服务器，即不需要该计算机的账户和授权的密码就可通过 FTP 公开获得数据。

格式：

```
<a href = "ftp://ftp 主机地址" >文字链接</a>
```

实例 1－32

```
<html>
<head>
```

```
<title>链接 ftp 主机</title>
</head>
<body>
<p>
<a href=ftp://ftp.pku.edu.cn>北京大学 ftp 站点</a>
</p>
</body>
</html>
```

4. 图像的超链接

1）图像的超链接

图像的链接和文字的链接方法是一样的，都用 <a> 标签来完成，只要将 <img> 标签放在 <a> 和 </a> 之间即可。用图像链接的图像上有蓝色的边框，这个边框颜色也可以在 <body> 标签中设定。

实例 1-33

```
<html>
<head>
<title>使用图像为选取的对象</title>
</head>
<body>
<p align="center"> </p>
<h1 align="center">图片的超链接</h1>
<p>
<center>
<a href="http://www.sohu.com/" target="_blank"><img alt="搜狐网站"
src="../../imge/logo[1].gif"></a><p>
<a href="http://www.baidu.com/"><img alt="百度搜索"
src="../../imge/logo[2].gif"></a><p>
<a href="http://www.sina.com.cn"><img alt="新浪网站" src="../../imge/logo(3).gif">
</a>
</center>
</body>
</html>
```

2）图像的影像地图超链接

在 HTML 中还可以把图像划分成多个热点区域，每一个热点区域链接到不同网页的资源。这种效果的实质是把一幅图像划分为不同的热点区域，再让不同的区域进行超链接，这就是影像地图。完成地图区域超链接要用到三种标签：<img> <map> <area>，下面分别介绍这些标签的用法。

影像地图（Image Map）标签的使用格式：

```
<img src="图形文件名" usemap="#图的名称">
<! --插入图像时要在<img>标记中设置参数 usemap="#图的名称" ismap,以表示对图像地图
```

```
(图的名称)的引用; -- >
    < map name = "图的名称" >
    <! --用 < map > 标记设定图像地图的作用区域,并用 name 属性为图像起一个名字 -- >
    < area shape = 形状 coords = 区域坐标列表 href = "URL 资源地址" >
    ……可根据需要定义多个热点区域
    < area shape = 形状 coords = 区域坐标列表 href = "URL 资源地址" >
    </map >
```

shape：定义热点形状。

（1） shape = rect：矩形。

（2） shape = circle：圆形。

（3） shape = poly：多边形。

coords：定义区域点的坐标。

（1）矩形：必须使用四个数字，前两个数字为左上角坐标，后两个数字为右下角坐标，如 < area shape = rect coords = 100，50，200，75 href = "URL" >。

（2）圆形：必须使用三个数字，前两个数字为圆心的坐标，最后一个数字为半径长度，如 < area shape = circle coords = 85，155，30 href = "URL" >。

（3）任意图形（多边形）：将图形的每一转折点坐标依序填入，如 < area shape = poly coords = 232，70，285，70，300，90，250，90，200，78 href = "URL" >。

在制作本文介绍的效果时应注意以下几点：

（1）在 < img > 标记不要忘记设置 usemap、ismap 参数，且 usemap 的参数值必须与 < map > 标记中的 name 参数值相同，也就是说“图像地图名称”要一致；

（2）同一“影像地图”中的所有热点区域都要在影像地图的范围内，即所有 < area > 标记均要在 < map > 与 < /map > 之间；

（3）在 < area > 标记中的 coords 参数设定的坐标格式要与 shape 参数设定的作用区域形状配套，避免出现在 shape 参数设置矩形作用区域，而在 coords 中却设置的多边形区域顶点坐标的现象出现。

实例 1 - 34

```
    < html >
    < head >
    < title > 影像地图 </title >
    </head >
    < body >
    < img src = "../../imge/yxlj.jpg" alt = "影像地图" hspace = "10" align = "left" usemap = "#yxdt"
border = "0" >
    < map name = "yxdt" >
    < area shape = "rect" coords = "80,69,180,120" href = "http://www.baidu.com/"
   target = "_blank" alt = "点击链接到百度搜索" >
    < area shape = "circle" coords = "283,95,45" href = "http://www.sina.com.cn" target = "_blank" alt
= "点击链接到新浪网站" >
    </map >
```

```
<p> </p>
<p> </p>
<p> </p>
<p> </p>
<p> </p>
<p> </p>
<p> <a href="#" onClick="window.history.back()">返回</a> </p>
</body>
</html>
```

| 第七节 | 表格

表格在网站应用得非常广泛，可以方便灵活的排版，很多动态大型网站也都是借助表格排版，表格可以把相互关联的信息元素集中定位，使浏览页面的人一目了然，所以说要制作好网页，就要学好表格。

一、定义表格的基本语法

在 HTML 文档中，表格是通过<table> <th> <tr> <td>标签来完成的，见表 1 - 14。

表 1 - 14

标　签	描　述
<table>…</table>	用于定义一个表格的开始和结束
<caption>	定义表格的标题，在表格中也可以不用此标签
<th>…</th>	定义表头单元格，表格中的文字将以粗体显示，在表格中也可以不用此标签，<th>标签必须放在<tr>标签内
<tr>…</tr>	定义一行标签，一组行标签内可以建立多组由<td>或<th>标签所定义的单元格
<td>…</td>	定义单元格标签，一组<td>标签将建立一个单元格，<td>标签必须放在<tr>标签内

注：在一个最基本的表格中，必须包含一组<table>标签、一组<tr>标签和一组<td>标签或<th>标签。

实例 1 - 35

```
<head>
<title>一个简单的表格</title>
</head>
<body>
<center>
  <table>
```

```
    <caption>表格标题</caption>
    <tr>
      <td>第1行中的第1列</td>
      <td>第1行中的第2列</td>
      <td>第1行中的第3列</td>
    </tr>
    <tr>
      <td>第2行中的第1列</td>
      <td>第2行中的第2列</td>
      <td>第2行中的第3列</td>
    </tr>
  </table>
</center>
</body>
</html>
```

二、表格标签<table>属性

1. 表格标签<table>的常用属性

表格标签<table>有很多属性，最常用的属性见表1-15。

表1-15

属　性	描　述	说　明
width	表格的宽度	
height	表格的高度	
align	表格在页面的水平摆放位置	
background	表格的背景图像	
bgcolor	表格的背景颜色	
border	表格边框的宽度（以像素为单位）	
bordercolor	表格边框颜色	当border≥1时起作用
bordercolorlight	表格边框明亮部分的颜色	当border≥1时起作用
bordercolordark	表格边框昏暗部分的颜色	当border≥1时起作用
cellspacing	单元格之间的间距	
cellpadding	单元格内容与单元格边界之间空白距离的大小	

实例1-36

```
<html>
<head>
<title>无标题文档</title>
</head>
<body>
<table border=10 bordercolor="#006803" align="center" bgcolor="#ddffdd"
width="500" height="200" bordercolorlight="#ffffcc" bordercolordark="#660000"
background="../../imge/b0024.gif" cellspacing="2" cellpadding="8">
```

```
<tr>
<td>第 1 行中的第 1 列</td>
<td>第 1 行中的第 2 列</td>
<td>第 1 行中的第 3 列</td>
</tr>
<tr>
<td>第 2 行中的第 1 列</td>
<td>第 2 行中的第 2 列</td>
<td>第 2 行中的第 3 列</td>
</tr>
</table>
</body>
</html>
```

2. 设置分隔线的显示状态

语法格式:

```
<table rules="值">
```

分隔线的显示状态 rules 的值的设定见表 1－16。

表 1－16

rules 的值	描　述
all	显示所有分隔线
groups	只显示组与组的分隔线
rows	只显示行与行的分隔线
cols	只显示列与列的分隔线
none	所有分隔线都不显示

实例 1－37

```
<html>
<head>
<title>无标题文档</title>
</head>
<body>
<table border=6 bgcolor="#ffffcc" rules="cols" bordercolor="#9900ff" width="400"
height="160" align="center">
<tr>
<th>姓名</th>
<th>性别</th>
<th>年龄</th>
<th>专业</th>
</tr>
<tr>
<td>笨笨猫</td>
<td>女</td>
```

```
<td>99</td>
<td>计算机</td>
</tr>
</table><p>
<table border=6 bgcolor="#ffffcc" rules="rows" bordercolor="#9900ff" width="400"
height="160" align="center">
<tr>
<th>姓名</th>
<th>性别</th>
<th>年龄</th>
<th>专业</th>
</tr>
<tr>
<td>笨笨猫</td>
<td>女</td>
<td>99</td>
<td>计算机</td>
</tr>
</table>
</body>
</html>
```

3. 表格的边框显示状态

表格的边框有上边框、下边框、左边框、右边框。这四个边框都可以设置为显示或隐藏状态。

语法格式：

```
<table frame="边框显示值">
```

表格边框显示状态 frame 的值的设定见表 1－17。

表 1－17

frame 的值	描　述
box	显示整个表格边框
void	不显示表格边框
hsides	只显示表格的上下边框
vsides	只显示表格的左右边框
above	只显示表格的上边框
below	只显示表格的下边框
lhs	只显示表格的左边框
rhs	只显示表格的右边框

实例 1－38

```
<html>
<head>
```

```
<title>表格边框的显示状态</title>
</head>
<body>
<table border=6 bgcolor="#ffffcc" frame="hsides" bordercolor="#9900ff"
width="400" height="160">
<tr>
<th>姓名</th>
<th>性别</th>
<th>年龄</th>
<th>专业</th>
</tr>
<tr>
<td>卡卡</td>
<td>男</td>
<td>50</td>
<td>计算机</td>
</tr>
</table>
</body>
</html>
```

三、表格行的设定

表格是由行和列（单元格）组成的，一个表格由几行组成就要有几个行标签 <tr>，行标签用它的属性值来修饰，且属性都是可选的。<tr>标签的属性见表 1－18。

表 1－18

属　性	描　述
height	行高
align	行内容的水平对齐
valign	行内容的垂直对齐
bgcolor	行的背景颜色
bordercolor	行的边框颜色
bordercolorlight	行的亮边框颜色
bordercolordark	行的暗边框颜色

<tr>的参数设定（常用）：

```
<tr align="right" valign="middle" bgcolor="#0000ff" bordercolor="#ff00ff" bordercolorlight="#808080" bordercolordark="#ff0000">
```

实例 1－39

```
<html>
```

```
<head>
<title>表格行的控制</title>
</head>
<body>
<table border=1 align="center" width="80%" height="150">
<tr align="center">
<th>姓名</th>
<th>性别</th>
<th>年龄</th>
<th>专业</th>
</tr>
<tr align="center" bordercolor="#336600" bgcolor="#c1ffc1">
<td>冬冬</td>
<td>男</td>
<td>18</td>
<td>学生</td>
</tr>
<tr align="center" height="50" bordercolor="navy" bgcolor="#86b8e1" valign="bottom"
bordercolorlight="#e1f0fd" bordercolordark="#002346">
<td>楠楠</td>
<td>女</td>
<td>17</td>
<td>学生</td>
</tr>
</table>
</body>
</html>
```

四、单元格的设定

<th>和<td>都是插入单元格的标签，这两个标签必须嵌套在<tr>标签内，成对出现。<th>用于表头标签，表头标签一般位于首行或首列，标签之间的内容就是位于该单元格内的标题内容，其中的文字以粗体居中显示。<td>用于数据标签，就是该单元格中的具体数据内容。<th>和<td>标签的属性是一样的，属性设定见表1－19。

表1－19

属　性	描　述
width/height	单元格的宽和高，接受绝对值（如80）及相对值（如80%）
colspan	单元格向右打通的栏数
rowspan	单元格向下打通的列数
align	单元格内字图等的摆放贴位置（水平），可选值为left，center，right
valign	单元格内字图等的摆放贴位置（垂直），可选值为top，middle，bottom
bgcolor	单元格的底色
bordercolor	单元格边框的颜色

（续）

属　性	描　述
bordercolorlight	单元格边框向光部分的颜色
bordercolordark	单元格边框背光部分的颜色
background	单元格背景图像
nowrap	<td nowrap>禁止单元格内容自动换行。 td 元素 nowrap 属性的行为与 td 元素的 width 属性有关，在设置了 table 元素的 width 后： （1）如未设置 td 宽度，则 nowrap 属性起作用； （2）如已设置 td 宽度，则 nowrap 属性不起作用。 注意：如果不设置 table 元素的 width 属性，nowrap 不起作用

<td>的参数设定格式：

```
<td width="48%" height="400" colspan="5" rowspan="4" align="right"
valign="bottom" bgcolor="#ff00ff" bordercolor="#808080"
bordercolorlight="#ff0000" bordercolordark="#00ff00" background="myweb.gif">
```

实例 1-40

```
<html>
<head>
<title>单元格的设定</title>
</head>
<body>
<table border="1" align="center" height="150" width="80%">
<tr>
<th width="70"bgcolor="#ffcc00">姓名</th>
<th bgcolor="#ffccff">性别</th>
<th background="../../imge/b0024.gif">年龄</th>
<th background="../../imge/aki-5.gif">专业</th>
</tr>
<tr>
<td bordercolor="red" align="left">笨笨猫</td>
<td bordercolorlight="#ffccff" bordercolordark="#ff0000" align="center">女</td>
<td bgcolor="#ffffcc" valign="bottom" align="center">18</td>
<td bgcolor="#ccffff" align="right">学生</td>
</tr>
</table>
</body>
</html>
```

实例 1-41

```
<html>
<head>
```

```
<title>wrap 属性研究</title>
<meta http-equiv="Content-Type" content="text/html; charset=gb2312"></head>
<body bgcolor="#ffffff" text="#000000">
<p>测试字符串:</p>
<p>我终于明白,我其实有一条韧性十足的命,它远比我想象中的那条命结实得多、耐磨得多……
</p>
<p>单元格未设置 nowrap 属性的空表:</p>
<table width="100" border="1" cellspacing="0" cellpadding="0">
<tr>
<td> </td>
</tr>
</table>
<p>加入测试字符串:</p>
<table width="100" border="1" cellspacing="0" cellpadding="0">
<tr>
<td>我终于明白,我其实有一条韧性十足的命,它远比我想象中的那条命结实得多、耐磨得多……
</td>
</tr>
</table>
<p>单元格设置了 nowrap 属性,未设置 width 属性:</p>
<table width="100" border="1" cellspacing="0" cellpadding="0"><tr>
<td nowrap>我终于明白,我其实有一条韧性十足的命,它远比我想象中的那条命结实得多、耐磨得
多……
</td>
</tr>
</table>
<p>单元格设置了 nowrap 属性,也设置了 width 属性:</p>
<table width="200" border="1" cellspacing="0" cellpadding="0"><tr>
<td width="120" nowrap>我终于明白,我其实有一条韧性十足的命,它远比我想象中的那条命结
实得多、耐磨得多……</td>
<td> </td>
</tr>
</table>
</body>
</html>
```

五、设定跨多行、多列单元格

要创建跨多行、多列的单元格，只需在 <th> 或 <td> 中加入 rowspan 或 colspan 属性的值，默认值为 1，表明表格中要跨越的行或列的个数。

跨多行的语法：

```
<th rowspan=#> <td rowspan=#>
```

rowspan 表示跨越的行数，如 rowspan=2 表示这一格的高度为两个行的高度。

跨多列的语法：

<th colspan = # > <td colspan = # >

colspan 表示跨越的列数，如 colspan =2 表示这一格的宽度为两个列的宽度。

实例 1 - 42

```
< html >
< head >
< title >跨多行多列的单元格 </title >
</head >
< body >
< center >
< table border = "10"  width = "80% " align = " center"  height = "150"
background = "../../imge/b0024. gif"  bordercolorlight = "#9999ff"
bordercolordark = "#9900cc" >
< tr align = " center" >
< th colspan =3 >学生基本信息 </th >
< th colspan =2 >成绩 </th >
</tr >
< rt align = " center" >
< th >姓名 </th >
< th >性别 </th >
< th >专业 </th >
< th >课程 </th >
< th >分数 </th >
</tr >
< tr align = center >
< td >冬冬 </td >
< td >男 </td >
< td rowspan =2 >计算机 </td >
< td rowspan =2 >程序设计 </td >
< td >68 </td >
</tr >
< tr align = " center" >
< td >南南 </td >
< td >女 </td >
< td >89 </td >
</tr >
</table >
</body >
</html >
```

六、表格的分组

1. 表格的行分组标签 <thead> <tbody> <tfoot>

HTML 文档的表格按行分组是由表头标签 <thead>、表格主体标签 <tbody> 和尾注标签 <tfoot> 三个部分组成的。其中，尾注标签很少用；<thead> 标签是成对标签，其标签内是由表头标签标识的表头元素；<tbody>标签用于规定表格主体部分的元素，可出现多次。<thead>和<tbody>标签的属性和<th> <td>标签一样。

实例 1-43

```
<html>
<head>
<title>表格按行分组</title>
</head>
<body>
<center>
<table border="3" width="60%" align="center" height="150">
<thead bgcolor="#ccffcc">
<tr align="center">
<th>姓名</th>
<th>性别</th>
<th>专业</th>
</tr>
</thead>
<tbody bgcolor="#448fbd">
<tr align="center">
<td>冬冬</td>
<td>男</td>
<td>计算机</td> </tr>
<tr align="center">
<td>南南</td>
<td>女</td>
<td>园林</td>
</tr>
</tbody>
</table>
</body>
</html>
```

2. 表格按列分组标签<colgroup>

HTML 文档使用<colgroup>标签来给表格按列分组。

语法格式：

```
<colgroup span="数值" align="参数">
```

说明：<colgroup>标签有两个属性，即 span 和 align，它们都是可选的。span 属性的值是数字，表示该组包含的列数，默认值为 1。align 属性用来规定该组所跨列中所有单元格中内容在水平方向上的位置，其值为 left，center，right 之一，分别表示单元格的内容是左对齐、水平居中还是右对齐。

实例 1-44

```
<html>
```

```
<head>
<title>表格按列分组</title>
</head>
<center>
<table border="10" width="80%" height="160" align="center" bordercolorlight="#ccccff"
bordercolordark="#9900ff">
<tr>
<th>姓名</th><th>性别</th><th>专业</th><th>分数</th></tr>
<colgroup span=2 align="center">
<colgroup align="left">
<colgroup align="right">
<tr>
<td>冬冬</td><td>男</td><td>计算机</td><td>79</td>
</tr>
<tr>
<td>南南</td><td>女</td><td>园林</td><td>90</td>
</tr>
<tr>
<td>依依</td><td>女</td><td>微波通信</td><td>76<td>
</tr>
</table>
</body>
</html>
```

3. 表格的行列分组

实例 1-45

```
<html>
<head>
<title>同时进行行列分组</title>
</head>
<body>
<center>
<table border="10" width="80%" height="200" align="center" bordercolor="#9900ff">
<colgroup span=2 align="center">
<colgroup align="left">
<colgroup align="right">
<thead bgcolor="#ffffcc">
<tr><th>姓名</th><th>性别</th><th>专业</th><th>分数</th>
<tr>
</thead>
<tbody bgcolor="#ffccff">
<tr>
<td>冬冬</td><td>男</td><td>计算机</td><td>85</td>
</tr>
<tr>
<td>南南</td><td>女</td><td>园林</td><td>94</td>
```

```
</tr>
<tr>
<td>依依</td> <td>女</td> <td>微波通信</td> <td>87</td>
</tr>
</tbody>
</table>
</body>
</html>
```

七、表格的标题标签 <caption>

表格标题的位置可由 align 属性和 valign 属性设置。align 属性设置标题位于文档的左、中、右，valign 属性设置标题位于表格的上方和表格的下方。

表格标题位置的设置格式：

```
<caption align="值" valign="值">表格标题
</caption>
```

<caption>应放在<table>标签内，在表格行标签<tr>之前。<caption>的默认属性是标题位于表格的上方中间位置。

实例 1-46

```
<html>
<head>
<title>表格的标题标签</title>
</head>
<body>
<center>
<table border="10" width="80%" align="center" height="150"
background="../../imge/b0024.gif" bordercolorlight="#9999ff"
bordercolordark="#9900cc">
<caption>学生信息表</caption>
<tr align=center>
<th colspan=3>学生基本信息</th>
<th colspan=2>成绩</th>
</tr>
<tr align="center">
<th>姓名</th>
<th>性别</th>
<th>专业</th>
<th>课程</th>
<th>分数</th>
</tr>
<tr align="center">
<td>冬冬</td>
<td>男</td>
<td rowspan=2>计算机</td>
<td rowspan=2>程序设计</td>
```

```
<td>68</td>
</tr>
<tr align="center">
<td>南南</td>
<td>女</td>
<td>89</td>
</tr>
</body>
</html>
```

八、表格的嵌套

在 HTML 页面中，使用表格排版是通过嵌套来实现的，即一个表格内部可以嵌套另一个表格，用表格来排版页面的思路是由总表格规划整体结构，由嵌套的表格负责各个子栏目的排版，并插入到表格的相应位置上，这样就可以使页面的各个部分有条不紊、互不冲突，看上去清晰整洁。在实际做网页时一般不显示边框，边框的显示可根据自己的爱好来设定。在实例中为了让大家能够看清楚，都设置了边框。

实例 1 - 47

```
<html>
  <head>
  <title>表格嵌套</title>
  </head>
  <body bgcolor="#555555" text="#ffffff">
    <table width="560" border="3" cellspacing="1" cellpadding="1"
      align="center"> <tr>
       <td width="100" height="69">网页标志</td>
       <td colspan="2"> <div align="center">广告条</div> </td>
       </tr>
       <tr>
          <td height="330">
            <table width="100" height="321" border="3" align="center" cellpadding="1"
          cellspacing="1">
              <tr>
                 <td>标题栏</td>
              </tr>
              <tr>
                 <td>标题栏</td>
              </tr>
              <tr>
                 <td>标题栏</td>
              </tr>
              <tr>
                 <td>标题栏</td>
              </tr>
              <tr>
```

```
                <td>标题栏</td>
              </tr>
              <tr>
                <td>标题栏</td>
              </tr>
              <tr>
                <td>标题栏</td>
              </tr>
              <tr>
                <td>标题栏</td>
              </tr>
              <tr>
                <td>标题栏</td>
              </tr>
              <tr>
                <td height="90">内容六</td>
              </tr>
            </table>
          </td>
          <td width="275">
            <table width="275" height="325" border="3" cellpadding="1"
              cellspacing="1"><tr>
              <td width="263">内容一</td>
              </tr>
              <tr>
                <td>内容二</td>
              </tr>
            </table>
          </td>
          <td width="163">
            <table width="157" height="320" border="3" cellpadding="1" cellspacing="1"
            align="center">
              <tr>
                <td width="136" height="94">内容三</td>
              </tr>
              <tr>
                <td height="62">内容四</td>
              </tr>
              <tr>
                <td height="160">内容五</td>
              </tr>
            </table>
          </td>
        </tr>
      </table>
    </body>
  </html>
```

| 第八节 | 网页的动态、多媒体效果

在网页的设计过程中，动态效果的插入会使网页更加生动灵活、丰富多彩。

一、滚动字幕标签 <marquee>

<marquee>标签可以实现元素在网页中移动的效果，以达到动感十足的视觉效果。<marquee>标签是一个成对的标签。

应用格式：

<marquee>… </marquee>

<marquee>标签有很多属性，用以定义元素的移动方式，具体见表 1－20。

表 1－20

属 性	描 述
align	指定对齐方式 top，middle，bottom
bgcolor	设定文字滚动范围的背景颜色
loop	设定文字滚动次数，其值可以是正整数或 infinite（表示无限次），默认为无限循环
height	设定字幕高度
width	设定字幕宽度
scrollamount	指定每次移动的速度，数值越大速度越快
scrolldelay	文字每一次滚动的停顿时间，单位是毫秒，时间越短滚动越快
hspace	指定字幕左右空白区域的大小
vspace	指定字幕上下空白区域的大小
direction	设定文字的卷动方向，left 表示向左，right 表示向右，up 表示往上滚动
behavior	指定移动方式，scroll 表示滚动播出，slibe 表示滚动到一方后停止，alternate 表示滚动到一方后向相反方向滚动

实例 1－48

```
<html>
<body>
<center>
<font face="字体 2" size="6" color="#ff0000">
滚动字幕
</font><br>
<marquee>啦啦啦~~~我会跑了</marquee>
<p>
```

```
<marquee height="200" direction="up" hspace="200">啦啦啦~~~我会往上跑了<br>啦啦啦~~~我会往上跑了</marquee>
<p>
<marquee direction="right">啦啦啦~~~我会往右跑了</marquee>
<p>
<marquee height="200" direction="down"> <center>啦啦啦~~~我会往下跑了
</center> </marquee>
<p>
<marquee width="500" behavior="alternate">啦啦啦~~~我来回地跑</marquee> <p>
<marquee behavior="slide">啦啦啦~~~我跑到目的地就该休息了</marquee> <p>
<marquee scrollamount="2">啦啦啦~~~我累了,要慢慢地溜达</marquee> <p>
<marquee scrolldelay="300">啦啦啦~~~我累了,我要走走停停</marquee> <p>
<marquee scrollamount="20">哈哈~都没有我跑得快</marquee> <p>
<marquee> <img src="../../imge/6-2.jpg">啦啦啦~~图像也可以啊</marquee> <p>
<marquee bgcolor="#ffffcc" width="700" vspace="30"> <font size="+3"
color="#ff0000">啦啦啦~~滚动文字有背景了</font> </marquee>
</center>
</body>
</html>
```

二、插入多媒体文件

在网页中可以用<embed>标签将多媒体文件插入其中，如可以插入音乐和视频等。浏览器可以播放的音乐格式有 midi、wav、mp3、aiff、au 等。另外，在利用网络下载的各种音乐格式中，mp3 是压缩率最高、音质最好的。但要说明一点，虽然我们用代码标签插入了多媒体文件，但 IE 浏览器通常能自动播放某些格式的声音与影像，但具体能播放什么格式的文件，取决于所用计算机的类型以及浏览器的配置。浏览器使用 Hn7 或 n7 协议获取多媒体文件（可能得花很长时间，因为多媒体文件通常比较大），浏览器随即决定如何播放。通常是调用称为插件的内置程序来播放。事实上，浏览器仅能显示几种文件格式。插件可以扩展浏览器的能力，有多种不同的插件程序，每种都能赋予浏览器一种新的能力。有时，不得不分别下载每个浏览器的多媒体插件程序，系统最小化的安装一般不包括声音与影像播放器。另外，在播放影音文件时，若是使用一小部分窗口播放，大多数的计算机还比较快；若是全屏播放，就需要专用的硬件或是性能较好的计算机了。对于 IE 浏览器，若无预先安装好的插件程序，它会提示或是打开文件或是保存文件或是取消下载。若打开未知类型的文件，浏览器会试图使用外部的应用程序显示此文件，但这要取决于操作系统的配置。

<embed>标签的使用格式：

```
<embed src="音乐文件地址">
```

<embed>标签常用属性见表 1-21。

表 1-21

属性	描述
src = "filename"	设定音乐文件的路径
autostart = true/false	是否要求音乐文件传送完就自动播放，true 是要，false 是不要，默认为 false
loop = true/false	设定播放重复次数，loop = 6 表示重复 6 次，true 表示无限次播放，false 表示播放一次即停止
startime = "分：秒"	设定乐曲开始播放的时间，如 20 秒后播放写为 startime = "00:20"
volume = 0 - 100	设定音量的大小，如果没设定，就用系统的音量
width height	设定播放控件面板的大小
hidden = true	隐藏播放控件面板
controls = console/smallconsole	设定播放控件面板的样子

实例 1-49

```
<html>
<head>
<title>插入多媒体文件</title>
</head>
<body>
<h2 align="center">网页中的多媒体</h2>
<hr>
<center>
<embed src="../../imge/一千零一夜.mid" height="150" width="400" loop="false">
</center>
</body>
</html>
```

实例 1-50

```
<html>
<head>
<title>插入多媒体文件</title>
</head>
<body>
<h2 align="center">网页中的多媒体</h2>
<hr>
<center>
<embed src="../../imge/mmm.avi" width="400" height="500" loop="false">
</center>
</body>
</html>
```

实例 1－51

```
<html>
<head>
<title>插入 flash</title>
</head>
<body>
<h2 align="center">网页中的多媒体</h2>
<hr>
<center>
<embed src="../../imge/023.swf" height="500" width="550"><!  --插入 flash-->
<embed src="../../imge/023.swf" height="500" width="550" wmode="transparent"><!--
插入透明 flash-->
</center>
</body>
</html>
```

实例 1－52

```
<html>
<head>
<title>在图片上插入透明 flash</title>
</head>
<body bgcolor="lightblue">
<br><center>在图片上插入透明 flash 动画</center><br>
<center><table cellspacing="2" cellpadding="2" border="10" bordercolorlight="#00cc99"
bordercolordark="#009933" background="../../imge/hai.jpg"><tbody><td><embed
src="../../imge/016.swf" width="630" height="480" type="application/x-shockwave-flash"
quality="high" wmode="transparent"></embed></td></tbody></table></center>
</body>
</html>
```

注意：长和宽的设定要根据图像的实际大小来确定。

三、嵌入多媒体文件

除了可以使用上述方法插入多媒体文件外，还可以在网页中嵌入多媒体文件，这种方式将不调用媒体播放器。

1. 嵌入背景音乐

<bgsound>标签用来设置网页的背景音乐，但只适用于 IE 浏览器，其参数设定不多。

格式：

```
<bgsound src="your.mid" autostart="true" loop="infinite">
```

（1）src="your.mid"，设定 midi 档案及路径，可以是相对或绝对的。声音文件可以是 wav，midi，mp3 等类型的文件。

（2）autostart="true"，设定是否在音乐文档传完之后就自动播放音乐，true 是，false 否（内定值）。

（3）loop = "infinite"，设定是否自动反复播放，loop = "2" 表示重复两次，infinite 表示重复多次，直到网页关闭为止。

实例 1 - 53

```
<html>
<head>
<title>背景声音</title></head>
<body>
<h4 align="center">网页的背景声音<h4><hr>
<bgsound src="../../imge/小三和弦.mp3" loop="3">
</body>
</html>
```

背景音乐可以放在 <body> 和 </body> 或 <head> 和 </head> 之间。

2. 在网页中嵌入视频文件

使用前面学过的标签 <img src = "路径"> 即可，在此不再重述。

四、点播音乐

将音乐做成一个链接，只需用鼠标在上面单击，就可以听到动人的音乐，这样做的方法很简单：

```
<a href="音乐地址">乐曲名</a>
```

如播放一段 midi 音乐：

```
<a href="imge/一千零一夜.mid">midi 音乐</a>midi 音乐
```

播放一段 au 格式音乐：

```
<a href="imge/小三和弦.mp3">小三和弦-mp3 音乐</a>小三和弦 - mp3 音乐
```

把喜欢的音乐收集起来，作成一个音乐库，随时都可以让自己和别人徜徉在音乐的海洋中，已经有人这样做了，你一定也遇到过很多，现在自己也可以试着去做了！

|第九节| 多视窗口框架

一、框架的含义和基本构成

框架就是把一个浏览器窗口划分为若干个小窗口，每个窗口可以显示不同的 URL 网页。使用框架可以非常方便地在浏览器中同时浏览不同的页面效果，也可以非常方便地完成导航工作。

所有的框架标记要放在一个 HTML 文档中。HTML 页面的文档体标签 <body> 被框架集标签 <frameset> 所取代，然后通过 <frameset> 的子窗口标签 <frame> 定义每一个子窗口和子窗口的页面属性。

语法格式如下：

```
<html>
```

```
<head>
</head>
<frameset>
    <frame src="url 地址 1">
    <frame src="url 地址 2">
    ……
<frameset>
</html>
```

frame 子框架的 src 属性的每个 url 值指定了一个 HTML 文件（这个文件必须事先做好）地址，地址路径可使用绝对路径或相对路径，这个文件将载入相应的窗口中。

框架结构可以根据框架集标签 <frameset> 的分割属性分为 3 种：

（1）左右分割窗口；

（2）上下分割窗口；

（3）嵌套分割窗口。

二、框架集标签 <frameset>

<frameset> 标签的属性见表 1－22。

表 1－22

属　性	描　述
border	设置边框粗细，默认是 5 像素
bordercolor	设置边框颜色
frameborder	指定是否显示边框："0" 代表不显示边框，"1" 代表显示边框
cols	用 "像素数" 和 "%" 分割左右窗口，" * " 表示剩余部分
rows	用 "像素数" 和 "%" 分割上下窗口，" * " 表示剩余部分
framespacing	表示框架与框架间保留空白的距离
noresize	设定框架不能够调节，只要设定了前面的，后面的将继承

1. *左右分割窗口属性 cols*

如果想要在水平方向将浏览器分割为多个窗口，就需要使用框架集的左右分割窗口属性 cols，要分割为几个窗口，其 cols 的值就有几个，值的定义为宽度，可以是数字（单位为像素），也可以是百分比和剩余值，各值之间用逗号分开。其中，剩余值用 " * " 号表示，剩余值表示所有窗口设定之后的剩余部分，当 " * " 只出现一次时，表示该子窗口的大小将根据浏览器窗口的大小自动调整；当 " * " 出现一次以上时，表示按比例分割剩余的窗口空间。cols 的默认值为一个窗口。如：

```
<frameset cols="40%,2*,*">          将窗口分为 40%,40%,20%
<frameset cols="100,200,*">
<frameset cols="100,*,*">           将 100 像素以外的窗口平均分配
<frameset cols="*,*,*">             将窗口分为三等份
```

2. 上下分割窗口属性 rows

上下分割窗口的属性设置和左右分割窗口的属性设置是一样的，参照上面所述操作即可。

三、子窗口标签 <frame> 的设定

<frame> 标签是单标签，要放在框架集 <frameset> 中，<frameset> 设置了几个子窗口就必须对应几个 <frame> 标签，而且每一个 <frame> 标签内还必须设定一个网页文件（src = " *. html"）。<frame> 标签常用属性见表 1-23。

表 1-23

属 性	描 述
src	指示加载的 URL 文件的地址
bordercolor	设置边框颜色
frameborder	指定是否要边框，"1" 表示显示边框，"0" 表示不显示边框（不提倡用 yes 或 no）
border	设置边框粗细
name	指定框架名称，是链接标记的 target 所要的参数
noresize	表示不能调整窗口的大小，省略此项时就可调整
scorlling	指定是否要滚动条，"auto" 根据需要自动出现，"yes" 表示有，"no" 表示无
marginwidth	设置内容与窗口左右边缘的距离，默认为 1
marginheight	设置内容与窗口上下边缘的边距，默认为 1
width	设置框窗的宽及高，默认 width = "100"，height = "100"
align	可选值为 left，right，top，middle，bottom

子窗口的排列遵循从左到右、从上到下的次序规则。

1. 窗口的左右设定

实例 1-54

首先新建一个文件夹，然后做四个要放到子窗口中的页面，即 sl1. html，sl2. html，sl3. html，sl4. html。

```
<html>
<head>
</head>
<frameset rows="20%,2*,*" framespacing="1" frameborder="yes" border="1"
bordercolor="#ff00ff">
<frame src="sl1.html">
<frame src="sl2.html">
<frame src="sl3.html">
<frame src="sl4.html">
</frameset><noframes></noframes>
</html>
```

2. 窗口的上下设定

实例 1－55

```
<html>
<head>
</head>
<frameset rows="20%,*,200" framespacing="1" frameborder="yes" border="1"
bordercolor="#ff00ff">
<frame src="sl1.html">
<frame src="sl2.html">
<frame src="sl3.html" noresize="noresize">
<frame src="sl4.html">
</frameset><noframes></noframes>
</html>
```

3. 窗口的嵌套设定

实例 1－56

```
<html>
<head>
</head>
<frameset cols="20%,*" framespacing="1" frameborder="yes" border="1"
bordercolor="#ff00ff">
<frame src="sl1.html">
<frameset rows="300,500" framespacing="1" frameborder="yes" border="1"
bordercolor="#ff00ff">
<frame src="sl2.html">
<frame src="sl3.html">
<frame src="sl4.html">
</frameset>
</frameset><noframes></noframes>
</html>
```

实例 1－57

```
<html>
<head>
</head>
<frameset rows="20%,*" framespacing="1" frameborder="yes" border="1"
bordercolor="#ff00ff">
<frame src="sl1.html">
<frameset cols="20%,*" framespacing="1" frameborder="yes" border="1"
bordercolor="#ff00ff">
<frame src="sl2.html">
<frame src="sl3.html">
<frame src="sl4.html">
</frameset>
```

```
</frameset> <noframes> </noframes>
</html>
```

实例 1-58

```
<html>
<head>
</head>
<frameset rows="20%,*,15%" framespacing="1" frameborder="yes" border="1"
bordercolor="#ff00ff">
<frame src="sl1.html">
<frameset cols="20%,*" framespacing="1" frameborder="yes" border="1"
bordercolor="#ff00ff">
<frame src="sl2.html">
<frame src="sl3.html">
</frameset>
<frame src="sl4.html">
</frameset> <noframes> </noframes>
</html>
```

大家看到上面的文件中还有一对 <noframes> 和 </noframes> 标签，即使在做框架集网页时没有这对标签，文件在很多浏览器解析时也会自动生成 <noframes> 标签，这对标签的作用是当浏览者使用的浏览器太旧，不支持框架这个功能时，他看到的将会是一片空白。为了避免这种情况，可使用 <noframes> 这个标记，当使用的浏览器看不到框架时，他就会看到 <noframes> 你的浏览器不支持框架网页 </noframes> 之间的内容，而不是一片空白。这些内容可以是提醒浏览者转用新的浏览器的语句，甚至是一个没有框架的网页或能自动切换至没有框架的版本。

四、窗口的名称和链接

如果在窗口中要做链接，就必须对每一个子窗口命名，以便被用于窗口间的链接。窗口命名要有一定的规则，名称必须是单个英文单词，允许使用下划线，但不允许使用“—”，“.”和空格等，名称必须以字母开头，不能使用数字，不能使用网页脚本中保留的关键字。在窗口的链接中还要用到一个新的属性“target”，这个属性可以将被链接的内容放置到想要放置的窗口内。

下面的实例就是窗口内的命名和链接方法。

文件一中的片断代码格式：

```
<a href="sl1.html" target="aa2">爱在深秋</a>
<a href="sl2.html" target="aa3">图像对文字的水平居中</a>
<a href="sl3.html" target="aa2">图像与文本之间的距离</a>
<a href="sl4.html" target="aa3">图像大小的设定</a>
<a href="http://www.sina.com.cn" target="aa3">新浪网站</a>
```

文件二的片断代码格式：

```
<frame src="ml.html" name="aa1">
```

```
<frame src = "sl1. html"  name = "aa3" >
<frame src = "sl2. html"  name = "aa2"  noresize = "noresize" >
```

文件一：

```
ml. html
<html>
<head>
<title>无标题文档</title>
</head>
<body>
<center>
<h2>目录</h2>
<hr>
<p> <a href = "sl1. html"  target = "aa2" >爱在深秋</a> </p>
<p> <a href = "sl2. html"  target = "aa3" >图像对文字的水平居中</a> </p>
<p> <a href = "sl3. html"  target = "aa2" >图像与文本之间的距离</a> </p>
<p> <a href = "sl4. html"  target = "aa3" >图像大小的设定</a> </p>
<p> <a href = "http://www. sina. com. cn"  target = "aa3" >新浪网站</a> </p>
</center>
</body>
</html>
```

文件二：

```
sl94. html
<html>
<head>
</head>
<frameset cols = "20% , * ,200"  framespacing = "1"  frameborder = "yes"  border = "1"  bordercolor = "#
99ccff" >
<frame src = "ml. html"  name = "aa1" >
<frame src = "sl1. html"  name = "aa3" >
<frame src = "sl2. html"  name = "aa2"  noresize = "noresize" > </frameset> <noframes> </noframes>
</html>
```

五、浮动窗口标签<iframe>

浮动窗口标签<iframe>只适用于 IE 浏览器，其作用是可以在浏览器窗口中嵌入一个框窗以显示另一个文件。它是一个围堵标记，但围着的字句只有在浏览器不支持<iframe>标签时才会显示，与<noframes>一样，可以放些提醒语句。通常<iframe>配合一个用来辨认浏览器的 JavaScript 会较好，若 JavaScript 识别出该浏览器并非 IE 浏览器便会切换至另一版本。

<iframe>的参数设定格式：

```
<iframe src = "iframe. html" name = "test"  align = "middle"  width = "300"  height = "100"  marginwidth
= "1"  marginheight = "1"  frameborder = "1"  scrolling = "yes" >
```

<iframe>标签属性见表 1-24。

表 1-24

属 性	描 述
src	浮动窗框中的要显示的页面文件的路径，可以是相对的或绝对的
name	此框窗名称，这是链接标记的 target 参数所要的
align	可选值为 left，right，top，middle，bottom，作用不大
height	框窗的高，以像素为单位
width	框窗的宽，以像素为单位
marginwidth	该插入的文件与左右框边所保留的空间
marginheight	该插入的文件与上下框边所保留的空间
frameborder	使用 1 表示显示边框，0 则不显示（可以是 yes 或 no）
scrolling	使用 yes 表示容许卷动（内定），no 则不容许卷动

```
<html>
<head>
<title>浮动框架</title>
</head>
<body bgcolor="#e1ffe1">
<center>
<iframe src="ml1.html" name="aa" width="600" height="400" marginwidth="30" marginheight
="20" align="middle" allowtransparency="true">
这是一个浮动窗口
</iframe>
<p><a href="sl1.html" target="aa">爱在深秋</a></p>
<p><a href="sl2.html" target="aa">图像对文字的水平居中</a></p>
<p><a href="sl3.html" target="aa">图像与文本之间的距离</a></p>
<p><a href="sl4.html" target="aa">图像大小的设定</a></p>
<p><a href="http://www.sina.com.cn" target="aa3">新浪网站</a></p>
</center>
</body>
</html>
```

注意：IE5.5 支持浮动框架的内容透明。如果想要为浮动框架定义透明内容，则必须满足下列条件。

（1）与 iframe 元素一起使用的 allowtransparency 标签属性必须设置为 true。

（2）在 iframe 内容源文档中，background-color 或 body 元素的 bccolor 标签属性必须设置为 transparent。

第十节 表单的设计

一、表单标签<form>

表单在 Web 网页中用来让访问者填写信息，从而采集客户端信息，使网页具有交互功能。一般是将表单设计在一个 HTML 文档中，当用户填写完信息后做提交（submit）操作，于是表单的内容就从客户端的浏览器传送到服务器，经过服务器上的 ASP 或 CGI 等处理程序处理后，再将用户所需信息传送回客户端的浏览器，这样网页就具有了交互性。这里只讲怎样使用 HTML 标签来设计表单。

表单由窗体和控件组成，一个表单一般应该包含用户填写信息的输入框和提交按钮等，这些输入框和按钮叫控件，表单很像容器，它能够容纳各种各样的控件。

一个表单用<form>和</form>标签来创建，也即定义表单的开始和结束位置，在开始和结束标签之间的一切定义都属于表单的内容。<form>标签具有 action，method 和 target 属性。action 属性的值是处理程序的程序名（包括网络路径，即网址或相对路径），如<form action="用来接收表单信息的 url">，如果这个属性是空值（""），则当前文档的 URL 将被使用。当用户提交表单时，服务器将执行网址里面的程序（一般是 CGI 程序）。method 属性用来定义处理程序从表单中获得信息的方式，可取值为 get 和 post 中的一个。get 方式是处理程序从当前 HTML 文档中获取的数据，然而这种方式传送的数据量是有限制的，一般限制在 1KB（255 个字节）以下。post 方式与 get 方式相反，它使当前的 HTML 文档把数据传送给处理程序，传送的数据量要比使用 get 方式大得多。target 属性用来指定目标窗口或目标帧，可选当前窗口(_self)、父级窗口(_parent)、顶层窗口(_top)、空白窗口(_blank)。

表单标签的格式：

```
<form action="url" method=get|post name="myform" target="_blank">…</form>
```

二、写入标签<input>

在 HTML 语言中，标签<input>具有重要的地位，它能够将浏览器中的控件加载到 HTML 文档中，该标签是单个标签，没有结束标签。<input type="">用来定义一个用户的输入区，用户可在其中输入信息。此标签必须放在标签对<form>和</form>之间。<input type="">中共提供了 19 种类型的输入区域，具体是哪一种类型由 type 属性来决定。type 属性定义见表 1-25。

表 1－25

type 属性取值	输入区域类型	控件的属性及说明
< input type = " text " size = " " maxlength = " " >	单行的文本输入区域，size 与 maxlength 属性用来定义此种输入区域显示的尺寸大小与输入的最大字符数	（1）name 定义控件名称； （2）value 指定控件初始值，该值就是浏览器被打开时在文本框中的内容； （3）size 指定控件宽度，表示该文本输入框所能显示的最大字符数； （4）maxlength 表示该文本输入框允许用户输入的最大字符数； （5）onchang 指定文本改变时要执行的函数； （6）onselect 指定控件被选中时要执行的函数； （7）onfocus 指定文本接受焦点时要执行的函数
< input type = " button" >	普通按钮，当这个按钮被点击时，就会调用属性 onclick 指定的函数；在使用这个按钮时，一般配合使用 value 指定在它上面显示的文字，用 onclick 指定一个函数，一般为 JavaScript 的一个事件	这三个按钮有以下面共同属性： （1）name 指定按钮名称； （2）value 指定按钮表面显示的文字； （3）onclick 指定单击按钮后要调用的函数； （4）onfocus 指定按钮接受焦点时要调用的函数
< input type = " submit" >	提交到服务器的按钮，当这个按钮被点击时，就会链接到表单 form 属性 action 指定的 URL 地址	
< input type = " reset" >	重置按钮，单击该按钮可将表单内容全部清除，重新输入数据	
< input type = " checkbox" checked >	一个复选框，checked 属性用来设置该复选框缺省时是否被选中	checkbox 用于多选，有以下属性： （1）name 定义控件名称； （2）value 定义控件的值； （3）checked 设定控件初始状态是被选中的； （4）onclick 定义控件被选中时要执行的函数； （5）onfocus 定义控件为焦点时要执行的函数

（续）

type 属性取值	输入区域类型	控件的属性及说明
<input type = "hidden" >	隐藏区域，用户不能在其中输入，只能用来预设某些要传送的信息	hidden 隐藏控件用于传递数据，对用户来说是不可见的，有以下属性： （1）name 定义控件名称； （2）value 指定控件默认值； （3）hidden 隐藏控件的默认值会随表单一起发送给服务器 如：<input type = "hidden" name = "ss" value = "688" > 控件的名称设置为 ss，设置其数据为688，当表单发送给服务器后，服务器就可以根据 hidden 的名称 ss，读取 value 的值 688
<input type = "image" src = "url" >	用图像来代替 submit 按钮，图像的源文件名由 src 属性指定，用户点击后，表单中的信息和点击位置的 X、Y 坐标一起传送给服务器	（1）name 指定图像按钮名称； （2）src 指定图像的 url 地址
<input type = "passward" >	输入密码的区域，当用户输入密码时，区域内将会显示“ * ”号	password 控件表示该输入项的输入信息是密码，在文本输入框中显示“ * ”，有以下属性： （1）name 定义控件名称； （2）value 指定控件初始值，该值就是浏览器被打开时在文本框中的内容； （3）size 指定控件宽度，表示该文本输入框所能显示的最大字符数； （4）maxlegnth 表示该文本输入框允许用户输入的最大字符数
<input type = "radio" >	单选按钮类型，checked 属性用来设置该单选框缺省时是否被选中	radio 用于单选，有以下属性： （1）name 定义控件名称； （2）value 定义控件的值； （3）checked 设定控件初始状态是被选中的； （4）onclick 定义控件被选中时要执行的函数； （5）onfocus 定义控件为焦点时要执行的函数 当为单选项时，所有按钮的 name 属性必须相同，如都设置为 my_radio

以上类型的输入区域有一个公共的属性 name，此属性给每一个输入区域一个名字。这个名字与输入区域是一一对应的，即一个输入区域对应一个名字。服务器就是通过调用某一输入区域的名字的 value 值来获得该区域的数据。而 value 属性是另一个公共属性，它可以用来指定输入区域的缺省值。

应用格式：

<input 属性 1 属性 2……>

常用属性：

（1）name 定义控件名称；

（2）type 指定控件类型，如 button 表示普通按钮，text 表示文本框等；

（3）align 指定对齐方式，可取 top，bottom，middle；

（4）size 指定控件的宽度；

（5）value 设定输入默认值；

（6）maxlength 指定在单行文本的时候允许输入的最大字符数；

（7）src 指定插入图像的地址；

（8）event 指定激发的事件。

实例 1 - 59

```
<html>
<head>
<title>&lt;input&gt;的控件</title>
</head>
<body>
<center>
<h2><font color="#339933">&lt;input&gt;控件的使用</font></h2>
</center>
<pre>
<form action="" method="post" target="_parent">单行的文本输入区域：<input class=nine name=t1>
普通按钮：<input class=nine name=b1 type=submit value=submit>
提交按钮：<input class=nine name=b1 type=submit value=submit>
重置按钮：<input name=b1 type=reset value=reset>
复选框：你喜欢哪些教程：<input name=c1 type=checkbox value=on>Html 入门<input checked name=c2 type=checkbox value=on>动态 Html<input name=c3 type=checkbox value=on>ASP
图像来代替 submit 按钮：<input border=0 height=20 name=I2 src="../../imge/nnn.gif" type=image width=65>
密码的区域：<input class=nine name=p1 type=password></p>
单选按钮：你的休闲爱好是什么：<input checked name=r1 type=radio value=v1>音乐<input name=r1 type=radio value=v2>体育<input name=r1 type=radio value=v3>
旅游
</form>
</pre>
<a href="#" onClick="window.history.back()"><font size=4>返回</font></a></sub>
</pre>
```

```
</body>
</html>
```

三、菜单下拉列表框标签 <select> </select> <option>

<select>和</select>标签对用来创建一个菜单下拉列表框。此标签对用于<form>和</form>标签对之间。<select>具有 multiple、name 和 size 属性。multiple 属性不用赋值，直接加入标签中即可使用，加入此属性后列表框就成为可多选的；name 属性用来设置此列表框的名字，它与前边讲的 name 属性的作用是一样的；size 属性用来设置列表的高度，缺省时值为 1，若没有设置（加入）multiple 属性，显示的将是一个弹出式的列表框。

<option>标签用来指定列表框中的一个选项，放在<select>和</select>标签对之间。此标签具有 selected 和 value 属性，selected 属性用来指定默认的选项，value 属性用来给<option>指定的那一个选项赋值，这个值是要传送到服务器上的，服务器正是通过调用<select>区域的名字的 value 属性来获得该区域选中的数据项。

实例 1-60

```
<html>
<head>
<title>下拉列表框</title>
</head>
<body>
<form action="" method="post">
<p>请选择最喜欢的男歌星:
<select name="gx1" size="1">
<option value="ldh">刘德华
<option value="zhxy" selected>张学友
<option value="gfch">郭富城
<option value="lm">黎明
</select>
</form>
</body>
</html>
```

实例 1-61

```
<html>
<head>
<title>复选的列表框</title>
</head>
<body>
<form action="" method="post">
<p>请选择最喜欢的女歌星:
<select name="gx2" multiple size="4">
<option value="zhmy">张曼玉
<option value="wf" selected>王菲
```

```
<option value="tzh">田震
<option value="ny">那英
</select>
</form>
</body>
</html>
```

四、多行的文本框标签 <textarea> </textarea>

<textarea>和</textarea>用来创建一个可以输入多行的文本框，此标签对用于<form>和</form>标签对之间。<textarea>具有以下属性：

（1）onchange 指定控件改变时要调用的函数；

（2）onfocus 指定控件接受焦点时要执行的函数；

（3）onblur 指定控件失去焦点时要执行的函数；

（4）onselect 指定控件内容被选中时要执行的函数；

（5）name 指定文字区块的名称，作识别之用，将会传至 CGI；

（6）cols 指定文字区块的宽度；

（7）rows 指定文字区块的列数，即其高度；

（8）wrap 定义输入内容大于文本域时显示的方式，可选值如下。

① 默认值是文本自动换行，当输入内容超过文本域的右边界时会自动转到下一行，而数据在被提交处理时自动换行的地方不会有换行符出现。

② off 用来避免文本换行，当输入的内容超过文本域的右边界时，文本将向左滚动。

③ virtual 允许文本自动换行，当输入的内容超过文本域的右边界时，文本会自动转到下一行，而数据在被提交处理时自动换行的地方不会有换行符出现。

④ physical 让文本换行，当数据被提交处理时换行符也将被一起提交处理。

这里列与行是以字符数为单位的。

实例 1-62

```
<html>
<head>
<title>多行的文本框</title>
</head>
<body>
<form action="" method="post">
<p>您的意见对我很重要：
<textarea name="yj" clos="20" rows="5">
请将意见输入此区域
</textarea>
</form>
</body>
</html>
```

第二章　CSS + DIV

第一节　CSS 布局入门

一、CSS

CSS 是 Cascading Style Sheets（层叠样式表单）的简称，更多的人把它称作样式表。顾名思义，它是一种设计网页样式的工具。借助 CSS 的强大功能，网页将在丰富的想象力下千变万化。

图 2－1 和图 2－2 中的效果，可能有人会认为是用 Photoshop 或者其他图形处理软件制作的，可是它们却完全是用 CSS 编写实现的。我们来看一下它的源代码：

图 2－1

图 2－2

```
<html>
  <head>
    <title>css word</title>
      <style>//*CSS 样式定义开始*//
      <! --
      div
      {width: 200; filter: blur(add = true,direction = 135,strengh = 20);
        } //*定义 DIV 范围内的样式,包括宽度(width)、模糊滤镜属性(blur)*//
      -- >
      </style>//*样式定义结束*//
</head>
<body>
<div>//*以下的区域内采用<head>中<style>里面定义的格式*//
```

```
<p style = "font-size:48;font-style:bold; color:red;" >hongen </p>
    //*定义字体样式(font-style),包括字体大小(size)、粗细(bold)、颜色(color)*//
</div>
</body>
</html>
```

上面的代码中加底纹显示的部分是注释部分，用于帮助用户更好地理解代码的含义。上面的这一段代码产生的是如图 2-2 所示的效果，而其中字体的模糊效果就是运用 CSS 的滤镜功能实现的。滤镜功能是 CSS 中非常有趣也非常吸引人的一个功能，将在后面的章节中介绍。

实际上，CSS 的代码都是由一些最基本的语句构成的。它的基本语句的结构如下：

```
选择符{属性:属性值}
```

下面结合上面的代码来讲解，如上面代码的 <head>… </head>中，使用 <style>来指定样式。

一般来说，<style>下面的 CSS 语句是以注释语句的形式书写的，也就是上面代码中的 <! --… -- >中包含的部分。所以，上面的代码中定义页面样式的语句是：

```
div{width:200;filter:blur(add = true,direction = 135,strengh = 20);}
```

在上面的语句中，div 是选择符，选择符可以是 HTML 中任何的标识符，如 p、div、img 甚至 body 都可以作为选择符。这里用 div 作选择符，就是在 HTML 中，编辑在 <div>中的页面格式将以上面语句中大括号内定义的格式显示。大括号内的 width 和 filter 就是属性。

（1） width 定义了 div 区域内页面的宽度，200 是属性值。

（2） filter 定义了滤镜属性，blur 是它的属性值，该属性值产生的是一种模糊效果，其小括号内定义的是 blur 属性值的一些参数。

① add 参数有两个值，即 true 和 false，分别指定图像是否被设置成模糊效果。

② direction 参数用来设置模糊的方向。0°代表垂直向上，然后每 45°为一个单位，上面语句中的 135 代表底部向右 135°，每一个度数单位都代表一个模糊方向，如果感兴趣的话，可以参照后面讲解中详细的参数设定。

③strengh 代表有多少像素的宽度将受到模糊影响，参数值是用整数来设置的。

可以看到，除了在 <head>中有 CSS 的定义，在 <body>中也有一段 CSS 定义：

```
<p style = "font-size:48;font-style:bold;color:red;" >hongen </p>
```

这里 style 是内嵌到 <p>中来定义该段落内的格式。可以发现在 <body>中的 CSS 语句与在 <head>中定义还有些不同，它是用 <style = >直接定义的。这种定义方法非常适用于编写的代码比较多的情况。而上面代码的 CSS 定义格式则非常适用于代码较少、结构较简单的情况。

按照 CSS 语句的基本格式，可以看出上面定义 <p>段落内的 CSS 代码中 font-size、font-style 和 color 是属性，分别定义 <p>中“hongen”字体的大小（size）、样式（style）和颜色（color）；而 48、bold、red 是属性值，意思是“hongen”将以 48pt、粗体、红色的样式显示。由于整个段落是定义在 <div>中的，所以“hongen”又将显示出 <head>中定义的滤镜属性。最终的结果如图 2-2 所示。

图 2－1 中的效果也是用很简单的 CSS 语句实现的，只是运用了 CSS 中的滤镜属性而已。

通过上面的讲解，可以看到用很简单的 CSS 语句就可以实现许多需要专业软件才可以达到的效果。利用属性可以设置字体、颜色、背景等页面格式；利用定位可以使页面布局更加规范、好看；利用滤镜可以使页面产生多媒体效果。可见，CSS 的功能很强大，下面将对它进行详细的讲解。

二、怎样编写 CSS

从上面的例子中可以看到，CSS 的语句是内嵌在 HTML 文档中的。所以，编写 CSS 的方法和编写 HTML 文档的方法是一样的。可以用任何一种文本编辑工具来编写，如 Windows 中的记事本和写字板、专门的 HTML 文本编辑工具（如 FrontPage、UltraEdit 等），都可以用来编辑 CSS 文档。

那么有人可能会问，独立编辑好的 CSS 文档怎样加入 HTML 文档中呢？其实在第一章的例子里已经介绍了几种方法。

一种方法是把 CSS 文档放到 <head> 文档中：

```
<style type = "text/css" >…… </style>
```

其中，<style> 中的 type = "text/css" 的意思是 <style> 中的代码是定义样式表单的。

另一种方法是把 CSS 样式表写在 HTML 文档的行内：

```
<p style = "font-size:14pt;color:blue" >蓝色 14 号文字 </p>
```

这是采用 <style = "" > 的格式把样式写在 HTML 中的任意行内，这样比较方便灵活。

还有一种方法是把编辑好的 CSS 文档保存成“. CSS”文件，然后在 <head> 中定义，定义的格式：

```
<head> <link rel = stylesheet href = "style. css" >…… </head>
```

可以看到这里应用了一个 <link>，rel = stylesheet 指链接的元素是一个样式表（stylesheet）文档，一般这里是不需要改动的；而后面的 href = "style. css" 指的是需要链接的文件地址，只需把编辑好的“. CSS”文件的详细路径名写进去即可。这种方法非常适宜同时定义多个文档，它能使多个文档同时使用相同的样式，从而减少大量冗余代码。

本节主要介绍编写 CSS 的方法以及如何把编好的 CSS 文档与 HTML 文档结合起来运用。您可以根据自己编写的 HTML 代码的结构、长度来选择用哪一种方法将 CSS 与之结合。之后将进入 CSS 的具体知识的学习，这里先从最基本的属性开始讲起。

从 CSS 的基本语句就可以看出，属性是 CSS 非常重要的部分。熟练掌握 CSS 的各种属性将会使编辑页面更加得心应手。下面就借助一些实例来讲解。

三、CSS 属性

1. 字体属性

字体属性是最基本的属性，会经常用到，具体见表 2－1。

表 2-1

属　性	属性含义	属性值
font-family	使用什么字体	所有的字体
font-style	字体是否用斜体	normal、italic、oblique
font-variant	字体是否用小体大写	normal、small-caps
font-weight	定义字体的粗细	normal、bold、bolder、lither 等
font-size	定义字体的大小	absolute-size、relative-size、length、percentage 等

只看表格是不是有些难懂，不要紧，现在看一个用表格中的属性定义的字体样，如图 2-3所示。

图 2-3

第一行只采用了“font-family”属性，代码如下：

```
<p style="font-family:lucida console">hongen</p>
```

这行代码定义了“hongen”将以“lucida console”的字体显示。

第二行“font-family”为默认值，而是定义了“font-style”属性为“italic”（斜体），代码如下：

```
<p style="font-style:italic">hongen</p>
```

第三行“font-family”为默认值，“font-style”为“oblique”，另外还定义了“font-weight”属性为“bold”，“font-size”属性为 24pt（缺省情况下为 absolute-size(绝对大小)），代码如下：

```
<p style="font-style:oblique;font-weight:bold;font-size:24pt">hongen</p>
```

最后一行只是在第三行定义的基础上又增添了“font-variant”属性为“small-caps”（小体大写），代码如下：

```
<p style="font-style:oblique;font-weight:bold;font-size:24pt;font-variant:small-caps">hongen</p>
```

值得注意的是“font-variant”属性为“small-caps”在指定的小体大写字体不存在的时候，CSS 将用大写字母代替所有的小写字母。

可能有人会问，定义一个字体怎么有那么长的代码呢？其实字体属性中还一个“font”属性，可以实现简便定义，例如下面这段代码：

<p style = "font:italic small-caps bold 36pt,GlitzyCurl" >LEAF </p >

此代码产生的效果如图 2－4 所示。

图 2－4

这段代码定义了“LEAF”的字体为 GlitzyCurl，并且是斜体、小体大写、粗体、36 号字。这段代码等同于：

<p style = " font-style: italic; font-variant: small-caps; font-weight: bold; font-size: 36pt; font-family: GiltzyCurl" >LEAF </p >

怎么样，是不是精简了许多。

但需要注意的是，如果用 <font> 属性直接定义，一定要注意属性值的排放顺序。它的排放规则是按照“font-style”“font-variant”“font-weight”“font-size”“font-family”的顺序进行的，其中没有定义的以默认值显示。

其实习惯上还是不用 <font> 属性来统一定义，因为分开来定义的代码虽然很长，但是看上去很直观，一看就能知道定义的内容是什么。

说一点遗憾之处吧，那就是 CSS 对中文字体的支持可能不是很好。

2. 颜色和背景属性

没有人希望自己的页面处于黑白世界，如果给用 <font> 属性定义的文本添加上颜色是不是会更好呢？

下面就讲一下 CSS 的颜色和背景属性。CSS 的颜色和背景属性具体见表 2－2。

表 2－2

属　性	属性含义	属性书写格式	属性值
color	定义前景色	p {color: red}	颜色
background-color	定义背景色	body {background-color: yellow}	颜色
background-image	定义背景图案	body {background-image: url(. ipg)}	图片路径
background-repeat	背景图案的重复方式	body {background-repeat: repeat-y}	repeat-x、repeat-y、no-repeat
background-attachment	设置滚动	body {background-attachment: scroll}	Scroll Fixed
background-position	背景图案的初始位置	body {background: url (. jpg) top center}	Percentage、length、top、left、right、bottom 等

这里还是举个例子吧。如前面讲到的“LEAF”字体，在其中加入颜色属性，在 <style> 中再加入以下代码：

color:rgb(204,82,28);
background-image:url(ss01038.jpg);
background-repeat:no-repeat;margin-right:15em
//＊设置前景色的 RGB 值为(204,82,28),也可以用颜色的英文名称直接定义;设置背景图案的地址;设置背景图案不重复显示;另外还设置了页边距 margin 属性,这部分内容以后再讲＊//

加入代码后,"LEAF" 的字体显示效果如图 2-5 所示。

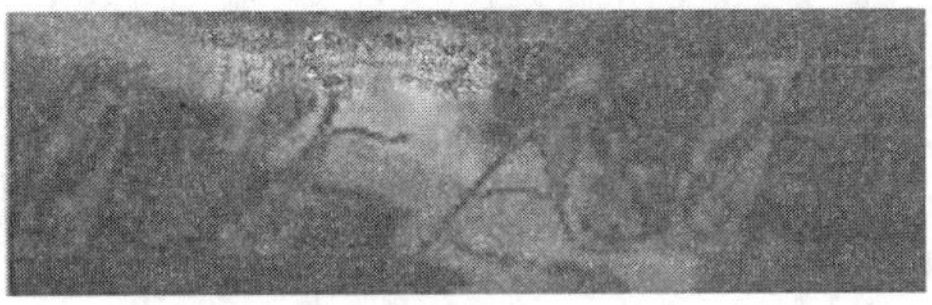

图 2-5

怎么样,是不是比只定义 <font> 属性显得更加漂亮了。当然,也可以简便地定义 <background> 属性(同定义 <font> 属性)。<background> 属性的书写格式:

属性:background 属性值:<background-color> || <background-image> || <background-repeat> || <background-attachment> || <background-position>

也就是说,使用 <background> 属性可以一次定义前面讲到的一切有关背景的属性,包括背景颜色、背景图案等。因此,上面定义"LEAF"颜色属性中有关背景的代码可以写成:

"background: url(ss01038.jpg) no-reapeat"

至于颜色和背景属性的功能,也可以自己试一试。

3. 文本属性

1) 定义间距

前面讲了如何用 CSS 定义字体、颜色和背景属性,那么对于定义好的文本,怎么对它进行排版呢?

下面讲述一下 CSS 的文本属性,文本属性的详细列表见表 2-3。

表 2-3

属　性	属性含义	属性值
word-spacing	定义各个单词的间距	normal <length>(必须以长度为单位)
letter-spacing	定义每个字母之间的间距	同上
text-decoration	定义文字的装饰样式	none, underline, overline, line-through, blink
vertical-align	定义元素在垂直方向上的位置	baseline, sub, super, top, text-top, middle, bottom, text-bottom, <percentage>
text-transform	使文本转换为其他形式	capitalize, uppercase, lowercase, none
text-align	定义文字的对齐方式	left, right, center, justify
text-indent	定义文本的首行缩进方式	<length> <percentage>
line-height	定义了文本的行高	normal, <number> <length> <percentage>

从表中可以看到，在这里可以定义文本的文字间距、字母间距、装饰、对齐方式、缩进方式和行高等属性，如图 2－6 所示文字的排版。

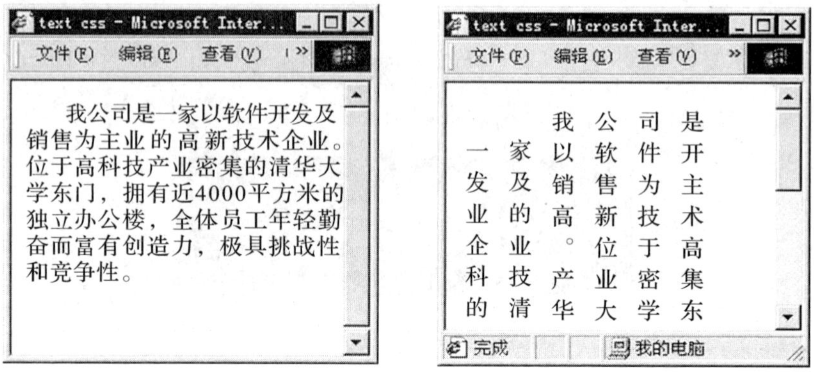

（a） （b）

图 2－6

对图 2－6(a)所示文字加上文本属性重新排版，排版后的效果如图 2－6(b)所示。

可以看到经过文本属性处理的文本字与字的间距加大了，行与行之间的行高加大了，对齐方式变成了两端对齐，并且段首缩进了两格。这是怎样实现的呢？很简单，只是在 HTML 中加了如下代码：

```
<p style = "letter-spacing:1em;text-align:justify;text-indent:4em;line-height:17pt" >…… </p >
//＊letter-spacing 设置字间距为 1em,其中 1em 为一个长度单位;text-align 设置对齐方式为两端对齐;text-indent 设置缩进格为 4em;line-height 设置行高为 17pt＊//
```

从上面的例子可以看出，利用 CSS 的文本属性可以方便地对页面中的文本进行排版。

2） 装饰超链接

网页默认的链接方式是未访问过的超链接是蓝色文字并带蓝色的下划线，访问过的超链接是深紫色文字并带深紫色的下划线。如果所有的网页都是这种样式，是不是很单调呢？

其实，利用 CSS 文本属性中的 text-decoration 属性就可以实现对超链接的修饰。先看下面的一段代码：

```
<html >
  <title > link css </title >
  <head >
  <style >
  <!  --
  //＊定义伪类元素(a:),大括号内定义了前景颜色属性和文本装饰属性,hover 加上“font-size”属性目的是让鼠标激活超链接时改变字体＊//
  a:link{color:green;text-decoration:none}
  //＊未访问时的状态,颜色为绿色(green),文本装饰属性(text-decoration)值为没有(none)＊//
  a:visited{color:red;text-decoration:none}
  //＊访问过的状态,颜色为红色(red),文本装饰属性值为没有＊//
  a:hover{color:blue;text-decoration:overline;font-size:20pt}
```

```
//＊鼠标激活的状态，颜色为蓝色(blue)，文本装饰属性值为上划线(overline)，字体大小为20pt＊//
 -->
</style>
</head>
<body>
<p style="font-family:行书体;font-size:18pt">
<a href="http://www.hongen.com">未访问的超链接</a></p>
//＊加超链接，显示三种不同状态，并且定义了超链接文本的字体和大小＊//
<p><a href="http://www.hongen.com">访问过的超链接</a></p>
<p><a href="http://www.hongen.com">鼠标激活的超链接</a></p>
</body>
</html>
```

从例子中可以看到，没有访问过的超链接以绿色显示，并且去掉了下划线；而访问过的超链接以红色且没有下划线显示；另外，当鼠标激活超链接时，超链接以蓝色显示，并且加上了上划线。这种效果是怎么实现的呢？除了运用文本属性中的 text-decoration 属性设置，还采用了伪类元素。

通过上面的代码注释，对伪类元素有了一个大概认识。实际上，代码中用到的这种伪类应当称为“锚伪类”，它规定了链接不同状态下的效果。

怎么样，是不是很简单地就可以实现动态链接的效果？赶紧自己动手试一试吧！

4. “容器” 属性

听起来是不是很有趣，什么叫“容器”属性呢？CSS 的“容器”属性包括边距、填充距、边框和宽度、高度、浮动、清除等属性。

网页中的内容肯定是都需要“装”进一个“容器”里。“容器”属性是 CSS 中非常重要的一种属性，以下将分类进行学习。

1）边距属性

边距属性的列表见表 2－4。

表 2－4

属　性	属性含义	属性值
margin-top	设置顶端边距	length、percentage、auto
margin-right	设置右侧边距	同上
margin-bottom	设置底端边距	同上
margin-left	设置左侧边距	同上

与 font 属性一样，表 2－4 中的四个属性可以用一个属性定义，边距顺序是上、右、下、左。以下还是用定义边距属性前后的两个例子来说明，具体如图 2－7 所示。

图 2－7(a)是没有加边距属性的效果，而图 2－7(b)则在 <head> 中加入了如下代码：

```
body{margin:1em 2em 3em 4em}
//＊定义文本的上、右、下、左的边距分别为1、2、3、4em＊//
```

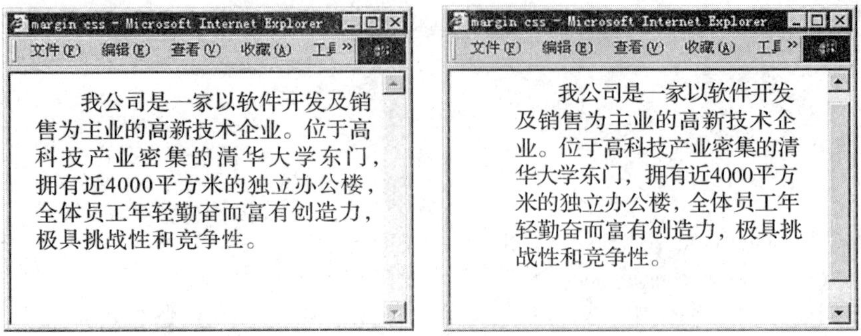

(a) (b)

图 2－7

定义了边距的页面，无论怎么改变窗口的大小，页面都会按照定义好的边距样式显示。如果在 margin 里有缺失的属性，则按照顺序依次排列。如：

```
body{margin:1em 3em}
```

这段代码的含义是 body 的上、右边距分别为 1、3em。

2）填充距属性

填充距的属性列表见表 2－5。

表 2－5

属　性	属性含义	属性值
padding-top	设置顶端填充距	length、percentage
padding-right	设置右侧填充距	同上
padding-bottom	设置底端填充距	同上
padding-left	设置左端填充距	同上

首先需要先了解什么叫填充距，它与边距又有什么差别？填充距指的是文本边框与文本之间的距离。

这样讲是不是有些难懂，由于填充距属性与 margin 一样，都有一个一次定义的属性 padding。下面举例说明到底什么叫填充距，如图 2－8 所示。

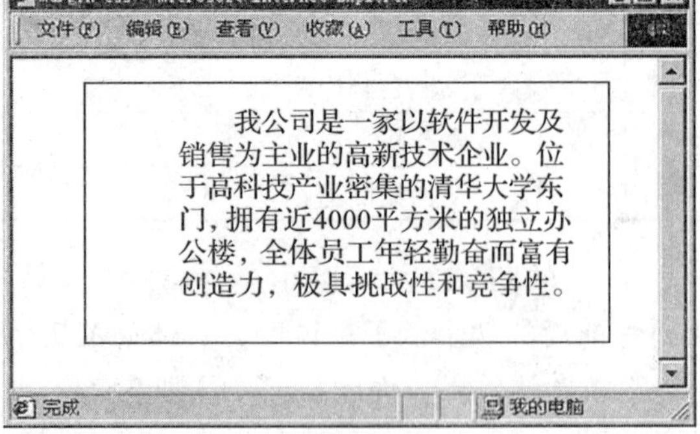

图 2－8

图 2－8 中边框圈住的部分就是填充距起作用的部分。实际上，图 2－8 的效果只是在前面例子的 <head> 中把下面这段代码加入到 body 定义的 margin 后面：

```
padding: 1em 2em 3em 4em
```

可知，边框标记外的部分属于 margin 属性起作用的部分。

3）边框属性

边框属性的种类繁多，其属性列表见表 2－6。

表 2－6

属　性	属性含义	属性值
border-top-width	设置顶端边框宽度	thin、medium、thick、length
border-right-width	设置右侧边框宽度	同上
border-bottom-width	设置底端边框宽度	同上
border-left-width	设置左侧边框宽度	同上
border-width	一次定义边框宽度	同上
border-color	设置边框颜色	color
border-style	设置边框样式	none、dotted、dash、solid、double、groove、ridge、inset、outset
border-top	一次定义顶端的各种属性	border-top-width、border-style、color
border-right	一次定义右侧的各种属性	同上
border-bottom	一次定义底端的各种属性	同上
border-left	一次定义左侧的各种属性	同上

看上去是不是有很多？其实应用起来很方便。

只要灵活地运用一次定义的属性就会方便很多。其实，还有一个一次设置所有边框的宽度、样式和颜色属性的 border 属性，但是 border 属性只能使四条边框的属性值一样。现在来给前面的例子设置一个 5 像素宽、双边框并且是紫色的边框，如图 2－9 所示。

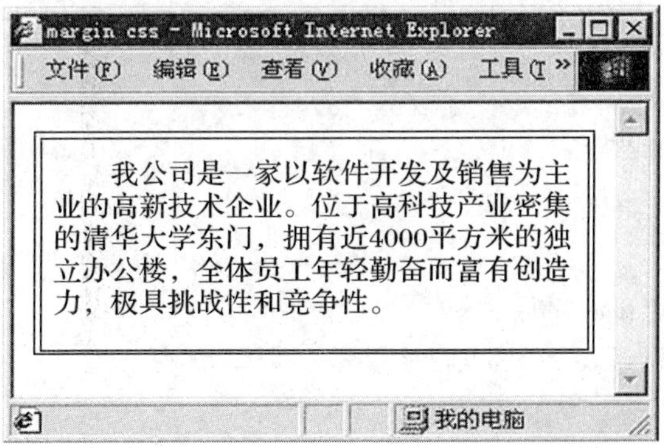

图 2－9

即在 <head> 中定义 <p> 的属性，代码如下：

```
p{border:5px double purple}//*定义了四条边框宽度为一样的值*//
```

还可以找一段文本自己多尝试一下其他的边框属性，看看还有什么效果。

4）图文混排

“容器”属性的其他属性列表见表 2－7。

表 2－7

属　性	属性含义	属性值
width	定义宽度属性	length、percentage、auto
height	定义高度属性	length、auto
float	使文字环绕在一个元素的四周	left、right、none
clear	定义某一边是否有环绕文字	left、right、none、both

表 2－7 中的 float 属性很有意思，下面用它作一个页面效果，如图 2－10 所示。

图 2－10

是不是觉得只有在图片处插入一个表格才能实现这种图文混排的效果呢？

其实不是的，这里只是在 <head> 中定义了 <img> 的 float 和 margin 属性，代码如下：

```
<html>
<title>margin css</title>
<head>
<style>
<!--
img{margin-right:2em;float:left}
//*定义图片的右边距为2em,图片浮动在文字的左边*//
-->
</style>
</head>
<body>
```

```
<p class = "p2" style = " line-height:17pt" >
<img src = "logo.gif" alt = "floating" >
我公司是一家以软件开发及销售为主业的高新技术企业。位于高科技产业密集的清华大学东门,拥有近4000平方米的独立办公楼,全体员工年轻勤奋而富有创造力,极具挑战性和竞争性。</p>
</body>
</html>
```

怎么样，不用表格也能实现图文混排的效果，并且减少了大量代码。还可以试试 float 的其他效果。

可以看出，充分利用 CSS 的“容器”属性，将会使页面布局更加合理，样式更加漂亮。

5. 分级属性

如果使用过 Word，那么一定知道 Word 中有一个“项目符号和编号”功能。

在 HTML 中，无须使用前面提到的一些字体、颜色、容器属性来对字体、颜色和边距、填充距等进行初始化，因为在 CSS 中已经提供了进行分级的专用分级属性。

分级属性包括了“list-style”（列表样式）、“list-item”（列表项）等多种属性，分级属性的详细列表见表 2－8。

表 2－8

属　性	属性含义	属性值
display	定义是否显示	block、inline、list-item、none
white-space	决定怎样处理空白部分	normal、pre、nowrap
list-style-type	在列表项前加项目编号	disc、circle、square、decimal、lower-roman、upper-roman、lower-alpha、upper-alpha、none
list-style-image	在列表项前加图案	<url>、none
list-style-position	决定列表项中第二行的起始位置	inside、outside
list-style	一次定义前面的列表属性	<keyword>、<positon>、<url>

下面介绍一个分级属性的例子，代码如下：

```
<html>
<head>
<title>fenji css</title>
<style type = "text/css" >//*定义 CSS*//
<!--
p{display:block;white-space:normal}
//*定义显示属性为“block”,意思是在新的区域里显示;white-space 的属性“normal”使多重空白合成为一个*//
em{display:inline}
//*定义 em 的显示属性为“inline”,目的是使其控制下的文本显示中不折行*//
li{display:list-item;list-style:square}
//*定义 li 的显示属性为“list-item”,显示在列表项中加入一个符号标记;而 list-style 属性值定义为
```

```
"square",使列表项前的标记为方块 * //
    img{display:block} // * 定义图片属性为"block",使图片在新的位置打开 * //
    -- >
    < /style >
    < /head >
    < body >
    < p > < em > sample < /em > text < em > sample < /em > text < em > sample < /em >
    text < em > sample < /em > text < em > sample < /em > < /p >// * 定义一段文本 * //
      < ul >// * 定义列表项 * //
      < li > list-item 1 < /li >
      < li > list-item 2 < /li > < li > list-item 3 < /li > < /ul >
    < p > < img src = "ss01068. jpg"  width = "280" height = "185"  alt = "invisible" > < /p >// * 定义一幅
图片 * //
    < /body >
    < /html >
```

上段代码的显示效果如图 2 - 11 所示。

可以看到，由于定义了 < p > 的属性为 block，所以文本、列表、图片都在不同的位置打开，Inline 属性使文本不折行，list-style-type 的属性值为 square，使列表项前的符号为方块。

如果在上面的代码中做一些改动，则将以另一种效果显示，在 < head > 中把 em 的 display 属性值改为 block，使其在新的位置打开；li 的 list-style 属性值改为 upper-roman（大写罗马符号），img 的 display 属性值改为 none（让图片不显示）。修改后的显示效果如图 2 - 12 所示。

可以看到，分级属性也能达到排版的部分功能，几处代码的改动就可以使页面发生很大的变化。

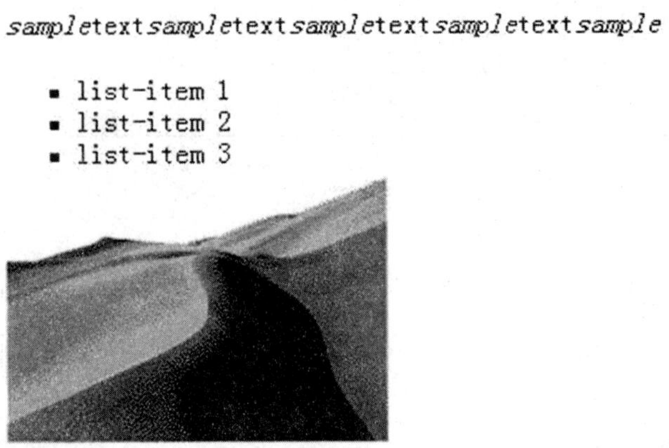

图 2 - 11

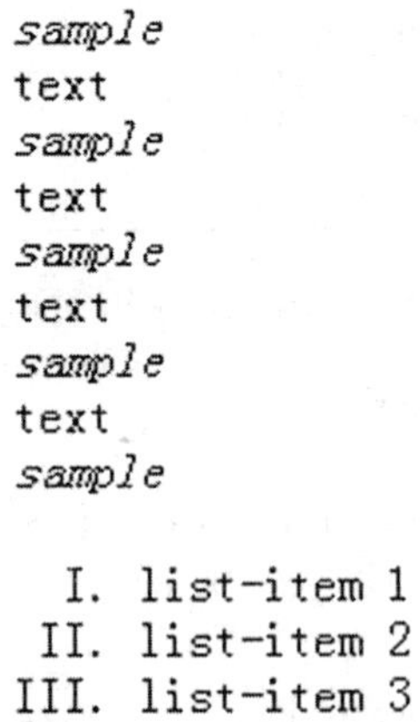

图 2 - 12

6. 鼠标属性

当把鼠标移动到不同的地方时，当鼠标需要执行不同的功能时，当系统处于不同的状态时，都会使鼠标的形状发生改变。

用 CSS 来改变鼠标的属性，就是当鼠标移动到不同的元素对象上面时，让鼠标以不同的形状、图案显示。

在 CSS 当中，这种样式是通过“cursor”属性实现的。cursor 属性有很多的属性值，其详细列表见表 2 -9。

表 2 -9

属性值	属性含义
auto	自动，按照默认状态自行改变
crosshair	精确定位“十”字
default	默认指针
hand	手形
move	移动
e-resize	箭头朝右方
ne-resize	箭头朝右上方
nw-resize	箭头朝左上方
n-resize	箭头朝上方
se-resize	箭头朝右下方
sw-resize	箭头朝左下方
s-resize	箭头朝下方
w-resize	箭头朝左方
text	文本“I”形
wait	等待
help	帮助

给出一个例子，代码如下：

```
<html>
  <head>
  <title>changemouse</title>
  </head>
  <body>
  <h1 style="font-family:文鼎新艺体简">鼠标效果</h1>//*设置字体*//
  <p style="font-family:行书体;font-size:16pt;color:red">
 请把鼠标移到相应的位置观看效果。</p>//*设置字体的名称、大小、颜色*//
  <div style="font-family:行书体;font-size:24pt;color:green">
   //*设置该区域内的字体名称、大小、颜色*//
    <p><span style="cursor:hand">手的形状</span><br>
   //*设置鼠标属性为手的形状*//
    <span style="cursor:move">移动</span><br>//*设置鼠标属性为移动*//
    <span style="cursor:ne-resize">反方向</span><br>
   //*设置鼠标属性为反方向*//
    <span style="cursor:wait">等待</span><br>//*设置鼠标属性为等待*//
    <span style="cursor:help">求助</span>//*设置鼠标属性为求助*//
    </p>
```

```
    </div>
    </body>
</html>
```

CSS 的属性就讲到这里，可以看到它的属性还是比较多的，但是只要搞清楚它们都是什么意思，应用起来就会很方便。在应用的时候，还可以参照属性详细列表。

四、CSS 定位

1. 动态转换

通过在 CSS 中设置属性，可以准确地定义一个页面的样式，如颜色、字体、边框等。而 CSS 定位主要是在页面的布局和控制上进行定义，使页面从这两个方面都展现得非常完美，更加富有动感。

另外，在讲解之前，首先介绍两个定义：相对定位和绝对定位。相对定位就是允许在文档的原始位置上进行偏移，而绝对定位则允许任意定位。

实现 CSS 定位最终还是要靠属性，定位属性的详细列表见表 2－10。

表 2－10

属　性	属性含义	属性值
position	定义位置	absolute、relative、static
left、top	指定横向、纵向坐标位置	length、percentage、auto
width、height	指定占用空间的大小	同上
clip	剪切	shape、auto
overflow	内容超出时的处理方法	visible、hidden、scroll、auto
z-index	产生立体效果	auto、integer
visibility	定义可见性	inherit、visible、hidden

下面举一个例子，其中带了一点儿 Script 的内容，来看看它是如何实现动态显示的。通过简单的 CSS 定位可以实现颇具动感的效果。代码如下：

```
<html>
  <head>
  <title>dingwei css</title>
  <style type="text/css">
  <! --
 #container1{position:absolute;top:100}
 //*定义 container1 为绝对位置*//
 #container2{position:absolute;top:100;visibility:hidden;}
 //*定义 container2 为绝对定位,初始可见度为 hidden(隐藏)*//
 p{font-size:12pt;}//*定义 p 的字体*//
  -->
  </style>
```

```
</head>
<body>
<p style = "font-family:行书体;font-size:15pt;color:#cc33cc" >
请选择一幅图片: </p>// * 设置字体名称、大小、颜色 * //
<div id = "container1" >
<dd> <img src = "ss01065. jpg" width = "185" height = "280" >
// * 导入一张图片,标识符为 container1 * //
<p style = "font-family:行书体;color:#cc9933;font-size:12pt" >
  名称:大漠 </p>// * 设置字体名称、颜色、大小 * //
</dd>
</div>
<div id = "container2" >
<dd> <img src = "ss01095. jpg" width = "185" height = "280" >
// * 导入另一张图片,标识符为 container2 * //
<p style = "font-family:行书体;color:#3366cc;font-size:12pt" >
名称:大海 </p>
</dd>
</div>
<form name = "myform" >// * 定义两个按钮 * //
<p> <input type = "button" value = "大漠"
  onclick = "container1. style. visibility = 'visible';
  container2. style. visibility = 'hidden'" >
// * 定义鼠标点击事件图片 1 为可见,图片 2 为不可见 * //
<input type = "button" value = "大海";
  onclick = "container2. style. visibility = 'visible';
  container1. style. visibility = 'hidden'" > </p>
  // * 定义鼠标点击事件图片 1 为不可见,图片 2 为可见 * //
</form>
</body>
</html>
```

代码虽然有些长，但结构很简单，只要用心看注释，很容易理解。

2. 空间定位

下面介绍利用 z-index 定位的例子。其中，两幅图片和一段文字分别处于不同的空间位置，文字覆盖在那朵花的图片上，而挥动小旗的小老鼠却又覆盖在文字的上面。那么这种效果是怎样实现的呢？这里利用了 CSS 定位的 z-index 属性，代码如下：

```
<html>
  <head>
  <title>z-index</title>
  <style type = "text/css" >
  <! --
```

```
  .pile{position:absolute;left:2in;top:2in;width:3in;height:3in;}//*定义了类 pile 以及它的位置*//
  .pile1{position:absolute;left:3in;top:2in;width:1in;height:1in;}//*定义了类 pile1 以及它的位置*//
  -->
  </style>
  </head>
  <body>
  <img src="ss01010.jpg" class="pile" id="image" style="z-index:1">
  //*导入第一张图片,使它为 pile 类,z-index 属性定义为 1,位置处于最下方*//
  <div class="pile" id="text1" style="color:#ffff33;z-index:2">这段文字将覆盖在图片上。
  </div>//*定义一段文字的颜色和 z-index 属性为 2,处于中间位置*//
  <img src="075.gif" class="pile1" id="image" style="z-index:3">
  //*导入第二张图片,使它为"pile1"类,z-index 属性为 3,位置处于最上方*//
 </body>
</html>
```

通过前面的例子，可以看到 CSS 定位具有强大的功能，至于其他的一些定位属性，也可以自己尝试一下，都是很简单的。

利用好 CSS 的定位功能，会使页面更加精致，更加富有动感。

五、CSS 滤镜

1. 概述

下面将进入 CSS 最精彩的部分——滤镜，它将把我们带入绚丽多姿的多媒体世界。正是有了滤镜属性，页面才变得更加漂亮。

CSS 的滤镜属性的标识符是 filter。为了对它有个整体的印象，下面先来看一下它的书写格式：

```
filter:filtername(parameters)
```

怎么样？是不是很简单，看上去与前面讲的属性定义没什么太大的差别。filter 是滤镜属性选择符，即只要进行滤镜操作，就必须先定义 filter；filtername 是滤镜属性名，包括 alpha、blur、chroma 等多种属性，具体见表 2－11。

表 2－11

属性值	属性含义
alpha	设置透明度
blur	设置模糊效果
chroma	设置指定颜色透明
dropshadow	设置投射阴影
fliph	水平翻转
flipv	垂直翻转
glow	为对象的外边界增加光效

（续）

属性值	属性含义
grayscale	设置灰度（降低图片的彩色度）
invert	设置底片效果
light	设置灯光投影
mask	设置透明膜
shadow	设置阴影效果
wave	利用正弦波纹打乱图片
xray	只显示轮廓

上面 filter 表达式中括号内的 parameters 是表示各个滤镜属性的参数，也正是这些参数决定了滤镜将以怎样的效果显示。

看了上面长长的列表，是不是觉得很难呀？不要紧，下面一个一个地介绍这些属性在 CSS 中是怎样实现的。

2. alpha 属性

alpha 属性是用来设置透明度的，其表达格式：

```
filter:alpha(opacity = opacity,finishopacity = finishopacity,
style = style,startx = startx,starty = starty,finishx = finishx,
finishy = finishy)
```

其中：opacity 代表透明度等级，可从 0 到 100 选值，0 代表完全透明，100 代表完全不透明；

style 指定透明区域的形状特征，其中 0 代表统一形状，1 代表线形，2 代表放射状，3 代表长方形；

finishopacity 是一个可选项，用来设置结束时的透明度，从而达到一种渐变效果，它的值也是从 0 到 100；

startx 和 starty 代表渐变透明效果的开始坐标，finishx 和 finishy 代表渐变透明效果的结束坐标。

从上面讲的可以看出，如果不设置透明渐变效果，那么只需设置 opacity 这一个参数即可。

下面介绍一个实例，如图 2 - 13 所示。

图 2 - 13

实现上面这种效果的代码如下：

```
<html>
<head>
<title>alpha</title>
<style>//*定义 CSS 样式*//
<! --
div{position:absolute;left:50;top:70;width:150;}
//*定义 DIV 区域内的样式(位置为绝对定位,left、top、width 的坐标)*//
img{position:absolute;top:20;left:40;filter:alpha(opacity=80)}
//*定义图片的样式,绝对定位,滤镜属性是透明度为 80*//
-->
</style>
</head>
<body>
<div>
<p style="font-size:48;font-weight:bold;color:red;">
beautiful</p>//*定义字体属性,前景颜色为红色*//
</div>
<p><img src="ss01076.jpg"></p>
//*导入一张图片*//
</body>
</html>
```

如果在上面的代码中稍做改动，则将产生多种效果。如只修改 img 的样式属性，把 head 中的 img 样式属性代码改为如下所示：

```
img{position:absolute;top:20;left:40;filter:alpha(opacity=0,finishopacity=100,
style=1,startx=0,starty=85,finishx=150,finishy=85);}
  //*设置透明渐变效果、起始坐标、终止坐标,并设置透明样式值(style=1)为线形*//
```

这段代码产生的效果如图 2－14 所示，图 2－15 和图 2－16 分别是把 alpha 中的 style 参数值设为 2 和 3 后的效果。

style = 1

图 2－14

style = 2

图 2－15

style = 3

图 2－16

以上是 CSS 的 alpha 滤镜属性的应用，具体应用还需要找个例子练一练。

3. blur 属性

假如用手在一幅还没干透的油画上迅速划过，画面就会变得模糊。CSS 的 blur 属性就会达到这种模糊的效果。blur 属性的表达式：

filter:blur(add = add,direction,strength = strength)

可以看到 blur 属性有三个参数：add、direction、strength。

（1）add 参数有两个参数值：true 和 false，表示指定图片是否被改变成模糊效果。

（2）direction 参数用来设置模糊的方向。模糊效果是按照顺时针方向进行的。其中，0°代表垂直向上，每 45°为一个单位，默认值是向左 270°。角度方向的对应关系见表 2－12。

表 2－12

角　度（°）	方　向
0	top（垂直向上）
45	top right（垂直向右）
90	right（向右）
135	bottom right（向下偏右）
180	bottom（垂直向下）
225	bottom left（向下偏左）
270	left（向左）
315	top left（向上偏左）

（3）strength 参数值只能用整数来指定，它代表有多少像素的宽度将受到模糊影响，默认值是 5 像素。

下面介绍一个例子，代码如下：

```
<html>
 <head>
 <title>blur css</title>
 <script>
 function handlechange(obj)
 //*设置一个循环函数 handlechange,对象是 obj*//
 {with(obj.filters(0))//*obj 的 filter 属性*//
 {if(strength<255)//*设置循环条件*//
   {strength+ =1;direction+ =45;}
  //*每循环一次 strength 就加 1,direction 加 45 度*//
 }
 }
 </script>
 </head>
 <body>
 <p><img id ="img1" src ="ss01087.jpg"
```

```
        style = "filter:blur(strength = 1)"
        onfilterchange = "handlechange(this)" >
  //＊导入一幅图片,初始 blur 属性 strength 等于 1,同时调用 onfilterchange 函数＊//
  </p >
  </body >
</html >
```

注意：在 JavaScript 中 blur 属性定义如下：

[oBlurfilter =] object. Filters. blur

这是 blur 属性的一个比较复杂的例子，之后将介绍两个较为简单的 blur 属性效果。

通过 blur 属性还可以设置页面中的字体。如果把字体的 blur 属性中 add 的参数值定义为 1，得出来的字体效果如图 2－17 所示。

图 2－17

怎么样，是不是有些印象派的意思，这种效果的实现代码如下：

```
< html >
  < head >
  < title > filter blur </title >
  < style >//＊CSS 样式定义开始＊//
  <!  --
  div{ width:200;
  filter:blur( add = true,direction = 90,strength = 25);}
  //＊设置 DIV 样式,滤镜 blur 属性＊//
  -- >
  </style >
  </head >
  < body >
  < div style = "width:702; height: 288" >
  < p style = "font-family:lucida handwirting italic;
  font-size:72;font-style:bold;color:rgb(55,72,145);" >
  LEAF </p >
  //＊定义字体名称、大小、样式、前景颜色＊//
  </div >
  </body >
</html >
```

可以看到其中 strength 设置为 25，如果把其值再改大一些，就会达到非常夸张的效果，同时把 direction 参数值设为 180，显示效果如图 2－18 所示。

图 2 - 18

用 blur 属性设置字体可以达到很多效果，把 direction 和 strength 做修改，还能达到多种效果，可以自己修改试一试。

4. chroma 属性

chroma 属性可以设置一个对象中指定的颜色为透明色，其表达式：

```
filter:chroma(color = color)
```

这个属性的表达式很简单，只有一个参数。只需把想要指定透明的颜色用 color 参数设置出来即可。如图 2 - 19 所示，显示两种字体、两种颜色，现在对“LEAVES”字体添加 chroma 属性，使其透明。代码如下：

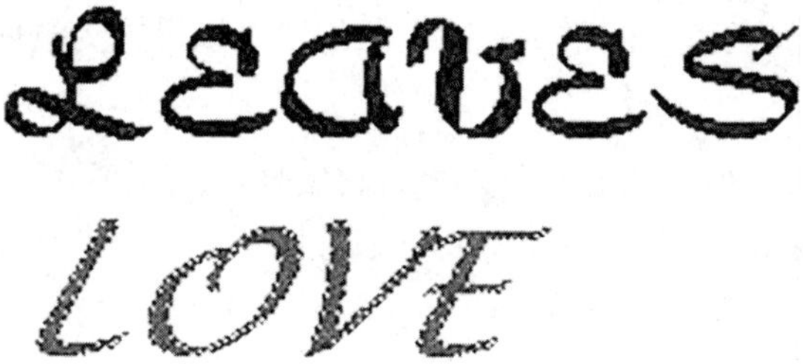

图 2 - 19

```
<html>
  <head>
  <title>chroma filter</title>
  <style>
  <! --
  div{position:absolute;top:70;width:200;
        filter:chroma(color = green)}
 //*定义 DIV 范围内绿色为透明色,另外设置 DIV 的位置*//
 p{font-family:bailey;font-size:48;font-weight:bold;
 color:green} //*设置 p 的字体名称、大小、粗细、颜色*//
 em{font-family:lucida handwriting italic;font-size:48;
 font-weight:bold;color:rgb(255,51,153)}
//*设置 em 的字体名称、大小、粗细、颜色*//
  -- >
  </style>
  </head>
  <body>
  <div>
```

```
    <p>LEAVES<em>LOVE</em> </p>
    </div>
    </body>
</html>
```

通过上面代码中对 chroma 属性的设置，可使绿色透明，显示效果如图 2-20 所示。

可以看到，绿色的 LEAVES 字体不见了，实际上它是变透明了，在 IE 浏览器下单击它所在的区域，它还是会显示出来，如图 2-21 所示。

图 2-20

图 2-21

另外，需要注意的是 chroma 属性不是很适合图片文件。因为很多图片经过减色和压缩处理（如 jpg、gif 等格式），所以它们很少有固定的位置可以设置为透明。

5. dropshadow 属性

dropshadow 属性用来添加对象的阴影效果。它实现的效果看上去就像是原来的对象离开页面，然后在页面上显示出该对象的投影。其表达式：

```
filter:dropshadow(color=color,offx=offx,offy=offy, positive=positive)
```

该属性一共有四个参数：color 代表投射阴影的颜色；offx 和 offy 分别为 x 方向和 y 方向阴影的偏移量，偏移量必须用整数值来设置，如果设置为正整数，代表 x 轴的向右方向和 y 轴的向下方向，设置为负整数则相反；positive 有两个值，true 为任何非透明像素建立可见的投影，false 为透明的像素部分建立可见的投影。

下面介绍一个例子，如图 2-22 所示。

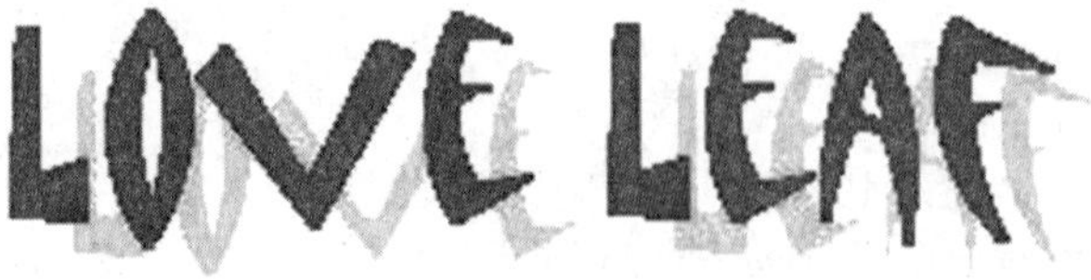

图 2-22

图 2-22 中的文字就像是从页面上飞出来一样，并且留下了一层淡淡的影子。

实际上，这里应用的就是 CSS 的 dropshadow 属性，代码如下：

```
<html>
  <head>
  <title>dropshadow</title>
  <style>//*定义 CSS 样式*//
```

```
<! --
div { position:absolute;top:20;width:300;
filter:dropshadow( color = #ffccff,offx = 15,offy = 10,positive = 1);}
 -- >
//*定义 DIV 范围内的样式,绝对定位,投影的颜色为#ffccff,
 投影坐标为向右偏移 15 个像素,向下偏移 10 个像素*//
</style>
</head>
<body>
<div>
<p style = "font-family:matisse itc;font-size:64;
          font-weight:bold;color:#cc00cc;">
//*定义字体名称、大小、粗细、颜色*//
LOVE LEAF </p>
</div>
</body>
</html>
```

与 chroma 属性一样，dropshadow 属性对图像的支持不好，即 jpeg、gif 格式的图像文件。不能支持的原因与 chroma 一样，因为这种图像的颜色很丰富，很难找到一个投射阴影的位置。

6．fliph、flipv 属性

flip 是 CSS 滤镜的翻转属性，fliph 代表水平翻转，flipv 代表垂直翻转。它们的表达式很简单，分别如下：

```
filter:fliph
filter:flipv
```

已知图 2－23，现分别对它实现水平翻转和垂直翻转，并且在图片上方的一段文字也发生翻转。代码如下：

图 2－23

```
<html>
  <head>
  <title>flip css </title>
  <style>//*设置 CSS 样式开始*//
  <! --
 div{ position:absolute;top:20;width:300;
   filter:fliph( flipv) }
//*定义 DIV 范围内的样式,绝对定位,翻转为水平翻转或垂直翻转。
注意:在这里 fliph 和 flipv 只取其中的一个*//
img{ position:absolute;top:70;left:40;
  filter:fliph( flipv) }
//*定义图片的样式,绝对定位,翻转属性和 DIV 一样。*//
-- >
</style>
</head>
```

```
<body>
<div>
<p style = "font-family:bailey;font-size:36pt;
            font-weight:bold; color:rgb(10,128,156)" >
  Leaf Village </p>
//＊定义字体名称、大小、粗细、颜色＊//
</div>
<p> <img src = "ss05058.jpg" > </p>
//＊导入一张图片＊//
  </body>
</html>
```

代码产生的两个效果分别如图 2－24 和图 2－25 所示。

图 2－24

图 2－25

7. glow 属性

当对一个对象使用 glow 属性后，这个对象的边缘就会产生类似发光的效果。其表达式如下：

```
filter:glow(color = color,strength = strength)
```

glow 属性的参数只有两个：color 指定发光的颜色，strength 指定发光的强度，参数值从 1 到 255。加上 glow 属性的效果如图 2－26 所示。

图 2－26

怎么样，是不是有一种燃烧的火焰的感觉。实现这种效果的代码如下：

```
<html>
```

```
    < head >
    < title > filter glow < /title >
    < style >// * 开始设置 CSS 样式 * //
    < !  --
      . leaf{ position:absolute; top:20; width:400;
              filter:glow( color = #ff3399 ,strength = 15) ; }
   // * 设置类 leaf,绝对定位,glow 滤镜属性,发光颜色值为#ff3399,强度为 15 * //
      . weny{ position:absolute; top:70; left:50; width:300;
              filter:glow( color = #9966cc ,strength = 10) ; }
    // * 设置类 weny,绝对定位,glow 滤镜属性,发光颜色值为#9966cc,强度为 10 * //
      -- >
    < /style >
    < /head >
    < body >
    < div class = "leaf" >// * leaf 类样式 * //
    < p style = "font-family:lucida handwriting;
                 font-size:54pt;font-weight:bold;color:#003366" >
   Leaf Mylove < /p >// * 设置字体名称、大小、粗细、颜色 * //
    < /div >
    < div class = "weny" >// * weny 类样式 * //
    < p style = "font-family:bailey; font-size:48pt;
                 font-weight:bold;color:#99cc66" >
    //设置字体名称、大小、粗细、颜色 * //
   Weny Good!  < /p >
    < /div >
    < /body >
 < /html >
```

此段代码中还可以随意修改颜色值，看看其他的发光效果是怎样的。

8. gray 属性

gray 属性可以把一张图片变成灰度图。它的表达式很简单：

```
filter: gray
```

其实这个属性没什么好讲的，只需在定义的 img 样式中加入一句代码即可：

```
{filter: gray}
```

图 2 - 27 和图 2 - 28 所示分别为未加 gray 属性和添加 gray 属性的效果。

图 2 - 27

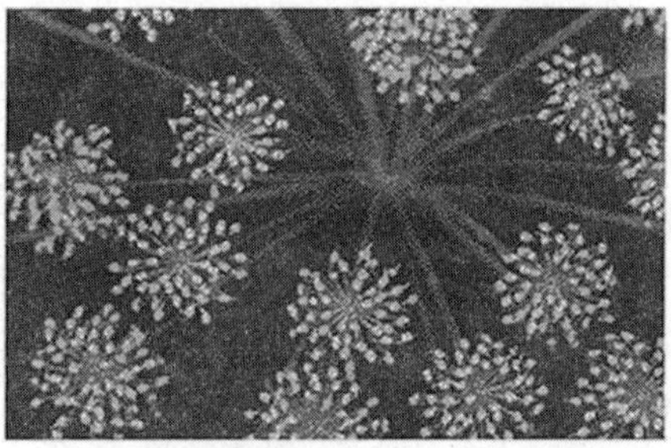

图 2 - 28

9. invert 属性

invert 属性可以把对象的可视化属性全部翻转，包括色彩、饱和度和亮度值。它的表达式也很简单：

```
filter:invert
```

加上 invert 属性前、后的效果分别如图 2－29 和图 2－30 所示。

图 2－29

图 2－30

可以看到，invert 属性实际上达到的是一种“底片”的效果。

10. mask 属性

mask 属性可以为对象建立一个覆盖于表面的膜。它的表达式也很简单：

```
filter:mask(color=颜色)
```

mask 属性只有一个 color 参数，用来指定使用什么颜色作为掩膜。

加上 mask 属性前、后的效果分别如图 2－31 和图 2－32 所示。

图 2－31

图 2－32

加上 mask 属性后就好像是在用有色眼镜看物体。实现这种效果的代码如下：

```
<html>
  <head>
  <title>mask filter</title>
  <style>//*设置 CSS 样式开始*//
  <! --
    div{position:absolute;top:20;left:40;
    filter:mask(color:#666699);}
  //*定义 DIV 区域的样式,绝对定位,mask 属性的 color 参数值指定用什么颜色遮
  住对象*//
    p{font-family:bailey;font-size:72pt;
      font-weight:bold;color:#ff9900;}
  //*定义 p 区域内的样式,字体名称、大小、粗细、前景颜色*//
```

```
  -->
  </style>
  </head>
  <body>
  <div>
  <p>wenyleaf</p>
  </div>
  </body>
</html>
```

其实，就算在代码中去掉对字体前景颜色的定义，得到的效果也是一样的。因为有了mask 属性的定义，它遮盖下的字体颜色的设置就已经失去了意义。

还有一点需要注意，mask 属性对图片文件的支持还是不够,不能达到应该有的效果。

11．shadow 属性

shadow 属性可以在指定的方向建立物体的投影。它的表达式如下：

```
filter:shadow(color = color,direction = direction)
```

shadow 有两个参数值：color 参数用来指定投影的颜色；direction 参数用来指定投影的方向。

这里说的方向与前面 blur 属性中提到的“方向与角度的关系”是一样的。也许有人会问，前面讲到的 dropshadow 属性和 shadow 属性有什么不同吗?

只说的话，恐怕还难以理解，下面对比利用 shadow 和 dropshadow 属性作出来的效果，如图 2 - 33 和图 2 - 34 所示。

图 2 - 33

图 2 - 34

这样一对比，就可以很明显地看出两者的不同。shadow 属性可以在任意角度进行投射阴影，dropshadow 属性实际上是用偏移来定义阴影。所以，看上去图 2 - 33 的文字和阴影就像是一体的，而图 2 - 34 的文字就像脱离了阴影。

实现这种效果的代码如下：

```
<html>
  <head>
  <title>shadow</title>
  <style>//*开始设置 CSS 样式*//
  <!--
```

```
  .shadow{position:absolute;top:20;width:300;
          filter:shadow(color = #cc66ff,direction = 225);}
  //*定义 shadow 类的样式、绝对定位、shadow 属性、阴影颜色和投影方向*//
    .dropshadow{position:absolute;top:180;width:300;
    filter:dropshadow(color = #cc66ff,offx = 10,offy = 10,positive = 1);}
  //*设置 dropshadow 类的样式,样式与 shadow 类相似,不同的是滤镜用了
  dropshadow 属性,设置 x 轴和 y 轴的偏移量*//
  -->
</style>
</head>
<body>
<div class = "shadow" >//*区域内为 shadow 类*//
<p style = "font-family:bailey;font-size:48pt;
            font-weight:bold;color:#ff9900" >
  Hongen Online </p>//*定义字体名称、大小、粗细、前景颜色*//
  </div>
  <div class = "dropshadow" >//*区域内为 dropshadow 类*//
  <p style = "font-family:bailey;font-size:48pt;
             font-weight:bold;color:#ff9900" >
  Hongen Online </p>//*定义字体样式与 shadow 类的一样*//
  </div>
  </body>
</html>
```

12. wave 属性

wave 属性可以把对象按照垂直的波纹样式打乱。它的表达式如下：

```
filter:wave(add = true(false),freq = 频率,lightstrength = 增强光效,
       phase = 偏移量,strength = 强度)
```

可以看到，wave 属性的表达式还是比较复杂的，它一共有五个参数。

(1) add 参数有两个参数值：true 代表把对象按照波纹样式打乱；false 代表不打乱。

(2) freq 参数指定生成波纹的频率，也就是指定在对象上共需要产生多少个完整的波纹。

(3) lightstrength 参数可以使生成的波纹增强光的效果，参数值从 0 到 100。

(4) phase 参数用来设置正弦波开始的偏移量。这个参数的通用值为 0，可变范围为 0 到 100。这个值代表开始时的偏移量占波长的百分比。如该值为 25，代表正弦波从 90°（360° × 25%）的方向开始。

(5) strength 参数用来设置波纹的振幅。

下面为图 2-35 所示图片加上 wave 效果，代码如下：

图 2-35

```
<html>
  <head>
  <title>wave css</title>
```

```
<style>//*定义 CSS 样式开始*//
<! --
.leaf{position:absolute;top:10;width:300;
        filter:wave(add = true,freq = 3,lightstrength = 100,
                phase = 45,strength = 20);}
//*设置 leaf 类的样式,绝对定位,wave 属性,产生 3 个波纹, 光强为 100,波纹
从 162 度(360*45%)开始,振幅为 20*//
img{position:absolute;top:110;left:40;
      filter:wave(add = true,freq = 3,lightstrength = 100,
              phase = 25,strength = 5);}
//*设置 img 的样式,绝对定位,wave 属性,产生 3 个波纹,光强为 100,波纹从
90 度开始,振幅为 5*//
-- >
</style>
</head>
<body>
<div class = "wave" >//*定义 DIV 区域内为 wave 类*//
<p style = "font-family:lucida handwriting;
          font-size = 72pt; font-weight:bold;
          color:rgb(189,1,64)" >Leaf</p>
//*设置字体名称、大小、粗细、颜色*//
</div>
<p> <img src = "ss01044. jpg" > </p>//*导入图片*//
</body>
</html>
```

这段代码实现的效果如图 2－36 所示。如果把 wave 的参数随便做一下改动，就会达到多种效果，另外一种效果如图 2－37 所示。

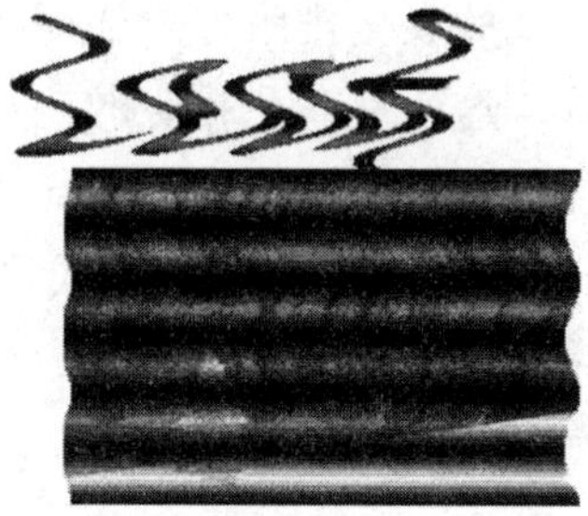

图 2－36

图 2－37

其实这种效果增大 freq 参数的值，并减小 strength、lightstrength 的值即可实现。也可以多试试，改变其他参数的值，还可以得到许多不同的效果。

13. xray 属性

xray 就是 X 射线的意思。

xray 属性，顾名思义，其产生的效果就是使对象看上去有一种 X 光片的感觉。它的表达式很简单：

filter:xray

先来看一个页面（图 2－38），如果在这个页面中加入 xray 属性，也就是在 < head > 的 < style > 中，增添下面一句代码：

filter:xray

这个页面就会是另一种效果，如图 2－39 所示。

图 2－38

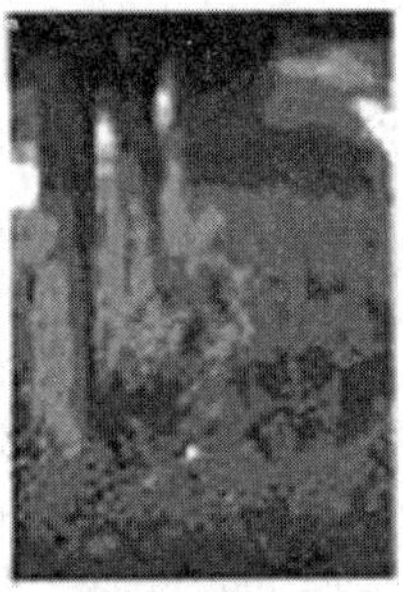

图 2－39

看，是不是就像给它拍了一张 X 光片一样。

第二节　DIV 布局入门

如果想尝试一下不用表格而用 CSS 来排版网页，也就是常说的用 DIV 来编排网页结构，又或者说想学习网页标准设计，再或者说要改变传统的表格排版方式，提高企业竞争力，那么一定要接触到的一个知识点就是 CSS 的盒子模式，这就是 DIV 排版的核心所在，传统的表格排版是通过大小不一的表格和表格嵌套来定位排版网页内容，改用 CSS 排版后，就是通过由 CSS 定义的大小不一的盒子和盒子嵌套来编排网页。因为用这种方式排版的网页代码简洁，更新方便，能兼容更多的浏览器，如 PDA 设备也能正常浏览，所以放弃之前钟爱的表格排版也是值得的，更重要的是 CSS 排版的优势远远不只这些。

一、理解 CSS 盒子模型

什么是 CSS 的盒子模式？为什么叫它盒子？先说说在网页设计中常听的属性名，如内容（content）、填充（padding）、边框（border）、边界（margin）这些属性，CSS 盒子模式都具备。

可以把这些属性转移到日常生活中的盒子（箱子）上来理解，日常生活中所见的盒子也具有这些属性，所以叫它盒子模式，如图 2－40 所示。那么，内容就是盒子里装的东西；而填充就是怕盒子里装的东西（贵重的）损坏而添加的泡沫或者其他抗震的辅料；边框就是盒子本身；至于边界则说明盒子摆放的时候不能全部堆在一起，要留一定空隙保持通风，同时也方便取出。在网页设计上，内容常指文字、图片等元素，但是也可以是小盒子（DIV 嵌套）。与现实生活中的盒子不同的是，现实生活中的东西一般不能大于盒子，否则盒子会被撑坏，而 CSS 盒子具有弹性，里面的东西大过盒子本身最多把它撑大，但不会损坏。填充只有宽度属性，可以理解为生活中盒子里的抗震辅料厚度；而边框有大小和颜色之分，可以理解为生活中所见盒子的厚度以及这个盒子是用什么颜色的材料做成的；边界就是该盒子与其他东西要保留多大的距离。在现实生活中，假设在一个广场上，把不同大小和颜色的盒子，以一定的间隙和顺序摆放好，最后从广场上空往下看，看到的图形和结构就类似要做的网页版面设计了，如图 2 -41 所示。

图 2 -40

图 2 -41

现在对 CSS 盒子模式已经有了一定了解但还不够透彻，后面会举例并延用盒子的概念来解释它。

二、转变思路

传统的前台网页设计是这样进行的：根据要求，先考虑好主色调，用什么类型的图片，用什么字体、颜色等，然后再用 Photoshop 这类软件自由地画出来，最后再切成小图，再不自由地通过设计 HTML 生成页面。改用 CSS 排版后要转变这个思想，此时主要考虑的是页面内容的语义和结构，因为一个强 CSS 控制的网页，等做好网页后，还可以轻松地调换想要的网页风格，况且 CSS 排版的另外一个目的是让代码易读、区块分明、强化代码重用，所以结构很重要。如果你想说网页设计的很复杂，到后来能不能实现那样的效果？我要告诉你的是，用 CSS 实现不了的效果，一般用表格也是很难实现的，因为 CSS 的控制能力实在是太强大了。用 CSS 排版有一个很实用的好处，就是做到后来有什么不满意，特别是色调的话，改起来是相当容易的，甚至还可以定制几种风格的 CSS 文件以供选择，又或者写一个程序实现动态调用，让网站具有动态改变风格的功能。

三、实现结构与表现分离

在真正开始布局实践之前，还需知道结构和表现相分离，这也用 CSS 布局的特色所在，结构与表现分离后，代码才简洁，更新才方便，这也正是学习 CSS 的目的所在。举例来说，p 是结构化标签，有 p 标签的地方表示这是一个段落区块，margin 是表现属性，要让一个段落右缩进 2 字高，有些人会想到加空格，然后不断地加空格，但现在可以给 p 标签指定一个 CSS 样式：

```
p{text-indent: 2em;}
```

这样 body 内容部分如下，没有外加任何表现控制的标签：

```
<p>加进天涯社区有一段时间了,但一直没有时间写点东西,今天写了一篇有关 CSS 布局的文章,并力求通过一种通俗的语言来说明知识点,还配以实例和图片,相信对初学 CSS 布局的人会带来一定的帮助。</p>
```

如果还要对这个段落加上字体、字号、背景、行距等修饰，直接把对应的 CSS 加进 p 样式里即可，不用再写成：

```
<p><font color="#ff0000" face="宋体">段落内容</font></p>
```

这个是结构和表现混合在一起写的，如果很多段落有统一的结构和表现的话，再这样累加写下去代码就繁冗了。

下面直接列一段代码以加深理解结构和表现相分离。

1. 用 CSS 排版

```
<style type="text/css">
<!--
#photoList img{
height:80;
width:100;
margin:5px auto;
}
-->
</style><div id="photoList">
<img src="http://www.blueidea.com/tech/web/2007/01.jpg" />
<img src="http://www.blueidea.com/tech/web/2007/02.jpg" />
<img src="http://www.blueidea.com/tech/web/2007/03.jpg" />
<img src="http://www.blueidea.com/tech/web/2007/04.jpg" />
<img src="http://www.blueidea.com/tech/web/2007/05.jpg" />
</div>
```

2. 不用 CSS 排版

```
<img src="http://www.blueidea.com/tech/web/2007/01.jpg" width="100" height="80" align="middle" />
<img src="http://www.blueidea.com/tech/web/2007/02.jpg" width="100" height="80" align="middle" />
<img src="http://www.blueidea.com/tech/web/2007/03.jpg" width="100" height="80" align="middle" />
```

```
<img src = " http: //www. blueidea. com/tech/web/2007/04. jpg" width = " 100" height = " 80" align =
" middle" / >
<img src = " http: //www. blueidea. com/tech/web/2007/05. jpg" width = " 100" height = " 80" align =
" middle" / >
```

第一种方法是结构与表现相分离，内容部分代码简单，如果还有更多的图片列表的话，那么第一种 CSS 布局方法就更有优势。打个比喻：我在 body 向你介绍一个人，我只对你说他是一个人，至于他是一个什么样的人，有多高，是男是女，你去 CSS 那里查下就知道。这样我在 body 的工作就简单了，也就是说 body 的代码就简单了。如果 body 有一个团队的人在那里，我在 CSS 记录一项就行了，这有点像 Flash 软件里的元件和实例的概念，不同的实例共享同一个元件，这样动画文件就不大了，把这种想法移到 CSS 网页设计中，就是代码不复杂、网页文件体积小、能较快被客户端下载。

结构与表现分离实例如图 2 - 42 所示。

图 2 - 42

内容部分主要放入文章内容，有标题和段落，标题加粗，为了规范化使用 h 标签，段落要自动实现首行缩进 2 个字，同时所有内容看起来要和外层大盒子边框有一定距离，这里使用填充。内容区块样式代码如下：

```
#content {
height:auto;
width: 740px;
line-height: 1.5em;
padding: 10px;
}
#content p {
text-indent: 2em;
}
#content h3 {
font-size: 16px;
```

```
margin: 10px;
}
```

版权栏，给它加个背景，与页头相应，里面的文字要自动居中对齐，有多行内容时，行间距合适，这里的链接样式也可以单独指定，这里就不做了。其样式代码如下：

```
#footer {
height: 50px;
width: 740px;
line-height: 2em;
text-align: center;
background-color: #009966;
padding: 10px;
}
```

最后回到样式开头便会看到这样的样式代码：

```
* {
margin: 0px;
padding: 0px;
}
```

这是用了通配符初始化各标签边界和填充，因为有部分标签默认会有一定的边界，如form标签，那么接下来就不用对每个标签再加以这样的控制，这可以在一定程度上简化代码。最终完成全部样式代码如下：

```
<style type="text/css">
<!--
* {
margin: 0px;
padding: 0px;
}
body {
font-family: arial, helvetica, sans-serif;
font-size: 12px;
margin: 0px auto;
height: auto;
width: 760px;
border: 1px solid #006633;
}
#header {
height: 100px;
width: 760px;
background-image: url(headPic.gif);
background-repeat: no-repeat;
margin:0px 0px 3px 0px;
}
```

```
#nav {
height: 25px;
width: 760px;
font-size: 14px;
list-style-type: none;
}
#nav li {
float:left;
}
#nav li a{
color:#000000;
text-decoration:none;
padding-top:4px;
display:block;
width:97px;
height:22px;
text-align:center;
background-color: #009966;
margin-left:2px;
}
#nav li a:hover{
background-color:#006633;
color:#ffffff;
}
#content {
height:auto;
width: 740px;
line-height: 1.5em;
padding: 10px;
}
#content p {
text-indent: 2em;
}
#content h3 {
font-size: 16px;
margin: 10px;
}
#footer {
height: 50px;
width: 740px;
line-height: 2em;
text-align: center;
background-color: #009966;
padding: 10px;
}
-->
```

```
</style>
```

结构代码如下：

```
<body>
<div id="header"></div>
<ul id="nav">
<li><a href="#">首页</a></li>
<li><a href="#">文章</a></li>
<li><a href="#">相册</a></li>
<li><a href="#">Blog</a></li>
<li><a href="#">论坛</a></li>
<li><a href="#">帮助</a></li>
</ul>
<div id="content">
<h3>前言</h3>
<p>第一段内容</p>
<h3>理解 CSS 盒子模式</h3>
<p>第二段内容</p>
</div>
<div id="footer">
<p>关于华升 | 广告服务 | 华升招聘 | 客服中心 | QQ 留言 | 网站管理 | 会员登录 | 购物车</p>
<p>Copyright &copy;2006 - 2008 Tang Guohui. All Rights Reserved</p>
</div>
</body>
```

3. 用 CSS 排版减小网页文件体积

像上面做的那个版面，一共分为四个区块，每个区块的框架是一样的，这个框架就是用 CSS 写出来的，样式写一次，就可以被无数次调用（用 class 调用，而不是 id），只要改变其中的文字内容就可以生成风格统一的众多板块，它的样式和结构代码如下（请不要直接复制生成网页，把下面代码分别粘贴到网页中它们应在的位置）：

```
<style type="text/css">
<! --
* {margin:0px; padding:0px;}
body {
font-size: 12px;
margin: 0px auto;
height: auto;
width: 805px;
}
.mainBox {
border: 1px dashed #0099cc;
margin: 3px;
padding: 0px;
float: left;
height: 300px;
```

```
width: 192px;
}
.mainBox h3 {
float: left;
height: 20px;
width: 179px;
color: #ffffff;
padding: 6px 3px 3px 10px;
background-color: #0099cc;
font-size: 16px;
}
.mainBox p {
line-height: 1.5em;
text-indent: 2em;
margin: 35px 5px 5px 5px;
}
-- >
</style >
<div class = "mainBox" >
<h3 >前言 </h3 >
<p >正文内容 </p >
</div >
<div class = "mainBox" >
<h3 >CSS 盒子模式 </h3 >
<p >正文内容 </p >
</div >
<div class = "mainBox" >
<h3 >转变思想 </h3 >
<p >正文内容 </p >
</div >
<div class = "mainBox" >
<h3 >熟悉步骤 </h3 >
<p >正文内容 </p >
</div >
```

四、熟悉工作流程

在真正开始工作之前，脑海中要形成这样一种思想：表格是什么我不知道，内容部分不能再出现表现控制标签，如 font、color、height、width、align 等标签（简单来说就是工作前先洗脑，忘掉以前的一惯做法，去接受和使用全新的方法），我不是单纯用 DIV 来实现排版的嵌套，DIV 是块级元素，而 p 也是块级元素，如要分出几个文字内容块，不是一定要用 DIV，不是用“ <div >文字块一 </div > <div >文字块二 </div > <div >文字块三 </div >”，而是用“ <p >文字块一 </p > <p >文字块二 </p > <p >文字块三 </p >”更合适。

用 DIV + CSS 的设计思路是：①用 DIV 来定义语义结构；②用 CSS 来美化网页，如加入背景、线条边框、对齐属性等；③在这个 CSS 定义的盒子内加上内容，如文字、图片等（没有表现属性的标签）。

下面做一个实例来加深对这个步骤的理解，如图 2-43 所示。

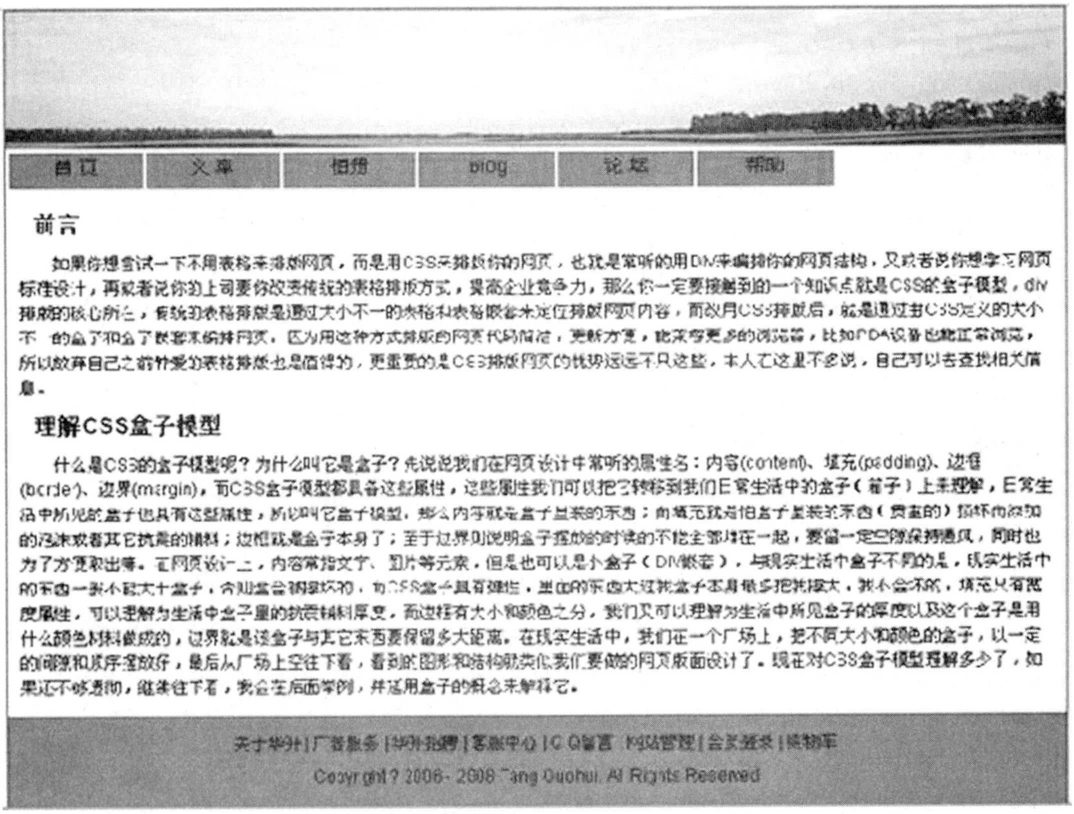

图 2-43

现在给大家演示一个典型的版面分栏结构，即页头、导航栏、内容、版权，如图 2-44 所示。

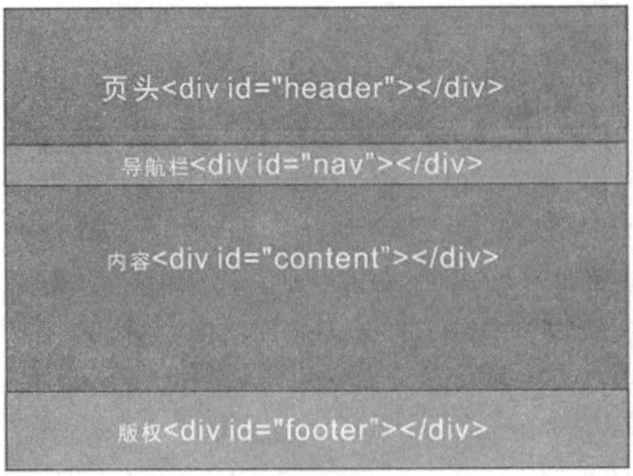

图 2-44

其结构代码如下：

```
<div id="header"></div>
<div id="nav"></div>
<div id="content"></div>
<div id="footer"></div>
```

上面定义了四个盒子，按照想要的结果是要让这些盒子等宽，并从上到下整齐排列，然后在整个页面中居中对齐，为了方便控制，再把这四个盒子装进一个更大的盒子，这个盒子就是 body，这样代码就变成：

```
<body>
<div id="header"></div>
<div id="nav"></div>
<div id="content"></div>
<div id="footer"></div>
</body>
```

最外边的大盒子（装着小盒子的大盒子）要让它在页面居中，并重新定义其宽度为 760 像素，同时加上边框，那么它的样式代码如下：

```
body {
font-family: Arial, Helvetica, sans-serif;
font-size: 12px;
margin: 0px auto;
height: auto;
width: 760px;
border: 1px solid #006633;
}
```

为了简单起见，这里只要让页头整个区块应用一幅背景图即可，并在其下边界设计一定间隙，目的是让页头的图像不要和下面要做的导航栏连在一起，这样也是为了美观。其样式代码如下：

```
#header {
height: 100px;
width: 760px;
background-image: url(headPic.gif);
background-repeat: no-repeat;
margin:0px 0px 3px 0px;
}
```

导航栏做成一个个小按钮，鼠标移上去会改变按钮背景色和字体色，那么这些小小的按钮又可以理解为小盒子，如此一来这就是一个盒子嵌套问题，样式代码如下：

```
#nav {
height: 25px;
width: 760px;
```

```
font-size: 14px;
list-style-type: none;
}
#nav li {
float:left;
}
#nav li a{
color:#000000;
text-decoration:none;
padding-top:4px;
display:block;
width:97px;
height:22px;
text-align:center;
background-color: #009966;
margin-left:2px;
}
#nav li a:hover{
background-color:#006633;
color:#ffffff;
}
```

内容部分主要放入文章内容，有标题和段落，标题加粗，为了规范化用 h 标签，段落要自动实现首行缩进 2 个字，同时所有内容看起来要和外层大盒子边框有一定距离，这里用填充。内容区块样式代码如下：

```
#content {
height:auto;
width: 740px;
line-height: 1.5em;
padding: 10px;
}
#content p {
text-indent: 2em;
}
#content h3 {
font-size: 16px;
margin: 10px;
}
```

版权栏，给它加个背景，与页头相应，里面文字要自动居中对齐，有多行内容时，行间距合适，这里的链接样式也可以单独指定，这里就不做了。其样式代码如下：

```
#footer {
height: 50px;
width: 740px;
line-height: 2em;
```

```
text-align: center;
background-color: #009966;
padding: 10px;
}
```

最后回到样式开头，大家会看到这样的样式代码：

```
* {
margin: 0px;
padding: 0px;
}
```

这是用了通配符初始化各标签边界和填充，因为有部分标签默认会有一定的边界，如 form 标签，那么接下来就不用对每个标签再加以这样的控制，这可以在一定程度上简化代码。最终完成全部样式代码如下：

```
<style type="text/css">
<!--
* {
margin: 0px;
padding: 0px;
}
body {
font-family: Arial, Helvetica, sans-serif;
font-size: 12px;
margin: 0px auto;
height: auto;
width: 760px;
border: 1px solid #006633;
}
#header {
height: 100px;
width: 760px;
background-image: url(headPic.gif);
background-repeat: no-repeat;
margin:0px 0px 3px 0px;
}
#nav {
height: 25px;
width: 760px;
font-size: 14px;
list-style-type: none;
}
#nav li {
float:left;
}
```

```
#nav li a{
color:#000000;
text-decoration:none;
padding-top:4px;
display:block;
width:97px;
height:22px;
text-align:center;
background-color: #009966;
margin-left:2px;
}
#nav li a:hover{
background-color:#006633;
color:#ffffff;
}
#content {
height:auto;
width: 740px;
line-height: 1.5em;
padding: 10px;
}
#content p {
text-indent: 2em;
}
#content h3 {
font-size: 16px;
margin: 10px;
}
#footer {
height: 50px;
width: 740px;
line-height: 2em;
text-align: center;
background-color: #009966;
padding: 10px;
}
-- >
</style>
```

结构代码如下：

```
<body>
<div id="header"></div>
<ul id="nav">
<li><a href="#">首页</a></li>
<li><a href="#">文章</a></li>
```

```
<li> <a href="#">相册</a> </li>
<li> <a href="#">Blog</a> </li>
<li> <a href="#">论坛</a> </li>
<li> <a href="#">帮助</a> </li>
</ul>
<div id="content">
<h3>前言</h3>
<p>第一段内容</p>
<h3>理解 CSS 盒子模式</h3>
<p>第二段内容</p>
</div>
<div id="footer">
<p>关于华升 | 广告服务 | 华升招聘 | 客服中心 | QQ 留言 | 网站管理 | 会员登录 | 购物车</p>
<p>Copyright &copy;2006-2008 Tang Guohui. All Rights Reserved</p>
</div>
</body>
```

| 第三节 | CSS + DIV 网页设计实例

CSS + DIV 网页设计实例的具体步骤如下。

第一步：规划网站，本教程将以图 2-45 为例构建网站

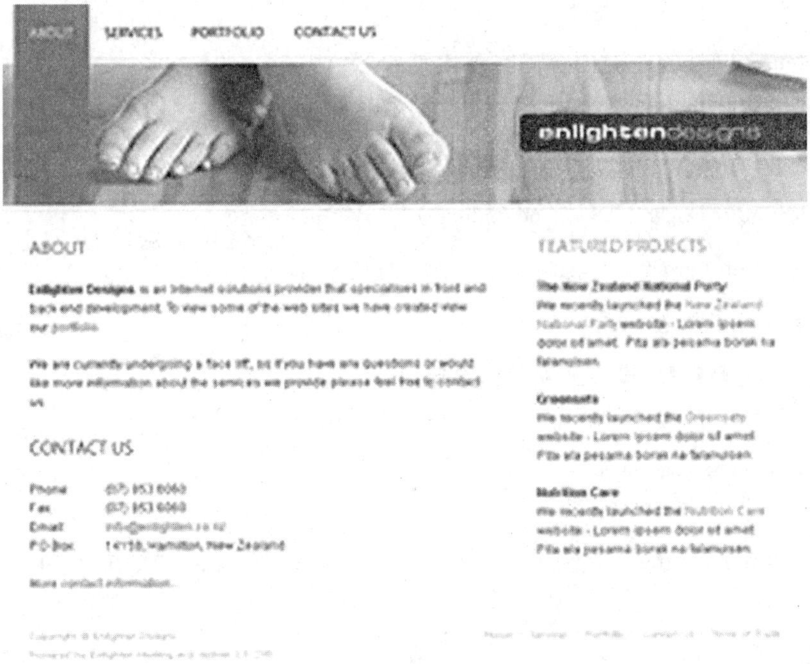

图 2-45

其基本布局如图 2－46 所示，主要由五部分构成。

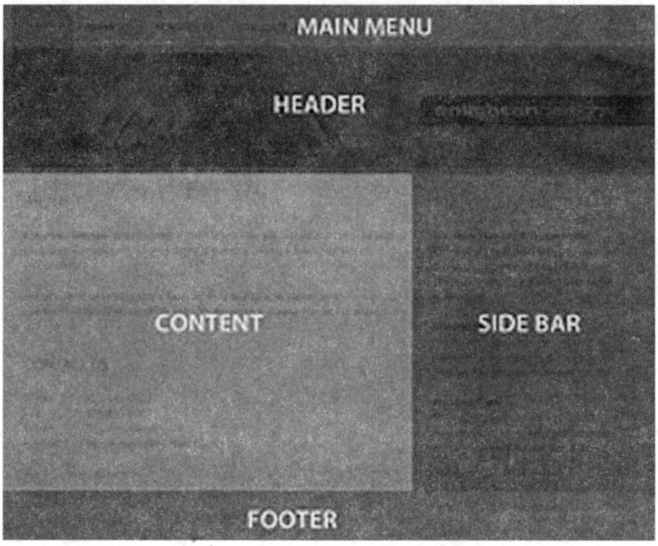

图 2－46

（1）Main Menu：导航条，具有按钮特效。实现代码如下：

width：760px height：50px

（2）Header：网站头部图标，包含网站的 logo 和站名。实现代码如下：

width：760px height：150px

（3）Content：网站的主要内容。实现代码如下：

width：480px height：changes depending on content

（4）Sidebar：边框，一些附加信息。实现代码如下：

width：280px height：changes depending on

（5）Footer：网站底栏，包含版权信息等。实现代码如下：

width：760px height：66px

第二步：创建 HTML 模板及文件目录等

（1）创建 HTML 模板。代码如下：

```
CompanyName-PageName
@ import " css/master. css" ;
```

将其保存为 index. html，并创建文件夹 css 和 images，网站结构如图 2－47 所示。

图 2－47

(2) 创建网站的大框，即建立一个宽 760px 的盒子，它将包含网站的所有元素。

在 HTML 文件写入：

```
Hello world.
```

创建 css 文件，命名为 master. css，保存在 css 文件夹下。写入：

```
#page-container {
width: 760px;
background: red;
}
```

控制 HTML 的 id 为 page-container 的盒子的宽度为 760px，背景为红色，表现如图 2 - 48 所示。

图 2 - 48

为了让盒子居中，写入以下代码：

```
margin: auto;
```

使 css 文件改为

```
#page-container {
width: 760px;
margin: auto;
background: red;
}
```

现在可以看到盒子和浏览器的顶端有 8px 宽的空隙。这是由浏览器默认的填充和边界造成的。消除这个空隙，就需要在 css 文件中写入：

```
html, body {
margin: 0;
padding: 0;
}
```

第三步：将网站分为五个 DIV，作为网页基本布局的基础

(1) 将"第一步"提到的五个部分都放入盒子中，在 HTML 文件中写入：

```
Main Nav
Header
Sidebar A
Content
Footer
```

表现如图 2 - 49 所示。

图 2 - 49

（2）为了将这五部分区分开，将其用不同的背景颜色标示出来，在css文件写入：

```
#main-nav {
background: red;
height: 50px;
}
#header {
background: blue;
height: 150px;
}
#sidebar-a {
background: darkgreen;
}
#content {
background: green;
}
#footer {
background: orange;
height: 66px;
}
```

表现如图2－50所示。

图2－50

第四步：网页布局与DIV浮动等

（1）让边框浮动到主要内容的右边，用css控制浮动：

```
#sidebar-a {
float: right;
width: 280px;
background: darkgreen;
}
```

表现如图2－51所示。

图 2 - 51

（2）往主要内容的盒子中写入一些文字。在 HTML 文件中写入：

Lorem ipsum dolor sit amet, consectetuer adipiscing elit. Nullam gravida enim ut risus. Praesent sapien purus, ultrices a, varius ac, suscipit ut, enim. Maecenas in lectus. Donec in sapien in nibh rutrum gravida. Sed ut mauris. Fusce malesuada enim vitae lacus euismod vulputate. Nullam rhoncus mauris ac metus. Maecenas vulputate aliquam odio. Duis scelerisque justo a pede. Nam augue lorem, semper at, porta eget, placerat eget, purus. Suspendisse mattis nunc vestibulum ligula. In hac habitasse platea dictumst.

表现如图 2 - 52 所示。

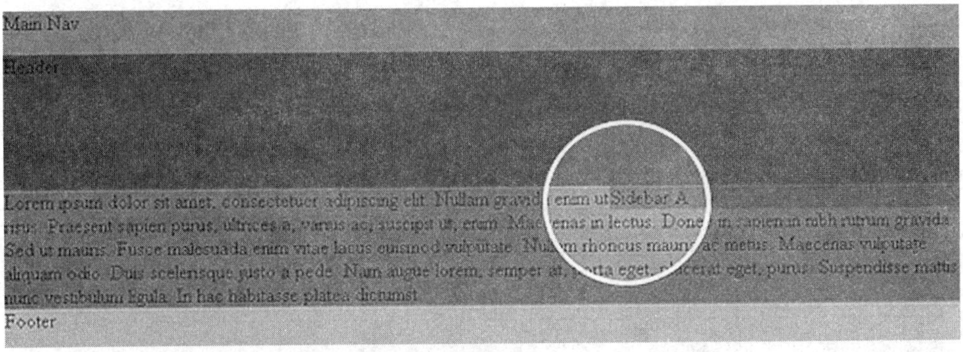

图 2 - 52

但是可以看到主要内容的盒子占据了整个 page-container 的宽度，需要将#content 的右边界设为 280px，以使其不和边框发生冲突。css 代码如下：

```
#content {
margin-right: 280px;
background: green;
}
```

同时在边框中写入一些文字。在 HTML 文件中写入：

Lorem ipsum dolor sit amet, consectetuer adipiscing elit. Nullam gravida enim ut risus. Praesent sapien purus, ultrices a, varius ac, suscipit ut, enim. Maecenas in lectus. Donec in sapien in nibh rutrum gravida. Sed ut mauris. Fusce malesuada enim vitae lacus euismod vulputate. Nullam rhoncus mauris ac metus. Maecenas vulputate aliquam odio. Duis scelerisque justo a pede. Nam augue lorem, semper at, porta eget, placerat eget, purus. Suspendisse mattis nunc vestibulum ligula. In hac habitasse platea dictumst.

表现如图 2－53 所示。

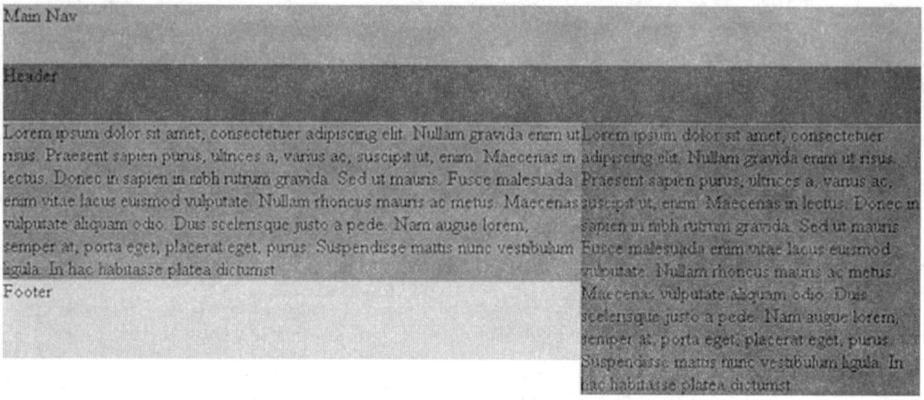

图 2－53

但这也不是想要的效果，网站的底框跑到边框的下边去了。这是由于将边框向右浮动，由于是浮动，所以可以理解为它位于整个盒子之上的另一层。因此，底框和内容盒子对齐了。

因此，在 css 中写入：

```
#footer {
clear: both;
background: orange;
height: 66px;
}
```

表现如图 2－54 所示。

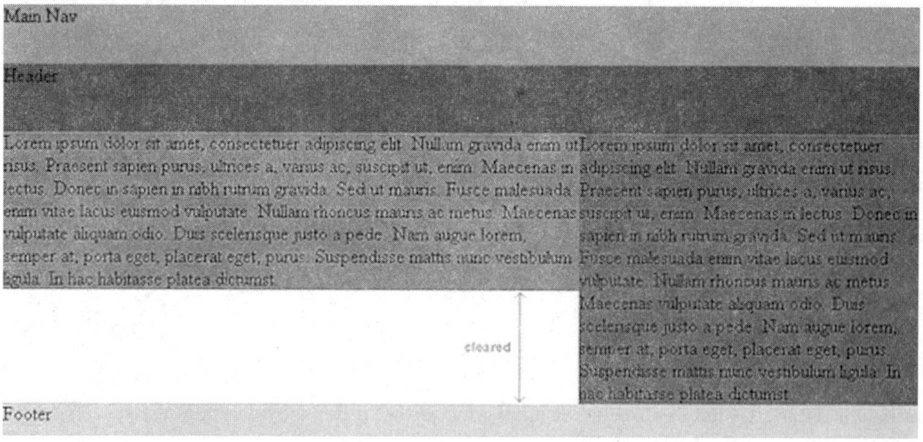

图 2－54

第五步：网页主要框架之外的附加结构的布局与表现

主要介绍除网页主要框架之外的附加结构的表现（Layout），包括以下内容：

（1）主导航条；

（2）标题（heading），包括网站名和内容标题；

（3）内容；

（4）页脚信息，包括版权、认证、副导航条（可选）。

加入这些结构时，为了不破坏原有框架，需要在 css 文件 <body> 标签(tag) 下加入：

```
. hidden {
display: none;
}
```

“. hidden” 即加入的类（class），这个类可以使页面上任意属于 hidden 类的元素（element）不显示。这些会在稍后使用，现在请暂时忘记它。

1. 加入标题（heading）

先回到 HTML 的代码，即常用的 HTML 标题代码，如一般用网站名、网站副标题、内容主标题等。往 HTML 文件的 Header 层（Div）加入：

```
Enlighten Designs
```

刷新一下页面，就可以看到巨大的标题和标题周围的空白，这是由标签的默认大小和边距（margin）造成的，想要消除这些空白，需要加入：

```
h1 {
margin: 0;
padding: 0;
}
```

2. 导航条

控制导航条表现的 CSS 代码比较复杂，将在第九步或是第十步中详细介绍。现在 HTML 文件加入导航代码：

```
About
Services
Portfolio
Contact Us
```

目前，导航条的表现比较糟糕，但是要在以后的教程中介绍其特殊表现，故需要暂时隐藏导航条，于是加入：

```
About
Services
Portfolio
Contact Us
```

3. 页脚

页脚包括两部分：左边的版权、认证和右边的副导航条。

想要让副导航条向右浮动，就像之前处理 sidebar 和 content 关系一样，需要加入一个新的层（div）：

About-
Services-
Portfolio-
Contact Us-
Terms of Trade

理论上，可以控制源文件上的任意元素的浮动，但由于 IE 浏览器的 BUG，被浮动层需要首先出现在源文件上，也就是说把副标题放在版权和认证的前面：

About-
Services-
Portfolio-
Contact Us-
Terms of Trade
Copyright © Enlighten Designs
Powered by Enlighten Hosting and
Vadmin 3.0 CMS

刷新页面，将看到效果如图 2－55 所示。

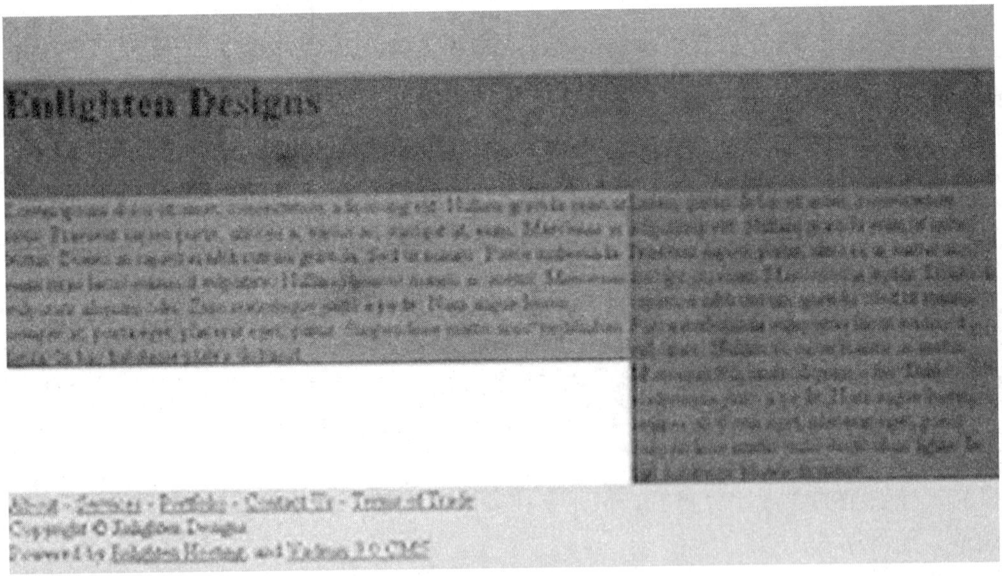

图 2－55

4. 内容部分

用表现内容标题 About 和 Contact Us，用表现段落，用断行。

About
Enlighten Designs is an Internet solutions provider that specialises in
front and back end development. To view some of the web sites we have created view our portfolio.

We are currently undergoing a 'face lift', so if you have any questions or would

like more information about the services we provide please feel free to contact us.

Contact Us

Phone: (07)853 6060

Fax: (07)853 6060

Email:

info@ enlighten. co. nz

P. O Box: 14159, Hamilton, New Zealand

More contact information...

刷新页面可以看到在 Content 层中又出现一些空白，这是由于标签的默认边距（margin）造成的，必须消除这些恼人的空白，但又不想把网页中所有的标签边距都设为 0，这就需要使用 CSS 的子选择器（child css selector），在 HTML 的文件结构中，想控制的标签（child）是属于#content 层（parent）的，因此在 CSS 文件中写入：

```
#content h2 {
margin: 0;
padding: 0;
}
#content p {
margin: 0;
padding: 0;
}
```

这样就告诉浏览器，仅仅是隶属于 content 层的标签 margin 和 padding 的值为 0。

第六步：页面内的基本文本的样式（CSS）设置

您是不是厌倦了那些大红大绿的背景，现在是去掉它们的时候了，只保留导航条的红色背景。

先设置全局的文本样式：

```
body {
font-family: Arial, Helvetica, Verdana, Sans-serif;
font-size: 12px;
color: #666666;
background: #ffffff;
}
```

一般把 body 标签放在 CSS 文件的顶端，当然要是执意要把它放在尾部，浏览器也不会计较。font-family 内的顺序决定了字体显示的优先级，如果所在计算机没有 Arial 字体，浏览器就会指向 Helvetica 字体，依次类推；color 指定字体颜色；background 指定背景颜色。

若都按本教程的操作进行，应该能看到如图 2－56 所示效果。

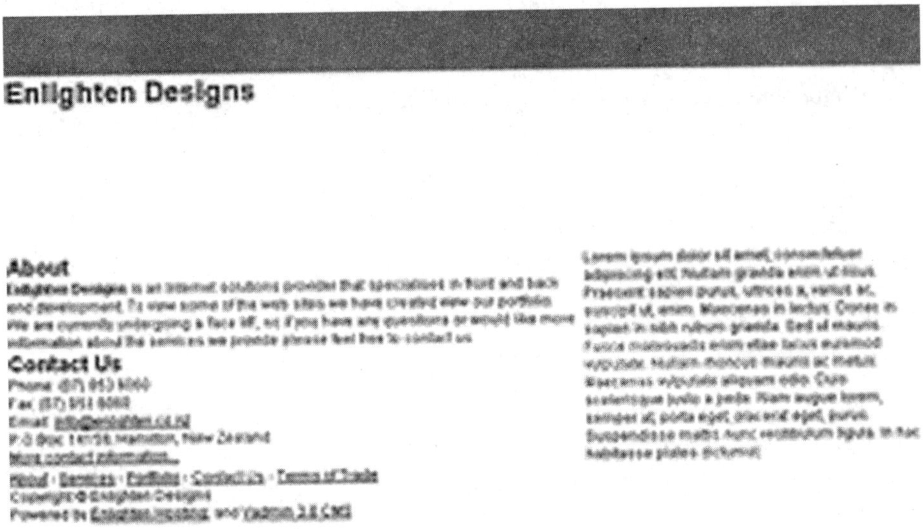

图 2-56

可以看到内容（content）的各块（block）之间的间隙太小，而基于最初的设计，内容标题和正文之间的间隙大概是 15px，每个段落的间距也大概是 15px，所以在 CSS 中写入：

```
#content h2 {
margin: 0;
padding: 0;
padding-bottom: 15px;
}
#content p {
margin: 0;
padding: 0;
padding-bottom: 15px;
}
```

然后需要让 content 层的四周都空出 25px 的间隙，这本来是件很简单的事，理论上只需在#content 的 CSS 文件中加入“padding：25px；”就行了，但是 IE 浏览器的固有 bug 根本不能按照想象表现。解决这个问题有两种办法。第一种办法是区别浏览器写入两种代码（HACK IE），但因为间隙（padding，在 Dreamweaver 中又叫填充）使用很频繁，所以这里使用另一种办法。

往需要填充的层中加入 padding 层，它的功能仅限于显示间隙：

Lorem ipsum dolor sit amet, consectetuer adipiscing elit. Nullam gravida enim ut risus. Praesent sapien purus, ultrices a, varius ac, suscipit ut, enim. Maecenas in lectus. Donec in sapien in nibh rutrum gravida. Sed ut mauris. Fusce malesuada enim vitae lacus euismod vulputate. Nullam rhoncus mauris ac metus. Maecenas vulputate aliquam odio. Duis scelerisque justo a pede. Nam augue lorem, semper at, porta eget, placerat eget, purus. Suspendisse mattis nunc vestibulum ligula. In hac habitasse platea dictumst.

同样地，再往 HTML 文件的 content 层中加入 padding 层。

由于 padding 层的功能仅是制造空隙，所以不要设置它的宽度，只需在 CSS 中添加：

```
#sidebar-a {
float: right;
width: 280px;
}
#sidebar-a . padding {
padding: 25px;
}
#content {
margin-right: 280px;
}
#content . padding {
padding: 25px;
}
```

就像之前用的方法一样，只选择类（class）为 padding，且父类（parent）为#content 或#sidebar-a 的元素（element）。

接下来设置行距，content 和 sidebar-a 的行距需要加宽，但在 CSS 中是没有行距（leading）这种属性（attribute）的，但是有行高（line-height）属性，因此在 CSS 中写入：

```
#sidebar-a {
float: right;
width: 280px;
line-height: 18px;
}
#content {
margin-right: 280px;
line-height: 18px;
}
```

现在可以看到标题“about”和“contact us”显得相当突兀，这是因为使用的字体并不是一种网页字体，需要将其替换为图 2－57 所示图片，并将其存放于/images/headings/文件夹中。

图 2－57

最终得到如图 2－58 所示效果。

图 2－58

第七步：网站头部图标与 logo 部分的设计

为实现设计时的网页头部效果，需要如图 2－59 和图 2－60 所示两幅图。

/images/headers/about. jpg

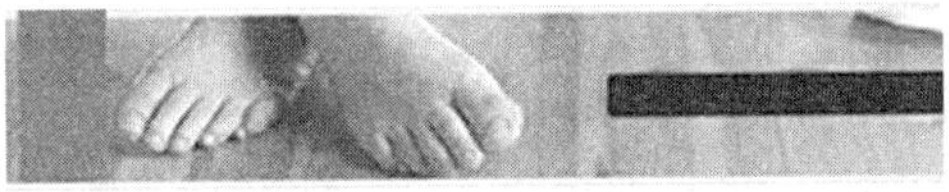

图 2－59

/images/general/logo_enlighten. gif

图 2－60

首先给#header 层添加背景图案：

```
#header {
height: 150px;
background: #db6d16
url(../images/headers/about. jpg);
}
```

使用的背景属性为一些简写的属性名，用其能规定背景的颜色、图案、图案的位置、是否重复以及如何重复。之所以把背景色设为橘黄色，是因为当用户所使用的浏览器屏蔽图片时，网站的头部不会变得一片空白。应该注意到图片的路径是相对于 CSS 的存放位置而言的，而不是 HTML 文件，因此有“.. /”。

接着替换掉标签里的“Enlighten Designs”。

logo_enlighten 图片浮在头部的左上方，需要设置的属性值如下：

```
h1 {
margin: 0;
padding: 0;
float: right;
margin-top: 57px;
padding-right: 31px;
}
```

这样可以使存在于层的图片向右浮动，并且上边距（margin-top）为 57px，右间隙（padding-right）为 31px，如图 2 -61 所示。

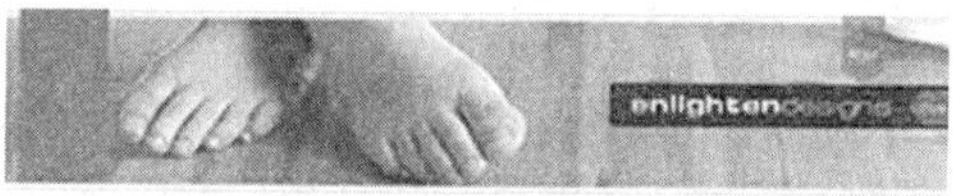

图 2 -61

注意： 细心的你可能会发现这里使用了 padding-right 而不是 margin-right，这是因为 IE 浏览器的怪毛病不少，它会在不定的地方无法正确显示 margin-right/left 属性，所以使用了 padding（间隙，Dreamweaver 中称其为填充）属性。

提示：希望大家在以后的 CSS 编写过程中，尽量使用 padding 属性，以免造成浏览器调试的麻烦。

第八步：页脚信息（版权等）的表现设置

首先需要控制页脚的文本显示：

```
#footer {
clear: both;
height: 66px;
font-family: Tahoma, Arial, Helvetica, Sans-serif;
font-size: 10px;
color: #c9c9c9;
}
```

接着需要设置存在链接的文本的显示，在此没有改变文本的颜色（仍然为#c9c9c9），而只是让下划线消失：

```
#footer a {
color: #c9c9c9;
text-decoration: none;
}
```

但是想让那些存在链接的文本，当鼠标悬停在其上方时变色为#db6d16：

```
#footer a:hover {
color: #db6d16;
}
```

然后给页脚加上灰色的上边框，在 footer 层的四周设置一些间隙，并加大文本的行距：

```
#footer {
clear: both;
height: 66px;
font-family: Tahoma, Arial, Helvetica, Sans-serif;
font-size: 10px;
color: #c9c9c9;
border-top: 1px solid #efefef;
padding: 13px 25px;
line-height: 18px;
}
```

最后需要让副导航层（#altnav）向右浮动，需要指出的是浮动层必须设置宽度（width）才能正常浮动，所以把#altnav 的宽度设置为 350px，略宽于文本的长度（为了让副标题的文字显示完全），然后让文本向右对齐：

```
#footer #altnav {
width: 350px;
float: right;
text-align: right;
}
```

按照以上的方法，将得到如图 2－62 所示的页脚样式。

图 2－62

第九步：导航条的制作（较难）

导航条之所以放在第九步讲，是因为导航条制作是本教程中最难的部分，自然也是技术含量最高的地方。导航条的制作可易可难，但这里介绍的内容较难。

首先去掉导航条的红色背景，还有就是移除 HTML 文件中 main-nav 层的 “class = ‘hidden’”，使导航条的内容显示出来。实现导航条图片变换的方法是纯 CSS 代码，不包含任何 js 或 flash，因此所用的图片是四幅分别由三个小图组合而成的图片（图 2－63），并将这四幅图保存于/images/nav/文件夹中。

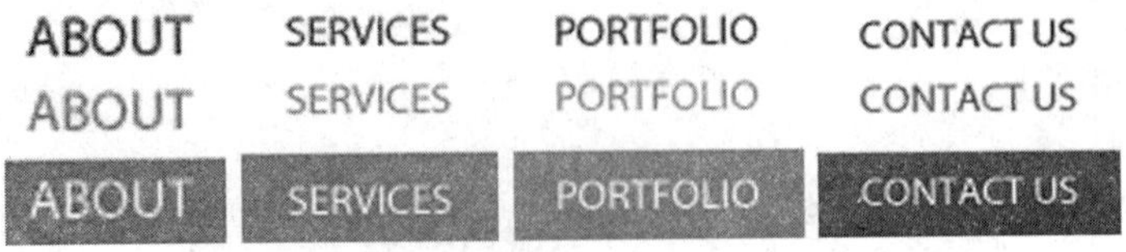

图 2－63

实现导航条的动态效果如图 2 - 64 所示。

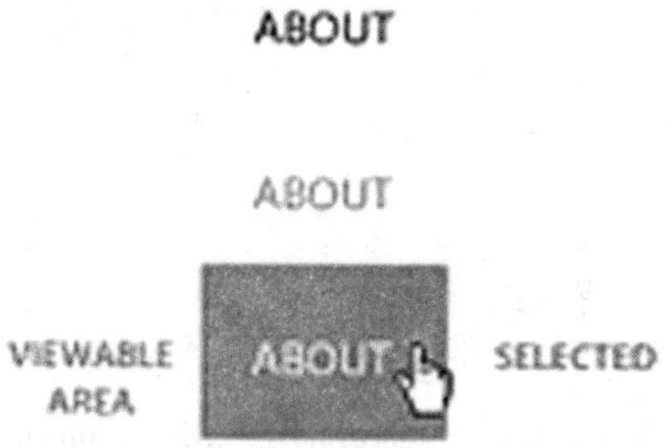

图 2 - 64

在网页显示的只是图中红框标出的部分，如果把每幅图分为上、中、下三部分的话，未发生动作时显示上部，光标悬停时显示中部，被选择时则显示下部。

接下来进入 CSS 代码部分，先在 CSS 文件中写入：

```
/* Main Navigation */
#main-nav { height: 50px; }
#main-nav ul { margin: 0; padding: 0; }
```

注意：/* Main Navigation */为增加 CSS 文件可读性的说明，不会影响表现。

#main-nav 的 height 属性定义 main-nav 层的高度；#main-nav ul 则定义 main-nav 层中列表的属性,在这里先定义其 margin 和 padding 为 0。

根据先前的设计，导航条应该和左边有一定的距离，这就需要设置 main-nav 层的左边距（padding-left）为 11px，但由于 IE5 和 Mac 浏览器的 bug，需要加入以下代码：

```
/* IE5 Mac Hack \*/
#main-nav { padding-left: 11px; }
/*/
#main-nav { padding-left: 11px; overflow: hidden; }
/* End Hack */
```

现在可以看到导航列表距左边有 11px 的距离，但是列表项目是竖排的，即列表项目向左对齐就能使其从左到右横向排列：

```
#main-nav li { float: left; }
```

为了使列表项目的尺寸和容纳它的层保持一致，并利用浮动属性使列表项目的文本隐藏，需要加入以下代码：

```
#main-nav li a {
display: block;
height: 0px ! important;
height /**/:50px; /* IE 5/Win hack */
padding: 50px 0 0 0;
overflow: hidden;
background-repeat: no-repeat;
}
```

接着要实现当光标悬停于列表项目上时，显示背景图片的中部，因此需要将背景图片向上移动50px，写入：

```
#main-nav li a:hover {
background-position: 0-50px;
}
```

给各个列表项目设置宽度和背景图片的路径：

```
#main-nav li#about,
#main-nav li#about a { width: 71px; background-image: url(../images/nav/about.gif); }
#main-nav li#services,
#main-nav li#services a { width: 84px; background-image: url(../images/nav/services.gif); }
#main-nav li#portfolio,
#main-nav li#portfolio a { width: 95px; background-image: url(../images/nav/portfolio.gif); }
#main-nav li#contact,
#main-nav li#contact a { width: 106px; background-image: url(../images/nav/contact.gif); }
```

最后要做的是当列表项目被选时，显示背景图片的下部。为此需要增加一些 CSS 代码对原有的 CSS 表现作一些修改：

```
body.about li#about,
body.about li#about a,
body.services li#services,
body.services li#services a,
body.portfolio li#portfolio,
body.portfolio li#portfolio a,
body.contact li#contact,
body.contact li#contact a {
background-position: 0 -100px;
}
```

以上看似庞大的 CSS 选择器可以识别 body 标签的类（class）。

以上 CSS 选择器让 li#about，li#about a 的背景向上移动 100px，使其显示背景图片的下部。

如果希望网站头部背景图片也根据 body 标签的类进行变换，就需修改 CSS 的#header：

```
body.about
#header {
height: 150px;
background: #db6d16
url(../images/headers/about.jpg);
}
```

至此就完成了“about”网页的制作，依此类推，修改 HTML 中 body 的类为 services/portfolio/contact 制作相应 HTML 文件并分别保存。

在 CSS 文件中添加各个网页相应的头部背景图片路径，如 services 网页的头部背景图片为 services. jpg，在 CSS 中添加如下代码：

```
body. services
#header {
height: 150px;
background: #db6d16
url(../images/headers/
services. jpg
);
}
```

然后用超级链接将这些网页连接起来，就组成了一个小网站。

第十步：解决 IE 浏览器的显示 bug

IE 中容易出问题的是 IE5 和 IE5. 5，如其不能识别 CSS 中 margin 值为 auto，要实现层的中间对齐，需加入：

```
body {
font-family: Arial, Helvetica, Verdana, Sans-serif;
font-size: 12px;
color: #666666;
text-align: center;
}
```

但是这样设置之后，网站的 content 层的文本也变成中间对齐，需要让其左对齐，应加入：

```
#page-container {
width: 760px;
margin: auto;
text-align: left;
}
```

关于页脚的 bug，将版权内容加入新的#copyright 层中，在 HTML 中加入：

```
Copyright © Enlighten Designs
Powered by Enlighten Hosting and
Vadmin 3. 0 CMS
```

在 CSS 文件中加入如下代码，并将#footer 的“padding-top: 13px;”移除：

```
#footer #altnav {
clear: both;
width: 350px;
float: right;
text-align: right;
padding-top: 13px;
}
#footer #copyright {
padding-top: 13px;
}
```

最后要解决的 bug 是当光标在导航条的被选列表项目链接上悬停时（如在 about 的网页，body 的类为 about，但将光标移到导航条的 about 图片上时），背景图片消失了，这就需要加入：

```
body. about li#about,
body. about li#about a,
body. about dt#about a:hover,
body. services li#services,
body. services li#services a,
body. services li#services a:hover,
body. portfolio li#portfolio,
body. portfolio li#portfolio a,
body. portfolio li#portfolio a:hover,
body. contact li#contact,
body. contact li#contact a,
body. contact li#contact a:hover
{
background-position: 0-100px;
}
```

第三章 Dreamweaver

第一节 Dreamweaver 8 操作环境

在首次启动 Dreamweaver 8 时会出现一个“工作区设置”对话框，在该对话框左侧是 Dreamweaver 8 的设计视图，右侧是 Dreamweaver 8 的代码视图。Dreamweaver 8 的设计视图布局提供了一个将全部元素置于一个窗口中的集成布局，可以在此选择面向设计者的设计视图布局。

在 Dreamweaver 8 中首先将显示一个起始页，可以勾选这个窗口下面的“不再显示此对话框”来隐藏它。这个页面中包括“打开最近项目”“创建新项目”“从范例创建”3 个方便实用的项目，建议大家保留。

新建或打开一个文档，进入 Dreamweaver 8 的标准工作界面。Dreamweaver 8 的标准工作界面包括标题栏、菜单栏、插入面板组、文档工具栏、标准工具栏、文档窗口、状态栏、属性面板和浮动面板等，如图 3－1 所示。

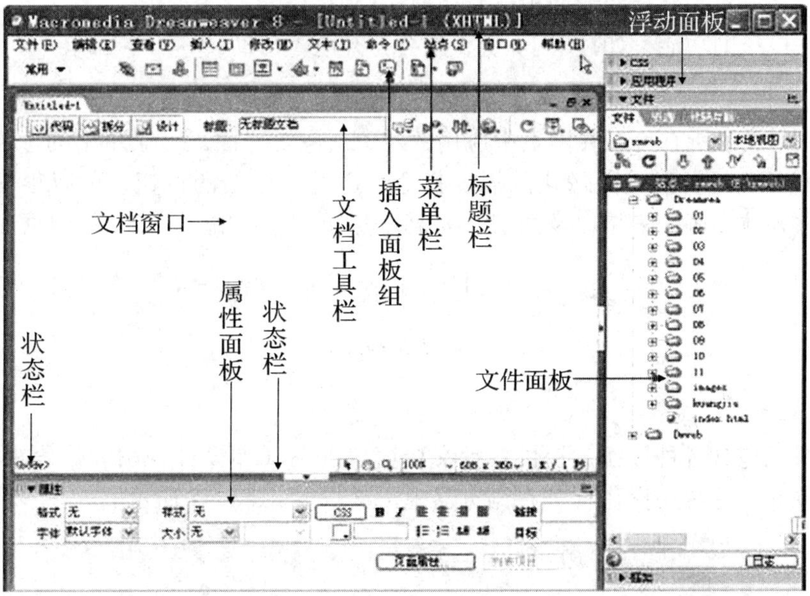

图 3－1

1. 标题栏

启动 Macromedia Dreamweaver 8 后，标题栏将显示文字 Macromedia Dreamweaver 8，新建或打开一个文档后，在后面还会显示该文档所在的位置和文件名称，如图 3-2 所示。

图 3-2

2. 菜单栏

Dreamweaver 8 的菜单栏共有 10 个菜单，即文件、编辑、查看、插入、修改、文本、命令、站点、窗口和帮助，如图 3-3 所示。其中，编辑菜单里提供了对 Dreamweaver 菜单中“首选参数”的访问。

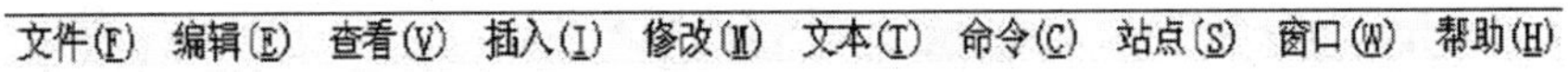

图 3-3

文件：用来管理文件，如新建、打开、保存、另存为、导入、输出打印等。

编辑：用来编辑文本，如剪切、复制、粘贴、查找、替换和参数设置等。

查看：用来切换视图模式以及显示、隐藏标尺、网格线等辅助视图功能。

插入：用来插入各种元素，如图片、多媒体组件、表格、框架及超级链接等。

修改：具有对页面元素进行修改的功能，如在表格中插入表格，拆分、合并单元格，对齐对象等。

文本：用来对文本进行操作，如设置文本格式等。

命令：包含所有的附加命令项。

站点：用来创建和管理站点。

窗口：用来显示和隐藏控制面板以及切换文档窗口。

帮助：联机帮助功能，如按下 F1 键，就会打开电子帮助文本。

3. 插入面板组

插入面板集成了所有可以在网页中应用的对象，包括“插入”菜单中的选项，如图 3-4 所示。插入面板组其实就是图像化的插入指令，通过一个个的按钮，可以很容易地插入图像、声音、多媒体动画、表格以及图层、框架、表单、Flash 和 ActiveX 等网页元素。

图 3-4

4. 文档工具栏

文档工具栏包含各种按钮，提供各种文档窗口视图（如设计视图和代码视图）的选项、各种查看选项和一些常用操作（如在浏览器中预览），如图 3-5 所示。

图 3-5

5. 标准工具栏

标准工具栏包含来自文件和编辑菜单的一般操作的按钮，如新建、打开、保存、保存全部、剪切、复制、粘贴、撤消和重做，如图 3－6 所示。

图 3－6

6. 文档窗口

打开或创建一个项目后，进入文档窗口，可以在文档区域中进行输入文字、插入表格和编辑图片等操作。

文档窗口显示当前文档，可以选择下列任一视图。

（1）设计视图是一个用于可视化页面布局、可视化编辑和快速应用程序开发的设计环境。在该视图中，Dreamweaver 显示文档的完全可编辑的可视化表示形式，类似于在浏览器中查看页面时看到的内容。

（2）代码视图是一个用于编写和编辑 HTML、JavaScript、服务器语言代码以及任何其他类型代码的手工编码环境。

（3）代码和设计视图可以让使用者在单个窗口中同时看到同一文档的代码视图和设计视图。

7. 状态栏

文档窗口底部的状态栏提供与正在创建的文档有关的其他信息，如图 3－7 所示。标签选择器显示环绕当前选定内容的标签的层次结构。单击该层次结构中的任何标签，可以选择该标签及其全部内容；单击 <body> 可以选择文档的整个正文。

图 3－7

8. 属性面板

属性面板并不是将所有的属性加载在面板上，而是根据选择的对象来动态显示对象的属性，如图 3－8 所示。属性面板的状态完全是随当前在文档中选择的对象来确定的。如果当前选择了一幅图像，那么属性面板上就会出现该图像的相关属性；如果选择了表格，那么属性面板上将会相应出现该表格的相关属性。

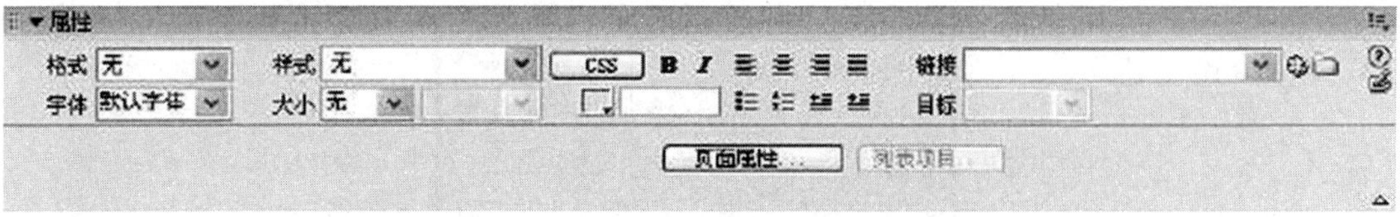

图 3－8

9. 浮动面板

其他面板可以统称为浮动面板，这些面板都浮动于编辑窗口之外。在初次使用 Dreamweaver 8 时，这些面板根据功能被分成若干组。在窗口菜单中，选择不同的命令可以打开基本面板组、设计面板组、代码面板组、应用程序面板组、资源面板组和其他面板组。

终于把 Dreamweaver 8 的基本工作界面介绍完了，您是否已经了解它？从现在开始，让我们一起来建造一座小房子。

第二节 Dreamweaver 8 本地站点的搭建与管理

要制作一个能够被大家浏览的网站，首先需要在本地磁盘上制作这个网站，然后把这个网站传到互联网的 Web 服务器上。放置在本地磁盘上的网站被称为本地站点，位于互联网 Web 服务器上的网站被称为远程站点。Dreamweaver 8 提供了对本地站点和远程站点强大的管理功能。

1. 规划站点结构

网站是多个网页的集合，包括一个首页和若干个分页，这种集合不是简单的集合。为了达到最佳效果，在创建任何 Web 站点页面之前，要对站点的结构进行设计和规划。决定要创建多少个页，每页上显示什么内容，页面布局的外观以及各页如何互相链接起来，这些都是需要考虑的。

可以通过把文件分门别类地放置在各自的文件夹里，使网站的结构清晰明了，便于管理和查找。

2. 创建站点

在 Dreamweaver 8 中可以有效地建立并管理多个站点。搭建站点有两种方法：一是利用向导完成，二是利用高级设定完成。

在搭建站点前，首先在自己的计算机硬盘上建一个以英文或数字命名的空文件夹。

（1）选择菜单栏—站点—管理站点，出现“管理站点”对话框，单击“新建”按钮，选择弹出菜单中的“站点”项，如图 3－9 所示。

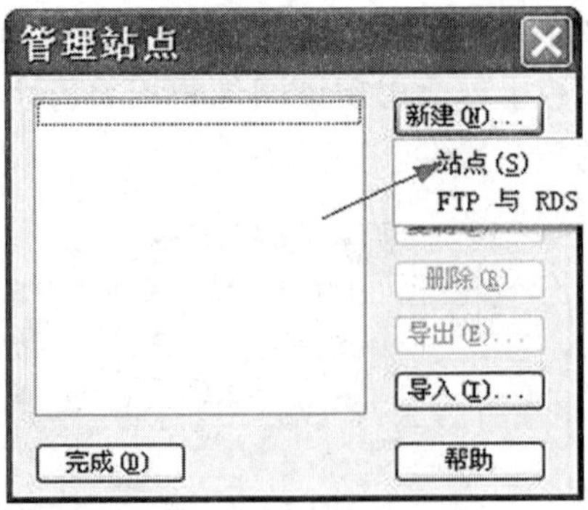

图 3－9

（2）在打开的窗口（图 3 - 10）上方有“基本”和“高级”两个标签，可以在站点向导和高级设置之间切换，在此选择“基本”标签。

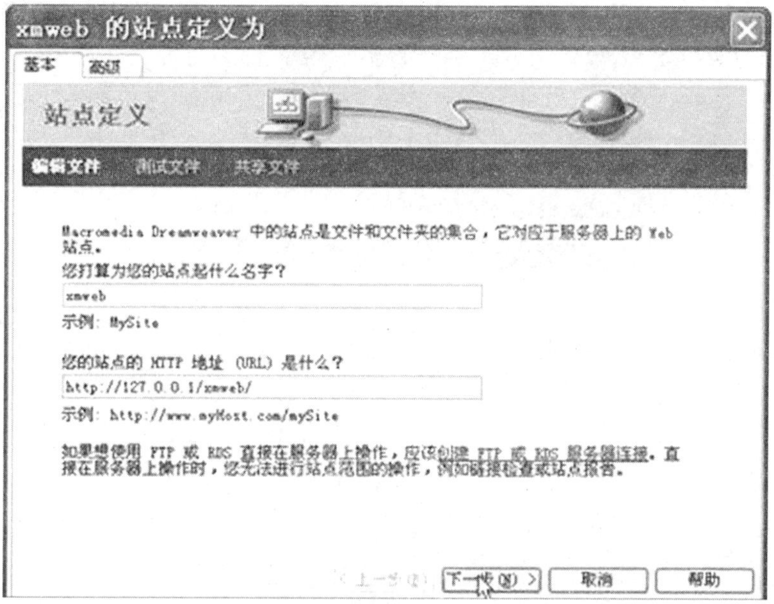

图 3 - 10

（3）在图 3 - 10 的文本框中，输入一个站点名字以在 Dreamweaver 8 中标识该站点，这个名字可以是任何你需要的名字，然后单击“下一步”按钮，出现向导的下一个界面，询问是否要使用服务器技术（图 3 - 11），现在建立的是一个静态页面，所以选择“否”。

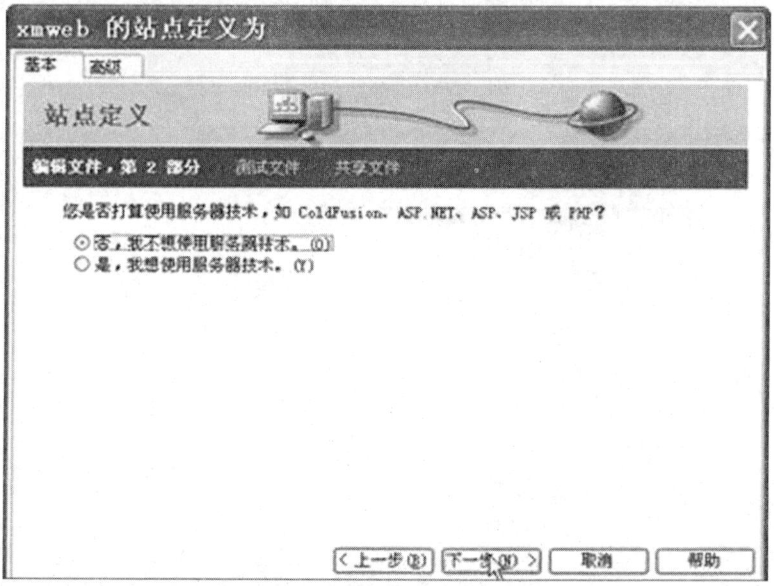

图 3 - 11

（4）在图 3－11 中单击“下一步”按钮，在出现的下一个界面的文档框中设置本地站点文件夹的地址，如图 3－12 所示。

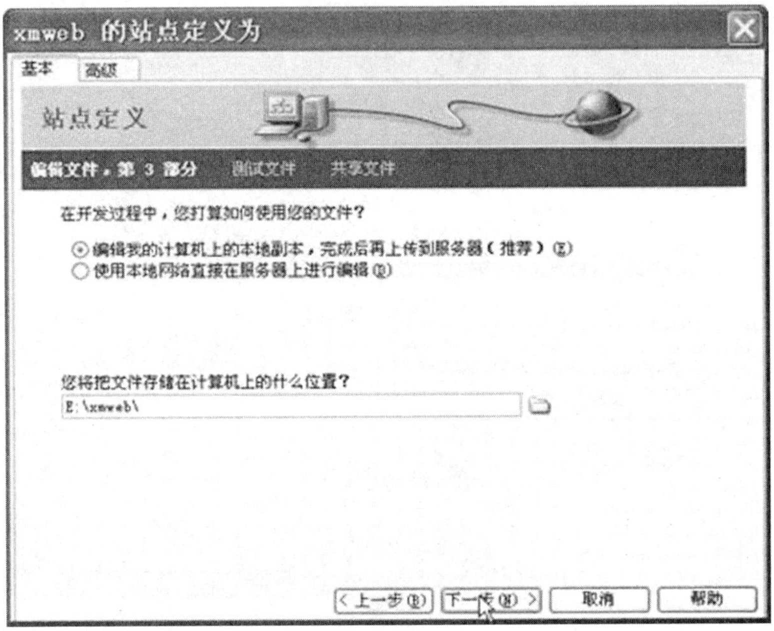

图 3－12

（5）在图 3－12 中单击“下一步”按钮，进入“站点定义”窗口，在站点建设完成后再与 FTP 链接，故这里选择“无”，如图 3－13 所示。

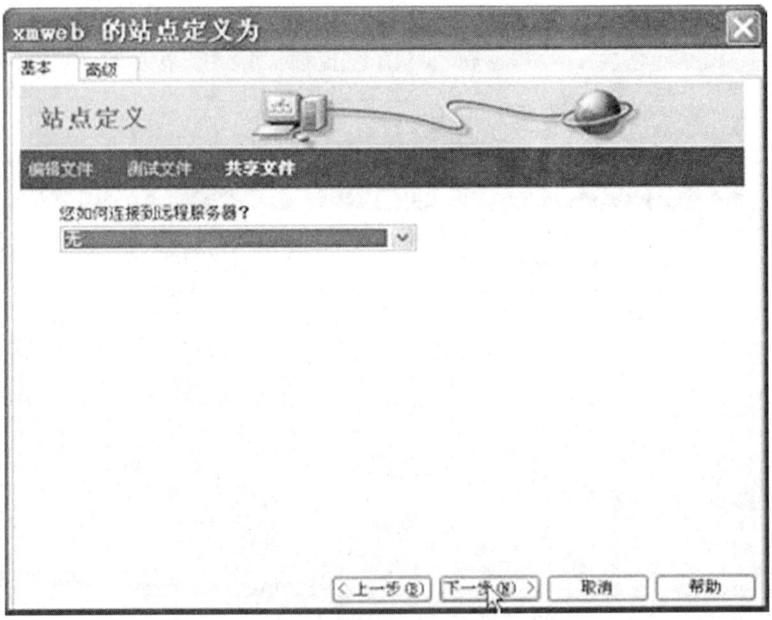

图 3－13

(6) 在图 3－13 中单击“下一步”按钮，进入下一个界面，在其中单击“完成”按钮，结束“站点定义”对话框的设置，如图 3－14 所示。

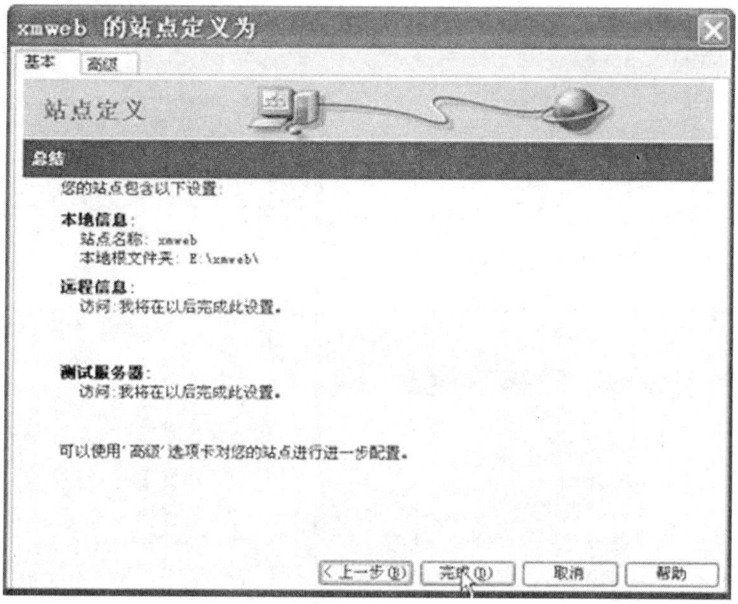

图 3－14

(7) 由上一步进入图 3－15 所示界面，在其中单击“完成”按钮，文件面板显示出刚才建立的站点，如图 3－16 所示。

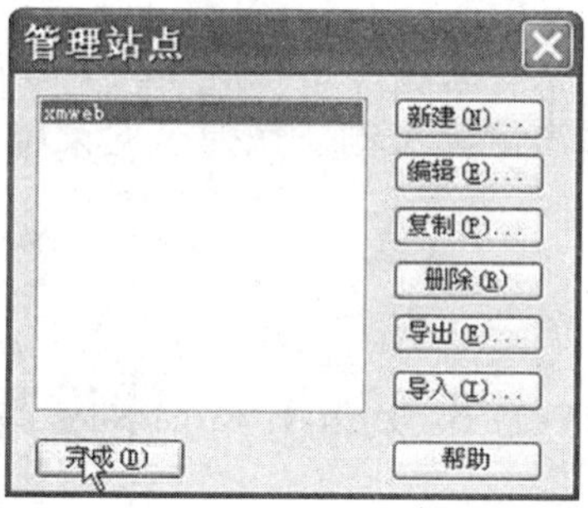

图 3－15

图 3－16

到此，完成了站点的创建。

3. 搭建站点结构

站点是文件与文件夹的集合，下面根据前面对 xmweb 网站的设计，来新建 xmweb 站点要设置的文件夹和文件，如图 3－17 所示。

1) 新建文件夹

在文件面板的站点根目录下单击鼠标右键，从弹出的菜单中选择“新建文件夹”项，然后给文件夹命名。这里创建 8 个文件夹，分别命名为 img、med、swf、bj、css、js、moan 和 fy。

2）创建页面

在文件面板的站点根目录下单击鼠标右键，从弹出的菜单中选择“新建文件”项，然后给文件命名。首先要添加首页，把首页命名为 index. html，再分别新建01. html、02. html、03. html、04. html 和05. html。

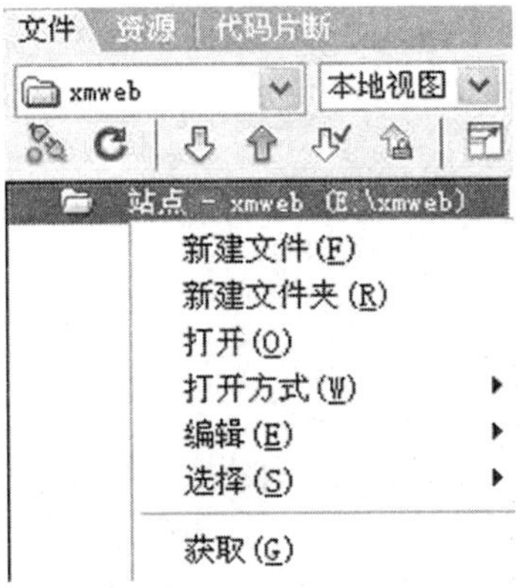

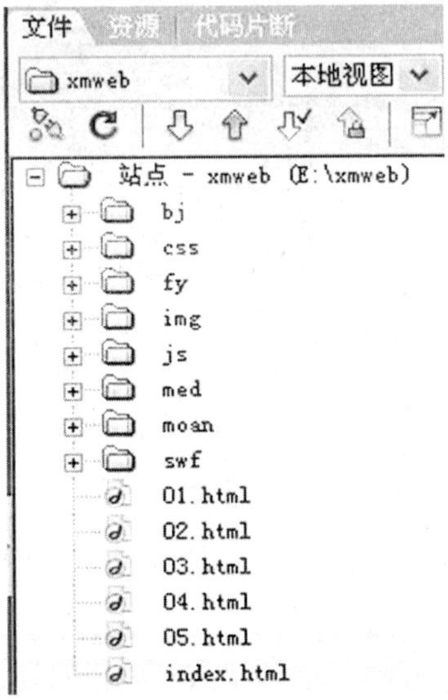

图 3－17

4．文件与文件夹的管理

对建立的文件和文件夹，可以进行移动、复制、重命名和删除等基本的管理操作。单击鼠标左键选中需要管理的文件或文件夹，然后单击鼠标右键，在弹出的菜单中选择“编辑”项，即可进行相关操作。

第三节　Dreamweaver 8 页面的总体设置

前面已经描绘了小屋的蓝图，从现在开始为小屋添砖加瓦吧。下面打开 01. html，制作一个图文混排的简单页面。

1．设置页面的头内容

头内容在浏览器中是不可见的，但是却携带着网页的重要信息，如关键字、描述文字等，还可以实现一些非常重要的功能，如自动刷新功能等。

用鼠标左键单击插入工具栏最左边按钮旁的下拉小三角，在弹出的菜单中选择“HTML”项，出现“文件头”按钮，点开下拉菜单，就可以进行头内容的设置，如图3－18所示。

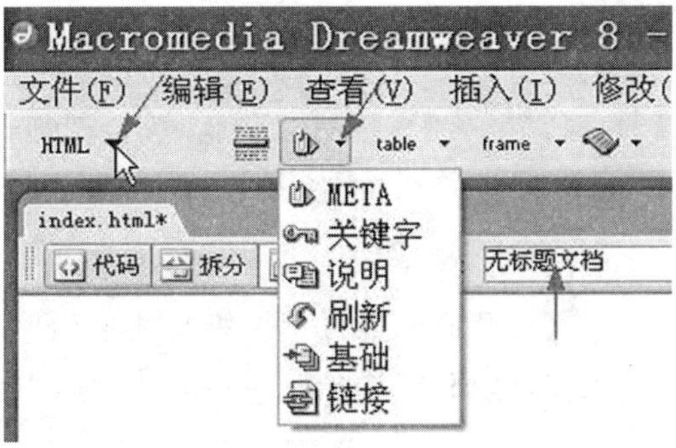

图 3－18

（1）设置标题，网页标题可以是中文、英文或符号，显示在浏览器的标题栏中。直接在设计窗口上方的标题栏内输入或更改，就可以完成网页标题的编辑。

（2）插入关键字，关键字用来协助网络上的搜索引擎寻找网页，要想让更多的人看见你的网站，需要好好填写关键字。单击图 3－18 所示的“关键字”项，弹出“关键字”对话框如图 3－19 所示，在文本框中填入关键字即可。

图 3－19

（3）插入 META，META 标记用于记录当前网页的相关信息，如编码、作者、版权等，也可以用来给服务器提供信息。单击图 3－18 所示的“META”项，弹出“META”对话框如图 3－20 所示，在“属性”栏选择“名称”属性，在“值”文本框中输入相应的值（author 代表作者信息，copyright 代表版权声明，generator 代表网页编辑器），即可以定义相应的信息。

图 3－20

2. 设置页面属性

单击属性面板中的“页面属性”按钮（图 3－21），打开“页面属性”对话框。

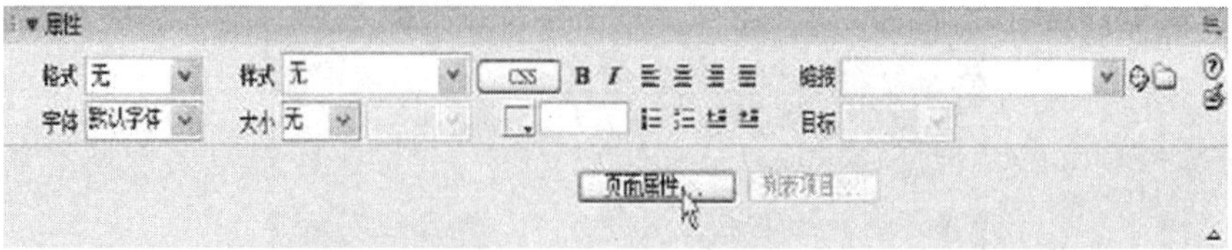

图 3-21

（1）设置外观，“外观”选项是设置页面的一些基本属性，可以定义页面中的默认文本字体、文本大小、文本颜色、背景颜色和背景图像以及页面的边距等，如图 3-22 所示。在此设置页面的所有边距为 0。

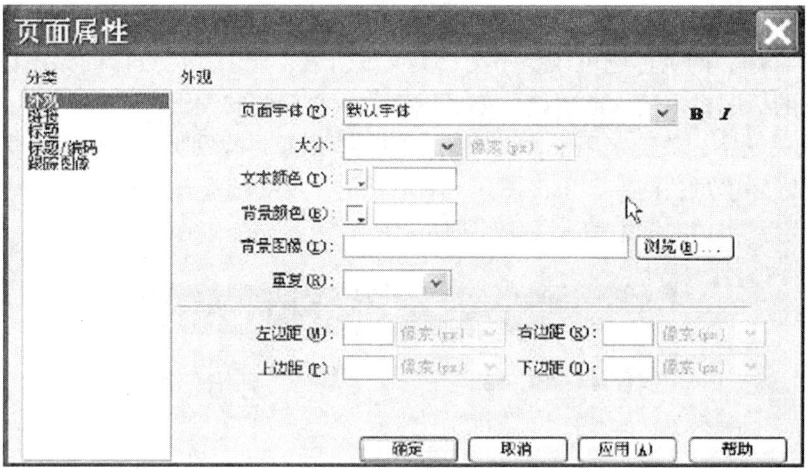

图 3-22

（2）设置链接，“链接”选项内是一些与页面的链接效果有关的设置，如图 3-23 所示。“链接颜色”定义超链接文本默认状态下的字体颜色，“变换图像链接”定义鼠标放在链接上时文本的颜色，“已访问链接”定义访问过的链接的颜色，“活动链接”定义活动链接的颜色，“下划线样式”定义链接的下划线样式。

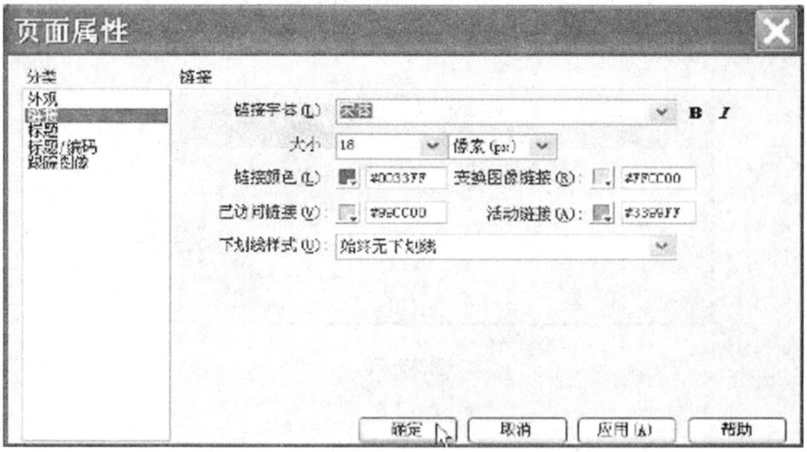

图 3-23

（3）设置标题，“标题”选项用来设置标题字体的一些属性，如图 3 - 24 所示。在左侧“分类”列表中选择“标题”，这里的标题指的并不是页面的标题内容，而是可以应用在具体文章中各级不同标题上的一种标题字体样式。可以定义“标题字体”及 6 种预定义的标题字体样式，包括粗体、斜体、大小和颜色。

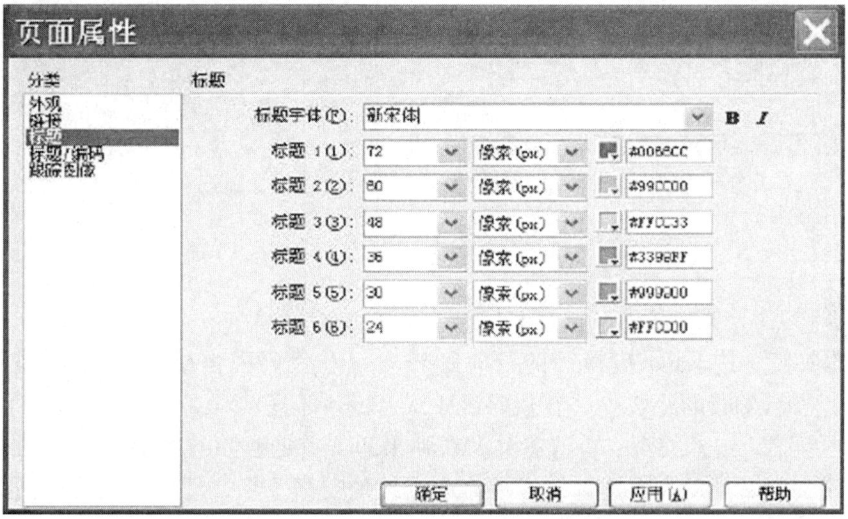

图 3 - 24

| 第四节 | Dreamweaver 8 文本的插入与编辑

1. 插入文本

要向 Dreamweaver 文档添加文本，可以直接在 Dreamweaver 文档窗口中键入文本，也可以剪切并粘贴文本，还可以从 Word 文档导入文本。

在文档编辑窗口的空白区域单击鼠标左键，窗口中会出现闪动的光标，提示文字的起始位置，可将 01. rar 中的文字素材复制/粘贴进来。

2. 编辑文本格式

网页的文本分为段落和标题两种格式。

在文档窗口中选中一段文本，在属性面板“格式”后的下拉列表框中选择“段落”，把选中的文本设置成段落格式。

“标题 1”到“标题 6”分别表示各级标题，应用于网页的标题部分。对应的字体由大到小，同时文字全部加粗。

另外，在属性面板中可以定义文字的字号、颜色、加粗、加斜、水平对齐等内容。

3. 设置字体组合

Dreamweaver 8 预设的可供选择的字体组合只有 6 项英文字体组合，要想使用中文字体，必须重新编辑新的字体组合，在“字体”后的下拉列表框中选择“编辑字体列表”，弹出“编辑字体列表”对话框，如图 3－25 所示。

图 3－25

4．文字的其他设置

（1）文本换行，按 Enter 键换行的行间距较大（在代码区生成 <p> </p> 标签），按 Enter＋Shift 键换行的行间距较小（在代码区生成
 标签）。

（2）文本空格，选择编辑—首选参数，在弹出的“首选参数”对话框中左侧的分类列表中选择“常规”项，然后在右边选“允许多个连续的空格”项，即可直接按空格键给文本添加空格，如图 3－26 所示。

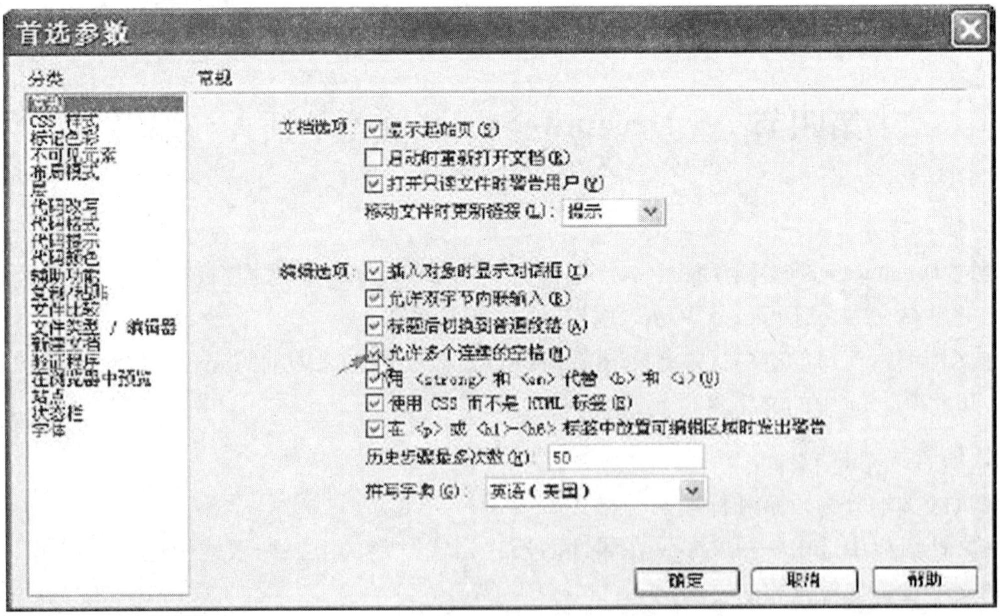

图 3－26

（3）特殊字符，要向网页中插入特殊字符，需要在快捷工具栏选择“文本”，切换到字符插入栏，单击文本插入栏的最后一个按钮，可以向网页中插入相应的特殊符号，如图 3－27所示。

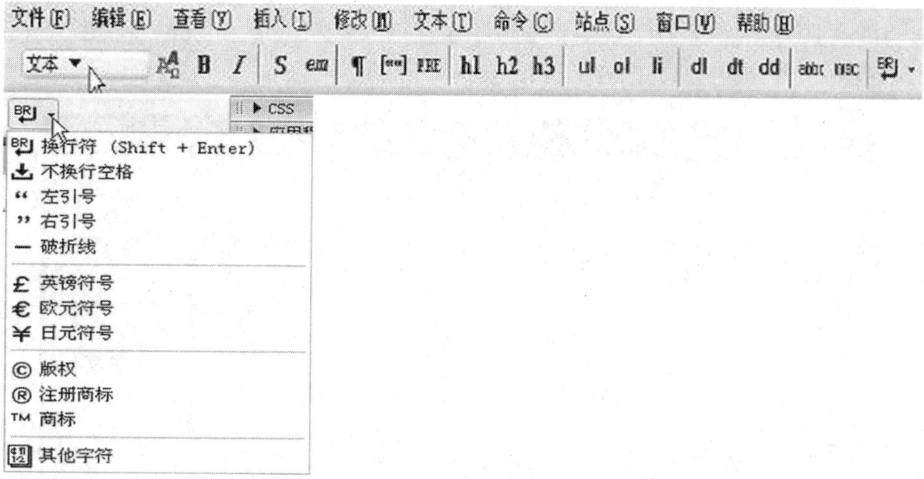

图 3-27

(4) 插入列表，列表分为两种，即有序列表和无序列表。无序列表没有顺序，每一项前都以同样的符号显示；有序列表前的每一项有序号引导。在文档窗口中选中需要设置的文本，在属性面板中单击按钮则选中的文本被设置成无序列表，单击按钮则被设置成有序列表。

(5) 插入水平线，水平线起到分隔文本的排版作用，选择快捷工具栏的"HTML"项，单击 HTML 栏的第一个按钮，即可向网页中插入水平线。选中插入的这条水平线，可以在属性面板对它的属性进行设置。

(5) 插入时间，在文档窗口中，将鼠标光标移动到要插入日期的位置，单击"常用"插入栏的"日期"按钮，在弹出的"插入日期"对话框中选择相应的格式即可。

第五节 Dreamweaver 8 插入图像

目前，互联网上支持的图像格式主要有 gif、jpeg 和 png，其中使用最为广泛的是 gif 和 jpeg。

1. 插入图像

在制作网页时，先构想好网页布局，在图像处理软件中将需要插入的图像进行处理，然后存放在站点根目录下的文件夹里。

插入图像时，将光标放置在文档窗口需要插入图像的位置，然后单击"常用"插入栏的"图像"按钮，如图 3-28 所示。

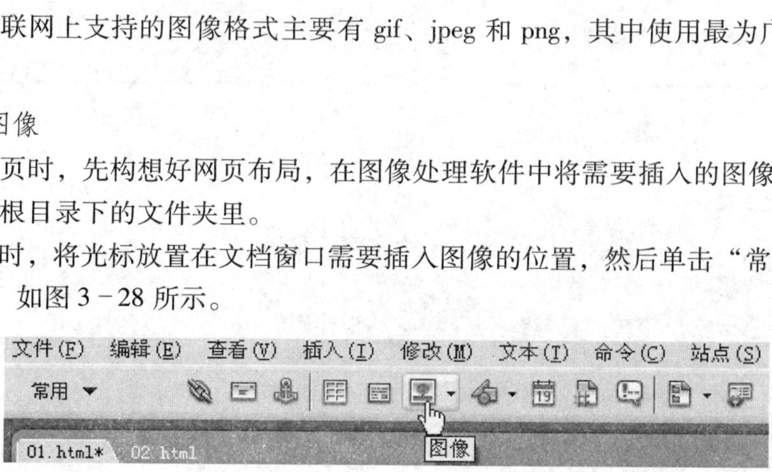

图 3-28

在弹出的“选择图像源文件”对话框中，选择 img/001. jpg，单击“确定”按钮，就把图像 001. jpg 插入到网页中，如图 3－29 所示。

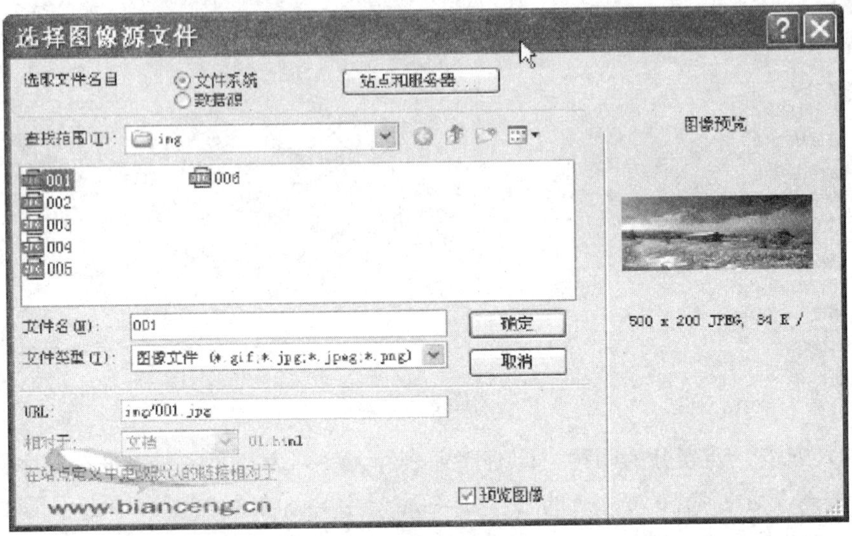

图 3－29

注意：如果在插入图片的时候，没有将图片保存在站点根目录下，会弹出图 3－30 所示的对话框，提醒我们要把图片保存在站点内部，这时单击“是”按钮；然后选择本地站点的路径将图片保存，图像也可以被插入到网页中，如图 3－31 所示。

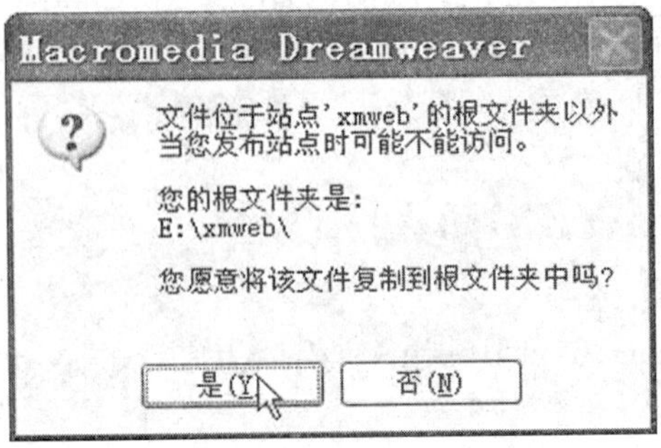

图 3－30

图 3－31

2. 设置图像属性

选中图像后，属性面板中会显示出图像的属性，如图 3－32 所示。

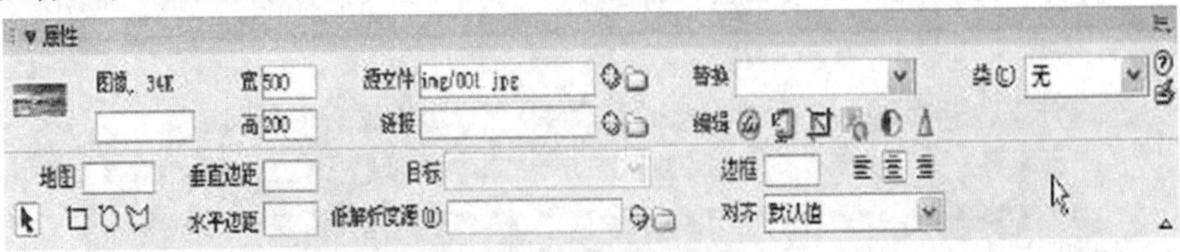

图 3－32

属性面板的左上角会显示当前图像的缩略图，同时显示图像的大小。缩略图右侧有一个文本框，在其中可以输入图像标记的名称。

图像的大小是可以改变的，但是在 DW 里更改是极不好的习惯，如果计算机安装了 FW 软件，单击属性面板“编辑”旁边的按钮，即可启动 FW 对图像进行缩放等处理。当图像的大小改变时，属性栏中“宽”和“高”的数值会以粗体显示，并在旁边出现一个弧形箭头，单击它可以恢复图像的原始大小。

“水平边距”和“垂直边距”文本框，用来设置图像左右和上下与其他页面元素的距离。

“边框”文本框，用来设置图像边框的宽度，默认的边框宽度为 0。

“替换”文本框，用来设置图像的替换文本，可以输入一段文字，当图像无法显示时，将显示这段文字。

对齐按钮，可以分别将图像设置成浏览器居左对齐、居中对齐、居右对齐。

“对齐”下拉列表框是设置图像与文本的相互对齐方式，共有 10 个选项。通过它可以将文字对齐到图像的上端、下端、左边和右边等，从而灵活地实现文字与图片的混排效果。

3. 插入其他图像元素

在单击“常用”插入栏的“图像”按钮时，可以看到除了第 1 项图像外，还有图像占位符、鼠标经过图像、导航条等项目。

(1) 插入图像占位符。在布局页面时，如果要在网页中插入一张图片，可以先不制作图片，而是插入占位符来代替图片的位置。单击“常用”插入栏下拉列表中的“图像占位符”，打开“图像占位符”对话框，按设计需要设置图片的宽度和高度，输入待插入图像的名称即可，如图 3 - 33 所示。

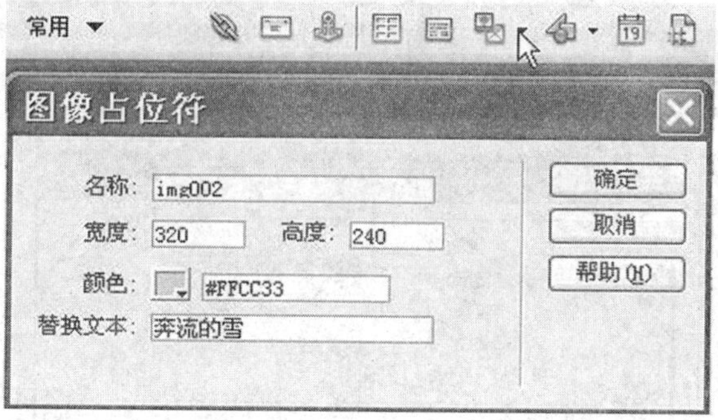

图 3 - 33

(2) 鼠标经过图像。鼠标经过图像实际上由两个图像组成，主图像（当首次载入页时显示的图像）和次图像（当鼠标指针移过主图像时显示的图像），如图 3 - 34 所示。这两张图片要求大小相等，如果不相等，DW 自动调整次图像的大小跟主图像大小一致。

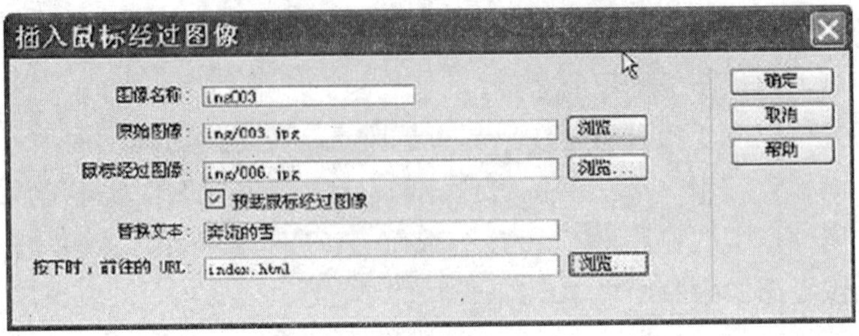

图 3－34

图片与文本一样，是网页中最常用到的内容，其变化相对较少，要想排出精致美观的网页，下面的内容是必不可少的。

第六节　Dreamweaver 8 插入并编辑表格

表格是网页设计制作不可缺少的元素，它以简洁明了和高效快捷的方式将图片、文本、数据和表单的元素有序地显示在页面上，让我们可以设计出漂亮的页面。使用表格排版的页面在不同平台、不同分辨率的浏览器里都能保持其原有的布局，而在不同的浏览器平台有较好的兼容性，所以表格是网页中最常用的排版方式之一。

1．插入表格

在文档窗口中，将光标放在需要创建表格的位置，单击“常用”快捷栏中的“表格”按钮（图 3－35），弹出“表格”对话框（图 3－36），指定表格的属性后，在文档窗口中插入设置的表格。

图 3－35

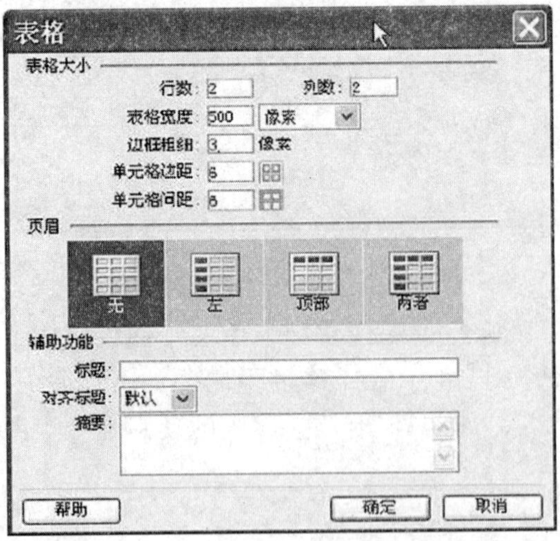

图 3－36

“行数”文本框，用来设置表格的行数。

“列数”文本框，用来设置表格的列数。

“表格宽度”文本框，用来设置表格的宽度，可以填入数值，紧随其后的下拉列表框用来设置宽度的单位，有两个选项——百分比和像素。当宽度的单位选择百分比时，表格的宽度会随浏览器窗口的大小而改变。

“单元格边距”文本框，用来设置单元格的内部空白的大小。

“单元格间距”文本框，用来设置单元格与单元格之间的距离。

“边框粗细”，用来设置表格边框的宽度。

“页眉”，用来定义页眉样式，可以在四种样式中选择一种。

“标题”，用来定义表格的标题。

“对齐标题”，用来定义表格标题的对齐方式。

“摘要”，用来对表格进行注释。

表格的各种设置示意如图 3－37 所示。

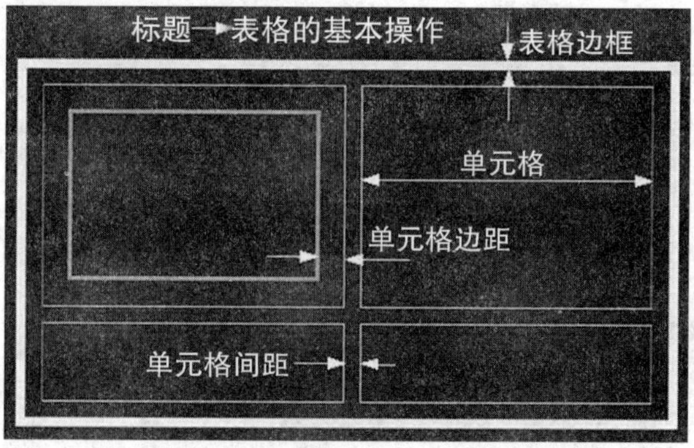

图 3－37

2. 选择单元格对象

对于表格、行、列、单元格属性的设置是以选择这些对象为前提的。

（1）选择整个表格，把鼠标放在表格边框的任意处，当出现 标志时单击即可选中整个表格；或在表格内任意处单击，然后在状态栏选中 <table> 标签即可；或在单元格任意处单击鼠标右键，在弹出的快捷菜单中选择表格—选择表格。

（2）要选中某一单元格，在需要选中的单元格单击鼠标左键即可，或者选中状态栏中的 <td> 标签。

（3）要选中连续的单元格，按住鼠标左键从一个单元格的左上方开始向要连续选择单元格的方向拖动。

（4）要选中不连续的几个单元格，按住 Ctrl 键，用鼠标左键单击要选择的所有单元格即可。

（5）要选择某一行或某一列，将光标移动到行左侧或列上方，当鼠标指针变为向右或向下的箭头图标时，单击鼠标左键即可。

3. 设置表格属性

选中一个表格后，可以通过表格属性面板更改表格属性，如图 3－38 所示。

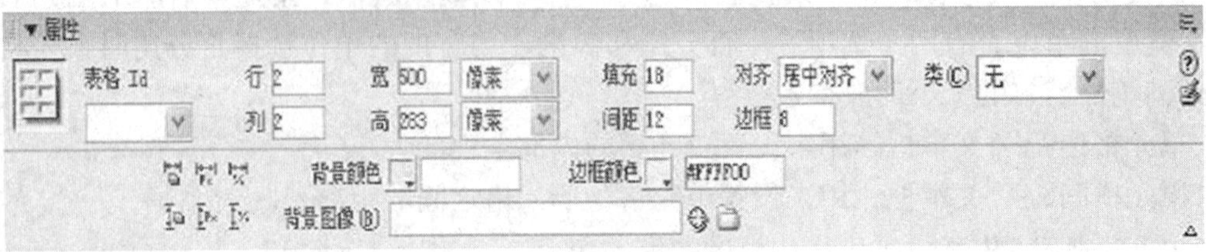

图 3－38

“填充”文本框，用来设置单元格的边距。

“间距”文本框，用来设置单元格的间距。

“对齐”下拉列表框，用来设置表格的对齐方式，默认的对齐方式一般为左对齐。

“边框”文本框，用来设置表格边框的宽度。

“背景颜色”文本框，用来设置表格的背景颜色。

“边框颜色”文本框，用来设置表格边框的颜色。

“背景图像”文本框，填入表格背景图像的路径，可以给表格添加背景图像；也可以如图 3－39 所示给文本框加上链接路径；还可以单击文本框后的“浏览”按钮，查找图像文件，在“选择图像源”对话框中定位并选择要设置为背景的图片，单击“确认”按钮即可，如图 3－39 所示。

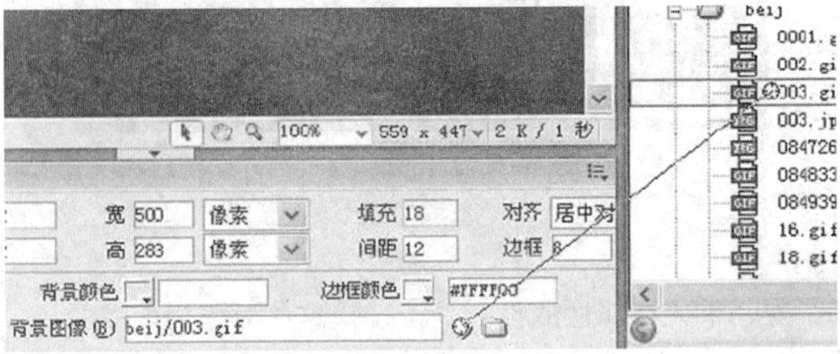

图 3－39

4. 单元格属性

把光标移动到某个单元格内，可以利用单元格属性面板对这个单元格的属性进行设置，如图 3－40 所示。

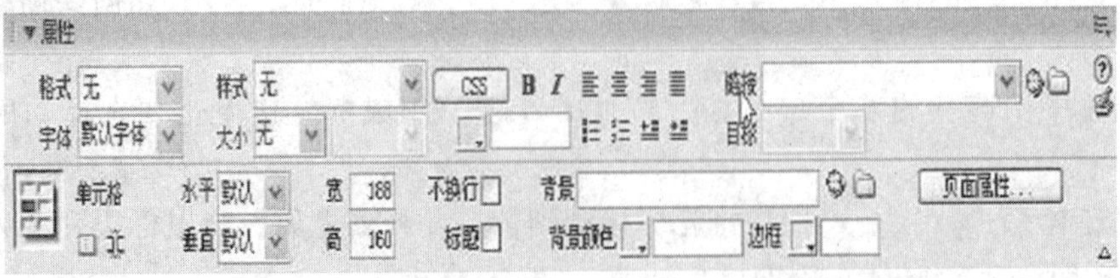

图 3－40

"水平"文本框，用来设置单元格内元素的水平排版方式，可以是居左、居右或居中。

"垂直"文本框，用来设置单元格内的垂直排版方式，可以是顶端对齐、底端对齐或居中对齐。

"高""宽"文本框，用来设置单元格的宽度和高度。

"不换行"复选框，可以防止单元格中较长的文本自动换行。

"标题"复选框，使选择的单元格成为标题单元格，单元格内的文字自动以标题格式显示出来。

"背景"文本框，用来设置表格的背景图像。

"背景颜色"文本框，用来设置表格的背景颜色。

"边框"文本框，用来设置表格边框的颜色。

5. 表格的行和列

选中要插入行或列的单元格，单击鼠标右键，在弹出的快捷菜单中选择"插入行""插入列"或"插入行或列"命令，如图 3-41 所示。

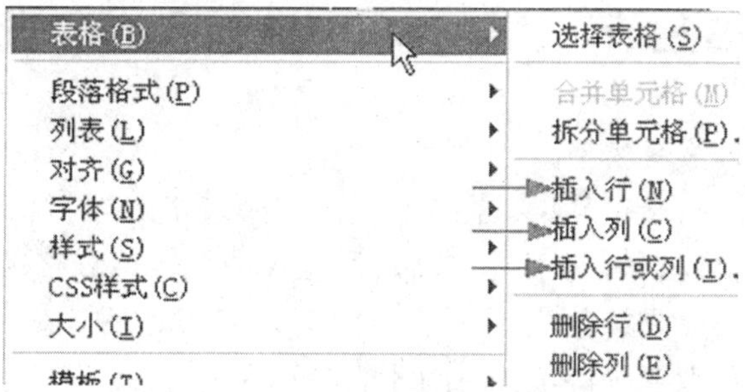

图 3-41

如果选择了"插入行"命令，就在选择行的上方插入一个空白行；如果选择了"插入列"命令，就在选择列的左侧插入一个空白列。

如果选择了"插入行或列"命令，会弹出"插入行或列"对话框，可以设置插入行还是列、插入的数量以及在当前选择的行或列的上方或下方、左侧或右侧插入行或列，如图 3-42 所示。

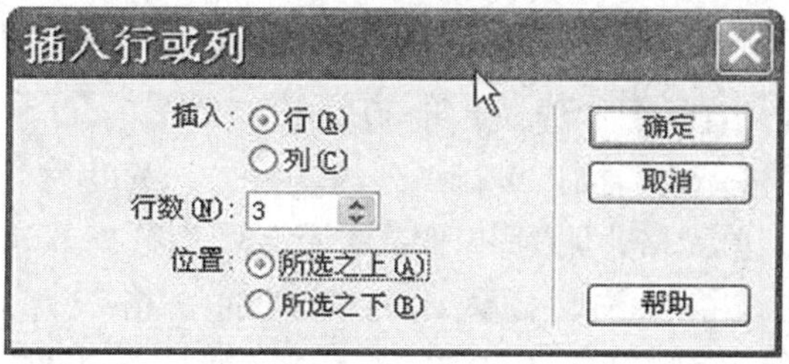

图 3-42

要删除行或列，则选择要删除的行或列，单击鼠标右键，在弹出的快捷菜单中选择"删除行"或"删除列"命令即可。

6. 拆分与合并单元格

拆分单元格时，将光标放在待拆分的单元格内，单击属性面板上的“拆分”按钮，在弹出的“拆分单元格”对话框中，按需要设置即可，如图 3－43 所示。

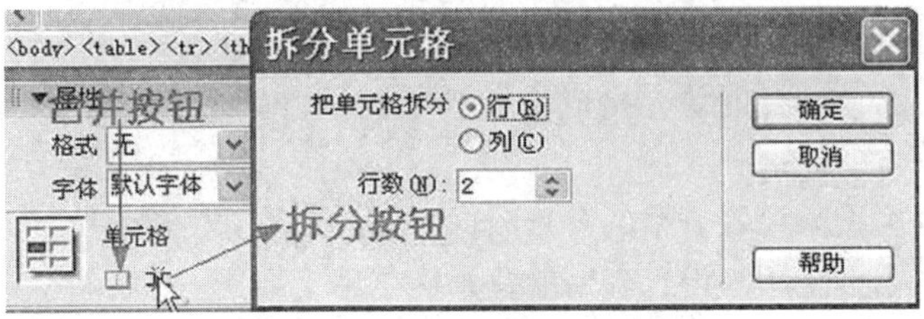

图 3－43

合并单元格时，选中要合并的单元格，单击属性面板上的“合并”按钮即可。

第七节　Dreamweaver 8 嵌套表格

表格之中还有表格即嵌套表格。

首先，网页的排版有时会很复杂，在外部需要一个表格来控制总体布局，如果内部排版的细节也通过总表格来实现，容易引起行高、列宽等冲突，给表格的制作带来困难。其次，浏览器在解析网页的时候，是将整个网页的结构下载完毕之后才显示表格，如果不使用嵌套，表格非常复杂，浏览者要等待很长时间才能看到网页内容。

引入嵌套表格，由总表格负责整体排版，由嵌套的表格负责各个子栏目的排版，并插入到总表格的相应位置中，各司其职，互不冲突。

另外，通过嵌套表格，利用表格的背景图像、边框、单元格间距和单元格边距等属性可以得到漂亮的边框效果，制作出精美的音画贴图网页。

创建嵌套表格的操作方法是先插入总表格，然后将光标置于要插入嵌套表格的地方，继续插入表格即可，具体步骤如下。

(1) 将光标放置在文档窗口要插入表格的位置，单击“常用”插入栏中的“表格”按钮，插入一个 1 行 1 列的表格一，宽度为 500 像素，高度为 100%，边框为 0，单元格间距为 0，单元格边距为 12 像素，背景图像选择 beij/003. gif。

(2) 将光标放置在表格一内，插入 1 行 1 列的表格二，宽度为 100%，高度为 100%，边框为 0，单元格间距为 0，单元格边距为 12 像素，背景图像选择 beij/002. gif。

(3) 将光标放置在表格二内，插入 1 行 1 列的表格三，宽度为 100%，高度为 100%，单元格间距和单元格边距都为 8 像素，边框为 10，边框颜色为#fee4ed，背景图像选择 beij/005. gif。

(4) 将光标放置在表格三内，选择单元格的背景图像为 beij/006. gif，添加文字“恭贺新禧”，字号 68px，字体为隶书，颜色为#a51008。

上述步骤实现的效果如图 3－44 所示。

图 3-44

做好的表格可以使用 DW 提供的预设外观，以提高制作效率，保持表格外观的同一性，同时样式提供的色彩搭配也比较美观。

插入一个 5 行 6 列的表格，表格的宽为 500 像素、高为 300 像素，边框、单元格间距和边距全为 0 。选择表格，居中对齐，执行命令—格式化表格，弹出“格式化表格”对话框，选择 AltRows red 格式，单击“确定”按钮，表格的样式就设定好了，如图 3-45 所示。

表	格	的	格	式	化
表格	表格	表格	表格	表格	表格
表格	表格	表格	表格	表格	表格
表格	表格	表格	表格	表格	表格
表格	表格	表格	表格	表格	表格

图 3-45

这里，还可以自己设定相应的参数值，效果如图 3-46 所示。

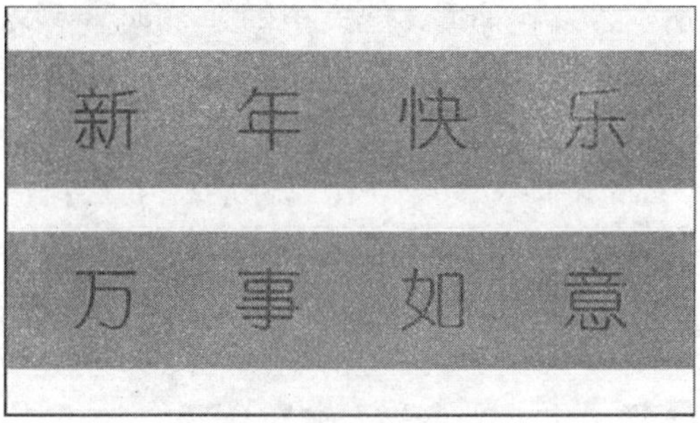

图 3-46

| 第八节 |　插入 Flash 动画

一个优秀的网站应该不仅仅是由文字和图片组成的，而应该是动态的、多媒体的。为了增强网页的表现力，丰富文档的显示效果，可以向其插入 Flash 动画、Java 小程序、音频播放插件等多媒体内容。

1．插入 Flash

为了合理安排页面元素，在插入 Flash 动画之前，先来复习一下表格布局。

打开 03. html，设置页面属性，在弹出的“页面属性”对话框中，“外观”项设置字体为宋体，字号为 16px，文本颜色为#f282a8，背景图像为 img/008. jpg，上边距为 50px，下、左、右的边距都为 0；“链接”项选择始终无下划线，链接颜色为#f282a8，已访问链接颜色为#f5e458。

现在开始布局。

（1）插入一个 1 行 1 列的表格（表格 1），表格的宽度为 726px，边框粗细为 0，单元格边距为 0，单元格间距为 1，背景颜色为#892321，将表格居中对齐。

（2）插入一个 3 行 2 列的表格（表格 2），表格的宽度为 100%，边框粗细为 0，单元格边距和单元格间距都为 0，背景颜色为#6dcff6。设置第一行左边单元格的宽度为 173px，高度为 137px，设置第二行的高度为 238px，将第三行的两个单元格合并，高度为 50px。在第一行左侧单元格插入图片 img/102. gif，在右侧单元格插入图片 img/101. jpg。在第三行将光标水平居中，输入文字“版权所有闪客启航”。

（3）在表格 2 第二行左侧单元格插入一个 6 行 1 列的表格（表格 3），表格宽度为 95%，边框和单元格边距为 0，单元格间距为 5，将表格居中对齐。第一行高度为 15，其余各行高度都为 40。

（4）在表格 2 右侧单元格插入一个 1 行 2 列的表格（表格 4），表格宽度为 550px，边框、单元格边距和间距都为 0。

至此，完成了页面的布局，下面开始插入页面元素。

将光标放置在表格 4 右侧单元格中，单击常用快捷栏中的“媒体”按钮，然后在弹出的列表中选择 Flash，如图 3－47 所示。

图 3－47

弹出“选择文件”对话框，选择 swf 文件夹中的 huaduo. swf 文件。单击“确定”按钮后，插入的 Flash 动画并不会在文档窗口中显示内容，而是以一个带有字母 F 的灰色框来表示。

在文档窗口单击这个 Flash 文件，就可以在属性面板中设置它的属性，如图 3－48 所示。

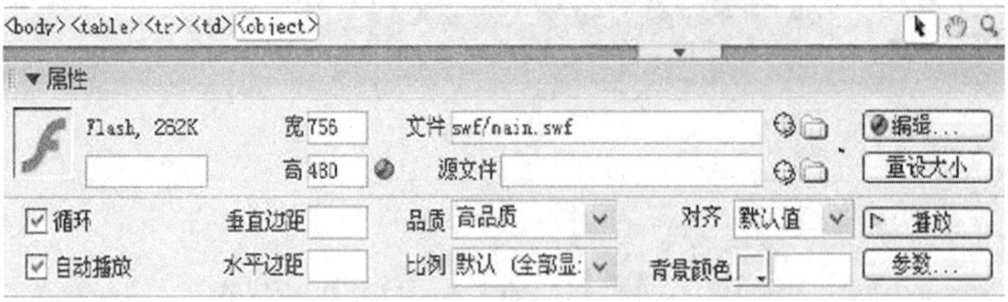

图 3－48

勾选“循环”复选框时影片将连续播放，否则影片在播放一次后自动停止。

勾选“自动播放”复选框，可以设定 Flash 文件是否在页面加载时就播放。

在“品质”下拉列表中可以选择 Flash 影片的画质，要想以最佳状态显示，就选择“高品质”。

“对齐”下拉列表用来设置 Flash 动画的对齐方式。

为了使页面的背景在 Flash 下能够衬托出来，可以使 Flash 的背景变为透明。单击属性面板中的“参数”按钮，打开“参数”对话框，设置参数为 wmode，值为 transparent，如图 3－49 所示。这样在任何背景下，Flash 动画都能实现透明背景的显示。

图 3－49

2. 插入 Flash 文本

将光标放置在表格 3 第二行的单元格中，用 Flash 文本制作导航栏目。单击常用快捷栏的“媒体”按钮，在列表中选择 Flash 文本，弹出“插入 Flash 文本”对话框，字体随意，大小为 22px，颜色设置为#f5e458，转滚颜色为#54c994，文本为“图片素材”，背景颜色为#6dcff6，选择自己需要的路径链接。采用同样方法，分别在表格 3 的第 3、4、5、6 行制作“代码素材”“Flash 动漫”“精美壁纸”和“音频视频”等栏目。

3. 插入 Flash 按钮

在将光标放置于插入 Flash 按钮的位置，单击常用快捷栏的“媒体”按钮，在列表中选择“Flash”按钮，弹出“插入 Flash 按钮”对话框，如图 3－50 所示。

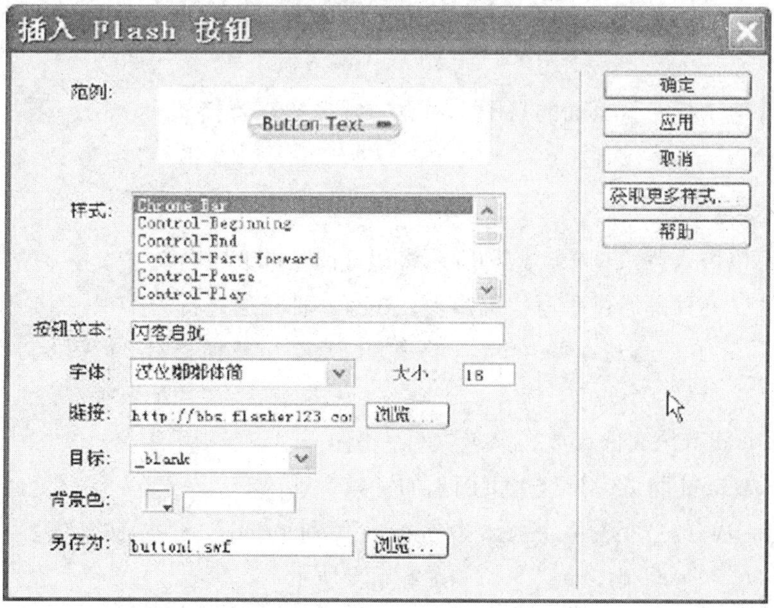

图 3－50

"样式"列表用来选择按钮的外观;"按钮文本"文本框用来输入按钮上的文字;"字体"和"大小"用来设置按钮上文字的字体和大小,字号变大,按钮并不会跟着改变。

"链接"用来输入按钮的链接,可以是外部链接,也可以是内部链接。

"目标"用来设置打开的链接窗口。

如果需要修改 Flash 按钮对象,可以先选中它,然后在属性面板中单击"编辑"按钮,会自动弹出刚才的"插入 Flash 按钮"对话框,更改它的设置即可。

4. 插入 FlashPaper

可以在网页中插入 Macromedia FlashPaper 文档。在浏览器中打开包含 FlashPaper 文档的页面时,浏览者能够浏览到 FlashPaper 文档中的所有页面,而无须加载新的 Web 页,也可以搜索、打印和缩放该文档。

在文档窗口中,将光标放在页面上想要显示 FlashPaper 文档的位置,然后选择插入—媒体—FlashPaper。

在"插入 FlashPaper"对话框中,浏览到一个 FlashPaper 文档并将其选定。

如果需要,通过输入宽度和高度(以像素为单位)指定 FlashPaper 对象在网页上的尺寸。FlashPaper 将缩放文档以选择合适宽度。

单击"确定"按钮,在页面中插入文档。由于 FlashPaper 文档是 Flash 对象,因此页面上将出现一个 Flash 占位符。

如果需要,在属性检查器中设置其他属性。

第九节 插入声音

声音能极好地烘托网页页面的氛围,网页中常见的声音格式有 wav、mp3、midi、aif、ra 或 Real Audio。

1. 添加背景音乐

在页面中可以嵌入背景音乐,这种音乐多以 mp3、midi 文件为主。在 DW 中,添加背景音乐有两种方法:一种是通过手写代码实现,还有一种是通过行为实现。

在 HTML 语言中,通过 <bgsoung> 标签可以嵌入多种格式的音乐文件,具体步骤如下:

(1) 将 01. mid 音乐文件存放在 med 文件夹里;

(2) 打开 03. html 网页,为这个页面添加背景音乐;

(3) 切换到 DW 的"拆分"视图,将光标定位到 </body> 之前的位置,在光标的位置写下 <bgsound src = "med/01. mid" >,如图 3-51 所示;

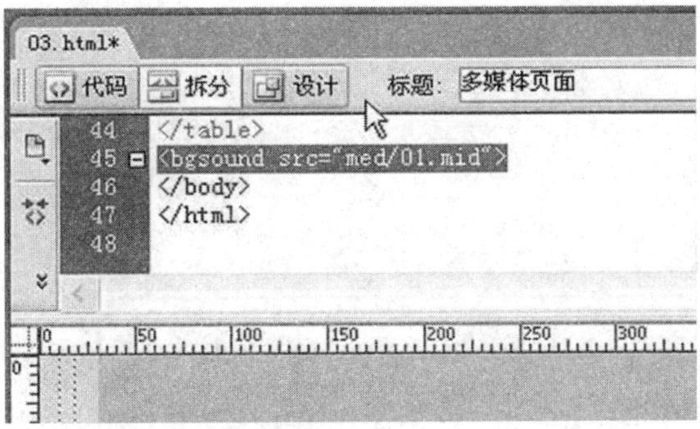

图 3－51

（4）按下 F12 键，在浏览器中查看效果，可以听见背景音乐声；

（5）如果希望循环播放音乐，将刚才的源代码修改为 < bgsound src = " med/01. mid" loop = " true" > 即可。

2. 嵌入音频

嵌入音频可以将声音直接插入页面中，但只有浏览者在浏览网页时具有所选声音文件的适当插件后，声音才可以播放。如果希望在页面显示浏览器的外观，可以使用以下方法。

（1）打开 02. html 网页，将光标放置于想要显示播放器的位置。

（2）单击快捷栏上的“媒体”按钮，从下拉列表中选择“插件”。

（3）弹出“选择文件”对话框，在对话框中选中 02. war 音频文件，如图 3－52 所示。

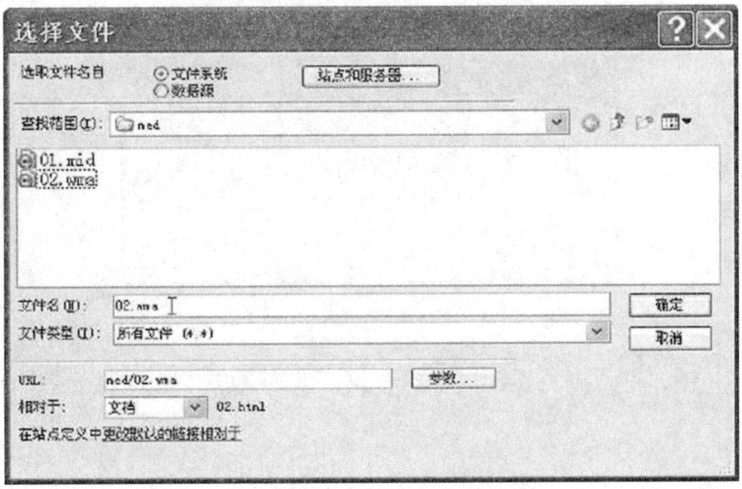

图 3－52

（4）单击“确定”按钮后，插入的插件在文档窗口中以图 3－53 所示图标来显示。

图 3－53

（5）选中该图标，在属性面板中可以对播放器的属性进行设置，如图 3－54 所示。

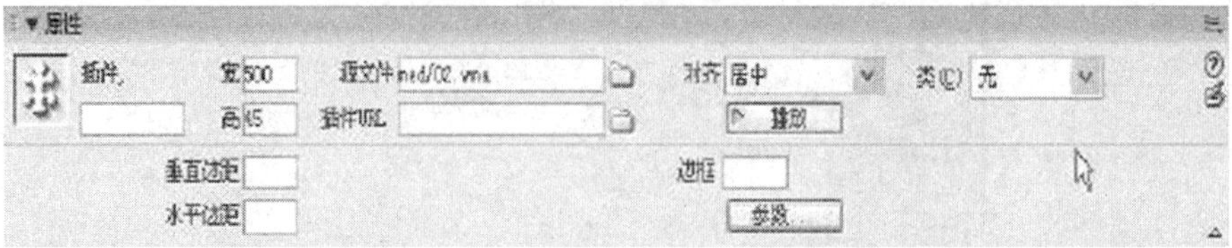

图 3－54

（6）要实现循环播放音乐的效果，单击属性面板中的“参数”按钮，弹出“参数”对话框，在其中单击“＋”按钮，在“参数”列中输入 loop，在“值”列中输入 true 后，单击“确定”按钮，如图 3－55 所示。

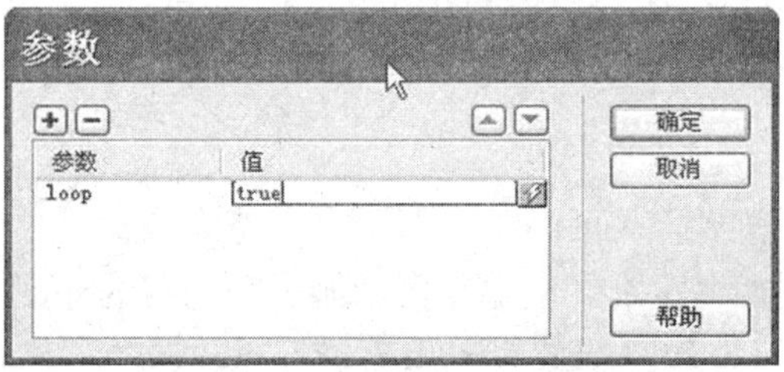

图 3－55

（7）要实现自动播放，可以继续编辑参数，在“参数”对话框的“参数”列中输入 autostart，在“值”列中输入 true 后，单击“确定”按钮，如图 3－56 所示。

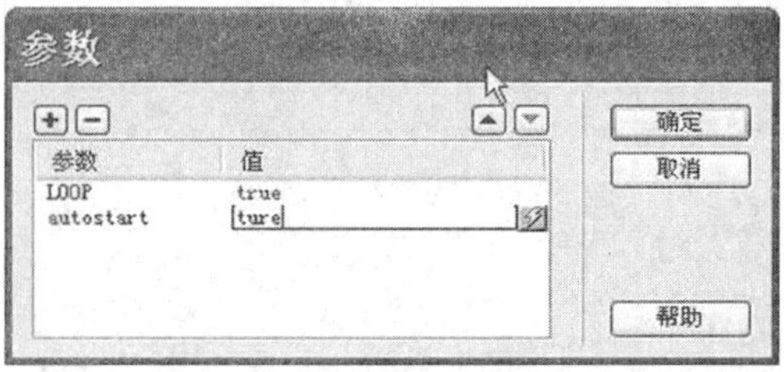

图 3－56

（8）按下 F12 键，打开浏览器预览，这个页面实现了嵌入音乐的效果，在浏览器里显示了播放插件。

第十节　创建链接关系

链接是一个网站的灵魂，一个网站是由多个页面组成的，而这些页面之间依据链接确定相互之间的导航关系。超级链接是指站点内不同网页之间、站点与 Web 之间的链接关系，它可以使站点内的网页成为有机的整体，还能够使不同站点之间建立联系。超级链接由两部分组成：链接载体和链接目标。

许多页面元素可以作为链接载体，如文本、图像、图像热区、动画等。而链接目标可以是任意网络资源，如页面、图像、声音、程序、其他网站、E-mail，甚至是页面中的某个位置——锚点。

如果按链接目标分类，可以将超级链接分为以下几种。

（1）内部链接：同一网站文档之间的链接。

（2）外部链接：不同网站文档之间的链接。

（3）锚点链接：同一网页或不同网页中指定位置的链接。

（4）E-mail 链接：发送电子邮件的链接。

1. 关于链接路径

绝对路径为文件提供完全的路径，包括适用的协议，如 HTTP、FTP、RTSP 等。

ftp: //202. 136. 254. 1/

相对路径最适合网站的内部链接。如果要链接到同一级目录下，则只需输入要链接文件的名称。如果要链接到下一级目录中的文件，只需要输入目录名，然后输入“/”，再输入文件名。如果要链接到上一级目录中的文件，则先输入“../”,再输入目录名、文件名。

根路径是指从站点根文件夹到被链接文档经由的路径，以前斜杠开头，如/fy/maodian. html 就是站点根文件夹下的 fy 子文件夹中的一个文件（maodian. html ）的根路径。

2. 创建外部链接

不论是文字还是图像，都可以创建链接到绝对地址的外部链接。创建链接的方法，可以直接输入地址，也可以使用超级链接对话框。

1） 直接输入地址

打开 02. html 页面，输入并选中文字“闪客启航网页技术区”。

在属性面板中，“链接”用来设置图像或文字的超链接，“目标”用来设置打开方式。

在“链接”文本框直接输入外部绝对地址 http: //www. wangyeba. com，在“目标”下拉列表中选择_blank（在一个新的未命名的浏览器窗口中打开链接），如图 3－57 所示。

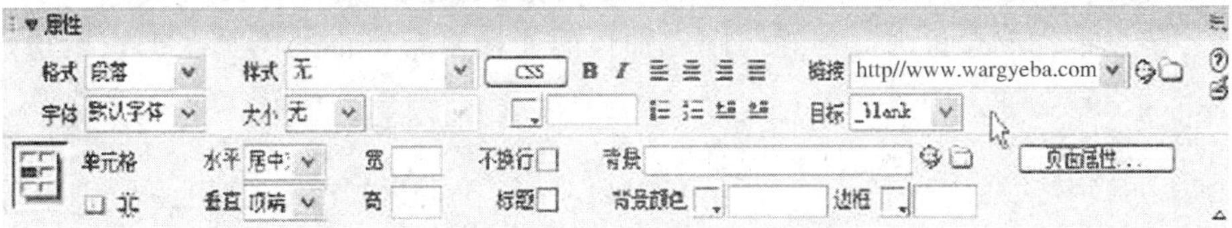

图 3－57

2） 使用超级链接对话框

打开 03. html 页面，选中文字“闪客启航”。

单击常用快捷栏中的“超级链接”按钮（图 3－58），弹出“超级链接”对话框，进行以下各项的设置。

图 3－58

“文本”文本框，用来设置超链接显示的文本。

“链接”文本框，用来设置超链接链接到的路径。

“目标”下拉列表框，用来设置超链接的打开方式，有四个选项。

“标题”文本框，用来设置超链接的标题。

设置好后，单击“确定”按钮，向网页中插入超链接。

3．创建内部链接

在文档窗口选中文字，单击属性面板“链接”后的按钮，弹出“选择文件”对话框，选择要链接到的网页文件，即可链接到这个网页。

也可以拖动“链接”后的按钮到站点面板上的相应网页文件，则链接将指向这个网页文件。

此外，还可以直接将相对地址输入到“链接”文本框里来链接一个页面。

4．创建 E-mail 链接

单击常用快捷栏中的“电子邮件链接”按钮，弹出“电子邮件链接”对话框，在对话框的文本框输入要链接的文本，然后在 E-mail 文本框内输入邮箱地址即可。

5．创建锚点链接

所谓锚点链接，是指在同一个页面中的不同位置的链接。

打开一个页面较长的网页，将光标放置于要插入锚点的地方，单击常用快捷栏的“命名锚记”按钮，插入锚点。再选中需要链接锚点的文字，在属性面板中拖动“链接”后的按钮到锚点上即可。

6．制作图像映射

打开 03. html 文件，选中 102. gif 图片，在属性面板中有不同形状的图像热区按钮，选择一个热区按钮并单击，然后在图像上需要创建热区的位置拖动鼠标，即可创建热区。此时，选中的部分被称为图像热点。

选中这个图像热点，在属性面板上给这个图像热点设置超链接即可。

现在，请发挥你的想象力，巧妙运用各种页面元素来丰富你的网页，把它装扮得更加生动和精彩。

第十一节 创建 CSS 样式

层叠样式表（CSS）是一系列格式设置规则，控制 Web 页面内容的外观。使用 CSS 设置页面格式时，内容与表现形式是相互分开的。页面内容（HTML 代码）位于自身的 HTML 文件中，而定义代码表现形式的 CSS 规则位于另一个文件（外部样式表）或 HTML 文档的另一部分（通常为 <head> 部分）中。使用 CSS 可以非常灵活并更好地控制页面的外观，从精确的布局定位到特定的字体和样式等。“层叠”是指对同一个元素或 Web 页面应用多个样式的能力。如可以创建一个 CSS 规则来应用颜色，创建另一个规则来应用边距，然后将两者应用于一个页面中的同一文本。将所定义的样式“层叠”到 Web 页面上的元素，并最终创建想要的设计。

CSS 的创建，可以统一定制网页文字的大小、字体、颜色、边框、链接状态等效果。在 Dreamweaver 8 中，CSS 的设置方式有了很大改进，更为方便、实用、快捷。

创建 CSS 样式的步骤如下。

（1）选中菜单窗口中的“CSS 样式”，打开 CSS 样式面板，如图 3-59 所示。

（2）单击“CSS 样式”面板右下角的“新建 CSS 规则”按钮，弹出“新建 CSS 规则”对话框，如图 3-60 所示。

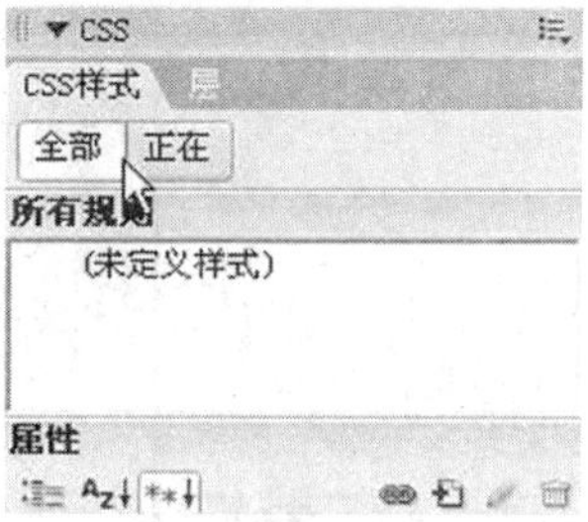

图 3-59

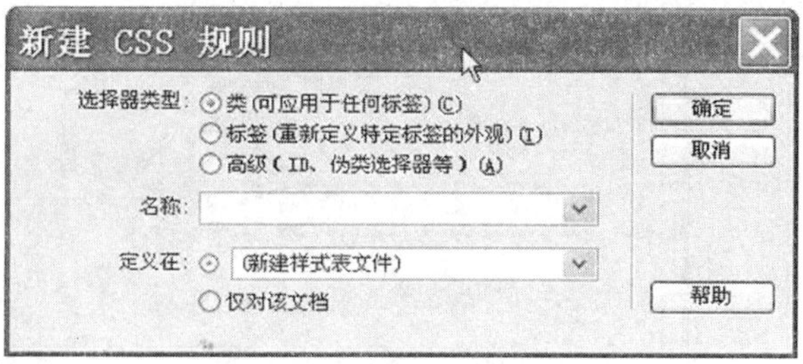

图 3-60

在“选择器类型”选项中，可以选择创建 CSS 样式的方法，其中包括以下三种。

（1）类（可应用于任何标签）：可以在文档窗口的任何区域或文本中应用类样式，如果将类样式应用于一整段文字，那么会在相应的标签中出现 class 属性，该属性值即为类样式的名称。

（2）标签（重新定义特定标签的外观）：重新定义 HTML 标记的默认格式。可以针对某一个标签来定义层叠样式表，也就是说定义的层叠样式表将只应用于选择的标签。如为 <body> 和 </body> 标签定义层叠样式表，那么所有包含在 <body> 和 </body> 标签之间的内容将遵循定义的层叠样式表。

（3）高级（ID、伪类选择器等）：为特定的组合标签定义层叠样式表，使用 ID 作为属性，以保证文档具有唯一可用的值。高级样式是一种特殊类型的样式，常用的有以下 4 种：

① link，设定正常状态下链接文字的样式；

② active，设定鼠标单击时链接的外观；

③ visited，设定访问过的链接的外观；

④ hover，设定鼠标放置在链接文字之上时文字的外观。

（4）为新建 CSS 样式输入或选择名称、标记或选择器，其中：

① 对于自定义样式，其名称必须以点（.）开始，如果没有输入该点，则 DW 返回自动添加上，自定义样式名可以是字母与数字的组合，但点之后必须是字母；

② 对于重新定义 HTML 标签，可以在“标签”下拉列表中输入或选择重新定义的标签；

③ 对于 CSS 选择器样式，可以在“选择器”下拉列表中输入或选择需要的选择器。

（5）在“定义在”区域选择定义的样式位置，可以是“新建样式表文件”或“仅对该文档”。单击“确定”按钮，如果选择“新建样式表文件”，会弹出“保存样式表文件为”对话框，在其中给样式表命名，保存后，会弹出“CSS 规则定义”对话框，如图 3-61 所示；

如果选择“仅对该文档”，则单击“确定”按钮后，会直接弹出“CSS 规则定义”对话框，在其中设置 CSS 样式。

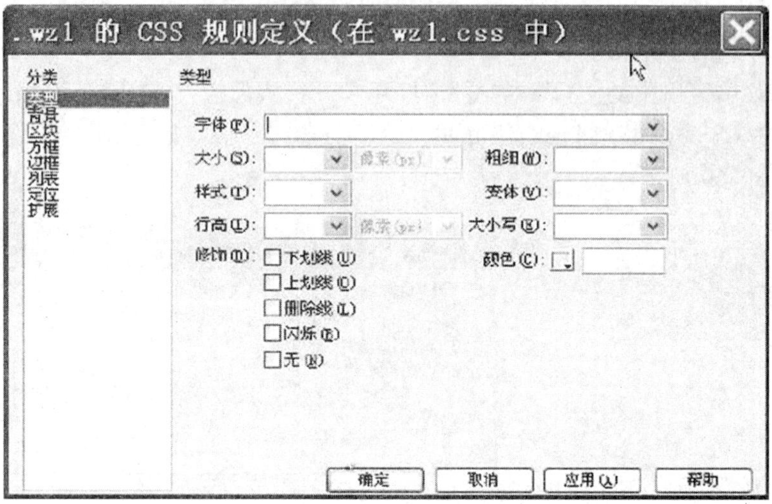

图 3-61

（6）在“CSS 规则定义”对话框中设置 CSS 规则定义，主要分为类型、背景、区块、方框、边框、列表、定位和扩展 8 项。每个选项都可以对所选标签做不同方面的定义，可以根据需要设定。定义完毕后，单击“确定”按钮，完成创建 CSS 样式。

第十二节 Dreamweaver 8 使用 CSS 样式美化页面

在“CSS 规则定义”对话框中，可以通过类型、背景、区块、方框、边框、列表、定位和扩展项的设置，来美化页面。在定义某个 CSS 样式时，不需要对每一个项都进行设置，需要什么效果，选择相应的项进行设置即可。

1. 文本样式的设置

新建 CSS 样式，选择器类型为类，名称为“style1”，定义在“仅对该文档”，保存至站点根目录下的 CSS 文件夹内，弹出“CSS 规则定义”对话框，默认显示的就是对文本进行设置的“类型”项。

字体：可以在下拉菜单中选择相应的字体。

大小：就是字号，可以直接填入数字，然后选择单位。

样式：设置文字的外观，包括正常、斜体、偏斜体。

行高：这项设置在网页制作中很常用。设置行高，可以选择“正常”，让计算机自动调整行高，也可以使用数值和单位结合的形式自行设置。需要注意的是，单位应该和文字的单位一致，行高的数值是包括字号数值在内的。如文字设置为 12pt，如果要创建一倍行距，则行高应该为 24pt。

变体：在英文中，大写字母的字号一般比较大，采用“变体”中的“小型大写字母”设置可以缩小大写字母。

颜色：设置文字的色彩。

2．背景样式的设置

在 HTML 中，背景只能使用单一的色彩或利用图像水平垂直方向的平铺。使用 CSS 之后，有了更加灵活的设置。

在“CSS 规则定义”对话框左侧选择“背景”项，可以在右边区域设置 CSS 样式的背景格式。

背景颜色：选择固定色作为背景。

背景图像：直接填写背景图像的路径，或单击“浏览”按钮找到背景图像的位置。

重复：在使用图像作为背景时，可以使用此项设置背景图像的重复方式，包括“不重复”“重复”“横向重复”和“纵向重复”。

附件：选择图像作为背景的时候，可以设置图像是否跟随网页一同滚动。

水平位置：设置水平方向的位置，包括“左对齐”“右对齐”“居中”，还可以设置数值与单位结合表示位置的方式，比较常用的是像素单位。

垂直位置：可以选择“顶部”“底部”“居中”，还可以设置数值和单位结合表示位置的方式。

3．区块样式的设置

在“CSS 规则定义”对话框左侧选择“区块”项，可以在右边区域设置 CSS 样式的区块格式。

单词间距：设置英文单词之间的距离，一般选择默认设置。

字母间距：设置英文字母的间距，使用正值为增加字母间距，使用负值为减小字母间距。

垂直对齐：设置对象的垂直对齐方式。

文本对齐：设置文本的水平对齐方式。

文字缩进：这是最重要的项目，中文文字的首行缩进就是由它来实现的。首先填入具体的数值，然后选择单位。文字的缩进和字号要保持统一，如字号为 12px，要创建两个中文自缩进效果，文字缩进就应该为 18px。

空格：对源代码文字空格的控制。选择“正常”，忽略源代码文字之间的所有空格；选择“保留”，将保留源代码中所有的空格形式，包括由空格键、Tab 键、Enter 键创建的空格。

显示：制定是否以及如何显示元素。选择“无”，则关闭其制定给元素的显示。在实际控制中很少使用。

4．方框样式的设置

在前面设置过图像的大小，设置过图像水平和垂直方向上的空白区域，设置过图像是否有文字环绕效果等，方框设置进一步完善、丰富了这些设置。

在“CSS 规则定义”对话框左侧选择“方框”项，可以在右边区域设置 CSS 样式的方框格式。

宽：通过数值和单位设置对象的宽度。

高：通过数值和单位设置对象的高度。

浮动：实际就是文字等对象的环绕效果。选择“右对齐”，对象居右，文字等内容从另一侧环绕对象。选择“左对齐”，对象居左，文字等内容从另一侧环绕对象。选择“无”，取消环绕效果。

清除：规定对象的一侧不许有层。可以通过选择“左对齐”或“右对齐”，选择不允许出现层的一侧。如果在清除层的一侧有层，对象将自动移到层的下面。选择“两者”是指左右都不允许出现层，选择“无”是不限制层的出现。

填充和边界：如果对象设置了边框，填充是指边框和其中内容之间的空白区域，边界是指边框外侧的空白区域。

5. 边框样式的设置

边框样式设置可以给对象添加边框，设置边框的颜色、粗细、样式。

在“CSS 规则定义”对话框左侧选择“边框”项，可以在右边区域设置 CSS 样式的边框格式。

样式：设置边框的样式，如果选中“全部相同”复选框，则只需要设置“上”样式，其他方向的样式与“上”相同。

宽度：设置 4 个方向边框的宽度，可以选择相对值细、中、粗，也可以设置边框的宽度值和单位。

颜色：设置边框对应的颜色，如果选中“全部相同”复选框，则其他方向的设置都与“上”相同。

6. 列表样式的设置

CSS 中有关列表的设置丰富了列表的外观。在“CSS 规则定义”对话框左侧选择“列表”项，可以在右边区域设置 CSS 样式的列表格式。

类型：设置引导列表项目的符号类型，可以选择圆点、圆圈、方块、数字、小写罗马数字、大写罗马数字、小写字母、大写字母、无列表符号等。

项目符号图像：可以选择图像作为项目的引导符号，单击右侧的“浏览”按钮，找到图像文件即可，选择 ul 标签可以对整个列表应用设置，选择 li 标签可对单独的项目应用设置。

位置：决定列表项目缩进的程度。选择“外”，列表贴近左侧边框；选择“内”，列表缩进。这项设置的效果不明显。

7. 定位样式的设置

“定位”项实际上是对层的设置，但是因为 DW 提供了可视化的层制作功能，所以此项设置在实际操作中几乎不会使用。

8. 扩展样式的设置

CSS 样式还可以实现一些扩展功能，这些功能集中在扩展面板上。这个面板主要包括三种效果：分页、光标和过滤器。在“CSS 规则定义”对话框左侧选择“扩展”项，可以在右边区域设置 CSS 样式的扩展格式。

分页：通过样式来为网页添加分页符号，允许用户指定在某元素前或后进行分页。分页的概念是打印网页中的内容时在某指定的位置停止，然后将接下来的内容继续打印在下一页纸上。

光标：通过样式改变鼠标形状，鼠标放置于被此项设置修饰的区域上时，鼠标形状会发生改变。具体的形状包括：Hand（手）、crosshair（交叉十字）、text（文本选择符号）、wait（Windows 的沙漏形状）、default（默认的鼠标形状）、help（带问号的鼠标）、e-resize（指向东的箭头）、ne-resize（指向东北的箭头）、n-resize（指向北的箭头）、nw-resize（指向西北的箭头）、w-resize（指向西的箭头）、sw-resize（指向西南的箭头）、s-resize（指向南的箭头）、se-resize（指向东南的箭头）、auto（正常鼠标）。

过滤器：使用 CSS 语言实现过滤器（滤镜）效果。单击“过滤器”下拉列表框旁的按钮，可以看见有多种滤镜效果可供选择，具体见表 3－1。

表 3－1

滤镜效果	描述
Alpha	设置透明效果
Blru	设置模糊效果
Chroma	把指定的颜色设置为透明
DropShadow	设置投射阴影
FlipH	水平反转
FlipV	垂直反转
Glow	为对象的外边界增加光效
Grayscale	降低图片的彩色度
Invert	将色彩、饱和度以及亮度值完全反转建立底片效果
Light	设置灯光投影效果
Mask	设置遮罩效果，Color 指定遮罩的颜色
Shadow	设置阴影效果
Wave	设置水平方向和垂直方向的波动效果
Xray	设置 X 光照效果

| 第十三节 | Dreamweaver 8 的 CSS 样式表的其他操作

单击 CSS 样式面板右上方的“扩展”按钮，弹出如图 3－62 所示的菜单。CSS 的相关操作都是通过这个菜单上的项目来实现的。

1. 编辑 CSS 样式

选中需要编辑的样式类型，选择图 3－62 中的“编辑”项或直接单击“编辑样式”按钮 ，在弹出的“CSS 规则定义”对话框中修改相应的设置。编辑完成后单击“确定”按钮，

图 3-62

CSS 样式就编辑完成了。

2. 应用 CSS 自定义样式

用鼠标右键单击在网页中被选中的元素，在弹出的快捷菜单中选择“CSS 样式”，在其子菜单中选择需要的自定义样式。

3. 附加样式表

选择“附加样式表”项，打开“链接外部样式表”对话框，可以链接外部的 CSS 样式文件，如图 3-63 所示。

“文件/URL”设置外部样式表文件的路径，可以单击“浏览”按钮，在浏览窗口中找到样式表文件。

“添加为”项选择“链接”，这是 IE 和 Netscape 两种浏览器都支持的导入方式；“导入”只有 Netscape 浏览器支持。

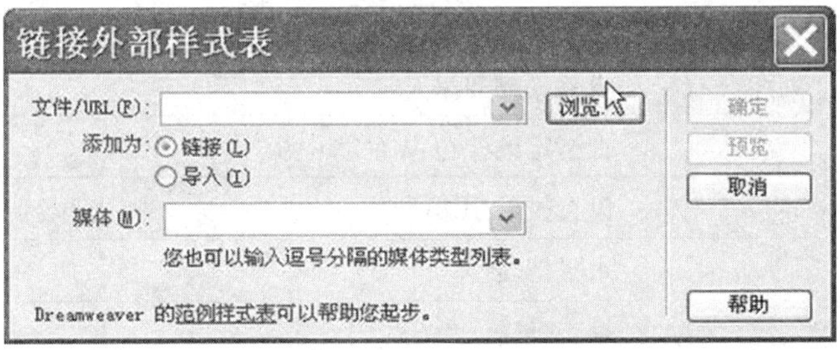

图 3-63

设置完毕后单击“确定”按钮，CSS 文件即被导入当前页面。

第十四节　Dreamweaver 8 的 CSS 样式表滤镜实例

Dreamweaver 8 的 CSS 样式表滤镜实例如下。

(1) 在新建 05. html 文件中插入一个 1 行 1 列的表格，边框和边距全部设置为 0，然后在表格中输入要修饰的文字。

(2) 打开 CSS 样式面板，创建一个 CSS 样式，在弹出的“新建样式对话框”进行相应设置。

(3) 设置完成后，单击“确定”按钮，弹出“CSS 样式定义”对话框，在类型设置区域中设置大小为 60，字体为黑体，粗细为粗，颜色为#ff9900。

(4) 要产生文字特效，最重要的是在扩展设置区域中进行特殊设置。

Blur 滤镜产生像被风吹一样的模糊效果。打开滤镜选项的下拉菜单，对 Blur 滤镜进行设置：

```
Blur(Add = ?, Direction = ?, Strength = ?)
```

① Add 参数是一个布尔值，一般来说，当滤镜用于图片时取 0，用于文字时取 1。

② Direction 表示模糊方向，以 45°为单位改变，“0”为垂直向上，“45”向右上，“90”

水平向右，“135” 向右下，依次改变，这里设置 “Direction = 90”。

③ Strength 代表模糊移动值，单位为像素，这里设置 “Strength = 180”。

设置完成后，单击 “确定” 按钮。

(5) 在文档编辑区选中文字所在单元格，在属性面板设置文字的样式为 test。

(6) 保存文件，按 F12 键预览效果。

在只有 HTML 的时代，只能实现简单的网页效果。有了 CSS 样式，网页排版发生了翻天覆地的变化，在 Dreamweaver 8 里，使用 CSS 样式非常简单，而制作出来的效果却如此炫目。

| 第十五节 | Dreamweaver 8 创建模板

在制作网站的过程中，为了统一风格，很多页面会用到相同的布局、图片和文字元素。为了避免大量的重复劳动，可以使用 Dreamweaver 8 提供的模板功能，将具有相同版面结构的页面制作为模板，将相同的元素（如导航栏）制作为库项目，并存放在库中可以随时调用。

模板的创建有以下三种方式。

1. 直接创建模板

(1) 选择 “窗口/资源” 命令，打开 “资源” 面板，切换到模板子面板，如图 3 - 64 所示。

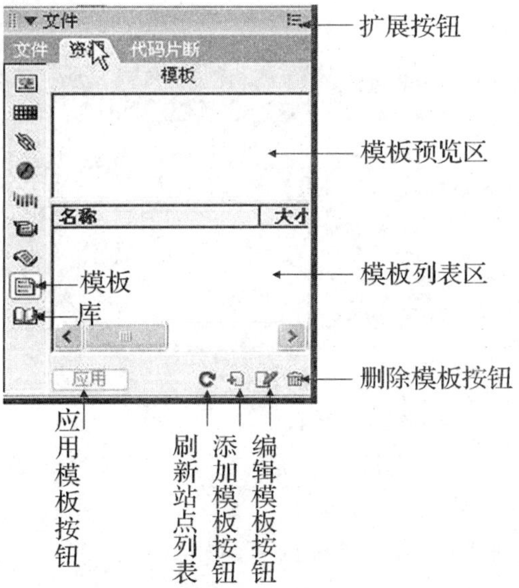

图 3 - 64

(2) 单击模板面板上的 “扩展” 按钮，在弹出的菜单中选择 “新建模板”，这时在浏览窗口出现一个未命名的模板文件，并给模板命名，如图 3 - 65 所示。

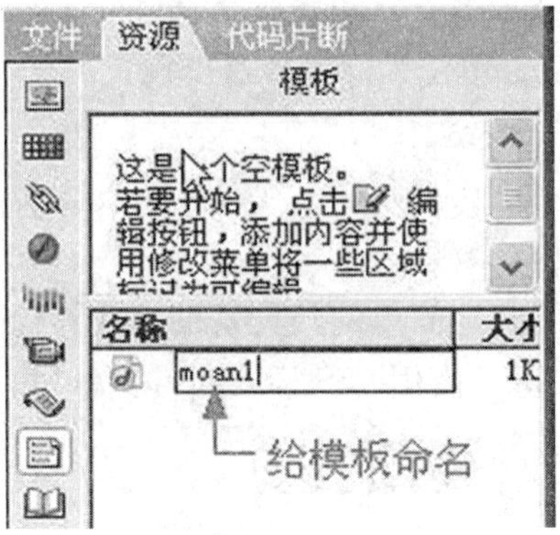

图 3－65

（3）单击“编辑”按钮，打开模板进行编辑。

（4）编辑完成后，保存模板，完成模板建立。

2. 将普通网页另存为模板

（1）打开一个已经制作完成的网页，删除网页中不需要的部分，保留几个网页共同需要的区域。

（2）选择“文件/另存为模板”命令将网页另存为模板。

（3）在弹出的“另存为模板”对话框中，“站点”下拉列表框用来设置模板保存的站点，可选择一个选项；“现存的模板”文本框显示当前站点的所有模板；“另存为”文本框用来设置模板的命名，如图 3－66 所示。单击“保存”按钮，就把当前网页转换为模板，同时将模板另存到选择的站点。

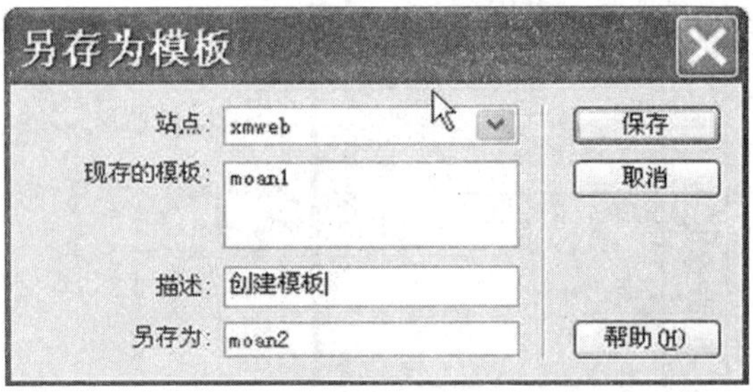

图 3－66

（4）单击“保存”按钮，保存模板。系统将自动在根目录下创建 Template 文件夹，并将创建的模板文件保存在该文件夹中。

在保存模板时，如果模板中没有定义任何可编辑区域，系统将显示警告信息。此时可以先单击“确定”按钮，以后再定义可编辑区域。

3. 从文件菜单新建模板

选择“文件/新建”命令，打开“新建文档”对话框，然后在“类别”中选择“模板页”项，并选取相关的模板类型，直接单击“创建”按钮即可，如图 3－67 所示。

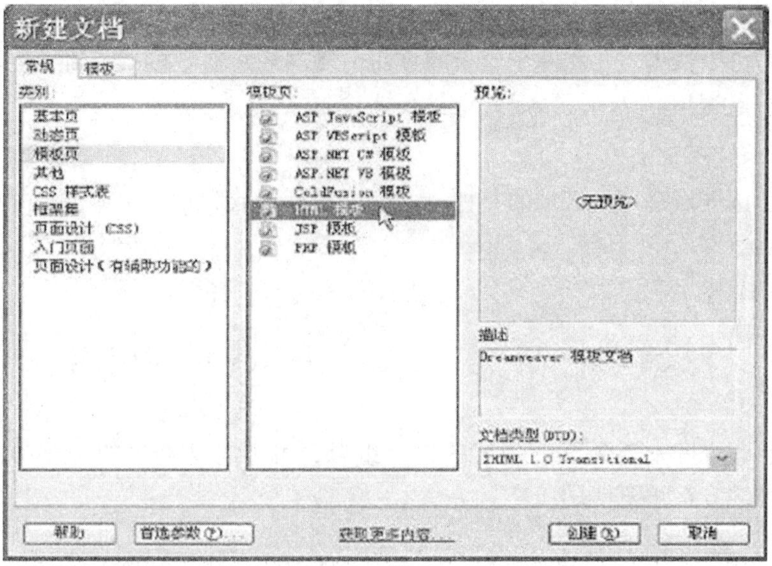

图 3-67

| 第十六节 | Dreamweaver 8 定义可编辑区域

模板创建好后，要在模板中建立可编辑区域，只有在可编辑区域里，才可以编辑网页内容。可以将网页上任意选中的区域设置为可编辑区域，但是最好基于 HTML 代码，这样在制作的时候更加清楚。

在文档窗口中，选中需要设置为可编辑区域的部分，单击常用快捷栏的“模板”按钮，在弹出的菜单中选择“可编辑区域”项，如图 3-68 所示。

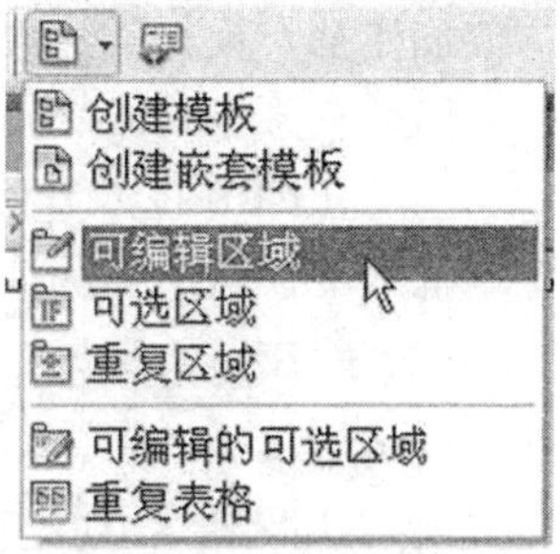

图 3-68

在弹出的“新建可编辑区域”对话框中给该区域命名，然后单击“确定”按钮。新添加的可编辑区域有蓝色标签，标签上是可编辑区域的名称。

如果希望删除可编辑区域，可以将光标置于要删除的可编辑区域内，选择“修改/模板/删除模板标记”命令，光标所在区域的可编辑区域即被删除。

这样模板文件就创建好了。

在模板中除了可以插入最常用的“可编辑区域”外，还可以插入一些其他类型的区域，如“的可选区域”“重复区域”“可编辑的可选区域”和“重复表格”。

1. 可选区域

可选区域是模板中的区域，用户可将其设置为在基于模板的文件中显示或隐藏。当要为在文件中显示的内容设置条件时，即可使用可选区域。

2. 重复区域

重复区域是可以根据需要在基于模板的页面中复制任意次数的模板部分。重复区域通常用于表格，也可以为其他页面元素定义重复区域。

3. 可编辑的可选区域

可编辑的可选区域是可选区域的一种，可以设置显示或隐藏所选区域，并且可以编辑该区域中的内容。

第十七节　Dreamweaver 8 使用库

所谓库项目，实际上就是文档内容的任意组合，可以将文档中的任意内容存储为库项目，使它在其他地方被重复使用。

1. 创建库

在文档窗口中选择需要保存为库项目的内容。单击资源面板“库”分类中右下角的“新建库项目”按钮，一个新的项目出现在资源面板“库”分类的列表中，预览框中显示预览的效果，还可以给该项目键入新名称。这样，一个库项目就创建好了。

2. 插入库

将光标放在网页中需要插入库文件的位置，在资源面板“库”分类中选择需要插入的库项目，直接拖动到光标所在位置即可。

3. 更改库

如果修改了库文件，选择“文件/保存”命令，弹出“更新库项目”对话框，询问是否更新网站中使用了该库文件的网页，单击“更新”按钮，将更新网站中使用了该库文件的网页。

创建基于模板的页面的步骤如下。

（1）打开素材 csslianxi. html 文件，选择菜单栏的“文件/另存为模板”命令。

（2）在弹出的“另存为模板”对话框中，“站点”文本框选择“xmweb”，在“另存为”文本框中给模板命名为 mo1，单击“确定”按钮。

（3）弹出是否更改链接的提示，选择“是”。此时，在站点内自动生成一个名为“Templates”的文件夹，名称为 mo1. dwt 的模板文件被保存在该文件夹中。

（4）在网页表格的最下一行空白处单击鼠标左键，选中状态栏的 <table> 标签，选择菜单栏的“插入/模板对象/可编辑区域”命令。

（5）弹出“可编辑区域”对话框，单击“确定”按钮，这样就完成了模板的制作。

（6）新建 06. html 文件，选择菜单栏的“窗口/资源”命令，打开资源面板。

（7）单击资源面板的“模板”按钮，就可以看见 mo1. dwt 文件，选中 mo1. dwt，按住鼠标左键直接拖曳到 06. html 的文档窗口中，即可将该模板应用到 06. html 中。

| 第十八节 | Dreamweaver 8 制作框架网站

框架是网页中经常使用的页面设计方式，框架的作用就是把网页在一个浏览器窗口下分割成几个不同的区域，实现在一个浏览器窗口中显示多个 HTML 页面。使用框架可以非常方便地完成导航工作，让网站的结构更加清晰，而且各个框架之间绝不存在干扰问题。利用框架最大的特点就是使网站的风格一致。通常把一个网站中页面相同的部分单独制作成一个页面，作为框架结构的一个子框架的内容供整个网站公用。一个框架结构由两部分网页文件构成。

框架（Frame）：是浏览器窗口中的一个区域，可以显示与浏览器窗口的其余部分中所显示内容无关的网页文件。

框架集（Frameset）：也是一个网页文件，将一个窗口通过行和列的方式分割成多个框架，框架的多少根据具体有多少个网页来决定，每个框架中要显示的就是不同的网页文件。

1. 创建框架

在创建框架集或使用框架前，通过选择“查看/可视化助理/框架边框”命令，使框架边框在文档窗口的设计视图中可见。

1）使用预制框架集

（1）新建一个 HTML 文件，在布局快捷栏单击“框架”按钮，在弹出的下拉菜单中选择“顶部和嵌套的左侧框架”，如图 3 - 69 所示。

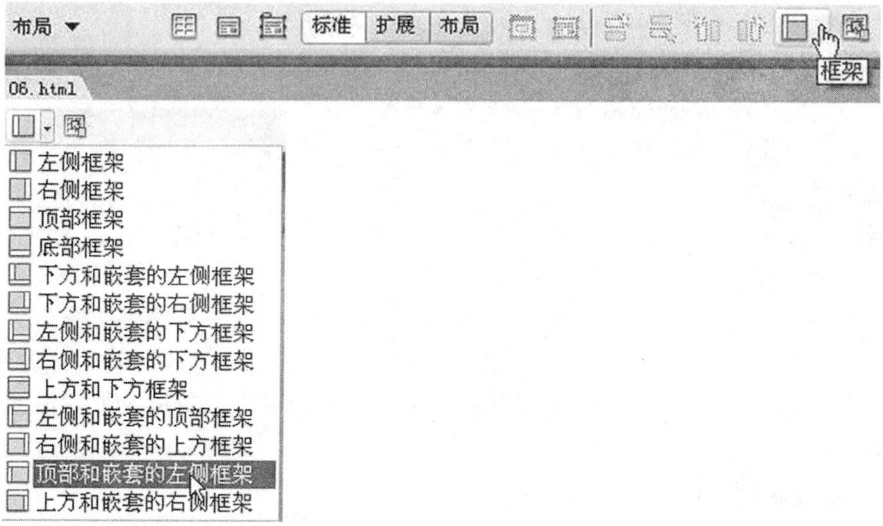

图 3 - 69

（2）使用鼠标直接从框架的左侧边缘和上边缘向中间拖动，直至合适的位置，这样顶部和嵌套的左侧框架就完成了，如图 3 - 70 所示。

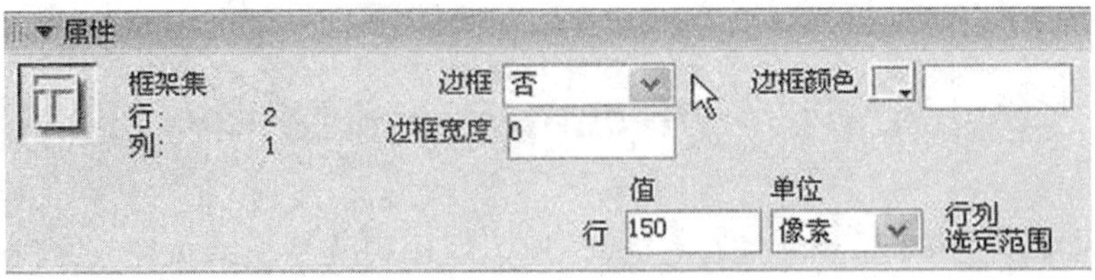

图 3-70

2）鼠标拖动创建框架

(1) 新建普通网页，命名后将其打开。

(2) 把鼠标放到框架边框上，出现双箭头光标时拖曳框架边框，可以垂直或水平分割网页。

2. 保存框架

每一个框架都有一个框架名称，可以用默认的框架名称，也可以在属性面板修改名称，一般采用系统默认的框架名称 topFrame（上方）、leftFrame（左侧）、mainFrame（右侧）。

选择菜单栏“文件/保存全部”命令，将框架集保存为 index. html，上方框架保存为 07. html，左侧框架保存为 08. html，右侧框架保存为 09. html。

这个步骤虽然简单，但是很关键，只有将总框架集和各个框架保存在本地站点根目录下，才能保证浏览页面时显示正常。

3. 编辑框架式网页

虽然框架式网页把屏幕分割成几个窗口，每个框架（窗口）中放置一个普通的网页，但是编辑框架式网页时，要把整个编辑窗口当作一个网页来编辑，插入的网页元素位于哪个框架，就保存在哪个框架的网页中，且框架的大小可以随意修改。

(1) 改变框架大小，用鼠标拖曳框架边框可随意改变框架大小。

(2) 删除框架，用鼠标把框架边框拖曳到父框架的边框上，可删除框架。

(3) 设置框架属性，必须先选中框架，即选择菜单栏“窗口/框架”命令，打开框架面板，单击某个框架即可。

在编辑窗口某个框架内按住 Alt 键并单击鼠标左键，即可选择该框架。当一个框架被选中时，它的边框带有点线轮廓。

选中框架后，在属性面板上可以设置框架属性，如框架名称、源文件、空白边距、滚动条、重置大小和边框属性等。

注意：框架是不可以合并的；在创建链接时要用到框架名称，所以要很清楚地知道每个框架对应的框架名。

4. 在框架中使用超级链接

在框架式网页中制作超级链接时，一定要设置链接的目标属性，为链接的目标文档指定显示窗口。链接目标较远（其他网站）时，一般放在新窗口，在导航条上创建链接时，一般将目标文档放在另一个框架中显示（当页面较小时）或全屏幕显示（当页面较大时）。

“目标”下拉菜单中的选项：

（1）_blank 放在新窗口中；

（2）_parent 放到父框架集或包含该链接的框架窗口中；

（3）_self 放在相同窗口中（默认窗口无须指定）；

（4）_top 放到整个浏览器窗口并删除所有框架。

在保存有框架名为 mainFrame、leftFrame、topFrame 的框架后，在目标下拉菜单中还会出现 mainFrame、leftFrame、topFrame 选项：

（1）mainFrame 放到名为 mainFrame 的框架中；

（2）leftFrame 放到名为 leftFrame 的框架中；

（3）topFrame 放到名为 topFrame 的框架中。

5. 制作框架页面

（1）选择菜单栏“窗口/框架”命令，打开框架面板，选中整个框架集，如图 3－71 所示。

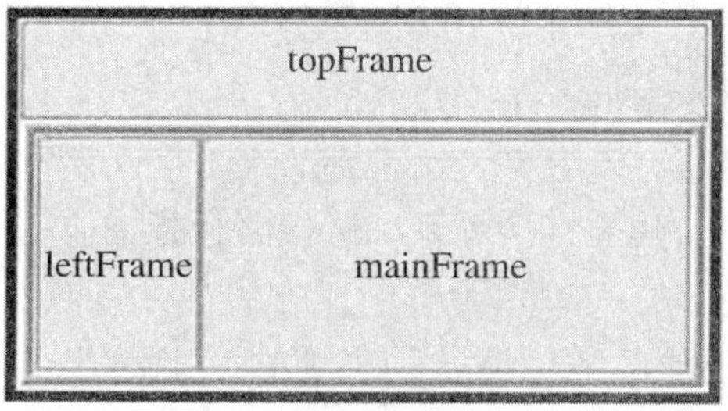

图 3－71

（2）在属性面板中，将行的值设置为 100，单位为像素，如图 3－72 所示。

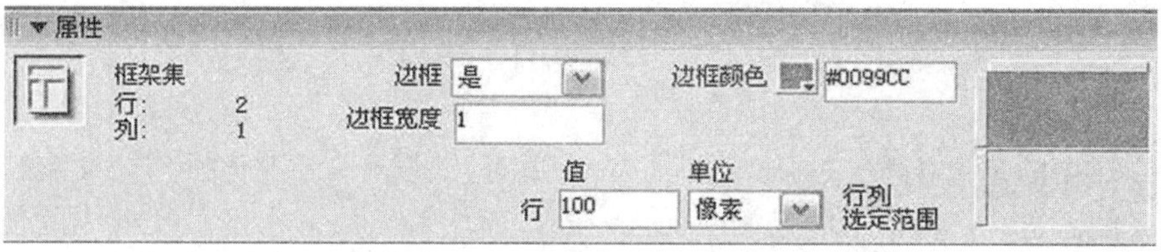

图 3－72

（3）选择菜单栏“窗口/框架”命令，打开框架面板，选中子框架集，如图 3－73 所示。

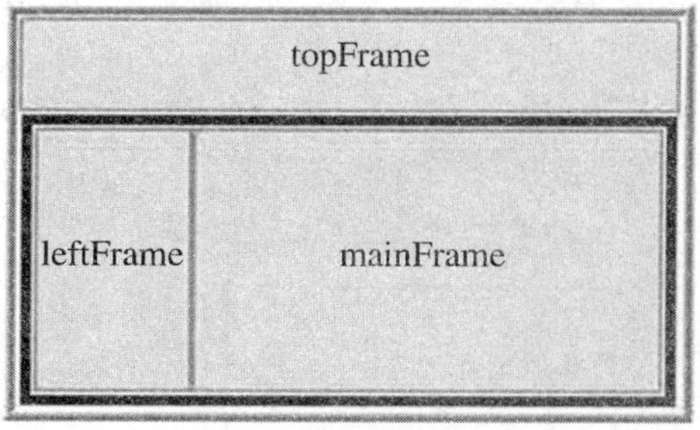

图 3－73

（4）在属性面板中，将列的值设置为 200，单位为像素，如图 3－74 所示。

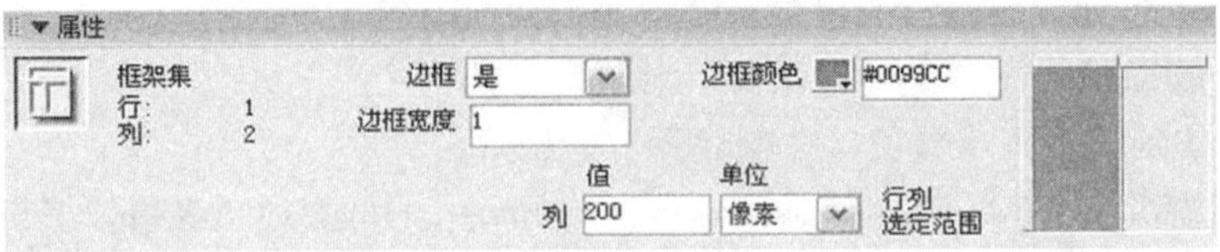

图 3－74

至此就完成了对整个框架的布局，下面布局各个框架页面。

（1）用鼠标在 topFrame 框架中的空白处单击，会看见文档窗口上方的文件名变为 07. html，在页面属性中将上、下、左、右边距全部设为 0。

（2）插入一个 1 行 2 列的表格，宽度为 100%，高度为 100px，左单元格宽度为 382px，并插入背景图片 img/103. jpg，设置表格的背景颜色为 103. jpg 图片右边缘的绿色（用吸管吸取）。

（3）用鼠标在 leftFrame 框架中的空白处单击，会看见文档窗口上方的文件名变为 08. html，在页面属性中将上、下、左、右边距全部设为 0。

（4）插入一个 6 行 1 列的表格，宽度为 95%，居中对齐，将第一个单元格的高度设为 20px，选中其余单元格将高度设置为 50px，分别输入文字设置导航栏目。

（5）分别对各个导航栏目建立链接关系，链接路径指向要链接到的网页，目标选择 mainFrame 框架。

（6）用鼠标在 mainFrame 框架中的空白处单击，会看见文档窗口上方的文件名变为 09. html，在页面属性中将上、下、左、右边距全部设为 0。

至此，完成了一个框架网站的制作。

第十九节　Dreamweaver 8 创建层

层是 CSS 中的定位技术，在 Dreamweaver 8 中对其进行了可视化操作。文本、图像、表格等元素只能固定其位置，不能互相叠加在一起，而层可以放置在网页文档内的任何一个位置，层内可以放置网页文档中的其他构成元素，层可以自由移动，层与层之间还可以重叠，层体现了网页技术从二维空间向三维空间的一种延伸。

1. 创建普通层

1）插入层

选择菜单栏“插入/布局对象/层”命令，即可将层插入页面中，如图 3－75 所示。

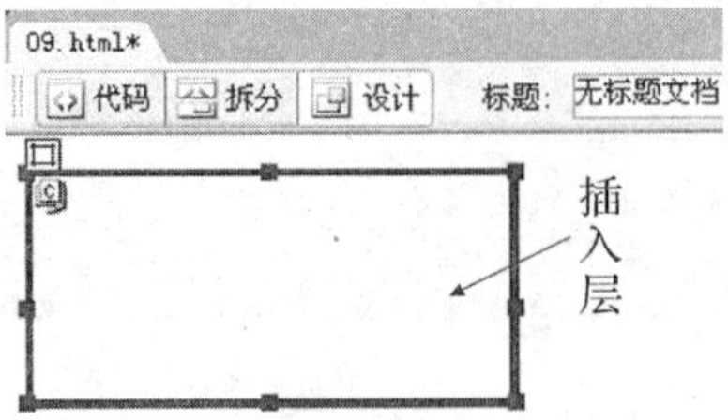

图 3－75

使用这种方法插入层，层的位置由光标所在的位置决定，光标放置在什么位置，层就在什么位置出现。选中层会出现六个小手柄，拖动小手柄可以改变层的大小。

2）拖放层

打开快捷栏的“布局”选项，单击“绘制层”按钮，并按住鼠标左键不放，拖动图标到文档窗口中，然后释放鼠标，这时层就会出现在页面中，如图 3－76 所示。

图 3－76

3）绘制层

打开快捷栏的“布局”选项，单击“绘制层”按钮，在文档窗口内鼠标光标变成十字光标，然后按住鼠标左键拖动出一个矩形，矩形的大小就是层的大小，释放鼠标，层就会出现在页面中。

2. 创建嵌套层

创建嵌套层就是在一个层内插入另外的层。

方法一：将光标放在某层内，选择菜单栏“插入/布局对象/层”命令，即可在该层内插入一个层，如图 3－77 所示。

方法二：打开层面板，从中选择需要嵌套的层，此时按住 Ctrl 键同时拖动该层到另外一个层上，直到出现如图 3－78 所示图标后，释放 Ctrl 键和鼠标，这样普通层就转换为嵌套层。

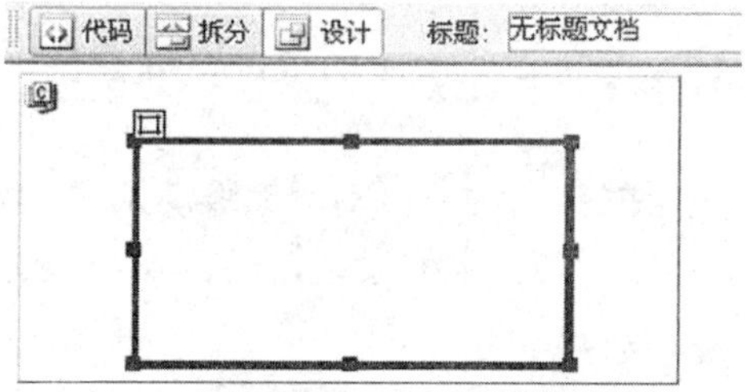

图 3－77

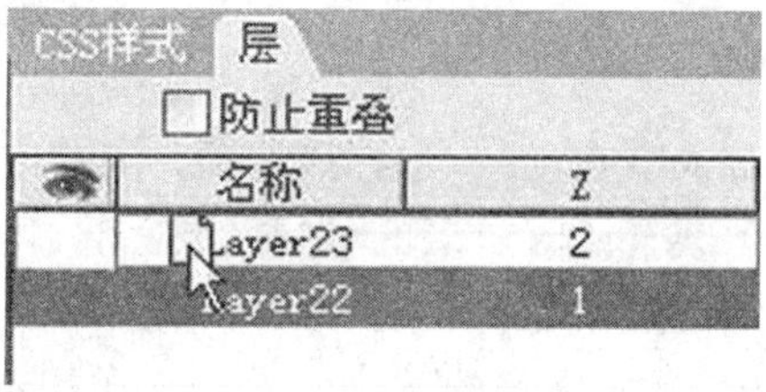

图 3－78

| 第二十节 | Dreamweaver 8 设置层的属性

选中要设置的层，就可以在属性面板中设置层的属性，如图 3－79 所示。

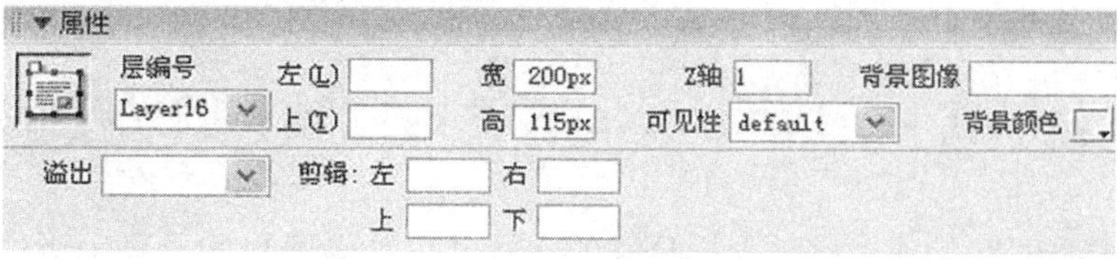

图 3－79

（1）层编号：给层命名，以便在“层”面板和 JavaScript 代码中标识该层。

（2）左、上：指定层的左上角相对于页面（如果嵌套，则为父层）左上角的位置。

（3）宽、高：指定层的宽度和高度。如果层的内容超过指定大小，层的底边缘（按照在 Dreamweaver 设计视图中的显示）会延伸以容纳这些内容。如果“溢出”属性没有设置为“可见”，那么当层在浏览器中出现时，底边缘将不会延伸。

（4）Z 轴：设置层的层次属性。在浏览器中，编号较大的层出现在编号较小的层的前面。其值可以为正，也可以为负。当更改层的堆叠顺序时，使用“层”面板要比输入特定的 Z 轴值更为简便。

（5）可见性：在下拉列表中，设置层的可见性，可以控制层的动态显示和隐藏。其中有四个选项：

① default，选择该选项则不指明层的可见性；

② inherit，选择该选项可以继承父层的可见性；

③ visible，选择该选项可以显示层及其包含的内容，无论其父级层是否可见；

④ hidden，选择该选项可以隐藏层及其包含的内容，无论其父级层是否可见。

（6）背景颜色：用来设置层的背景颜色。

（7）背景图像：用来设置层的背景图像。

（8）溢出：选择当层内容超过层的大小时的处理方式。其中有四个选项：

① visible（显示），选择该选项，当层内容超出层的范围时，可自动增加层尺寸；

② hidden（隐藏），选择该选项，当层内容超出层的范围时，保持层尺寸不变，隐藏超出部分的内容；

③ scroll（滚动条），选择该选项，则层内容无论是否超出层的范围，都会自动增加滚动条；

④ auto（自动），选择该选项，当层内容超出层的范围时，自动增加滚动条（默认）。

（9）剪辑：设置层的可视区域，通过上、下、左、右文本框设置可视区域与层边界的像素值。层经过“剪辑”后，只有指定的矩形区域才是可见的。

（10）类：在类的下拉列表中，可以选择已经设置好的 CSS 样式或新建 CSS 样式。

注意：位置和大小的默认单位为像素（px），也可以指定以下单位：pc（pica）、pt（点）、in（英寸）、mm（毫米）、cm（厘米）或 %（父层相应值的百分比），缩写必须紧跟在值之后，中间不留空格。

使用层制作特效，在创建网页的时候，可以发现层可以在网页上随意改变位置，在设定层的属性时，可以知道层有显示、隐藏的功能，通过这两个特点可以实现很多令人激动的网页动态效果。

第二十一节 Dreamweaver 8 时间轴及创建时间轴动画

时间轴是根据时间的流逝移动图层位置的方式显示动画效果的一种动画编辑界面，在时间轴中包含制作动画所必需的各种功能。

1. 时间轴的各项功能

时间轴面板如图 3－80 所示，其中各标号含义如下。

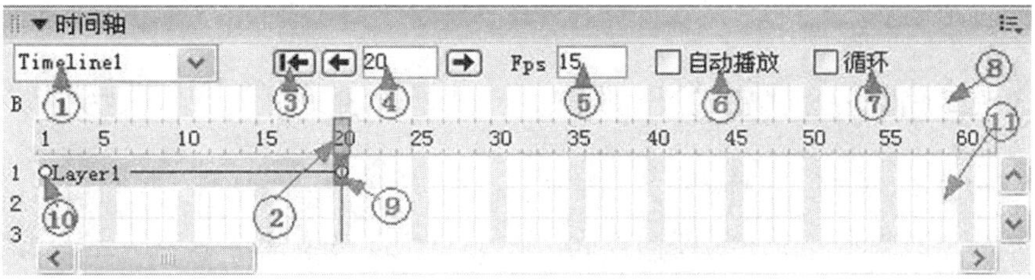

图 3－80

（1）时间轴弹出菜单：表示当前的时间轴名称。

（2）时间轴指针：在界面上显示当前位置的帧。

（3）按此按钮，不管时间轴在哪个位置，一直移动到第一帧。

（4）此文本框显示时间指针的当前位置。

（5）此文本框显示每秒显示的帧数，默认值是 15 帧，增加帧数值，则动画播放的速度将加快。

（6）自动播放：选中该项，则网页文档中应用动画后自动运行。

（7）循环：选中该项，则继续反复播放时间轴上的动画。

（8）行为通道：在指定帧中选择要运行的行为。

（9）关键帧：可以变化的帧。

（10）图层条：意味着插入了“层”等对象。

（11）图层通道：用于编辑图层的空间。

2. 在 DW8 中显示时间轴

选择菜单栏的“窗口/时间轴”命令或按快捷键 Alt＋F9，则显示时间轴。

时间轴只能移动分层对象，如果想移动文本或图像之类的对象，可以将其放在层中。

（1）打开 09. html 文件，把光标放到页面左上方的位置，在插入面板选择“布局/绘制层”命令，创建六个层，分别输入文字“小”“木”“web”“欢”“迎”“你”，将图层排列在适当的位置。

（2）打开时间轴，选择层 1 后，拖动到时间轴的第一行。

（3）用同样的方法，把包含其他文字的层也根据文字的顺序拖动到时间轴的第 2 至 6 行。

（4）为了减慢文字移动的速度，把时间轴中的 15 帧全部扩展为 25 帧。

（5）在时间轴中选择 Layer1 的第一帧，在属性面板的顶端坐标值（T）中输入－50，这样可以把文字放置到上侧。

（6）用同样的方法选择其余层的第一帧后，把顶端坐标值（T）统一设定为－50。

（7）为了每隔一段时间下落一个文字，从第二个动画条开始向后移动 5 帧，勾选“自动播放”选项。

（8）按 F12 键浏览效果。

第二十二节 Dreamweaver 8 利用行为制作动态页面

一般说来，动态网页是通过 JaveScript 或基于 JaveScript 的 DHTML 代码来实现的，包含 JaveScript 脚本的网页，还能够实现用户与页面的简单交互。但是编写脚本既复杂又专业，需要专门学习，而 Dreamweaver 8 提供的“行为”机制，虽然行为也是基于 JaveScript 来实现动态网页和交互的，但却不需要书写任何代码。在可视化环境中按几个按钮，填几个选项就可以实现丰富的动态页面效果，实现人与页面的简单交互。行为是事件与动作的彼此结合。如当鼠标移动到网页的图片上方时，图片高亮显示，此时的鼠标移动称为时间，图片的变化称为动作，一般的行为都是要由事件来激活动作的。动作由预先写好的能够执行某种任务的 JavaScript 代码组成，而事件与浏览器前用户的操作相关，如单击鼠标、鼠标上滚等。

“行为”可以创建网页动态效果，实现用户与页面的交互。行为是由事件和动作组成的，如将鼠标移到一幅图像上产生一个事件，如果图像发生变化（前面介绍过的轮替图像），就导致发生一个动作。与行为相关的有三个重要的部分：对象、事件和动作。

1. 对象（Object）

对象是产生行为的主体，很多网页元素都可以成为对象，如图片、文字、多媒体文件等，甚至是整个页面。

2. 事件（Event）

事件是触发动态效果的原因，它可以被附加到各种页面元素上，也可以被附加到 HTML 标记中。一个事件总是针对页面元素或标记而言的，如将鼠标移到图片上、把鼠标放在图片之外、单击鼠标是与鼠标有关的三个最常见的事件（onMouseOver、onMouseOut、onClick）。不同的浏览器支持的事件种类和多少是不一样的，通常高版本的浏览器支持更多的事件。

第二十三节 Dreamweaver 8 认识表单对象

使用表单可以帮助 Internet 服务器从用户那里收集信息，如收集用户资料、获取用户订单，在 Internet 上也同样存在大量的表单，用户可输入文字进行选择。

通常表单的工作过程如下：

（1）访问者在浏览有表单的页面时，可填写必要的信息，然后单击“提交”按钮；

（2）这些信息通过 Internet 传送到服务器上；

（3）服务器上有专门的程序对这些数据进行处理，如果有错误会返回错误信息，并要求纠正错误；

（4）当数据完整无误后，服务器会反馈一个输入完成信息。

一个完整的表单包含两个部分：

（1）在网页中进行描述的表单对象；

(2) 应用程序，它可以是服务器端的，也可以是客户端的，用于对客户信息进行分析处理。

在 Dreamweaver 中，表单输入类型称为表单对象。可以通过选择“插入/表单对象”命令来插入表单对象，或者通过从图 3-81 显示的“插入”栏的“表单”面板访问表单对象来插入表单对象。

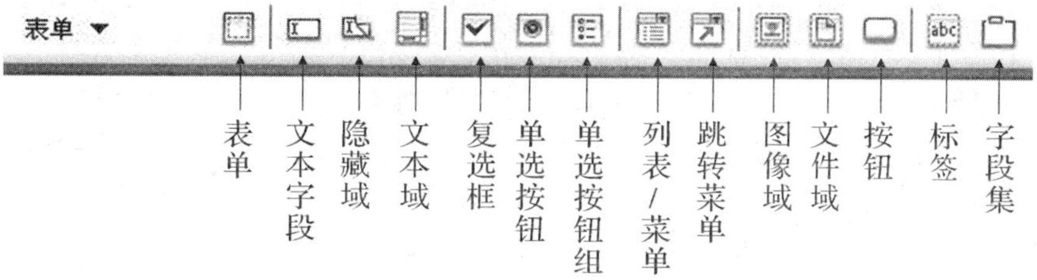

图 3-81

(1) “表单”：在文档中插入表单。任何其他表单对象，如文本域、按钮等，都必须插入表单之中，这样所有浏览器才能正确处理这些数据。

(2) “文本域”：在表单中插入文本域。文本域可接受任何类型的字母、数字项。输入的文本可以显示为单行、多行，或者显示为项目符号或星号（用于保护密码）。

(3) “复选框”：在表单中插入复选框。复选框允许在一组选项中选择多项，用户可以选择任意多个适用的选项。

(4) “单选按钮”：在表单中插入单选按钮。单选按钮代表互相排斥的选择，选择一组中的某个按钮，就会取消选择该组中的所有其他按钮，如用户可以选择“是”或“否”。

(5) “单选按钮组”：插入共享同一名称的单选按钮的集合。

(6) “列表/菜单”：可以在列表中创建用户选项。“列表”选项在滚动列表中显示选项值，并允许用户在列表中选择多个选项。“菜单”选项在弹出式菜单中显示选项值，而且只允许用户选择一个选项。

(7) “跳转菜单”：插入可导航的列表或弹出式菜单。跳转菜单允许插入一种菜单，在这种菜单中的每个选项都链接到文档或文件。

(8) “图像域”：可以在表单中插入图像。可以使用图像域替换“提交”按钮，以生成图形化按钮。

(9) “文件域”：在文档中插入空白文本域和“浏览”按钮。文件域可以让用户浏览到其硬盘上的文件，并将这些文件作为表单数据上传。

(10) “按钮”：在表单中插入文本按钮。按钮在单击时执行任务，如提交或重置表单。可以为按钮添加自定义名称或标签，或者使用预定义的“提交”或“重置”标签之一。

(11) “标签”：在文档中给表单加上标签，以 <label> </label> 形式开头和结尾。

(12) “字段集”：在文本中设置文本标签。

认识了表单，那么创建和使用表单时就可以根据需要进行选择，且表单是动态网页的灵魂。

第二十四节 Dreamweaver 8 创建表单

在 Dreamweaver 8 中可以创建各种各样的表单，表单中可以包含各种对象，如文本域、按钮、列表等。

在网页中添加表单对象，首先必须创建表单。表单在浏览网页中属于不可见元素。在 Dreamweaver 8 中插入一个表单，当页面处于设计视图中时，用红色的虚轮廓线指示表单。如果没有看到此轮廓线，需检查是否选中了“查看/可视化助理/不可见元素”命令。

将插入点放在希望表单出现的位置。选择“插入/表单”命令，或选择“插入”栏上的“表单”类别，然后单击“表单”图标。

用鼠标选中表单，在属性面板上可以设置表单的各项属性，如图 3－82 所示。

图 3－82

（1）在“动作”文本框中指定处理该表单的动态或脚本的路径。

（2）在“方法”下拉列表中选择将表单数据传输到服务器的方法。POST 在 HTTP 请求中嵌入表单数据，GET 将值追加到请求该页的 URL 中。默认使用浏览器的默认设置将表单数据发送到服务器，通常默认方法为 GET 方法。不要使用 GET 方法发送长表单。URL 的长度限制在 8 至 192 个字符。如果发送的数据量太大，数据将被截断，从而导致意外的或失败的处理结果。而且，在发送机密用户名和密码、信用卡号或其他机密信息时，不要使用 GET 方法，因为用 GET 方法传递信息不安全。

（3）在“目标”弹出式菜单指定一个窗口，在该窗口中显示调用程序所返回的数据。如果命名的窗口尚未打开，则打开一个具有该名称的新窗口。目标值有：_blank，在未命名的新窗口中打开目标文档；_parent，在显示当前文档窗口的父窗口中打开目标文档；_self，在提交表单所使用的窗口中打开目标文档；_top，在当前窗口的窗体内打开目标文档。此值可用于确保目标文档占用整个窗口，即使原始文档显示在框架中。

第二十五节 Dreamweaver 8 表单的应用

1. 一个简单的提交留言页面

新建 11. html 网页文件，选择表单插入栏，插入表单，将光标放置在表单内，插入一个 5 行 2 列的表格，将第 1 至 5 行合并，分别在第 2、3 行插入文本字段，在第 4 行插入文本区域，在第 5 行插入两个按钮。

文本域：用户在其中输入响应的表单对象，如图 3－83 所示。有三种类型的文本域：

（1）单行文本域，通常提供单字或短语响应，如姓名或地址；

（2）多行文本域，为访问者提供一个较大的区域，供其输入响应，可以指定访问者最多可输入的行数以及对象的字符宽度，如果输入的文本超过这些设置，则该域将按照换行属性中指定的设置进行滚动；

（3）密码域，是特殊类型的文本域，当用户在密码域中键入时，所输入的文本被替换为星号或项目符号，以隐藏该文本，保护这些信息不被看到。

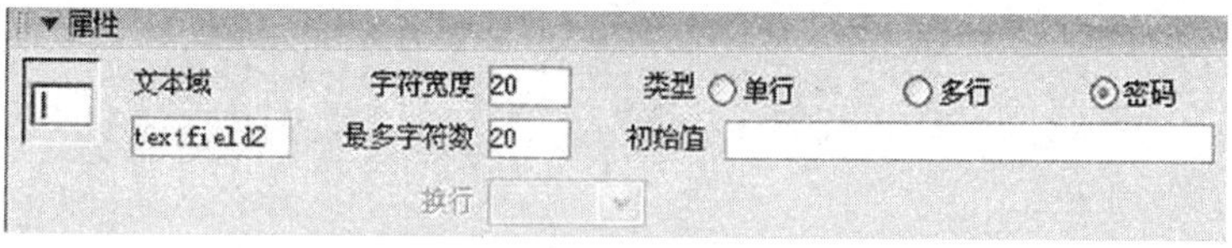

图 3－83

页面布局效果如图 3－84 所示。

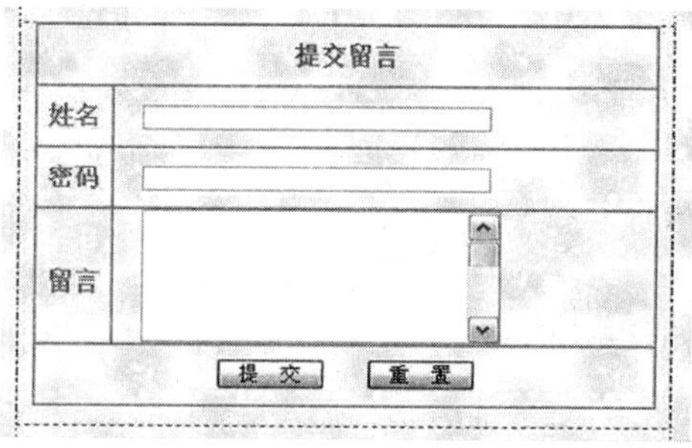

图 3－84

2. 制作网页跳转菜单

（1）打开一个建立好的网页文件，把鼠标的光标放置在需要插入跳转菜单的位置。单击表单插入栏中的“跳转菜单”按钮，在网页中插入一个跳转菜单，如图 3－85 所示。

图 3－85

（2）在弹出的“插入跳转菜单”对话框（图 3－86）中，根据提示输入相应内容。

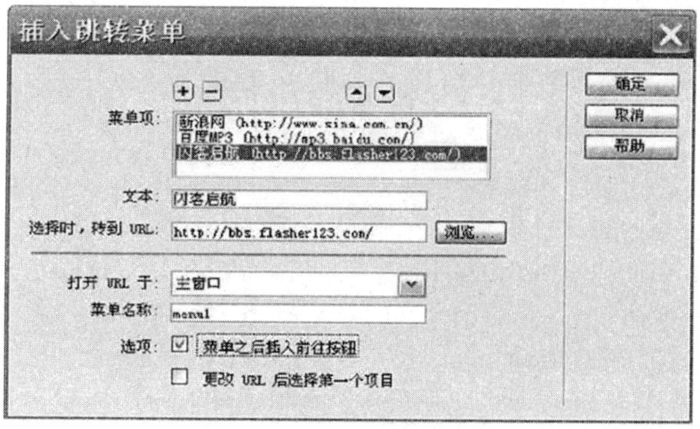

图 3－86

（3）单击“确定”按钮，按 F12 键预览效果。

3. 运行代码实例

（1）新建文件 12. html。

（2）打开文件 12. html，插入表单，在表单中插入一个文本区域，按 Enter 键，再插入一个按钮。

（3）选中文本区域，在属性面板中，设置文本区域的文本宽度为 50，行数为 8。

（4）选中按钮，在属性面板中，将按钮的值设为“运行代码”。

（5）选中 form 表单，在属性面板中，单击动作文本框旁的“浏览”按钮，选择指向 13. html，目标选择_blank。

（6）在 11. html 的代码区复制整个代码，再打开 12. html 文件，在设计视图中选中文本区域，转到代码区，将光标放置在 < textarea name = " textarea" cols = " 50 " rows = " 8 " > </textarea >的“ > ”和“ < ”之间，按快捷键 Ctrl + V 粘贴 11. html 页面的代码。

（7）保存后，按 F12 键预览效果，如图 3 - 87 所示。

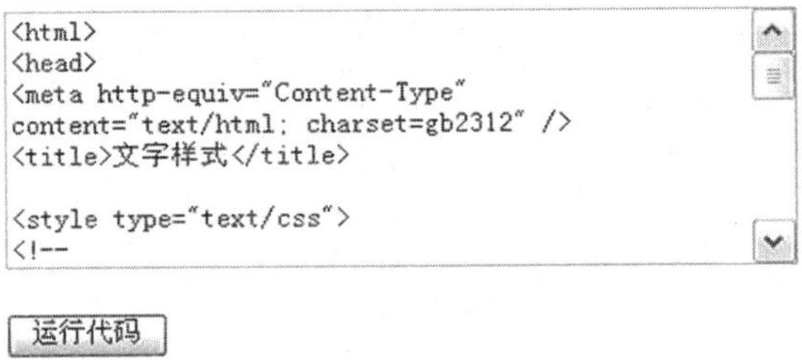

图 3 - 87

第二十六节　网页表格深层探密

网页制作中表格扮演了很重要的角色。通过与 JavaScript、CSS 等的结合，表格还有很多巧妙的用处。

1. 用表格做流动分割线

在网页中可以用 < hr > 标签来做分割线，也可以把表格设置为 1 个像素高或宽充当分割线。现在，将表格与 JavaScript 结合，可以作出更生动的分割线——流动的分割线。加入以下代码，就可以看到一条分割线，颜色在不断变动。

```
< script >
l = Array(6,7,8,9,'a','b','b','c','d','e','f')
t = " < table height = 2 width = 60% cellspacing = 0 cellpadding = 0 > < tr > "
for( x = 0;x < 40;x + + ) { t + = " < td id = a_mo" + x + " > < /td > " }
document. write( t + " < /tr > < /table > " )
function f1(y) { for( i = 0;i < 40;i + + ) { c = (i + y) % 20;if( c > 10) c = 20 - c
document. all[ "a_mo" + (i) ]. bgColor = " '#00' + l[ c ] + l[ c ] + '00' " } y + +
```

```
setTimeout("f1('+y+')",1)}f1(1)
</script>
```

在上面的代码中，可以通过修改 <table> 标签中的 height 和 width 设置分割线的高度和长度。

2. 带滚动条的表格

当网页上有大段文字要显示，而又没有足够的空间时，带滚动条的表格就派上用场了。虽然用文本框也可以实现类似效果，但却远没有表格灵活。其代码很简单，只要在单元格 <td> 标签后加上如下代码即可：

```
<div style="overflow:auto;height:200;">
```

当然，需要对应的在单元格结束 </td> 标签前加上 </div>。可以通过更改 height 的值来修改显示文段区域的高度。如以下的代码：

```
<table width="260" border="0">
<tr><td bgcolor="#999999"><font color="#ffffff"><b>标题</b></font></td></tr>
<tr><td bgcolor="#cccccc">
<div style="overflow:auto;height:160;">
这里输入文段的内容：
</div>
</td></tr>
</table>
```

3. 带标题的表格

通常要给表格加标题，不是用单元格的方法就是用图片，很麻烦。其实，可以只用一些很简单的 HTML 标签，来轻松实现给表格加标题。这个标识似乎已被人遗忘，很少看到使用，不过它实现的效果还是很不错的。代码如下：

```
<fieldset style="width:220" align="center">
<legend>这里是表格的标题</legend>
这里添加表格中的内容：
</fieldset>
```

几行代码就可以搞定了！修改 width 值可以设置表格宽度。<legend>和</legend>之间是表格的标题，可以设置其颜色、大小等，甚至可以加上个链接。</legend>标签之后可以任意添加表格中的内容，同样也可以添加任意的内容，如文字、表格、图片等。

| 第二十七节 | 在 Dreamweaver 中编写 CSS 需要的技巧

由于可视化和操作简便，在 Dreamweaver 中编写 CSS 的人很多，下面介绍一些在 Dreamweaver 中编写 CSS 的“最佳习惯”，希望对大家有所帮助。

CSS 正在改变网站设计的进程。为迎合不断增长的倾向于 CSS 的设计人员的需求，Macromedia DW MX 引进了一些新的及改善过的 CSS 特性。有了这些新的特性，就可以为未来的更新作好计划，开发与 W3C 标准更加兼容的站点。

一般来讲，样式表（style sheet）就是控制网页内容外观的格式化的规则的集合。可以以三种不同的方式在页面中使用 CSS。

（1）代码式（Inline）：写入到代码中的一次性的样式。

（2）内嵌式（Embedded）：可控制一个页面中所有元素的样式表。

（3）外联式（External）：可控制许多页面中的元素的样式表。

事实上，许多站点都根据需要把这三种方式结合起来使用。

在使用 CSS 时一个需要重点考虑的事实是不同的浏览器以及同一浏览器的不同版本以不同的方式来解析 CSS。除了网络浏览器的差异之外，还要意识到还有很多其他的浏览器，如听力浏览器、基于电视的浏览器以及 Palm Pilot 和 TTY（teletypewriter，远程打字机）一类的手持设备。

1．最佳习惯

大多数技术都有自己约定俗成的标准，CSS 也不例外。虽然并非网络上存在的所有 CSS 都很规范，但按照现有标准来使用 CSS 却还是不无裨益的。一般来说，开发人员应尽可能将内容与报告分离开来，这样做的好处如下。

（1）增加站点的寿命。不规范的样式表可能在当时觉得很方便，但新版本的浏览器出来以后，很可能就会出现兼容性问题，到时逐页修改站点就是一项非常费时的工作，同时也使使用 CSS 失去了意义。

（2）让站点对所有的用户以及浏览器都适用。有些地方的政府已经立法要求网站必须让残障人士也同样可以浏览。为残障人士设计的浏览设备，如听力浏览器，对 CSS 的规范性要求极其严格。

（3）让站点的更新和维护更加轻松。使用方式得当的话，CSS 可让在一个页面中的调整快速应用到所有页面中去。

首先要做的选择是使用哪一种样式表。当涉及最佳习惯时，对不同样式表的分析如下。

（1）Inline CSS：简单地说，应该尽量避免使用。除了一些其他的缺点之外，使用 Inline CSS 意味着并没有利用到 CSS 的真正优点，即并没有将内容与格式分离开。DW MX 使用 Inline CSS 主要是为了定位页面元素（这些元素在 DW MX 的用户界面中称为“层（layer）”），或者是为了使用某个 DHTML 特效，它需要使用 Inline 样式的 JavaScript 来改变一个对象的属性。

（2）Embedded CSS：它也不是最理想的，因为它只能对当前页面施加影响。在更新的过程中，如果某一个页面丢失，将会使站点的风格不一致；另外，当用户浏览站点时，每一页都要下载一次样式表信息。

（3）External CSS：这是第一选择。External CSS 可以让所有链接到它的页面保持一致的外观风格；提纲挈领，更改一次，轻松更新所有相关页面；让页面体积更小，浏览速度更快。

其他的一些最佳习惯将在下文分析具体的 CSS 特性时提及。

2. 在 DW MX 中创建 CSS 样式表

在 DW MX 中创建 CSS 样式表时，在弹出的对话框中有两个选择：新样式表文档和只用于当前页。选中“新样式表文档”，就开始创建 External CSS 的过程，这个选项要求在真正的创建过程之前先命名样式表并为它选定一个保存位置；选中“只用于当前页”，则会直接把相关代码写入页面。

也可以在“新样式”对话框中选择一个现存的样式表来编辑或添加新的定义。

3. 应该链接到 External CSS 或是导入

创建外部样式表以后，需要把它附加在每个页面上（或是模板）。要这样做，可以在 CSS 面板上单击“附加样式表”按钮，此时会弹出“链接外部样式表”对话框，在上面可以浏览到目标样式表的名字，找到以后，可以选择链接或者导入此外部样式表。

链接是最常用的方式，选择“链接”即可把样式表链接到页面。

所有支持 CSS 的浏览器都支持链接选项。如果想一些比较旧的浏览器（如 Netscape 4. x）也能“看到”这个样式表，就要采用下面的方法。

Netscape 4 会完全忽略导入的 CSS，而按照链接的 CSS 来解释页面。这样就可以放心使用 CSS 中的新功能，不必担心浏览器的兼容性问题。

4. CSS 属性检查器

在 DW MX 的属性检查器中可以轻易切换到 CSS 模式。在缺省情况下，属性检查器会显示原始的 HTML 模式下字体标签。单击字体下拉菜单旁边的小“A”，就可以看到目前可用的 CSS 样式表，而不是字体标签列表。

同时，也可以轻松切回到 HTML 模式。

5. 现成的 CSS 样式表

DW MX 中一个令人激动的 CSS 特性就是它包含了已制作好的 CSS 样式表。CSS 的新用户可以先体验一下，选择“File/New”命令，在弹出的新文档对话框中选中 CSS style sheets，在右边的方框中会出现所有可用的 CSS 列表。为了实践所说的最佳习惯，选择一个标记为“Accessible”的样式表。将文档保存在站点文件夹内，然后就可以用上述方法把 CSS 附加在文档中。

6. 设计时间样式表

DW MX 的这一特性可以在设计视图下工作时将样式表应用到页面，使对站点的外观有一个更直观的认识。设计时间样式表将不会出现在站点内。从最佳习惯的观点来讲，这一特性是非常有用的。如果使用同时导入和链接两种方式（如上所述），附加设计时间样式表可以使用其中的任何一个来开发站点。当想看在另一个样式表下页面外观如何时，可以轻松更改为另一个样式表。

对于要将 CSS 应用于服务器端或是要在客户端通过 JavaScript 来存取的开发者来说，设计时间样式表同样有用。服务器端样式表也是处理客户端浏览器对 CSS 支持不好的一种方式，但在以前版本的 DW 中，这种方式不能在设计阶段查看 CSS 的实际效果。设计时间样式表能够实时查看样式表效果，所以可在 DW MX 中以可视界面工作。另外一个好处就是当上传站点文件时，不必再检查整个站点寻找冗余的样式表。

7. 验证

无论是自己创建样式表还是编辑现有的样式表，验证可以确保不会误用不标准的标签或错误的代码。DW MX 本身不包含 CSS 验证程序，可以使用 W3C 站点提供的验证服务。在 DW MX 内可以验证 HTML 或 DHTML 标签（File/Check Page/Validate Markup（for HTML）或 File/Check Page/Validate as XML for XHTML）。在开发基于 CSS 的站点时，DW MX 提供了很多辅助工具。有了 DW MX 的帮助，再加上对 CSS 良好的理解，就可以开发出能经受时间考验的站点。

第二十八节　在 Dreamweaver 中应用 CSS 的技巧

Dreamweaver 是集网页制作和管理网站于一身的所见即所得的网页编辑器。由于 DW 的功能强大，所以可以在它里面直接定义 CSS（样式表）。

在 DW 里定义 CSS 的确很方便，里面的参数都设置好了，只要单击鼠标就行。但也正是由于它的简单，而带来了一个小问题。

以下为引用的内容：

```
< style type = "text/css" >
< ! --
a:hover { color: #ff3333; text-decoration: underline}
a:link { color: #3333ff; text-decoration: none}
a:visited { color: #3333ff; text-decoration: none}
-- >
< /style >
```

以上就是 DW 生成的 CSS 源码，这段源码的意思是去掉超级链接的下划线，鼠标移上去的时候改变颜色并添加下划线，链接后的颜色不变为蓝色。可是在 IE 里浏览的结果不是这样的，而是有一点点小改变，就是链接之后，当鼠标再次移上去的时候，本来是有下划线的，但现在没有了。这是什么原因呢？经反复验证，发现是由于顺序不同，以下是修改后的代码：

```
< style type = "text/css" >
< ! --
a:link { color: #3333ff; text-decoration: none}
a:visited { color: #3333ff; text-decoration: none}
a:hover { color: #ff3333; text-decoration: underline}
-- >
< /style >
```

Dreamweaver 中应用 CSS 的技巧到此结束，希望对大家有所帮助。

| 第二十九节 |　Dreamweaver 套用源格式命令应用技巧

在 IE 中浏览网站，查看源文件时，看到有些网站的代码很整齐，有些网站的代码很乱，如图 3 - 88 所示。

图 3 - 88

在 DW8 的命令菜单里面有“套用源格式”选项，单击此选项就可整齐化代码，如图 3 - 89所示。

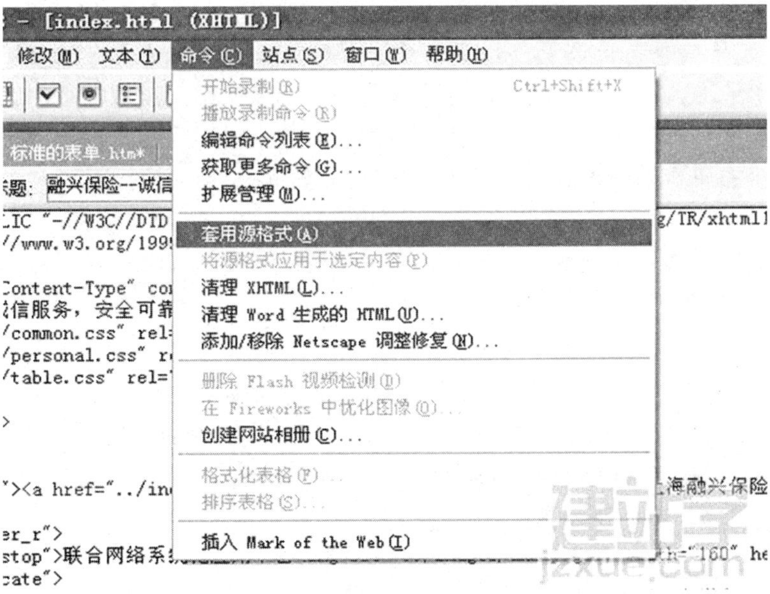

图 3 - 89

第三十节 Dreamweaver 常用技巧

1. 在 Dreamweaver 中，如何输入一个空格

输入空格在 DW 中似乎已成为一个老生常谈的问题，可能在许多介绍 DW 使用方面的书籍或文章中看到过多次。

DW 中对空格输入的限制是针对“半角”文字状态而言的，因此通过将输入法调整到全角模式就可以避免，方法是打开中文输入法（以人工智能 ABC 为例），按下 Shift + Space 键切换到全角状态。

此外，还可以通过许多“变通”的方法达到输入空格的目的，常用的有：直接在源代码中加入代表空格的 HTML 代码“ ”；输入一定长度的文字对象后，调整文字的颜色与当前的背景颜色相同等。不过需要注意的是，后者在一些浏览器中可能在显示上有点问题。

2. 如何在浏览器地址栏前添加自定义的小图标

有时在浏览网易网站的首页时，在地址 www. 163. com 前会显示一个“易”字样的小图标。而默认情况下，这个图标是一个 IE 浏览器的指定图片。

其实这也不是什么高深的技术，只不过在网站目录下添加了一个特定文件而已。

需要预先制作一个图标文件，大小为 16×16 像素，文件扩展名为 ico，然后上传到相应目录中。在 HTML 源文件 <head> 和 </head> 之间添加如下代码：

```
<Link Rel = "SHORTCUT ICON" href = "http://图片的地址(注意与刚才的目录对应)" >
```

其中的“SHORTCUT ICON”即为该图标的名称。当然如果用户使用 IE5 或以上版本浏览时，就更简单了，只需将图片上传到网站根目录下，即可自动识别。

3. 为什么本来设计很好的网页，在浏览器窗口最小化时会变得丑陋难堪

这应该是个值得大家注意的问题，也就是说，在全屏状态下浏览网页内容时，一点问题也没有。当使用窗口的最小化命令或手动调整窗口的大小时，问题就慢慢出现了。网页内容会把当前窗口作为显示范围，依次下移，与在记事本中有“自动换行”和“没换行”的差别是完全一样的。

想要解决这个问题，必须从网页的布局说起，一般情况下，网页内容的定位大多是通过表格来实现的，因此问题也就出在表格上。

4. 如何改变网页显示时最顶部的提示信息

浏览网页时，顶部的提示信息往往是网页内容的关键所在，有助于访问者提前了解网页内容。在 DW4 前，没有在功能上直接提供该操作，往往需要通过在源代码中应用“title”属性来完成。进入 DW4 就简单多了，直接在编辑窗口最上方的“title”输入框内键入所需要的文字信息即可。

5. 如何为图片添加指定颜色的边框

若将没有边框的图片直接插入到网页中，显示效果是相当差的。在微软的 FP 中要给图

片添加满意的边框还是相当麻烦的，不过在 DW 中就显得容易多了，因为这里有一个“Border”属性，可以直接设置边框的宽度。

宽度设好了，就需要设置颜色。可以用鼠标选择图片对象，注意不是单击选中，而是拖动选择，像设定文字颜色一样设置即可。

6. 如何添加图片及链接文字的提示信息

在浏览网页时，当鼠标停留在图片对象或链接上时，在鼠标的右下有时会出现一个提示信息框，对目标进行一定的注释说明。在一些场合，它的作用是很重要的。

图片提示信息的添加：选中图片对象，在属性面板里会发现有个“Alt”输入框（默认情况下，该输入框是空白的），在其中录入需要的提示内容即可。

链接提示的制作：因为 DW 中没有直接提供该功能，因此需要通过添加 HTML 代码来实现，在 <a href = "" >中添加“title”属性，其中 title = 提示内容即可。

7. 如何把自己的 ZIP 或其他类型的文件供别人下载

在不少初级网页制作者看来，好像通过鼠标单击完成下载是件很“神秘”的事，实际上并非如此。在 DW 中凡是不被浏览器识别的格式文件作为链接目标时，默认的操作都是下载。

这时只需要把浏览者要下载的文件名写好，然后制作一个到目标文件的链接即可，注意目录一定不要搞错。

8. 怎样才能保证网页中文字不跟随浏览器字体大小的设置而变动

在 IE 浏览器的功能设置中，有一个可以自由设置窗口内容字体大小的功能，因此由于不同访问者的习惯，呈现在他们面前的网页也会不同。

如可能本来设计时用的是 2 号字体，结果由于用户对浏览器的额外设定，变得更大，这时显示效果就会出现问题。

解决的办法就是将网页内容强制性地规定在某个合适的大小上，即不容许它变化。通过 CSS 样式表对字体进行强制性控制就可以实现这个要求。

9. 以新窗口的形式打开目标链接

以新窗口打开，顾名思义，就是在不覆盖当前窗口的前提下，另外打开一个浏览器窗口。在链接代码 <a href = "" >中加入“Target = _blank”，即可。

如果 HTML 比较差的话，在 DW 属性面板上同样提供了这个设置，当在 Link 输入框中键入 WWW 网址时，后面的 Target 下拉框同时也被激活，选择最上的“blank”即可。

10. 如何让网页载入时弹出一个广告窗口

这在不少大型商业网站中经常见到，在 DW 中可以轻松通过 Behavior 行为实现。

既然是载入时弹出，可以把整个网页内容视为事件对象。在 DW 编辑窗口中单击左下角的“<body>”标签，这时全部网页内容被选中。

单击“快速启动板”中的“Behavior”按钮，进入行为面板，选择“Open Browse Window”项，这时还可以对窗口样式进行自定义，如大小、工具按钮的保留等。另外，还有一点就是别忘了对应的事件是“Onload”。

11. 快速启动板中没有“Timelines”怎么办

DW 升级到 4 版本后，在快速启动板中增添了几个新的项目，如 Assets 等。这时原来在上面的 Timelines（时间线）按钮就被挤了下去。

当然如果急于现在就使用它的话，仍然可以通过菜单“Windows/Timelines”找到，不过毕竟不如放在启动板中方便，这时能通过设置把它添加进来。

通过“Edit/Preference”进入窗口，在左边的项目列表中选择“panels”（面板），单击上面的“+”号按钮，从下拉列表中选择“Timelines”，这时时间线已经自动添加到当前的“Show in Launcher”列表内容里。

同时，还可以根据自己的需要自由选择面板中出现的按钮选项，以提高工作效率。

12. 制作一个网页让它可以每隔 5 分钟自动刷新一次

上网浏览时，经常会遇到一些网页隔一段时间没有响应时，会自动刷新一次。这除了可以达到提醒访问者的目的外，当新的刷新地址不是当前 URL 时，还能实现自动跳转的功能。

无论是重复刷新，还是自动跳转，在网页设计中，都是相当实用的操作。下面介绍它们的制作方法。

选择 DW“Object”面板的“Head”部分，注意默认情况下，显示的是 Common 的“内容”。单击上面的“Refresh”按钮，其中“Delay”输入框中键入刷新延迟的时间（单位为秒），“Action”为刷新指定的目标 URL。因为现在是刷新当前页面，直接选单选项“Refresh This Document”即可。

13. 如何定义网页的关键字

当用户使用搜索引擎搜索网页时，关键字起着不容忽视的作用。大多数的搜索服务器会每隔一段时间自动探测网络中是否有新网页产生，并把它们按关键字进行记录，以便用户查询。

如果想让网页出现在搜索引擎的查询返回列表中，关键字的定义就尤为重要了。

同样在“Head”面板部分，单击“Keywords”按钮，录入需要逐个定义的关键字即可，注意关键字间以“;”号隔开，数目没有限制。

14. 如何在编辑窗口中隐藏一些不必要的标签

当用户在网页中插入太多的不可见元素时，在编辑窗口的最上面就会显示一排相应的标示标签，用来方便用户随时能找到它们。虽然这些标签本身并不影响浏览器的显示效果，但多了以后，往往会使网页内容不得不错位，从而在一定程度上妨碍网页的调整，那么怎样才能把这些东西去掉呢?

进入“Preperence”面板，在列表中选择“Invisible Elements”，勾掉不想显示的项目前的“对号”即可，如 Scripts 等。

15. 如何安排不支持“框架”的浏览器的显示内容

目前的浏览器类型很多，因此设计网页时最先考虑到的往往是“这个东西是不是在不同的浏览器中都能显示好呢?”框架就是一个例子。

不过避开这点不谈，只需要在源代码中加入下面的内容即可。

```
<body> <noframes> --- 本网页中包含有框架结构,如果您不能正常显示的话,请下载新的浏览器版本或更换主流浏览器 --- </noframes> </body>
```

16. 如何避免别人把你的网页放在框架中

一些居心不良的人，经常窃取别人的劳动成果，如把别人精心制作的网页以子页的形式放到自己的框架中。

那么应该如何避免自己的网页内容被“盗用”呢？

只需要在网页源代码的 <head> 和 </head> 之间加入以下代码内容：

```
<script language = "javascript" > <! --
if (self! = top) {top. location = self. location;}
-- > < /script >
```

17. 怎样加入注释内容

注释内容，顾名思义，只是作为说明内容出现，因此在浏览时不会出现在网页中。它的作用是对某些重要或复杂代码进行必要的标示，以便更快捷地被找到。

进入“Object”面板的“Invisible”部分（即不可见元素），选择插入“Comment”按钮，在“Comment”中键入必要的信息。这时如果返回到源代码中，会看到这些操作添加的不过是下面格式的一段代码：

```
<! --这是需要填写的注释内容 -- >
```

18. 为什么水平线不能设置颜色

在 DW 中，当通过菜单“Insert/Horizonal Rule”插入水平线时，在属性面板中并没有提供关于水平线颜色的设置，因为最早 NC 中不支持标签 <hr>（水平线的 HTML 代码）的 color 属性，所以 DW 也没有关于它的设置。

如果需要的话，只能直接进入源文件进行更改：

```
<hr color = "对应颜色的代码" >
```

19. 如何设置可以关闭当前窗口的功能

这里可以先输入用来标示的文字“关闭窗口”，用鼠标拖动选中它，在“Link”输入框中键入“/”，同时切入源代码窗口，在链接代码中键入该事件：

```
- onclick = "javascript:window. close( ); return false;" 。
```

完整的代码如下：

```
< a href = "/" onclick = "javascript:window. close( ); return false;" >关闭窗口 < /a >
```

当然也可以将文字“关闭窗口”换成其他的对象，如图片、按钮等。

20. 如何定时自动关闭窗口

上面提到了关闭窗口的功能，那么现在的自动关闭又是怎样实现的呢？

在源代码 <body> 后加入下面的代码：

```
< script LANGUAGE = "javascript" > <! --
```

```
set Timeout("window.close();", 10000);
--> </script>
```

其中的 set Timeout 是一个用来设定延迟时间的函数，这里 10000 表示 10 秒钟。

21. 如何更改浏览器中鼠标的“形状”

一般情况下，鼠标在浏览器中以“箭头”的样式出现，那么能不能把它更改为自己喜欢的其他样式类型呢?

改变鼠标形状在 DW 中是通过“CSS 样式表”来实现的。

选择菜单“文字/CSS 样式表/Edit style sheet”，弹出样式表的编辑窗口，也可以单击快速启动板中的“CSS style”按钮，单击“New”按钮，选择默认的“Make custom style”，同时在下面的 Define 中使该样式只应用到当前网页文档。在“样式定义”窗口的左边列表项中选择“Extensing”(扩展项)，相应右边设置在“Cursor”(鼠标)中，下拉选择合适的形状即可，确定后返回，按 F12 键在浏览器中观察效果，不满意的话，还可以对样式进行修改。

22. 如何去除链接文字下面的下划线

在完成链接制作后，链接文字内容往往会自动在下面添加一条下划线，用来表示该内容包含超级链接。但当一个网页中链接比较多时，就会显得有些杂乱，其实可以很方便地把它去掉。同样进入“Edit style sheet”窗口，单击“New”按钮确立新样式，这里的 Type（类型）中，需要选择的是“Redefine HTML Tag”，同时在具体的标记 Tag 中选中代表超级链接的“a”，单击“OK”按钮。

编辑该样式，左边列表中选“Type”，勾选“Decoration”（修饰）中的“None”复选框，这时所有网页中的链接文字下划线都被去除。

23. 怎样让鼠标在链接文字上方“悬停”时，产生变色、变形等效果

访问网站时，遇到的最平常的一种效果就是“鼠标悬停响应”，所谓的“鼠标悬停响应”表现在链接文字上，就包括改变颜色、修饰效果（下划线、中划线）等多种选择。

由于这种效果很好地起到了对目标内容的强调作用，因此无论是个人网站还是一些大的商业网站（如新浪、搜狐、网易等）都有应用。

在上个问题中，已经知道去除链接下划线的方法，这里不再赘述。下面的问题是如何添加鼠标响应事件。

同样进入“Edit style sheet”窗口，单击“New”按钮确立新样式，不同的是现在的 Type（类型）中选择最后一项“Use CSS selector”，“Selector”选单中选择“a：hover”，单击“OK”按钮，进入编辑样式窗口，设定“Type”项中的文字颜色为“红色”，当然还可以添加鼠标悬停时出现下划线的效果。

24. 如何让网页的背景图片不跟随内容滚动

背景图片是很多网页设计者经常添加的东西，当网页内容超出一屏时，拉动滚动条背景图片会与内容相对静止地一起滚动，那么能否锁定背景不跟随滚动呢？当然可以，进入“Edit style sheet”窗口，单击“New”按钮确立新样式，在“Type”中选择“Redefine HTML Tag”，同时“Tag”选单中选择中“Body”，在左边列表中选择“Background”，设定“Attachment”（附件）为“fixed”。其中 scroll 代表默认使用的滚动显示。

25. 如何添加背景音乐

在微软的网页工具 Frontpage 中，有关于背景音乐的设置功能，但是 DW 显然没有作到这点，因此要使用的话，只能在源代码中手动添加。

在使用前，提醒大家一点，使用背景音乐一定要注意网页文件的大小，不能顾此失彼。代码如下：

```
< embed src = "music. mid" autostart = "true" loop = "2" width = "80" height = "30" >
```

其中，src 指定音乐文件的位置，autostart 为音乐文件上传后的动作，true 表示自动开始播放，false 表示不播放（默认值）。

26. 如何自动加入网页更改后的日期

只需要在源文件 <body> 和 </body> 之间添加如下代码：

```
< Script Language = "javascript" > <! --
document. write( "Last Updated:" + document. lastModified) ;
-- > < /Script >
```

在浏览器中的显示样式如下：

"Last Updated:2001/8/19"

27. 怎样控制弹出 POPUP 信息

有时，当点击链接时，会出现一些着重性说明的提示信息，也就是弹出信息。如当某个链接还没有完成目标内容页的制作时，就可以应用 POPUP 信息解释一下。

在网页中合适的位置输入链接文字并选中，在属性面板中制作链接。在仍保持选中状态的前提下，单击快速启动板中的"Behavior"按钮，单击左上的"+"号，从列表中选中"Popun message"，在随后的窗口中输入需要提示的信息，设定该动作的鼠标事件（Events）为单击（onclick）。

28. 如何隐藏浏览器中状态栏的 URL 地址信息

浏览网页，当鼠标停留在链接上方时，下面的状态栏中会自动显示该链接的目标地址，考虑到安全方面的问题，有时需要把它重置为"零"，即设为空白。

现在只需要在链接代码中作些改动就可以实现了：

```
< a href = http: //tech. 163. com/school onMouseOver = "window. status = 'none';return true" >网易学院
< /a >
```

29. 如何改变状态栏里的提示文字

默认情况下，当网页被载入时，在状态栏里将显示该网页的地址等信息。

在 DW"Behavior"行为板中，单击"+"号选择"Set Text Set"下的"Text Of Status Bar"选项，在"Set Text of Status Bar"窗口中输入类似"欢迎你光临本网站——网管留言"等信息。

30. 如何建立电子邮件的表单处理方式

表单应该是网页交互功能中必不可少的元素，表单的功能缘于信息的交互，因此表单的处理往往涉及网络高级编程语言的使用。其实对于一些简单的表单内容处理，靠电子邮件也可以实现。

先看下面的代码：

```
<form name="content" method="post" action="需要使用的处理程序" ></form>
```

上面是一个典型的表单的 HTML 源代码，其中 method 决定采用方式，包括 post 和 get 两种；action 也就是上面说的处理程序，一般可通过 ASP/PHP/CGI 实现。

那么用电子邮件怎么实现呢？代码样式如下：

```
action = mailto: XXX@163. com
```

这样当单击“提交”按钮后，就会弹出一个提示窗口，单击“确定”按钮表单内容会发送到指定的邮箱中。

31. 怎样制作规范的电子邮件链接

所谓的“电子邮件链接”，即当单击它时，浏览器会自动调用默认使用的邮件客户端程序发送电子邮件。

输入“有问题 MAIL ME”字样，拖拉鼠标选中，切换到属性面板，在 link 输入框中键入如下命令：

```
Mailto: XXX@163. com? Subject=网友来信&bc=其他电子邮件地址&bcc=其他电子邮件地址。
```

其中，Mailto 为邮件链接的协议，Subject 为邮件的标题，bc 为同时抄送的邮件地址，bcc 代表暗送。

32. 如何制作“空链接”

空链接也就是没有链接对象的链接，在空链接中，目标 URL 是用“#”来表示的。也就是说，制作链接时只要在属性面板的 link 输入框中键入“#”标记，它就是一个空链接。

空链接的出现涉及多方面的因素，如一些没有定期完成的页面，为了保持页面显示上的一致（链接样式与普通文字样式不同），就可以使用它。

33. 单击空链接时，页面往往重置到页首端，如何处理

在浏览器里，当单击空链接时，它会自动将当前页面重置到首端，从而影响用户正常阅读内容，因此希望它能保持不动。

这时，用代码“javascript：void（null）”代替原来的“#”标记，这个问题即可解决。

34. 如何定制可自由在页面内跳转的链接

如果经常在网上订阅一些免费的电子杂志，一定对这种“标签链接”不陌生，通过一个类似目录的列表，可以方便地跳转到页面内的任何部分。无疑，它是专门为“超长内容”网页设计的。

首先，确定链接指向的位置，即屏幕跳转后停留的位置。进入“Object”面板的“Invisibles”部分，选中目标文本，单击“Insert Named Anchor”按钮，在“Anchor Name”中键入标签名称，单击“OK”按钮，这时在文本下面会自动出现红色虚线以区别普通的文本内容，注意它们在浏览器中不会出现。

然后就可以制作链接，在属性面板的 link 输入框键入“#nchor Name（刚才的名字）”。当然如果想指向另外一页中的某个位置，也是可以的，把这个小尾巴放过去就行了。

35. 如何同时在一个图片上作很多个链接

这个问题也就是平常说的“图片热点”（Image HOT），当然在 DW 里还有另外一个名字，叫“图像热区域”。

选中图片，这时在属性面板左下的位置，有一个“Map”工具栏，其右边是三个用来圈定不同区域的按钮，以其中的矩形工具为例，选中后，鼠标停留在图片上会以“+”号的形状显示出来，代表可以左右拖拉，完成后可以依次完成多个热点区域的链接制作。注意各区域不可重叠。

36. 怎样制作可以响应鼠标事件的翻转图片

在许多网页中，经常会看到一些栏目标题，当鼠标滑过时，能变成另外的样子。其实它们中很多是通过两张不同的图片来实现的，也就是所谓的“翻转图片”效果。

想达到这种效果，首先要提前准备两张大小完全一样的图片，以确保翻转时不会有视觉上的不适，单击“Object”面板上的“Rollover Image”，弹出“翻转图片设置”窗口，分别单击“Browse”按钮确定“Original image”和“Rollover image”的地址，注意一定要选中下面的“Preload Rollover image”复选框，否则在鼠标滑过的瞬间，会产生一定的下载延迟而影响效果。

37. 如何制作“漫天飞舞”的图片

在许多大型商业网站的首页中，经常会看到不少飘来飘去的广告图片，单击后可以链接到指定的地址，在 DW 中这点是通过 Timelines 来实现的。

首先在网页中插入目标图片，同时选中它，单击快速启动板中的“Timelines”按钮进入“时间线”窗口，在时间轴 1frame 的位置单击鼠标右键，选择“Add Object”，这时时间轴上会出现一个蓝色色条（默认 1～15frame），将镜头停在 15frame 处，同时移动页面内图片到运动的终点位置。

现在一个简单的运动动画已经完成，可以通过在中间添加 keyframe 的方法调整路径的曲折度，单击上方的右箭头按钮预览效果。

38. 怎样制作在页面中“静态悬浮”的图片

所谓的“静态悬浮”，也就是图片总是试图停留在网页中的某个位置，因此在视觉上有种跟着页面“走”的感觉，像悬浮着一样。

该效果是通过 JavaScript 实现的，一般要求有一定的编程能力。好在 DW 提供了制作该效果的固定插件，因此就显得简单多了。

首先必须先下载 stav 插件，将里面的两个文件（其中包括图片文件 Cross Browser Static Division. gif 和网页文件 Cross Browser Static Division. htm）都拷贝到 DW 安装目录 Configuration \ Objects \ Common 下。

重新启动 DW，在“Object”面板中，会看到最底部已经多了 SI 项，单击它，在弹出的窗口中设定浮动层到上边和左边的距离，然后在图层中插入指定的内容（这里为图片）即可。

39. 如何使文字和图片内容共处

在 DW 中，图片对象往往独占一行，那么文字内容只能在与其平行的一行的位置上，怎样才可以让文字围绕着图片显示呢?

选中图片，在属性面板的右上方有一个“Align”的属性选单，选择“Left”，这时会发现文字已经均匀地排列在图片的右边。

40. 实现多个窗口的链接

面板设计一直是 DW 的一大特色，到了 DW4 版本，提供的面板已经相当多了，那么如何才能更高效地利用它呢?“窗口链接”就是一种方便大家自定义的技术功能，简单来说，就是可以根据需要将两个或更多个面板放到一个窗口中。鼠标单击拖动一个面板的 Tab 栏到另一个面板上，当看到一个黑色边框时，松开鼠标，这时两个面板就合二为一了。

41. 如何制作一条宽度为 1 的细线

在 DW 中，尽管水平线是以“Line”形式出现的，但在制作细线时，它表现的并不尽如人意，主要是过粗，没有需要的细腻感。此时可以采取变通的方法以表格的应用来实现。

在网页中插入一个 1 行 1 列的表格，将表格的“cellpadding”“cellspacing”都设置为 0，同时将单元格的“bgcolor”设定为红色，当然也可以使用其他的颜色来代替，“Height”设定高度为 1。

还有最关键的一步，查看源代码，将 < td > 和 </td > 中的“ ”去掉。

42. 如何制作一个边框为 1 的方格

很明显，现在还是要通过表格的设置来完成。即建立一个 1 行 1 列的表格，然后将它的“Border”值设为 1 即可。实际上，用这种方法制作的表格根本不是所说的边框为 1 的方格，而是要“粗”得多。

同样先插入一个 1 行 1 列的表格，将表格的“border”“cellpadding”设置为 0，“cellspacing”设置为 1，设定表格的“bgcolor”为红色（即为边框的颜色），同时设定单元格的“bgcolor”为白色（即同背景色）。

43. 怎样设置根据不同的浏览器返回不同的页面

浏览器不同，它所支持的技术和效果也不同，因而所设计的网页并不是在所有的浏览器中都能正常显示或最佳显示，这时判断浏览器的跳转就很必要了。

当用户用不同类型或版本的浏览器打开页面时，可以返回不同的页面，以保证用户的正常浏览。单击快速启动板中的“Behavior”按钮，单击“ + ”号，在下拉列表中选择“Check Browse”。

44. 如何在网页中建立可以随便拖动的对象

访问网站时，经常能见到不少可以用鼠标拖动的元素，其中以图片居多，如一张广告图片挡住了想浏览的内容，完全可以用鼠标选中它并把它拖到一边去。

制作这种效果是通过图层的“Drag Layer”行为实现的，单击“Behavior”面板中的“+”号，选择“Drag Layer”，当然之前必须保证目标图层处于选中状态，进行简单设置后即可。

| 第三十一节 | 设计表单的标签和输入区

有一些元素，看着很简单，设计起来却很烦琐。往往这样的元素都具有一个共同的特点——变化多，表单的设计就是如此。

古有大禹，三过家门而不入；今有用户，看到表单犯糊涂。难道大禹遇到的是这样的门?

表单，尤其是注册表单，就像一扇门，穿过它才能看到完整的产品。所以，千万别做这种门，自己费事不说，用户也不会买账。这个设计最糟糕之处，就在于它有悖常理。好的设计应当遵循自然规律，这样一来才会符合人们的预期，使用起来也转为顺畅。

表单中标签与输入区的 4 种对齐方式如下：

（1）标签垂直顶对齐；

（2）标签水平右对齐；

（3）标签水平左对齐；

（4）标签在输入区内部。

《Web Form Design》一书中对标签和输入区组合进行了一些研究，根据其整理的一份数据比较的表格见表 3－2。

表 3－2

	标签与输入区对齐方式			
	顶对齐	右对齐	左对齐	输入框内标签
从标签到输入区	50ms	240ms	500ms	—
填写速度	最快	快	慢	快
完成率	最高	高	一般	高
认知压力	小	大	最大	—
扫描路径	垂直单一	水平两列	水平两列	垂直单一
适用于表格	常规数据表单、注册表单	常规数据表单、注册表单	有陌生数据且需谨慎填写的高级设置	一两个输入框的简短表单

1. 标签垂直顶对齐

标签和输入区垂直依次排列，从而降低对页面宽度的要求。如果页面没有富裕的空间用于标签和输入区的横向排列，这种组合是不错的选择，如图 3－90 所示。

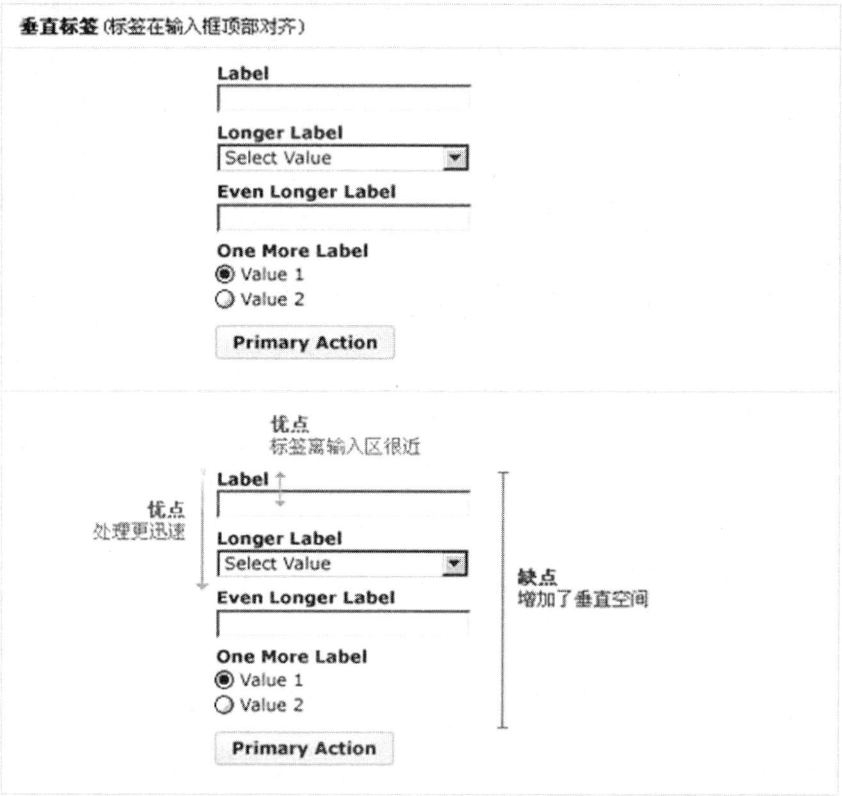

图 3－90

演动轨迹表明，用户自上而下扫描表单，焦点多集中在左侧一列，且跳动较小，如图3－91所示。

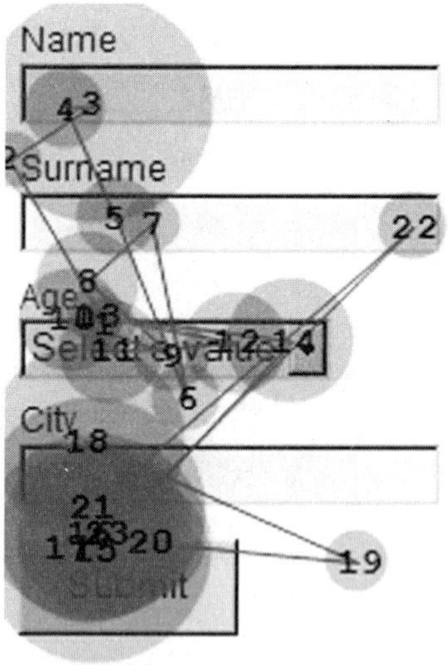

图 3－91

2．标签水平右对齐

标签和输入区水平排列，从而降低对页面高度的要求。但与标签垂直顶对齐相比，由于标签文字左侧参差不齐，对问题的认知和扫描时间会变得更长，如图 3－92 所示。

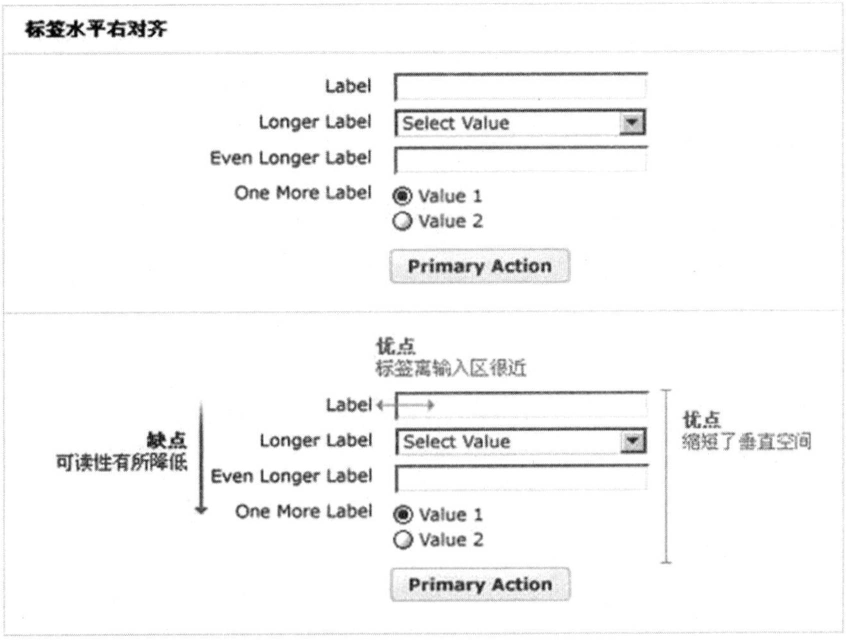

图 3－92

演动轨迹表明，用户花了更多时间在看问题上，输入框对他们来说很简单，如图 3－93 所示。

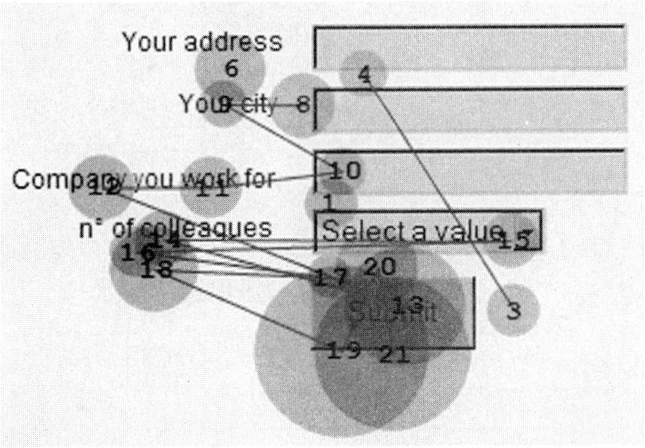

图 3－93

3．标签水平左对齐

标签和输入区水平排列，同样降低了对页面高度的要求。标签左对齐有利于用户对问题标签的扫描，但不利于填写答案，因为标签距离输入区较远，要重新定位到右侧输入框需要消耗一点时间，如图 3－94 所示。

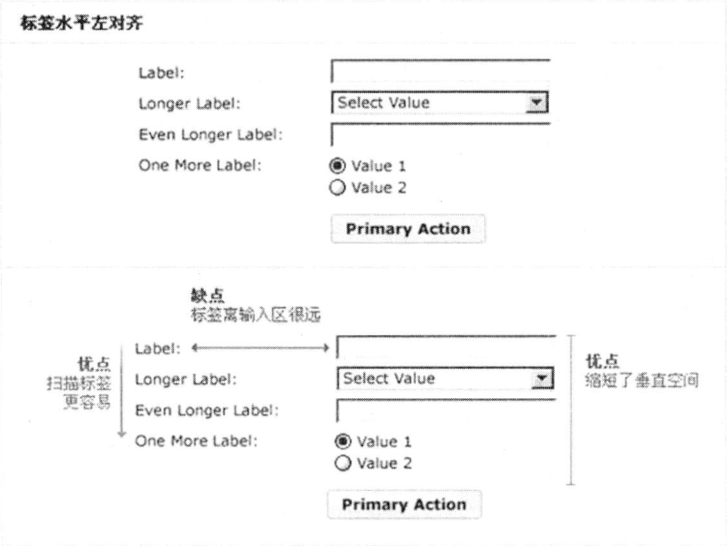

图 3－94

演动轨迹表明，用户花在定位输入区上的时间比看清标签更长，从而影响了整个表单的完成时间，如图 3－95 所示。

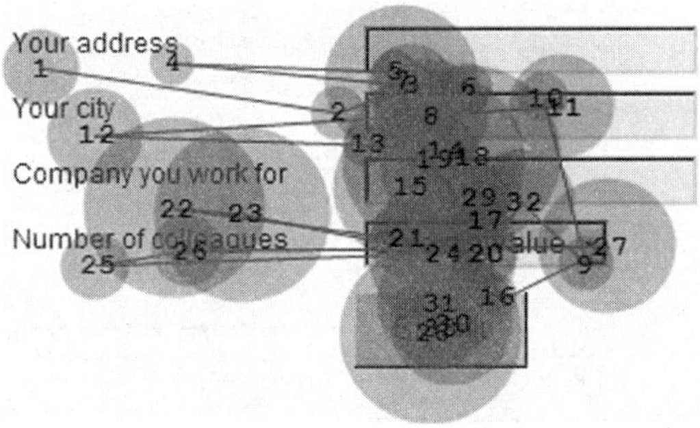

图 3－95

4. 标签在输入区内部

这种方式虽然具备垂直组合的优点，但仍应谨慎使用。当焦点移入输入区后，标签消失，看不到问题，可能会忘记要回答什么，不得不清掉输入好的字，把“问题”还原出来。这种组合比较适用于只有一两个输入框的简短表单，而且人们对它很熟悉，不用费力去记住标签提出的问题，如搜索框，如图 3－96 所示。

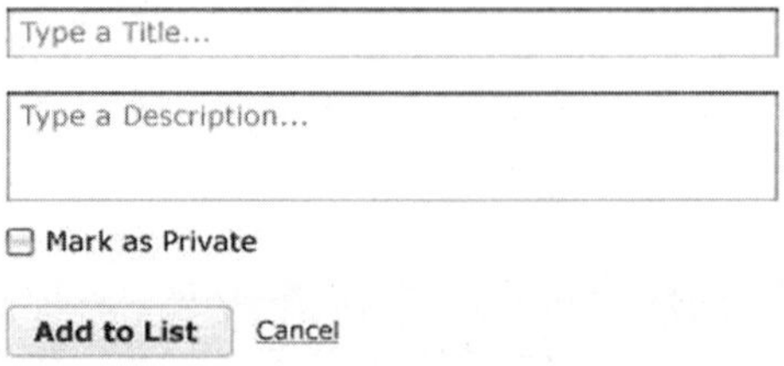

图 3－96

当真的选择用这种表单时，注意让标签和真实内容区分开来，一些约定俗成的做法是减淡标签字色，在后面打上“…”；下拉菜单则在默认选项两侧打上“ - ”，以示区别，如图 3 - 97 所示。

图 3 - 97

设计要有一条主线，贯穿于整个产品，别让人使用时感觉像是几个设计师设计的。认真思考一遍，就会有新一层的理解，这对工作有极大的帮助。

| 第三十二节 | 网页制作技巧：从切图到网页生成全攻略

现制作图 3 - 98 所示网页，并介绍相关制作技巧。

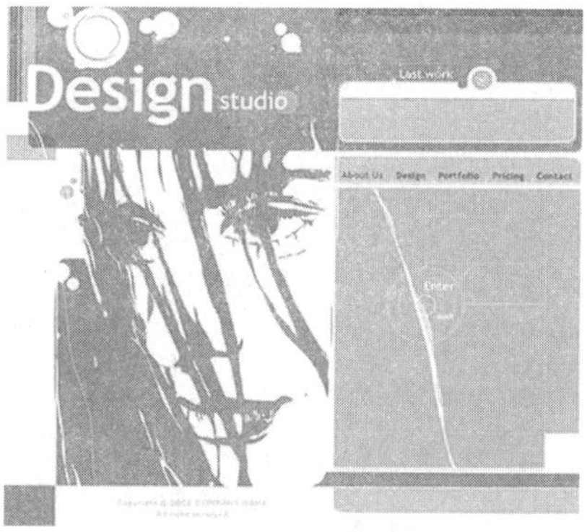

图 3 - 98

（1）选择工具面板上的 slice 切片工具，技巧是大面积的色块单独切成一块，尽可能保持在水平线上的整齐，切好的图如图 3 - 99 所示。

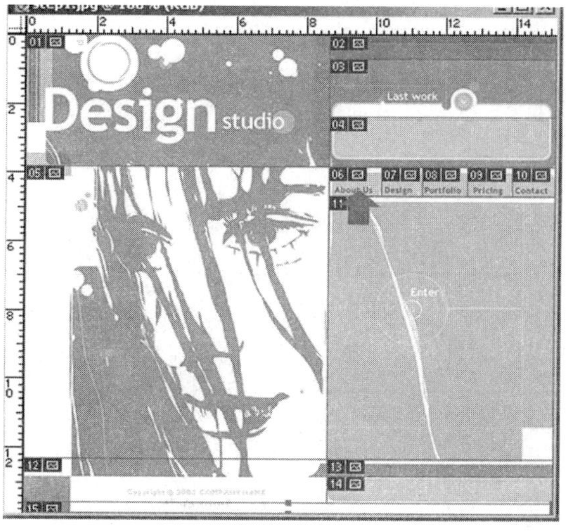

图 3 - 99

（2）在 PhotoShop 中选择 file-save for web…来输出，这里要注意一些参数的选择，如图 3－100 所示。

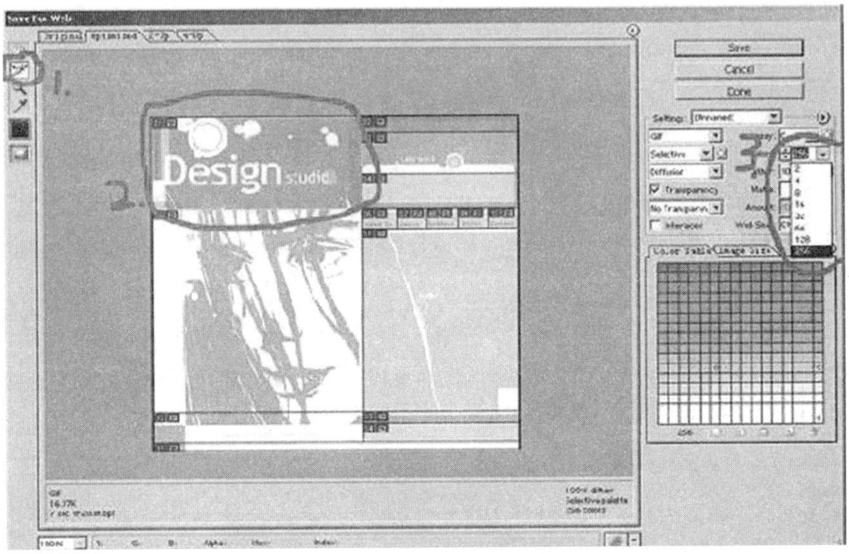

图 3－100

首先来看标识的 1，2，3 三部分，将 1 所示的切片工具选中，然后点选 2 所示的图片，在 3 所示的地方选择色值，如果色彩单一可以选择尽量小的色值位（这样会大大减小文件的大小，同时又能比较好地保持图片的色彩），设置好后点 OK 输出文件，这里的文件包括一个 htm 和 images 文件夹，如图 3－101 所示。

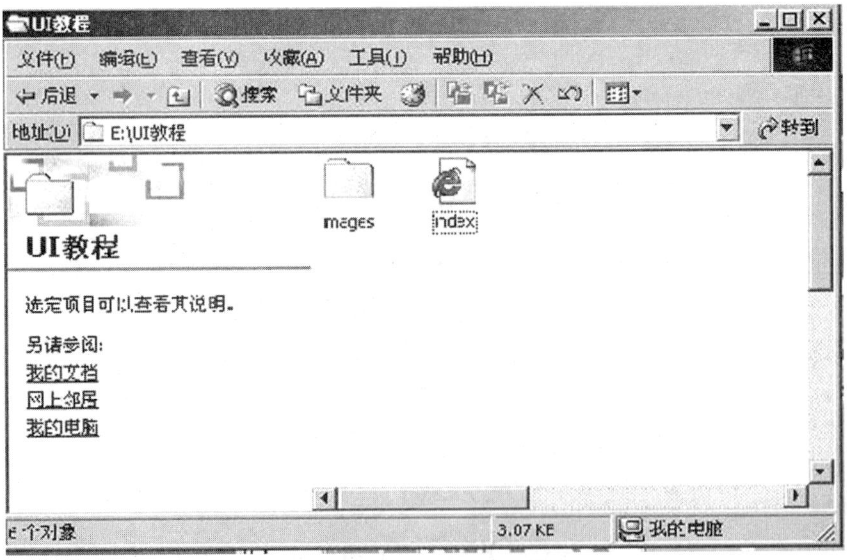

图 3－101

（3）至此页面才算完成了一半，接下来在 Dreamweaver 里建立站点。

在图 3 - 102 所示左边的“Site Name”中为站点起一个名字，如 example，然后在下面的“Local Root Folder”中选择刚才导出的站点所含的文件夹，站点建好后的效果如图 3 - 103 所示。

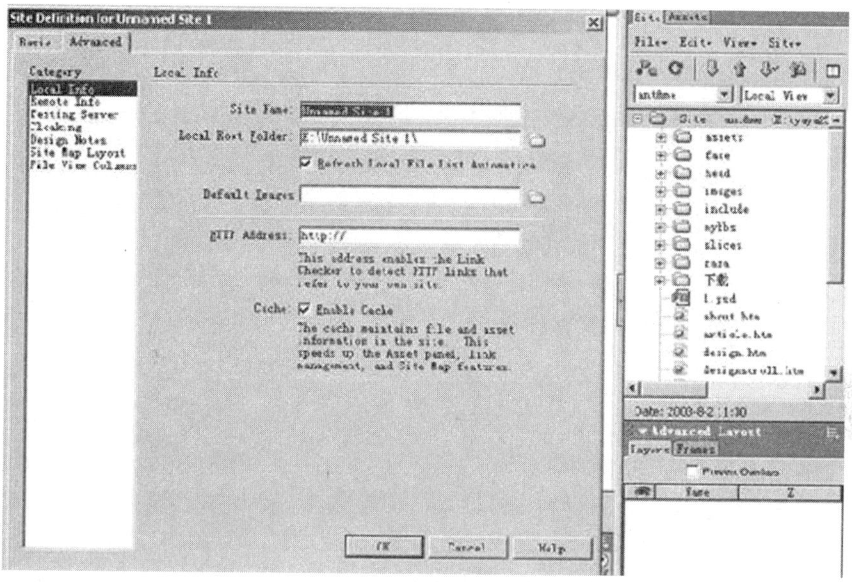

图 3 - 102

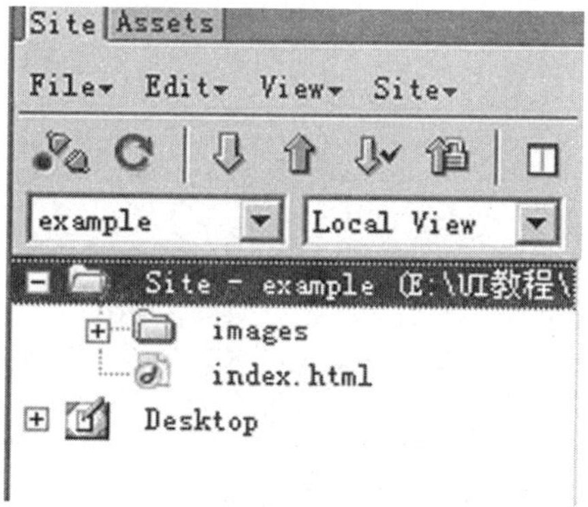

图 3 - 103

为什么要建立站点？建立站点可以养成一种很好的习惯，就是把一个网站所包含的文件、文件夹有条理地放在一起，同时很容易将这个站点移动到其他地方而不用对文件路径进行任何改写。

（4）重新制作页面表格，通常在 Photoshop 中直接导出的 HTML 文件不可以直接使用，因为有些地方在实际运用时要作调整，如有动态文字的地方，需要在页面中输入页而不是使用图片，那么就要把图片拿走，如果在直接生成的 HTML 中拿走不想要的图片再加上想要的东西，会发现页面将变得惨不忍睹，整个页面可能会完全乱套。

根据图 3 - 104 所示页面表格，在新的页面中建立一个 3 行 1 列的表格，如图 3 - 105 所示。

图 3 - 104

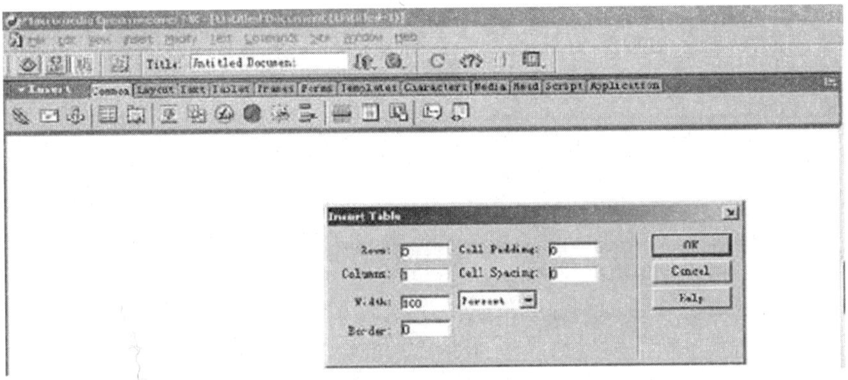

图 3 - 105

注意：把 cellpadding，cellspacing，border 三项值设为 0，因为图片中不希望看到空隙和错位；然后再在第一行中插入一个 3 行 2 列的表格，并合并左边 3 列的表格，如图 3 - 106 所示。

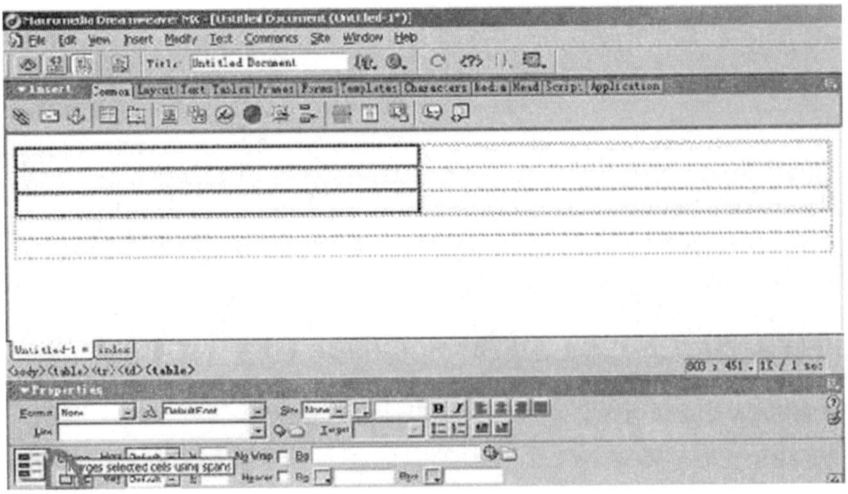

图 3 - 106

插入表格时，要注意对比原 HTML 文件中的内容，思考为什么这样做。

接下来在第二行中插入一个 2 行 2 列的表格，按上面的方法合并左边的表格，并在右边表格的第一行插入一个 1 行 5 列的表格，如图 3－107 所示。

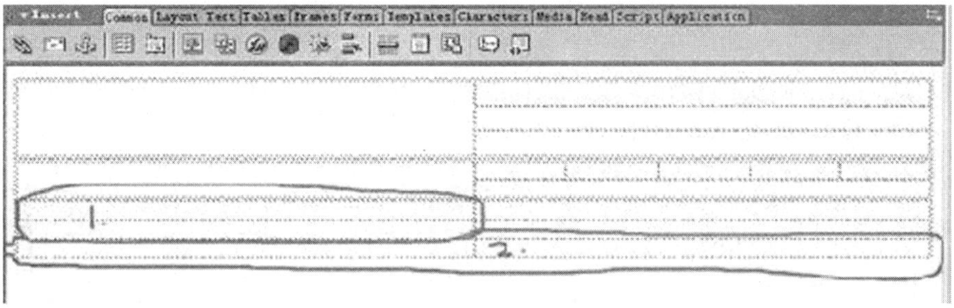

图 3－107

最后在下面一行插入一个 3 行 2 列的表格，并将图 3－108 所示中 1，2 行分别合并。

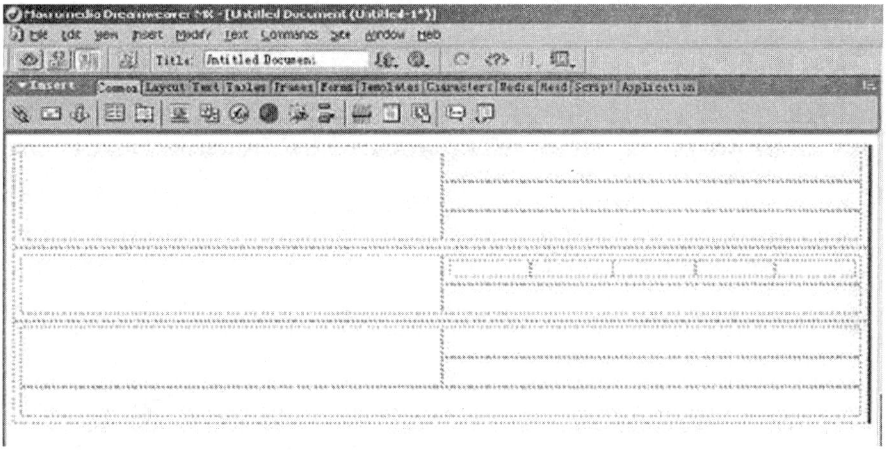

图 3－108

最后得到的页面应该如图 3－109 所示，现在的任务就是往表格里面加图片和内容。这里不再赘述，还要提醒大家注意的是在加图片和内容时，表格单元格的 align，valign 这两个属性非常重要，要不遗余力地运用它们来帮你做事。

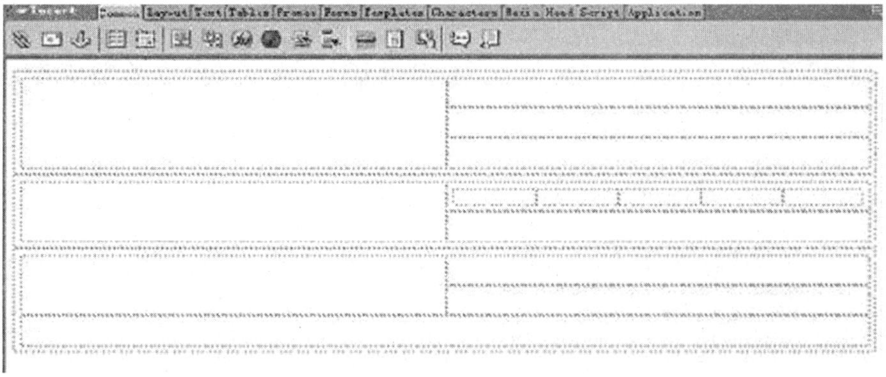

图 3－109

第三十三节　网页切图处理与技巧

网页切图是指经过切图后输出为 HTML 的页面。

网页切图处理主要是指处理输出后的 HTML 页面，经过 HTML 格式的编辑后，使其能够满足实际要求（如可以自由伸缩等）。

处理网页切图的工具有 Frontpage 或 Dreamweaver，一般来说建议使用 Dreamweaver。

网页切图处理过程一般如下。

（1）使用 Dreamweaver 软件打开输出后的 HTML 页面。

（2）去掉 HTML 中多余的图片（HTML 格式输出后，切片均变为图片）。

（3）将需要随页面大小自动伸缩的部分图片变为背景，并设置背景以某种方式自动延伸。

（4）某些部分可能不需要自动伸缩，但需要在这些部分上面显示文字，这时也要将这部分图片变为背景，只是背景不做任何方式的延伸。

（5）在前面说过“块”的概念，这个概念在网页切图处理过程中非常重要。

（6）切图软件在将切图以 HTML 格式输出成网页后，该网页的 HTML 代码结构一般不是所要的，因为里面有大量的 rowspan 和 colspan 结构，这极大地限制了网页的自由伸缩。解决办法：将整个页面放在一个表格中，其中每个块是一个子表格，然后在每个子表格里面再细分，甚至会出现子子子表格（复杂的页面有这种情况），然后将相应的图片放置到做的 table 结构中。

第三十四节　网页设计切图技巧

做网站必须先形成一个框架，即用笔在纸上勾画一下，那也免不了最后用作图工具 Photoshop 等处理。所以，最好用 Photoshop 作出效果图，然后切图。

1．原则

（1）图切的越小越好。

（2）图切的越少越好。

对于一整张图来说，同时达到这两个目标自然是矛盾的。所以，差不多一个网页切成 20 ~ 30个图，加载速度是不受影响的。

2．技巧

（1）一行一行的切。

（2）背景切成小条。

（3）不能分开的不分，选行的时候要注意怎么样合理。

（4）切的时候要放大，一次移动一个像素就非常明显，否则肯定不能达到原图与网页的一致。

第四章　Dreamweaver 标准布局实例

第一节　Dreamweaver 标准布局实例概述

1. XHTML CSS 基础知识

1）文档类型

当用 Dreamweaver 新建一个 HTML 格式文档时，查看源代码，会发现代码最上部有如下语句：

<! DOCTYPE html PUBLIC "-//W3C//DTD XHTML 1.0 Transitional//EN" "http://www.w3.org/TR/xhtml1/DTD/xhtml1-transitional.dtd">

此语句表明本文档是过渡类型，另外还有框架和严格类型，目前一般都采用过渡类型，因为浏览器对 XHTML 的解析比较宽松，允许使用 HTML4.01 中的标签，但必须符合 XHTML 的语法。许多朋友在制作网页时，往往喜欢把这句话删除，在这里建议大家一定要保留这句话，因为删除它可能会引起某些样式表失效或其他意想不到的问题。

2）语言编码

接下来还会发现这样一个语句：

<meta http-equiv="Content-Type" content="text/html; charset=gb2312" />

此语句是文档的语言编码，就像平时所说的汉语、英语一样。这里的 gb2312 告诉浏览器本文档采用简体中文编码；还有一种常用的编码是 UTF-8 编码，它是国际通用的编码。不管采用哪种编码，有一点要求一样，就是包含的 CSS 样式表和其他文件必须与本文档的编码一样，否则就会出现乱码。

3）HTML 标签

HTML 标签在页面中都必须结束。成对的标签以 </标签名> 结束，有些单一的标签在本身的结尾打上“/”来结束，这是 XHTML 代码编写的规范。

成对的标签：

```
<head> {...} </head>
<body> {...} </body>
<div> {...} </div>
<span> {...} </span>
<p> {...} </p>
.....
```

单一的标签：

```
<img src="" />
<br />
......
```

还需说明一点，按 XHTML 规范，标签必须用小写字母。

4）CSS 样式

加载 CSS 样式有以下四种：

（1）外部样式；

（2）内部样式；

（3）行内样式；

（4）导入样式。

```
<link href="layout.css" rel="stylesheet" type="text/css" />
```

这种形式是把 CSS 单独写到一个 CSS 文件内，然后在源代码中以 link 方式链接。它的好处是不但本页可以调用，其他页面也可以调用，是最常用的一种形式。

```
<style>
h2 { color:#f00;}
</style>
```

这种形式是内部样式表，它是以 <style> 和 </style> 开始和结尾的，写在源代码的 <head> 标签内。这种样式表只针对本页有效，不能作用于其他页面。

```
<p style="font-size:18px;">内部样式</p>
```

这种在标签内以 style 标记的样式为内部样式，内部样式只针对标签内的元素有效，因其没有和内容相分离，所以不建议使用。

```
@import url("/css/global.css");
```

这种形式是链接样式，它是以@ import url 标记所链接的外部样式表，一般常用在另一个样式表内部。如 layout.css 为主页所用样式，那么可以把全局都需要用的公共样式放到一个 global.css 文件中，然后在 layout.css 中以@ import url（"/css/global.css"）的形式链接全局样式，这样就使代码达到很好的重用性。

5）CSS 优先级

（1）id 优先级高于 class。

（2）后面的样式覆盖前面的样式。

（3）指定的高于继承的。

（4）行内样式高于内部或外部样式。

总结：单一的（id）高于共用的（class），有指定的用指定的，无指定的则继承离它最近的。

6）CSS 盒模型组成

CSS 盒模型是本节的重点。如果已经会使用表格布局的话，前面几个知识点就非常好理解和掌握。学习 Web 标准，首先要弄懂的就是这个盒模型，这是 Div 排版的核心所在。传统的表格排版是通过大小不一的表格和表格嵌套来定位排版网页内容，改用 CSS 排版后，就是通过由 CSS 定义的大小不一的盒子和盒子嵌套来编排网页。这种排版方式的网页代码简洁，表现和内容相分离，维护方便，能兼容更多的浏览器，如 PDA 设备也能正常浏览。

那么它为什么叫盒子呢？在网页设计中常用到的属性名：内容（content）、填充（padding）、边框（border）、边界（margin），CSS 盒子模式都具备这些属性。

可以把它想像成现实中上方开口的盒子，然后从正上往下俯视，边框相当于盒子的厚度，内容相当于盒子中装物体的空间，而填充相当于为防震而在盒子内填充的泡沫，边界相当于在这个盒子周围要留出一定的空间以方便取出，如图 4-1 所示。

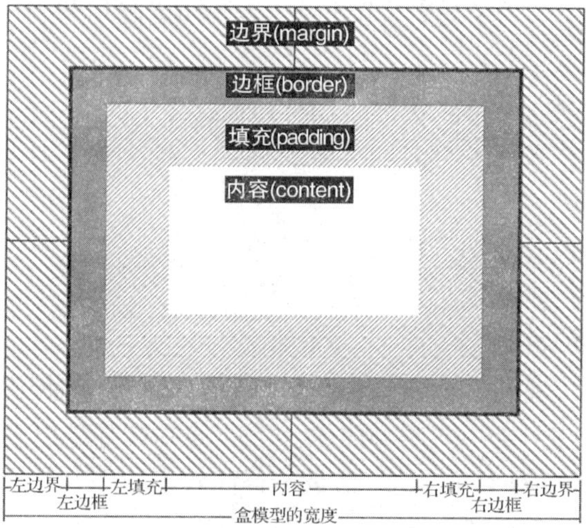

图 4-1

所以，整个盒模型在页面中所占的宽度是由左边界、左边框、左填充、内容、右填充、右边框、右边界组成的，而 CSS 样式中 weight 所定义的宽度仅仅是内容部分的宽度，这是许多朋友容易搞混的地方。

这里的边界也称为外边距、外补丁，填充也称为内边距、内补丁。

如果现在对 CSS 盒模型的理解还不够透彻，继续往下看，后面的章节都会应用到盒模型实例。

2. 如何开始学习 Web 标准

1）有 HTML 和 CSS 基础

学习本教程前，需要有一定的 HTML 和 CSS 基础，制作过网页，会用表格进行网页布局，这样学习起来才会很轻松。如果对这些还不了解，建议先学习这些知识，然后再来学习本教程。

2）转变观念

在以前制作网站时，总是习惯于先考虑外观、颜色、字体及布局等所有表现在页面上的内容。但外观并不是最重要的，相反最终用户在访问网页时的体验才是要优先考虑的。一个由 Div + CSS 布局且结构良好的页面可以通过 CSS 定义成任何外观，在任何网络设备上（包括手机、PDA 和计算机）上以任何外观表现出来，而且用 Div + CSS 布局构建的网页可以简化代码、加快显示速度。

所以，要想学好 Div + CSS，首先要转变观念，需要抛弃传统的表格（Table）布局方式，采用层（DIV）布局，并且使用层叠样式表（CSS）来实现页面的外观，以给网站浏览者更好的体验。

3）多动手、多动脑

在这里告诫大家，一定要多动手、多动脑，不要怕麻烦。另外，在学习完一节教程后，一定要自己做一遍实例，这样能更快掌握。

第二节　一列布局

下面开始学习《十天学会 WEB 标准（DIV + CSS）》中的一列布局，包含以下几种形式：

（1）一列固定宽度；

（2）一列固定宽度居中；

（3）一列自适应宽度；

（4）一列自适应宽度居中；

（5）一列二至多块布局。

前一节回顾了 XHTML 基础和 CSS 基础部分，下面正式开始使用网页制作软件——Adobe 公司出品的 Dreamweaver 来开始网页设计之旅。下面的 CSS 部分以可视化生成方式显示，不过建议大家能手写的尽量还是手写，这样有助于提高效率。

1. 一列固定宽度

对于一列固定宽度，首先要新建一个页面，如图 4－2 所示。

注意：这里的文档类型是过渡型，目前采用这种宽松验证方式。

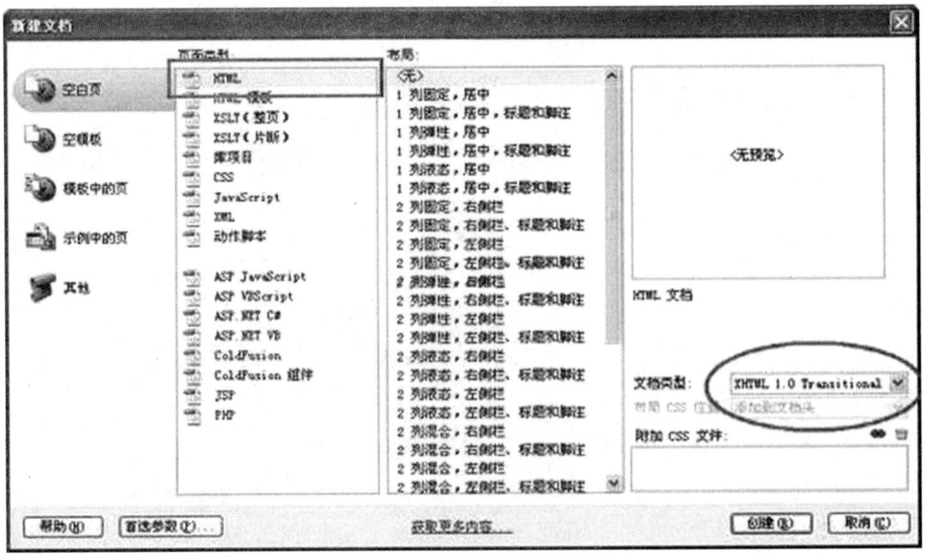

图 4－2

接下来在页面中插入一个 div 标签，可以单击工具栏的“插入 Div 标签”按钮，在打开的对话框中的“ID”项中给这个 div 命名“layout”(名称根据自己需要确定)，如图 4-3 所示。

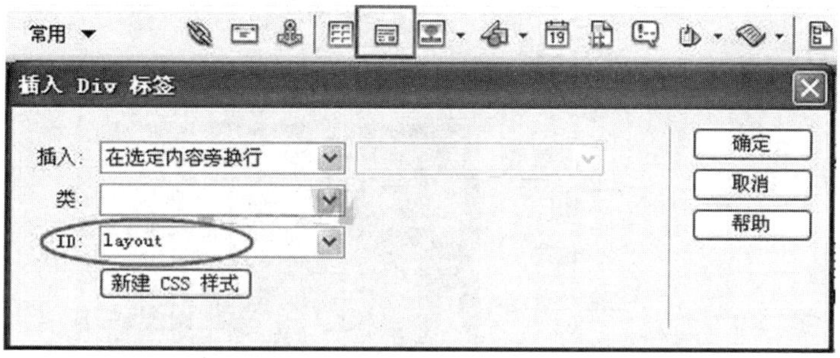

图 4-3

插入 Div 后，在右侧的 CSS 样式面板中，定义 id 为 layout 的样式（图 4-4），确定后在打开的 CSS 编辑对话框的方框选项中设计宽度为 400、高度为 300（图 4-5）。为了看清楚，为这个 Div 设置一个背景色，这样就能预览出大小和位置，如图 4-6 所示。

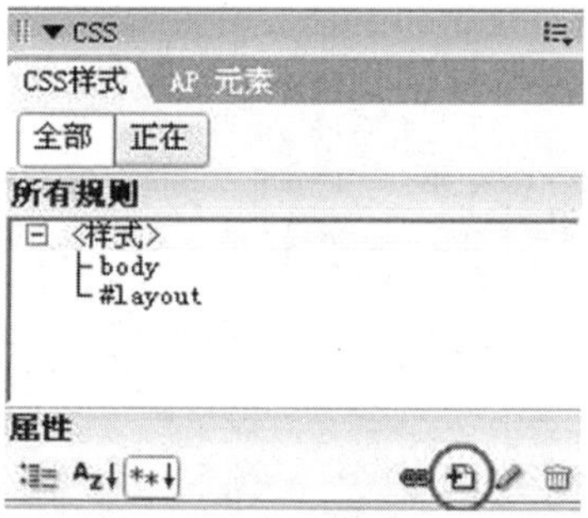

图 4-4

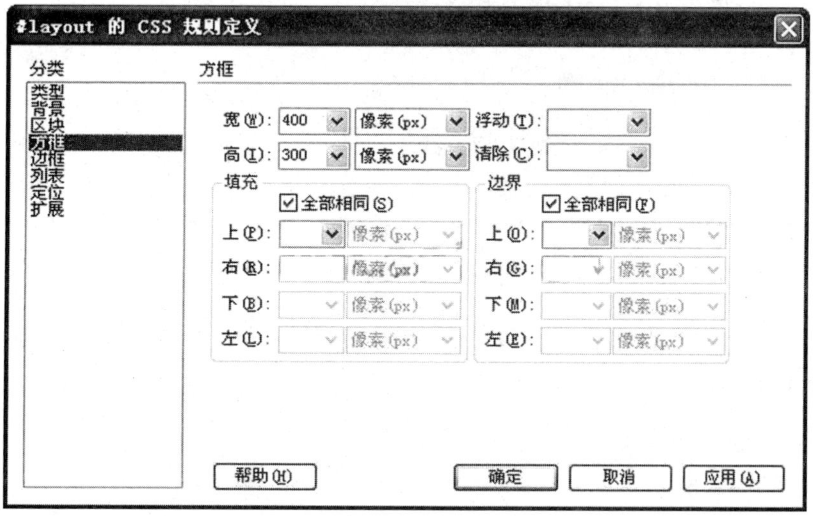

图 4-5

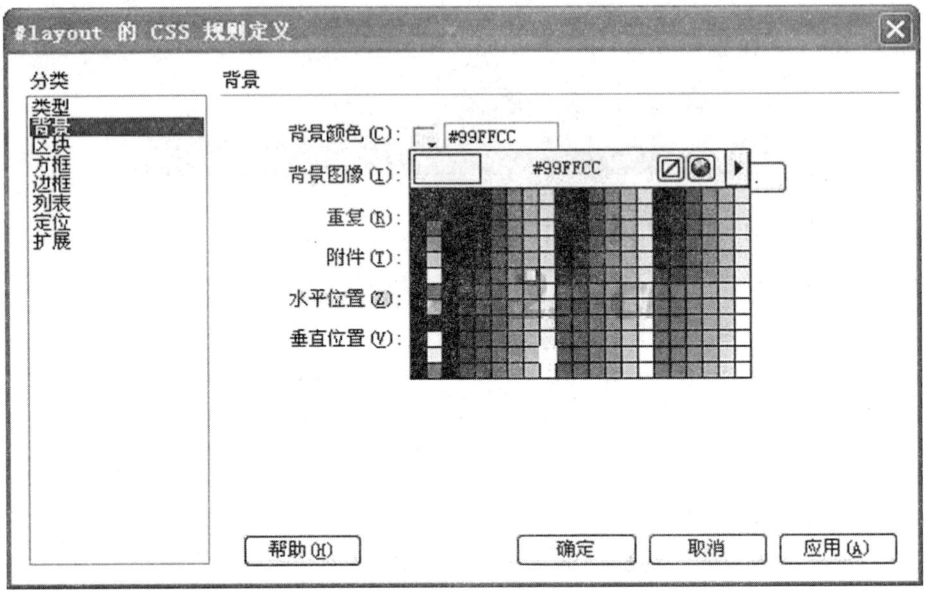

图 4－6

在“新建 CSS 规则”对话框（图 4－7）中“选择器类型”选择“高级”，然后在“选择器”文本框中填写“#layout”，如果是选中 Div 后，再单击添加，它会自动添加上。因为是定义 Div，所以前面需要加“#”，后面会有 id 和 class 的详细讲解。

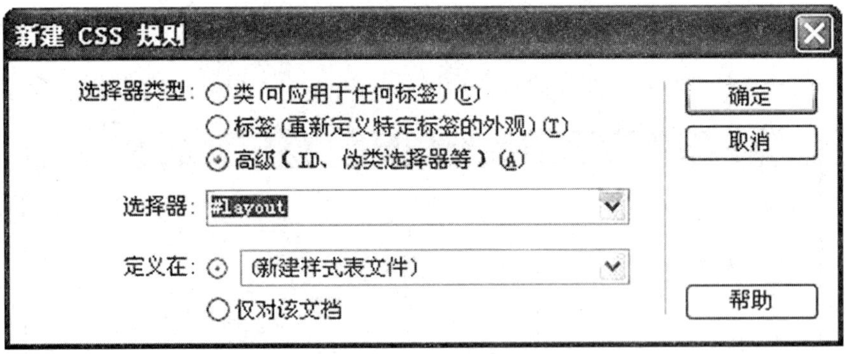

图 4－7

下面预览一下在 IE 浏览器中的显示效果，一列固定宽度就这样做成了，如图 4－8 和图 4－9 所示。CSS 代码及在 IE 中显示如下：

```
<style type = "text/css" >
#layout { height: 300px; width: 400px; background: #99ffcc; }
</style >
```

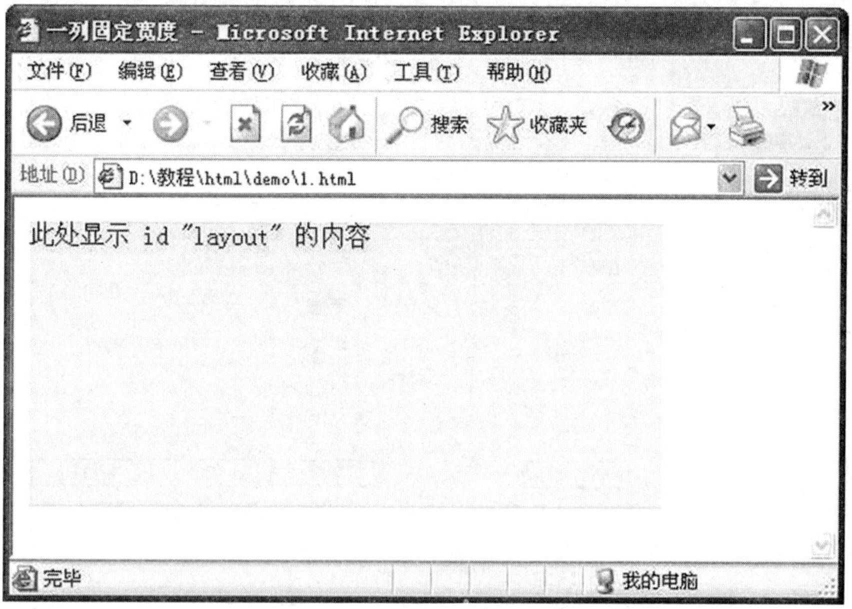

图 4－8

生成的源代码如下：

```
<! DOCTYPE html PUBLIC " -//W3C//DTD XHTML 1.0
Transitional//EN" "http://www.w3.org/TR/xhtml1/DTD/xhtml1-transitional.dtd" >
<html xmlns = "http://www.w3.org/1999/xhtml" >
<head >
<meta http-equiv = "Content-Type" content = "text/html; charset = gb2312" / >
<style type = "text/css" >
#layout { height: 300px; width: 400px; background: #99ffcc; }
</style >
</head >
<body >
<div id = "layout" >此处显示 id "layout" 的内容</div >
</body >
</html >
```

标准之路（www.aa25.cn）提示：可以先修改部分代码后再运行。

2. 一列固定宽度居中

一列固定宽度居中和一列固定宽度相比，要解决的问题就是居中。这里用到 CSS 的外边距属性：margin。在 IE6 及以上版本和标准的浏览器中，当设置一个盒模型的“margin：auto;”时，可以让这个盒模型居中。下面在 CSS 样式表中加上这个属性看看效果：

```
#layout { height: 300px; width: 400px; background: #99ffcc; margin: auto; }
```

在 Dreamweaver 的设计视图中选中，观察是否已经居中，再在 IE 下预览，均居中，如图 4－10 和图 4－11 所示。

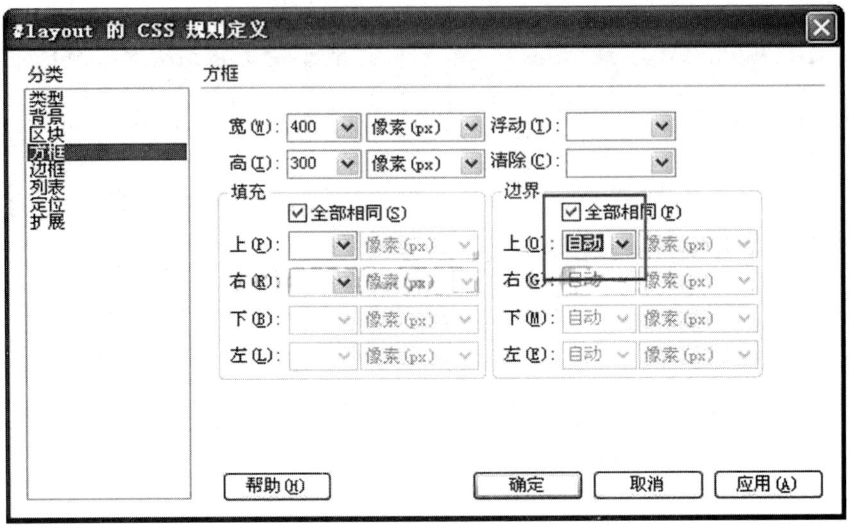

图 4－9

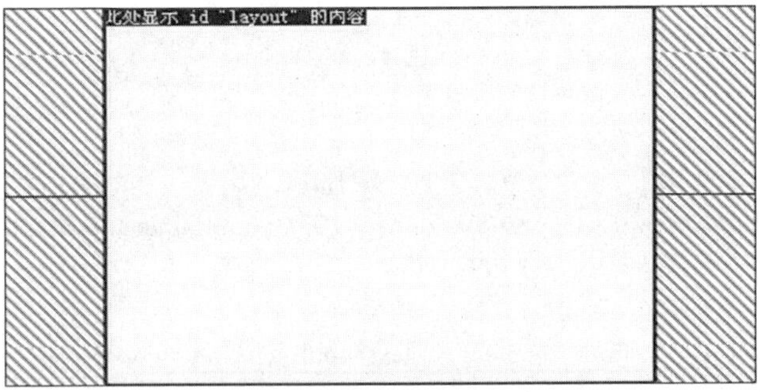

图 4－10

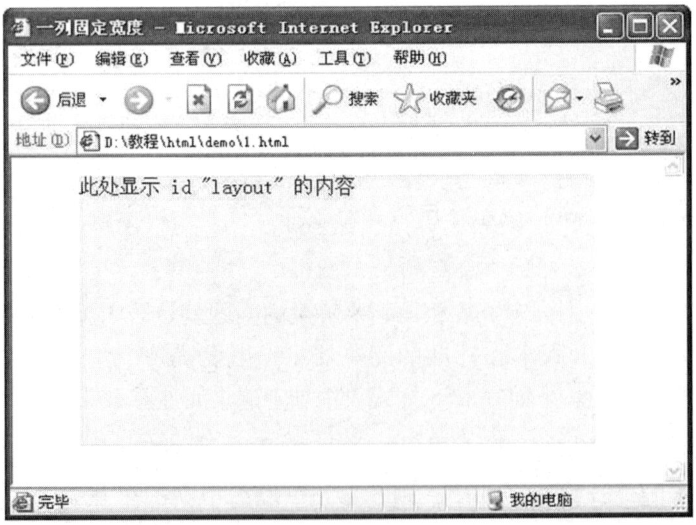

图 4－11

生成的源代码如下：

```
<! DOCTYPE html PUBLIC " -//W3C//DTD XHTML 1.0
Transitional//EN" "http://www.w3.org/TR/xhtml1/DTD/xhtml1-transitional.dtd" >
<html xmlns = "http://www.w3.org/1999/xhtml" >
<head >
<meta http-equiv = "Content-Type" content = "text/html; charset = gb2312" / >
<style type = "text/css" >
#layout { height: 300px; width: 400px; background: #99ffcc; margin:auto; } </style >
</head >
<body >
<div id = "layout" >此处显示 id "layout" 的内容 </div >
</body >
</html >
```

标准之路（www.aa25.cn）提示：可以先修改部分代码后再运行。

3. 一列自适应宽度

自适应宽度是相对于浏览器而言的，盒模型的宽度随着浏览器宽度的改变而改变，这时要用到宽度的百分比。当一个盒模型不设置宽度时，它默认是相对于浏览器显示的。下面把刚才的固定宽度例子中的宽度去掉看看，效果如图 4－12 所示。

```
#layout { height: 300px; background: #99ffcc; }
```

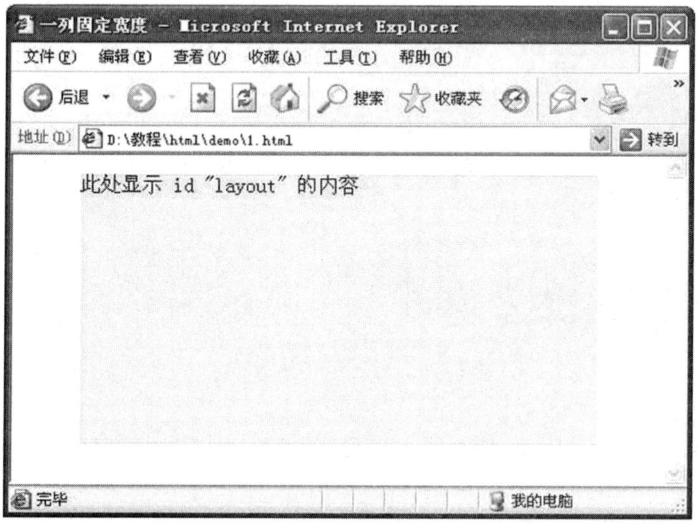

图 4－12

有些朋友可能要问，那为什么还有那么宽的白边呢？这是由 body 默认的外边距造成的。当不用任何样式表进行定义时，body，h1-h6，ul 等元素默认有外边距或其他样式。这里在 CSS 样式中增加一项 body {margin: 0;}，就可以把 body 默认的外边距去掉，这时再预览一下，白边就没有了，如图 4－13 和图 4－14 所示。

```
body { margin: 0px; }
#layout { height: 300px; background: #99ffcc; }
```

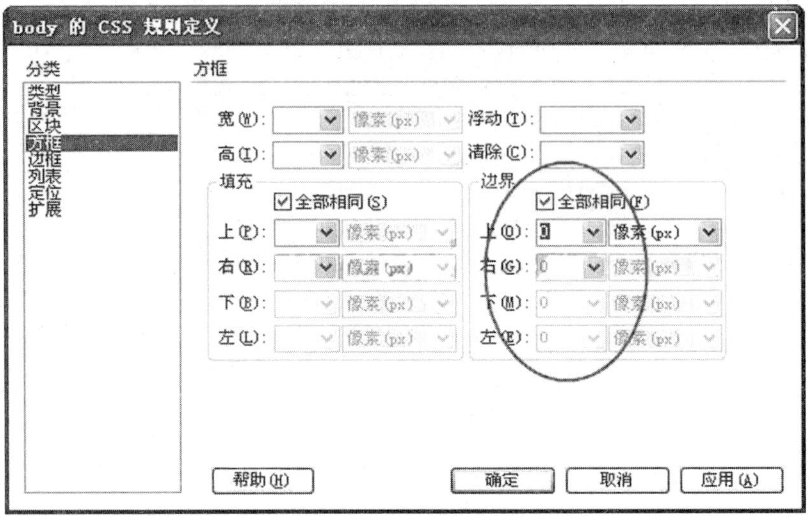

图 4－13

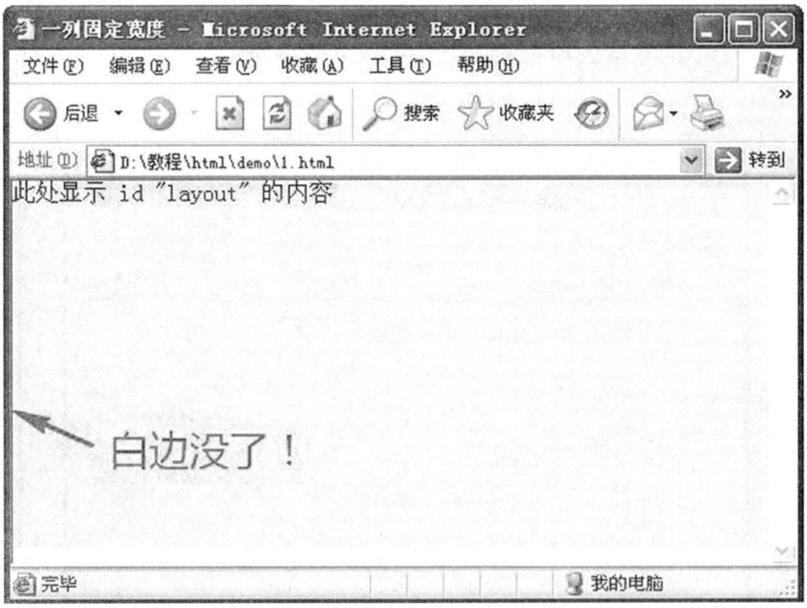

图 4－14

在图 4－15 中，“选择器类型”是初学者最容易迷糊的地方，“类”是指定义一个 class，可以多个对象引用；“标签”是指对默认的 HTML 标签进行重新定义，如可以定义 body {margin: 0;}，意思是将 body 的外边距设置为 0，h2 {color: #f00} 是将所有 h2 标签的文字颜色设置为红色；“高级”把 id 和伪类放到一块，是一个设置不合理的地方，在 CS4 版本中已经分开。id 是以#开始，只能作用于一个对象，不能作用于多个对象，优先级高于 class，这是 id 和 class 的区别；伪类会在后面详细讲解。

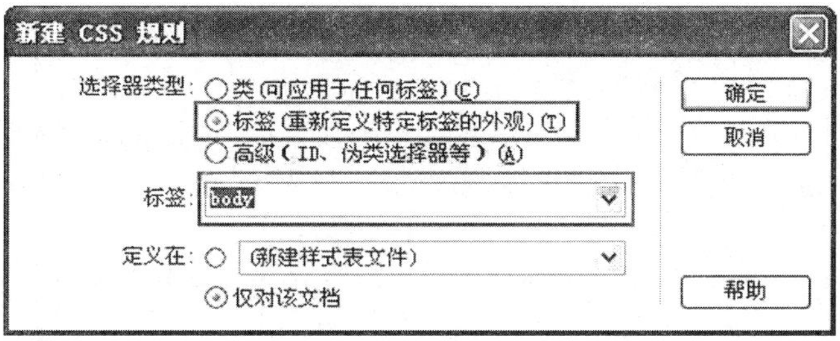

图 4－15

如果需要按浏览器的 80% 显示，那么设置宽度为 80%，当改变浏览器窗口大小时，盒模型的宽度也会跟着改变，如图 4－16 和图 4－17 所示。

图 4－16

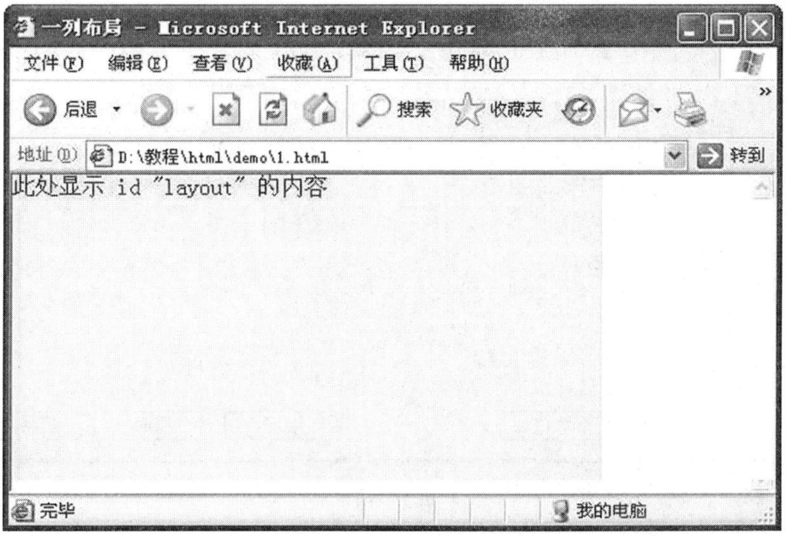

图 4－17

生成的源代码如下：

```
<! DOCTYPE html PUBLIC " -//W3C//DTD XHTML 1.0
Transitional//EN" "http://www.w3.org/TR/xhtml1/DTD/xhtml1-transitional.dtd" >
<html xmlns = "http://www.w3.org/1999/xhtml" >
<head>
<meta http-equiv = "Content-Type" content = "text/html; charset = gb2312" />
<style type = "text/css" >
body { margin:0;}
#layout { height: 300px; width: 80% ; background: #99ffcc; }
</style>
</head>
<body>
<div id = "layout" >此处显示 id "layout" 的内容</div>
</body>
</html>
```

标准之路（www.aa25.cn）提示：可以先修改部分代码后再运行。

4. 一列自适应宽度居中

与固定宽度居中一样，只需要设置 div 的外边距为 auto 即可实现居中，如图 4－18 和图 4－19所示。

```
body { margin: 0px; }
#layout { margin:auto; height: 300px; background: #99ffcc; width: 80% ; }
```

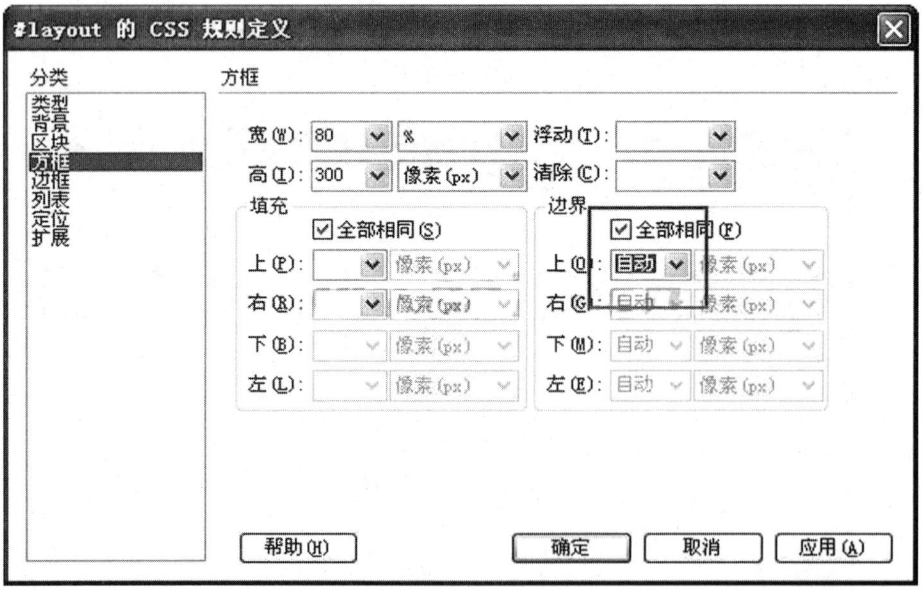

图 4－18

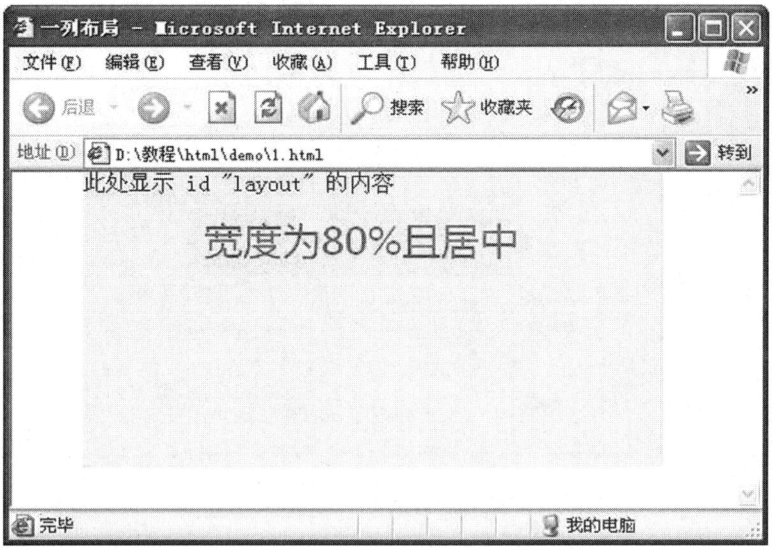

图 4－19

生成的源代码如下：

```
<! DOCTYPE html PUBLIC " -//W3C//DTD XHTML 1.0
Transitional//EN" "http://www.w3.org/TR/xhtml1/DTD/xhtml1-transitional.dtd" >
<html xmlns = "http://www.w3.org/1999/xhtml" >
<head>
<meta http-equiv = "Content-Type" content = "text/html; charset = gb2312" />
<style type = "text/css" >
body { margin:0;}
#layout { height: 300px; width: 80% ; background: #99ffcc; margin:auto;}
</style>
</head>
<body>
<div id = "layout" >此处显示 id "layout" 的内容</div>
</body>
</html>
```

标准之路（www.aa25.cn）提示：可以先修改部分代码后再运行。

5. 一列二至多块布局

一般的网站整体可以分为上、中、下结构，即头部、中间主体、底部。那么可以用三个div 块来划分，分别给它们起名为头部（header）、主体（main）、底部（footer）。

采用固定宽度居中的方式（图 4－20），代码如下：

```
body { margin:0; padding:0;}
#header { margin:5px auto; width:500px; height:80px; background:#9f9;}
#main { margin:5px auto; width:500px; height:400px; background:#9ff;}
#footer { margin:5px auto; width:500px; height:80px; background:#9f9;}
```

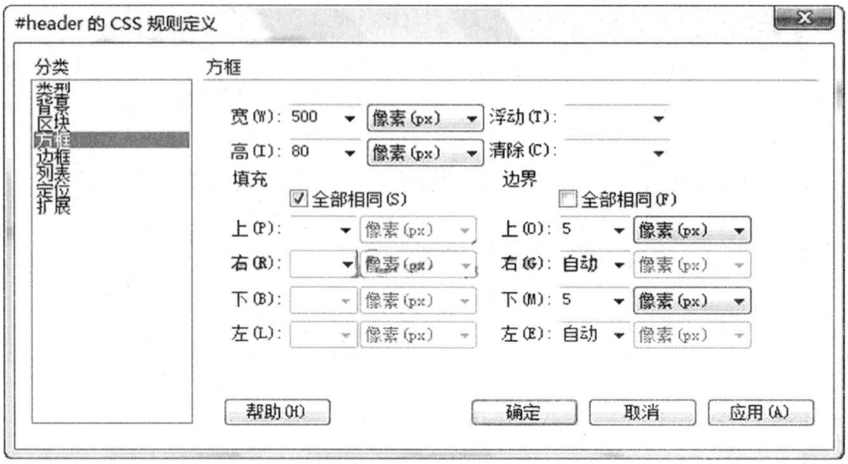

图 4－20

为了便于区分，在背景项里设置了背景色。依此类推，把另外两个 Div 块设置好，整个效果就出来了，如图 4－21 所示。这是一个大多数网站采用的上、中、下布局结构。

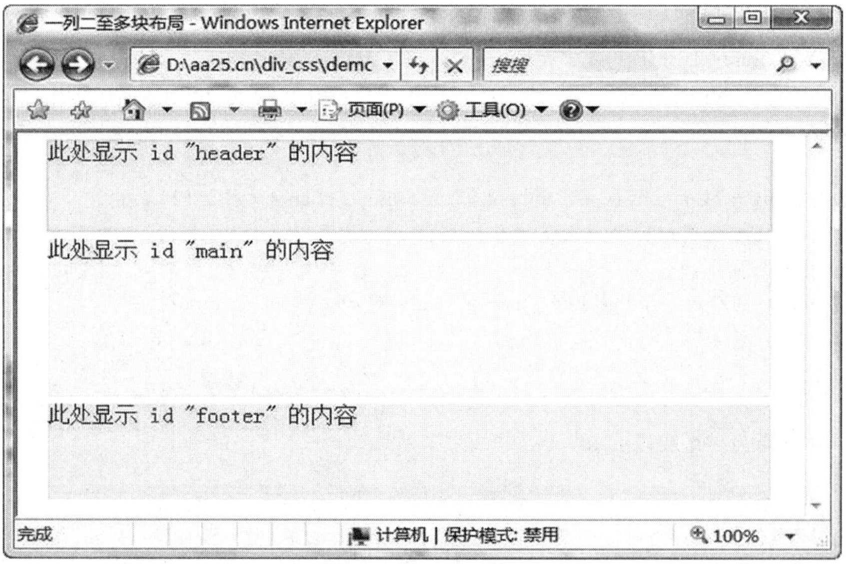

图 4－21

生成的源代码如下：

```
<! DOCTYPE html PUBLIC " -//W3C//DTD XHTML 1.0
Transitional//EN" "http://www.w3.org/TR/xhtml1/DTD/xhtml1-transitional.dtd" >
<html xmlns = "http://www.w3.org/1999/xhtml" >
<head >
<meta http-equiv = "Content-Type" content = "text/html; charset = gb2312" / >
<style type = "text/css" >
body { margin:0; padding:0;}
```

```
#header { margin:5px auto; width:500px; height:80px; background:#9f9;}
#main { margin:5px auto; width:500px; height:400px; background:#9ff;}
#footer { margin:5px auto; width:500px; height:80px; background:#9f9;}
</style>
</head>
<body>
<div id="header">此处显示 id "header" 的内容</div>
<div id="main">此处显示 id "main" 的内容</div>
<div id="footer">此处显示 id "footer" 的内容</div>
</body>
</html>
```

标准之路（www. aa25. cn）提示：可以先修改部分代码后再运行。

用《CSS 手册》中的话说：块级元素的垂直相邻外边距会合并，而行内元素实际上不占上、下外边距，行内元素的左、右外边距不会合并；同样，浮动元素的外边距也不会合并；允许指定负的外边距值，不过使用时要注意（有关块级元素和行内元素的概念在下一节讲到）。

6. 小结

本节涉及以下知识点。

1）CSS 可视化生成、格式化

为便于学习，采用 DW 的 CSS 可视化生成方式，熟练后尽量手写，这样可以提高工作效率。目前来说，希望常用的大家都能记住。关于 CSS 的格式化，指 CSS 的排版方式，细心的朋友已发现，在这里的 CSS 代码，每个类或 id 都是写在一行的。可能你的还是分成多行，怎么把它们弄到一行上呢？请看下面的代码和图 4－22 至图 4－24：

```
body {
margin:0;
padding:0;
}
#header {
margin:5px auto;
width:500px;
height:80px;
background:#9f9;
}
#main {
margin:5px auto;
width:500px;
height:400px;
background:#9ff;
}
#footer {
margin:5px auto;
width:500px;
```

```
height:80px;
background:#9f9;
}
```

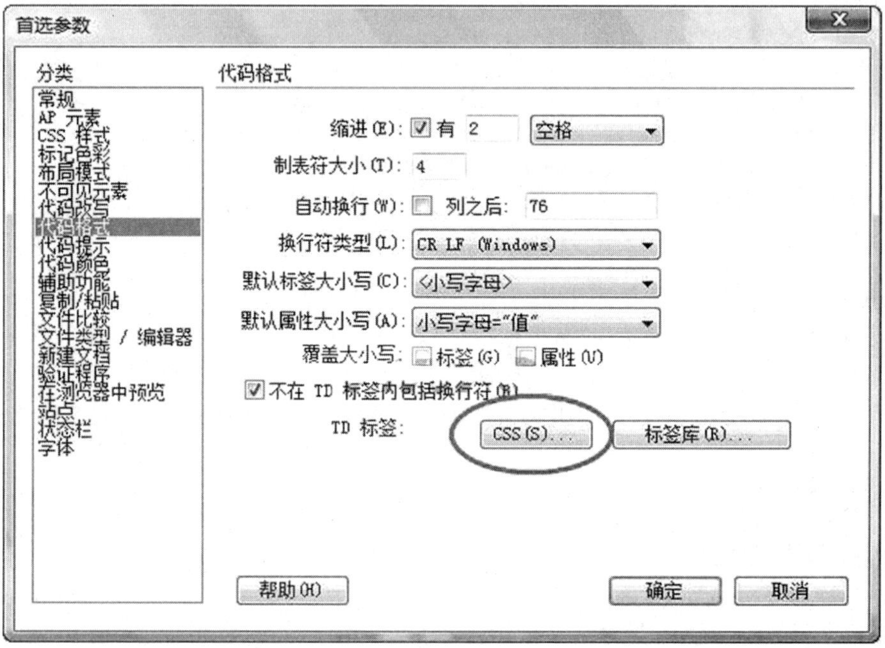

图 4－22

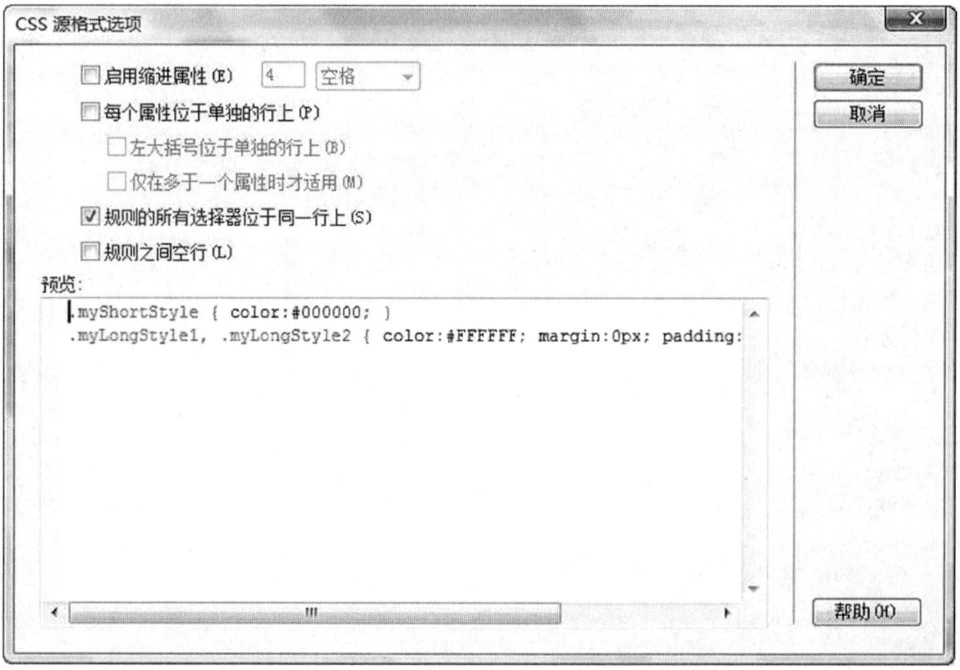

图 4－23

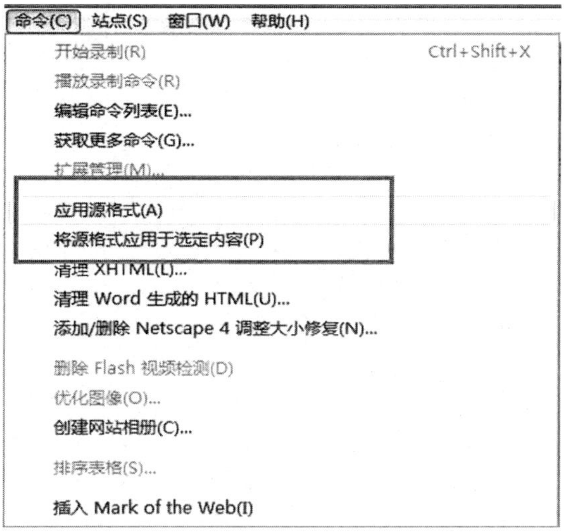

图 4－24

2）CSS 缩写

CSS 的许多属性是可以简写的，这样便于阅读和修改，减少代码量，设置方法如图 4－25 所示。

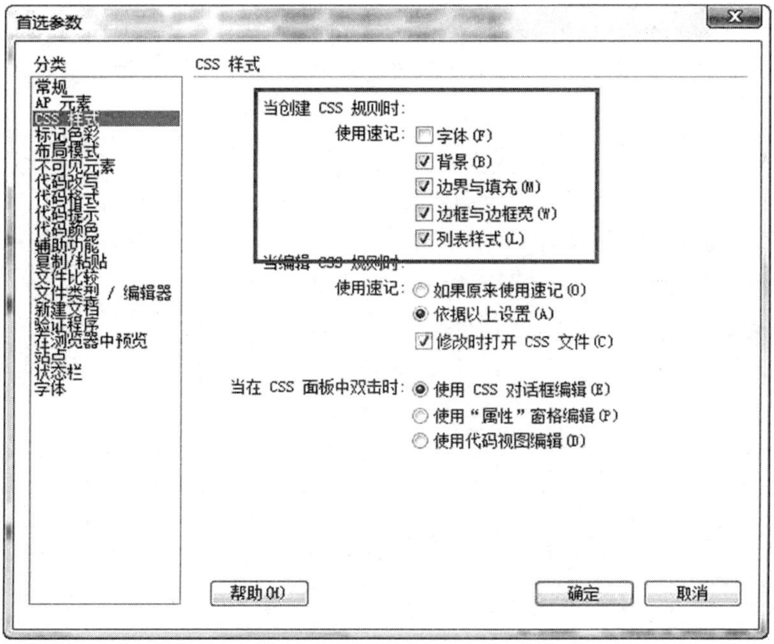

图 4－25

把需要缩写的项目选中，再生成的 CSS 代码即为简写形式。这里所说的是多个属性合并到一块的简写方式，另外颜色值也可以简写。如颜色值为#ff6600，可以简写为#f60，其中两位两位一样的才可以简写，像#c2c2c2 是不可以简写的。

3）CSS 语法

如图 4－26 所示，CSS 语法由三部分构成：选择器，可以是 id、class 或标签；属性和值，用来定义这个物件的某一个特性。如一张桌子长 120cm、宽 60cm，套用 CSS 的格式为桌子｛长：120cm；宽：60cm；｝。

```
#layout {color:#f00; border:1px solid #ccc;}
```

红色：CSS选择器　蓝色：CSS属性　绿色：值

图 4－26

4）id 和 class 选择器

id 只能在页面中对应一个元素，就像身份证号一样，每个人的都不一样；class 为类，可以对应多个元素，如一年级三班的学生所对应的可能是 10 个或 20 个学生。

id 的优先级高于 class，如今天三班的学生上体育课，小明留下来打扫卫生。那么，三班的学生上体育课是一个类，而小明打扫卫生是一个 id，虽然小明也是三班的学生，但 id 高于 class，所以小明执行打扫卫生的任务。

第三节　二列和三列布局

下面学习《十天学会 WEB 标准（DIV＋CSS）》中的二列和三列布局，将涉及以下内容和知识点：

（1）二列自适应宽度；

（2）二列固定宽度；

（3）二列固定宽度居中；

（4）XHTML 的块级元素（div）和内联元素（span）；

（5）float 属性；

（6）三列自适应宽度；

（7）三列固定宽度；

（8）IE6 的 3 像素 bug。

1. 二列自适应宽度

下面以常见的左列固定、右列自适应为例，因为 div 为块状元素，默认情况下占据一行的空间，要想让下面的 div 跑到右侧，就需要做 CSS 的浮动来实现。首先创建 HTML 代码如下：

```
<div id="side">此处显示 id "side"的内容</div>
<div id="main">此处显示 id "main"的内容</div>
```

按照如图 4－27 所示的创建方法，把两个 div 都创建出来，或手工写出代码。div 创建完成后，开始创建 CSS 样式表，代码如下：

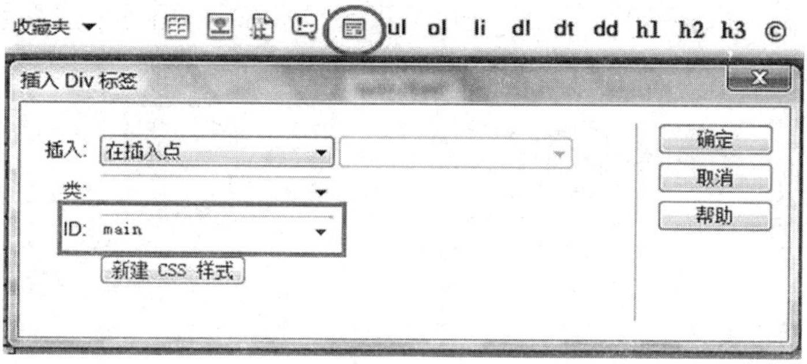

图 4－27

#side { background: #99ff99; height: 300px; width: 120px; float: left; }
#main { background: #99ffff; height: 300px; width: 70%; margin-left: 120px; }

先创建#side 的样式，为便于查看，设置了背景色，浮动设置为向左浮动，如图 4－28 至图 4－30 所示。

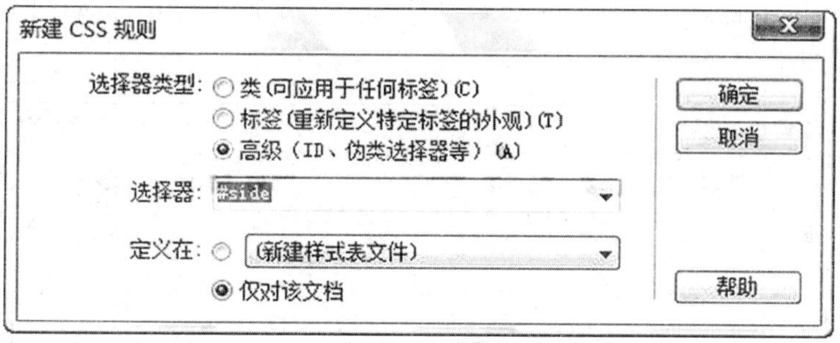

图 4－28

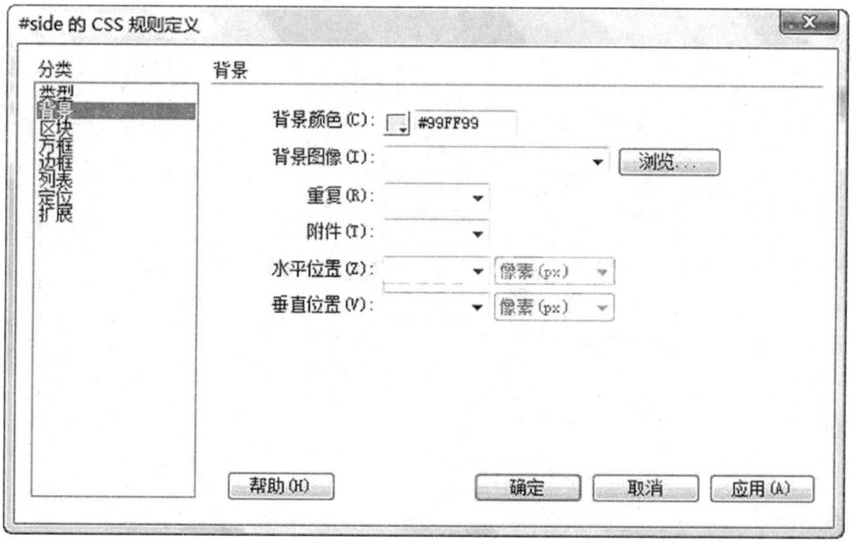

图 4－29

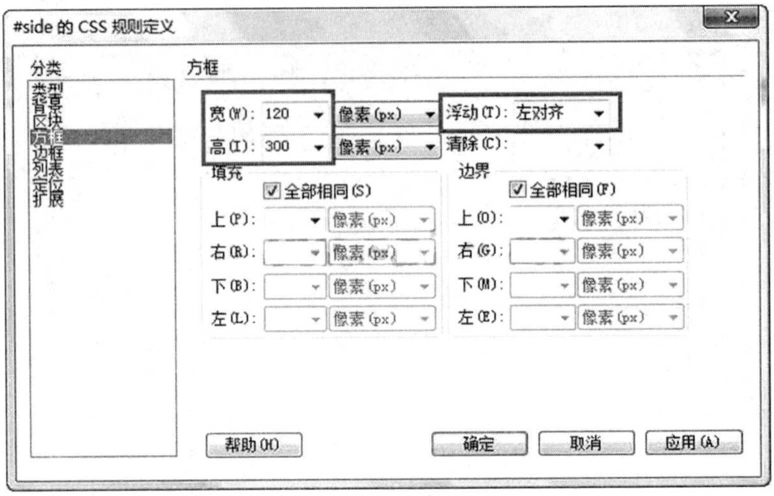

图 4－30

然后创建#main 的样式，同样设置了背景色，且左边距为 120px，如图 4－31 至图 4－33 所示。预览结果如图 4－34 所示。

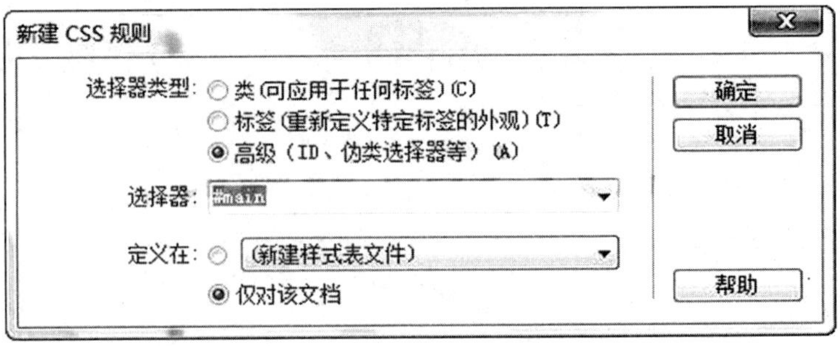

图 4－31

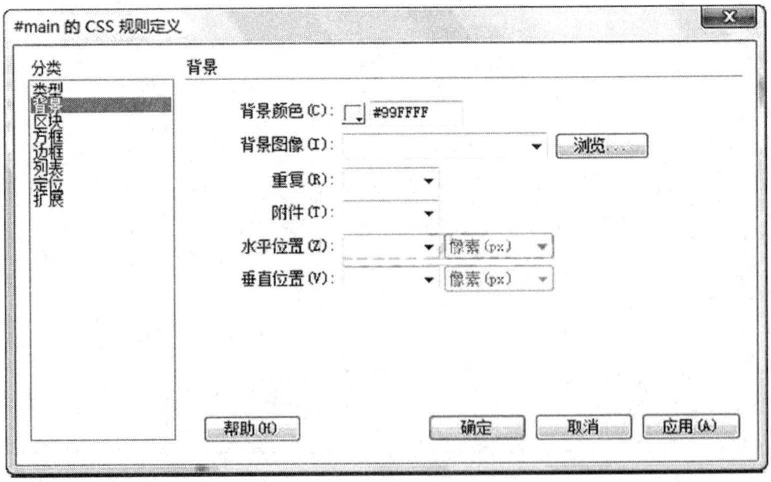

图 4－32

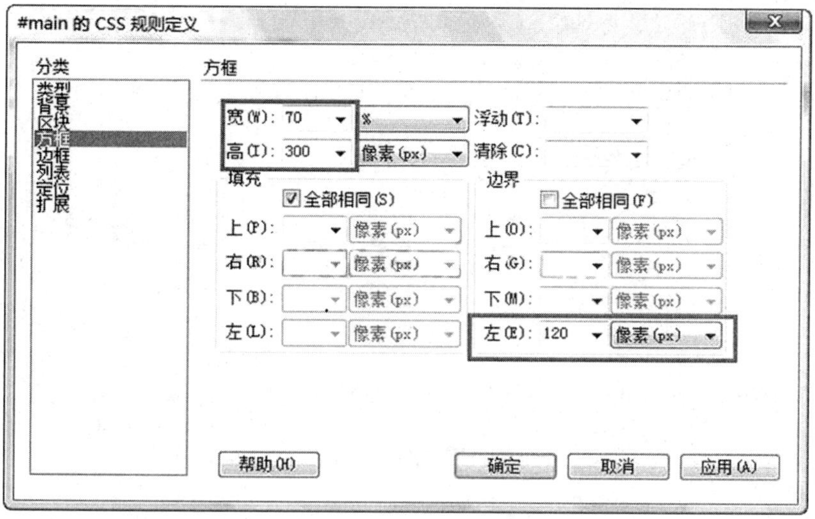

图 4－33

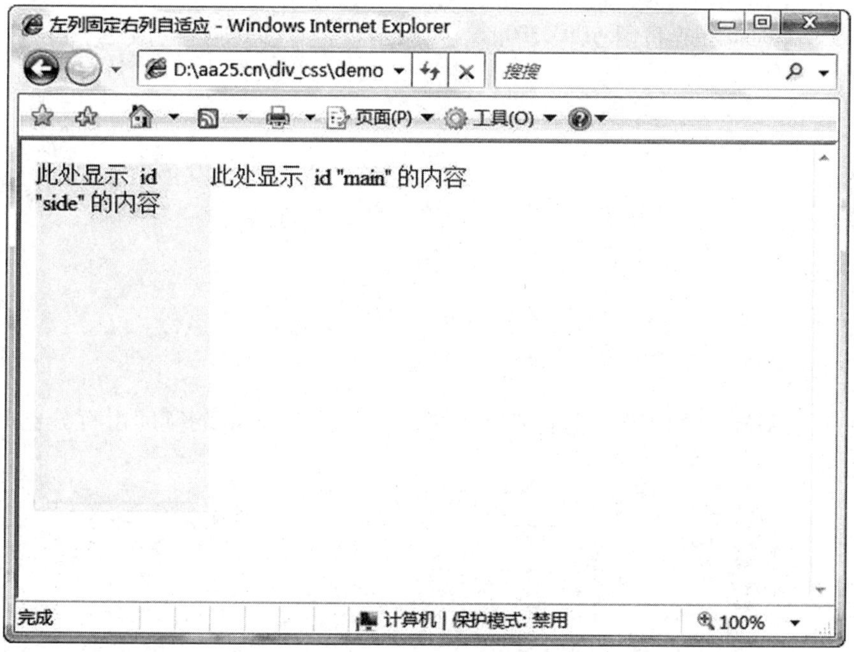

图 4－34

当拖动浏览器窗口变大或变小时，#main 的宽度也会跟着改变。这里设置左边距为 120px，正好让出#side 占去的 120px 宽度，如果这里设置为 122px 的话，中间将出现 2px 的空隙，如图 4－35 所示。

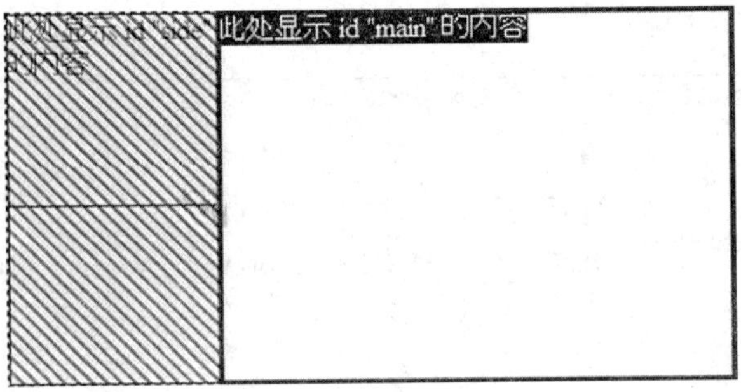

图 4-35

生成的源代码如下：

```
<! DOCTYPE html PUBLIC " -//W3C//DTD XHTML 1.0
Transitional//EN" "http://www.w3.org/TR/xhtml1/DTD/xhtml1-transitional.dtd" >
<html xmlns = "http://www.w3.org/1999/xhtml" >
<head>
<meta http-equiv = "Content-Type" content = "text/html; charset = gb2312" />
<style>
#side { background: #99ff99; height: 300px; width: 120px; float: left; }
#main { background: #99ffff; height: 300px; width: 70% ; margin-left: 120px; }
</style>
</head>
<body>
<div id = "side" >此处显示 id "side" 的内容</div>
<div id = "main" >此处显示 id "main" 的内容</div>
</body>
</html>
```

标准之路（www.aa25.cn）提示：可以先修改部分代码后再运行。

2. 二列固定宽度

有了前面的基础，二列固定宽度就容易些，只需要把#main 的宽度由百分比改为固定值，如图 4-36 所示。

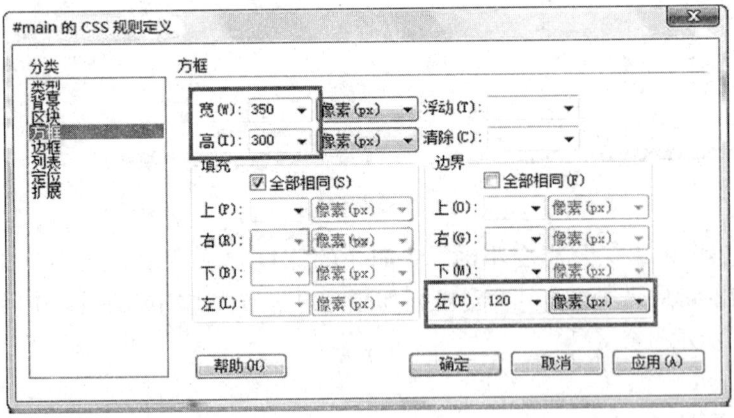

图 4-36

3. 二列固定宽度居中

二列固定宽度居中需要在二列固定宽度的基础上改进，在学习一列固定宽度居中时，已知让它居中的方法，所以这里需要在这两个 div 之外再加一个父 div：

```
< div id = "content" >
< div id = "side" > 此处显示 id "side" 的内容 < /div >
< div id = "main" > 此处显示 id "main" 的内容 < /div >
< /div >
```

操作方法：在源代码里选中这两个 div 的代码，单击工具栏上的“插入 Div 标签”按钮，在弹出的“插入 Div 标签”对话框中填写 id 后，按“确定”按钮，得到如上的代码，如图4－37所示。

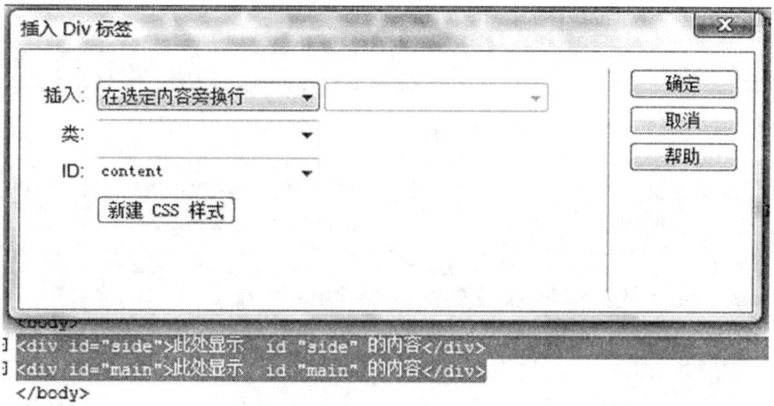

图 4－37

下面需要设置#content 的样式，已知#side 的宽度为 120px，#main 的宽度为 350px，那么#content的宽度应该为这两者之和，然后设置#content 居中，那么整体就居中了，如图 4－38 至图 4－40 所示。

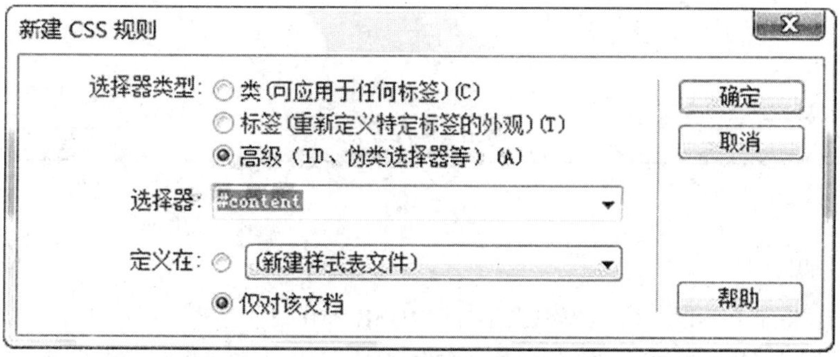

图 4－38

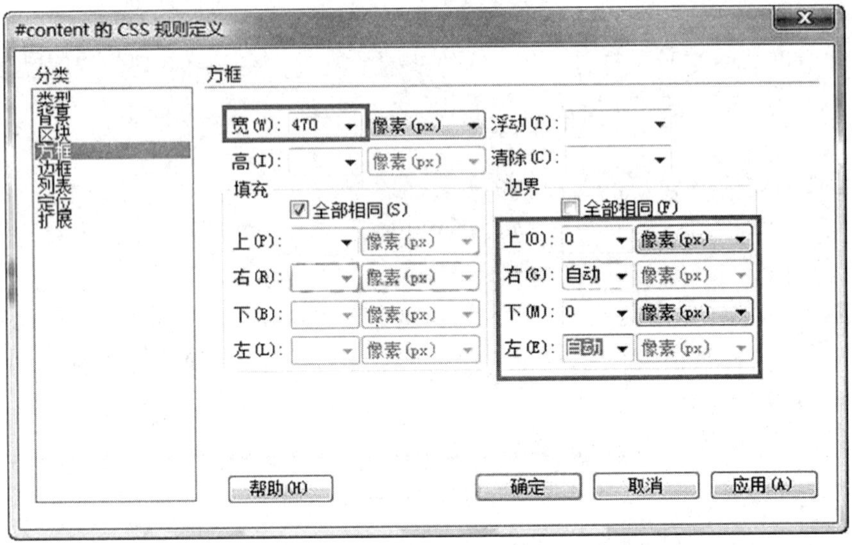

图 4－39

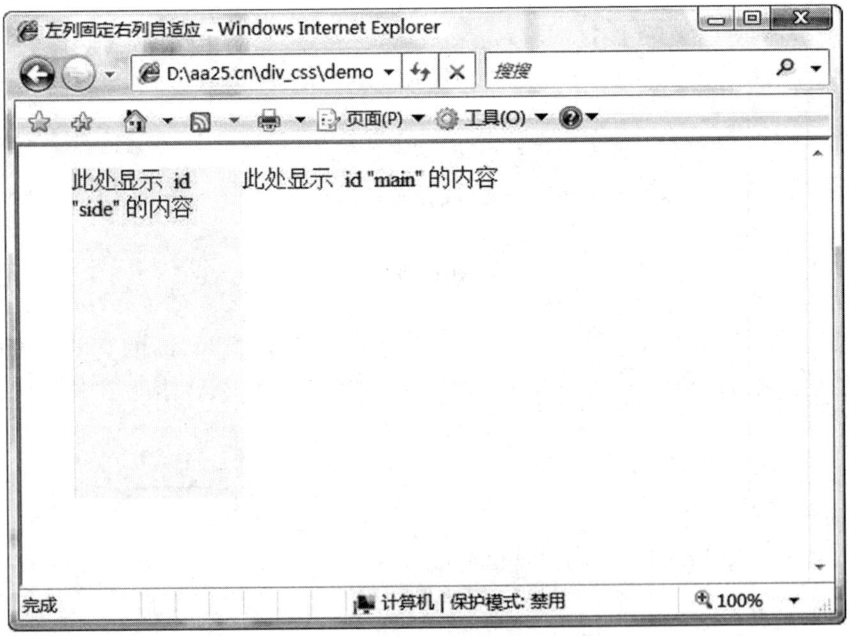

图 4－40

生成的源代码如下：

```
<! DOCTYPE html PUBLIC " -//W3C//DTD XHTML 1.0
Transitional//EN" "http://www.w3.org/TR/xhtml1/DTD/xhtml1-transitional.dtd" >
<html xmlns = "http://www.w3.org/1999/xhtml" >
<head >
<meta http-equiv = "Content-Type" content = "text/html; charset = gb2312" / >
<style >
```

```
#content { width:470px; margin:0 auto;}
#side { background: #99ff99; height: 300px; width: 120px; float: left; }
#main { background: #99ffff; height: 300px; width: 350px; margin-left: 120px; }
</style>
</head>
<body>
<div id="content">
<div id="side">此处显示 id "side" 的内容</div>
<div id="main">此处显示 id "main" 的内容</div>
</div>
</body>
</html>
```

标准之路 www. aa25. cn 提示：可以先修改部分代码后再运行。

4. XHTML 的块级元素（div）和内联元素（span）

块级元素：就是一个方块，像段落一样，默认占据一行出现。

内联元素：又叫行内元素，顾名思义，只能放在行内，就像一个单词，不会造成前后换行，起辅助作用。

一般的块级元素诸如段落 < p >、标题 < h1 > < h2 >……、列表 < ul > < ol > < li >、表格 < table >、表单 < form >、DIV < div >和 BODY < body >等元素。而内联元素则如表单元素 < input >、超级链接 < a >、图像 < img > < span >……。块级元素的显著特点是每个块级元素都是从一个新行开始显示，而且其后的元素也需另起一行进行显示。

从图 4－41 的例子可以看出，块级元素默认占据一行，相当于在它之前和之后各插入一个换行；而内联元素 span 没有对显示效果造成任何影响，事实也是如此；em 只是让字体变成斜体，没有单独占据一行。这就是块级元素和内联元素，正因为有了这些元素，才使网页变得丰富多彩。

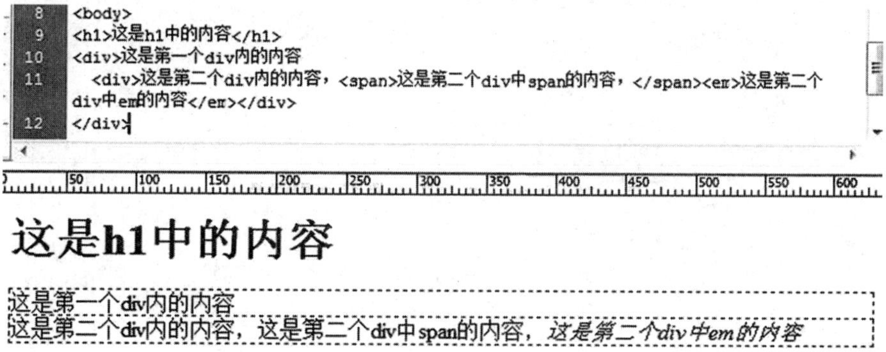

图 4－41

如果没有 CSS 的作用，块级元素会顺序以每次另起一行的方式一直往下排。而有了 CSS 以后，可以改变这种 HTML 的默认布局模式，把块级元素摆放到想要的位置上，而不是每次都另起一行。也就是说，可以用 CSS 的 display：inline 将块级元素改变为内联元素，也可以用 display：block 将内联元素改变为块级元素。

5. float 属性

理解了块级元素和内联元素，有利于理解浮动。float 是个重点，希望大家都能理解。

在 CSS 中，任何元素都可以浮动。浮动元素会生成一个块级框，而不论它本身是何种元素；且要指明一个宽度，否则它会尽可能窄。另外，当可供浮动的空间小于浮动元素时，它会跑到下一行，直到拥有足够放下它的空间。

想必大家都用 Word 排过版，当中有个图文混排功能，如图 4－42 所示。这个功能非常类似于 CSS 中的浮动，下面用 CSS 来实现这一功能：

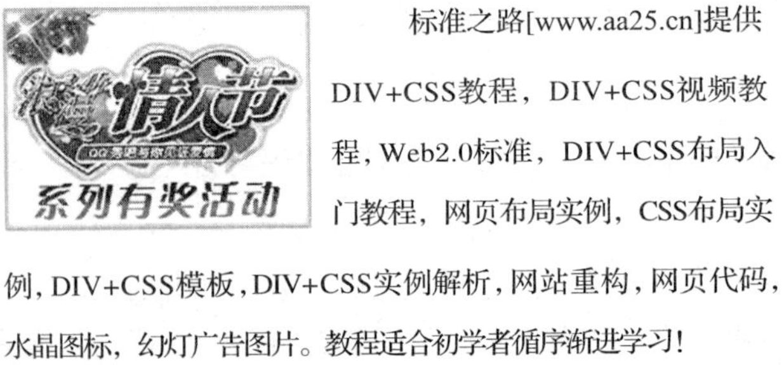

图 4－42

```
<div id="side"><img src="http://www.aa25.cn/uploadfile/taobao0903/20090212165039036721.gif" width="192" height="142" /></div>
<div id="main">标准之路[www.aa25.cn]提供 DIV + CSS 教程,DIV + CSS 视频教程,web2.0 标准,DIV + CSS 布局入门教程,网页布局实例,CSS 布局实例,DIV + CSS 模板,DIV + CSS 实例解析,网站重构,网页代码,水晶图标,幻灯广告图片。教程适合初学者循序渐进学习！</div>
```

创建完以上代码后，在浏览器中的预览效果如图 4－43 所示。

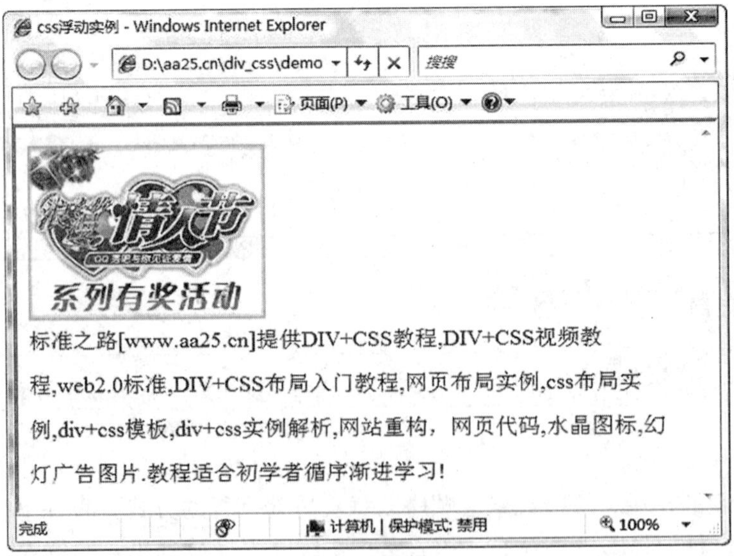

图 4－43

下面用 CSS 让 side 浮动，效果如图 4 - 44 所示。

```
body { font-size:18px; line-height:200% ; }
#side { float:left;}
```

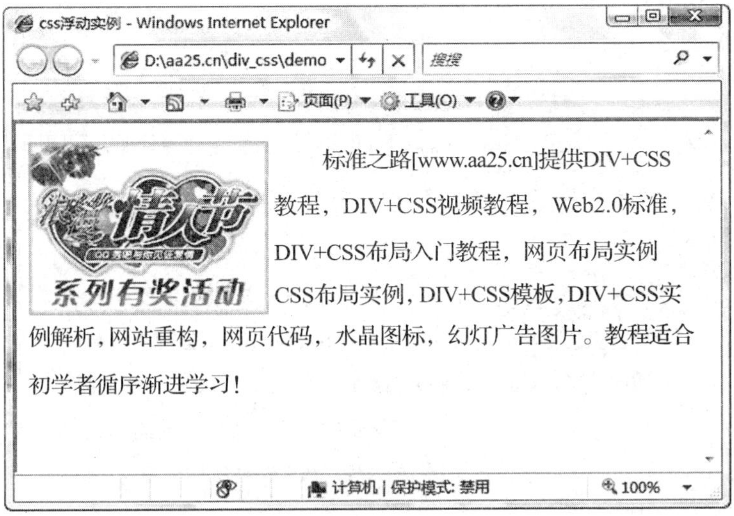

图 4 - 44

以上与 Word 的效果已经基本一样，但这里的文字和图片右侧贴得很近，怎么办呢？刚才已经说了，当元素浮动过之后，需要指定一个宽度，否则它会尽可能窄。那么，把 side 的宽度设置为大于图片的宽度，它们中间应该就有空隙了。图片的宽度是 192px，设置 side 为 202px，中间将会有 10px 的空隙，效果如图 4 - 45 所示。

```
body { font-size:18px; line-height:200% ; }
#side { float:left; width:202px;}
```

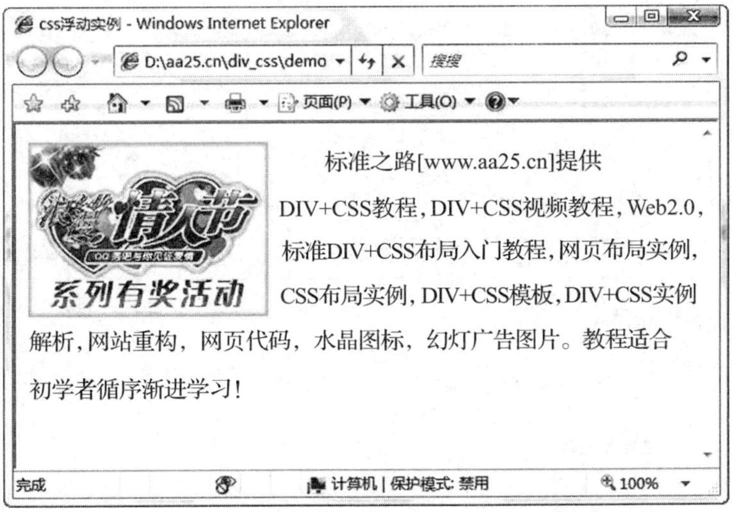

图 4 - 45

细心的朋友已经发现，前面#main 的 div 还定义了 margin-left: 120px；而这里没有定义，但它多出的文字却跑到图片（#side）的下方，是不是设置 margin-left 后，它就不会跑到#side 的正文呢？如果你能想到这一点，你的确是太聪明了，事实确实是这样，在 CSS 样式表中加上下面一行代码，效果如图 4 – 46 所示：

#main { margin-left:202px;}

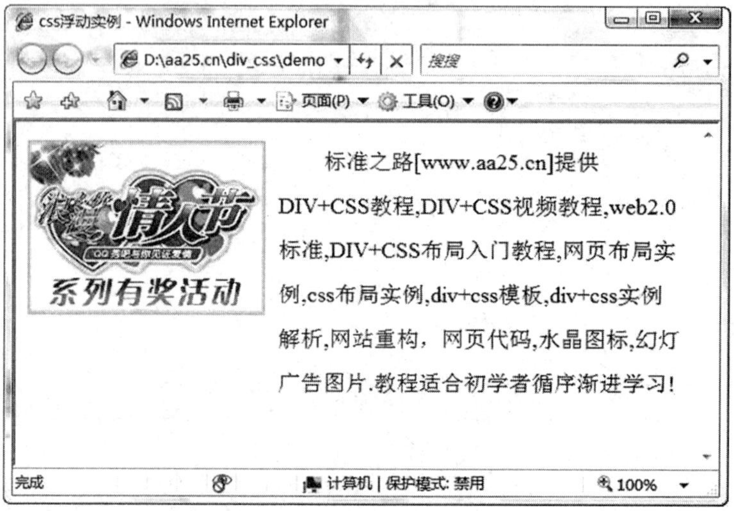

图 4 – 46

这就是应用浮动实现两列布局的原理。

6. 三列自适应宽度

三列自适应宽度一般常用的结构是左列和右列固定，中间列根据浏览器宽度自适应。下面在二列自适应宽度基础上修改一下：

```
< div id = "side" >此处显示 id "side" 的内容 </div >
< div id = "side1" >此处显示 id "side1" 的内容 </div >
< div id = "main" >此处显示 id "main" 的内容 </div >
```

增加以下 CSS 样式，如图 4 – 47 至图 4 – 50 所示：

#side1 { background: #99ff99; height: 300px; width: 120px; float: right; }

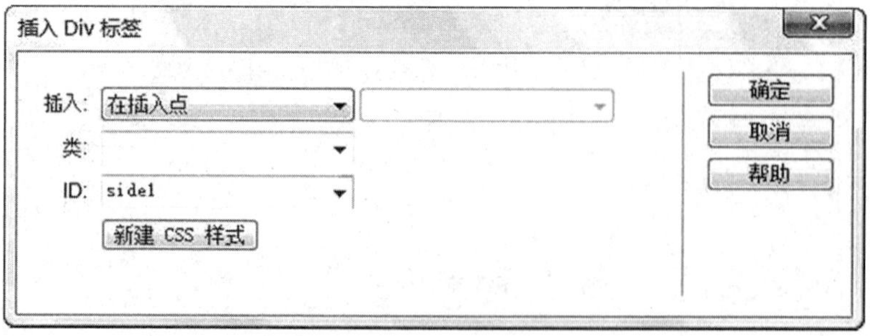

图 4 – 47

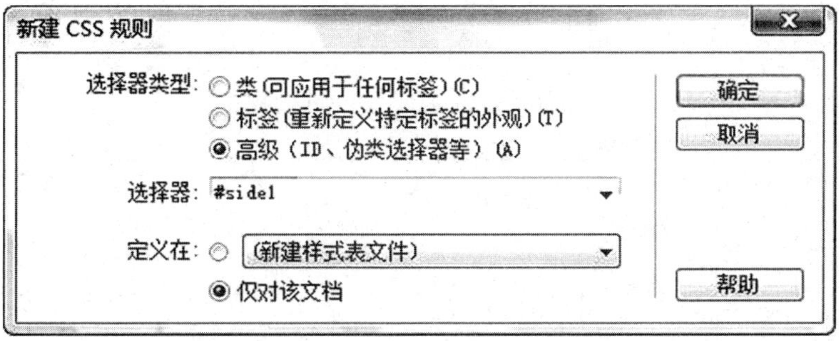

图 4－48

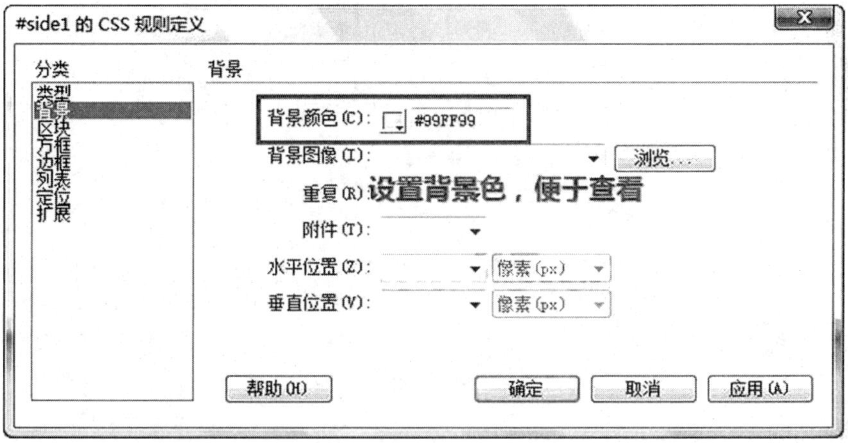

图 4－49

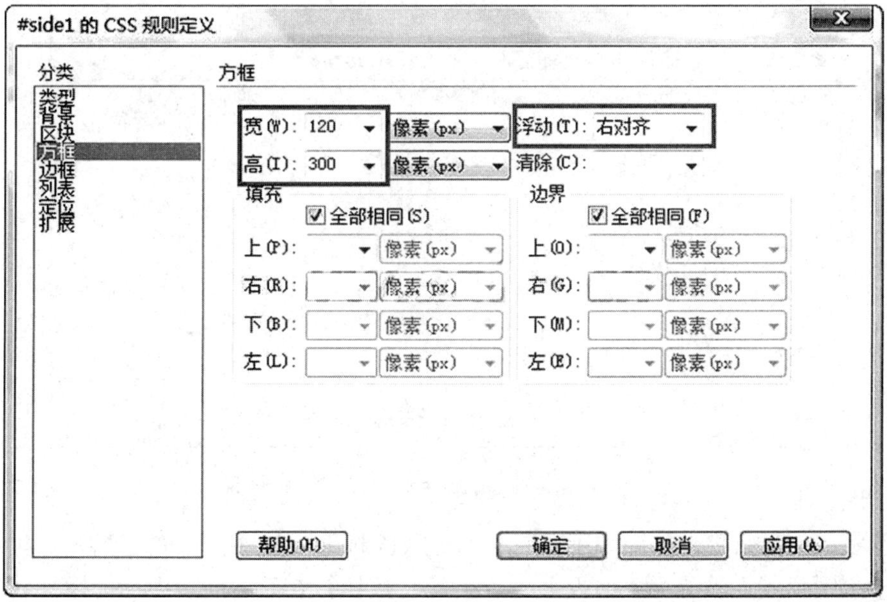

图 4－50

把原来#main 样式的 width: 70% 去掉，然后设置左、右外边距均为 120px，让出左、右列的宽度，如图 4－51 所示：

#main { background: #99ffff; height: 300px; margin:0 120px; }

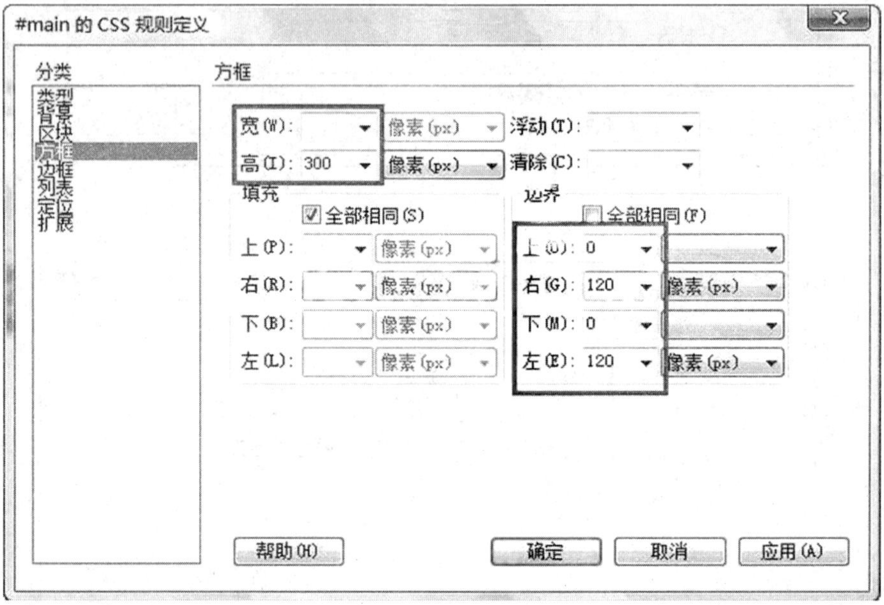

图 4－51

预览效果如图 4－52 所示。

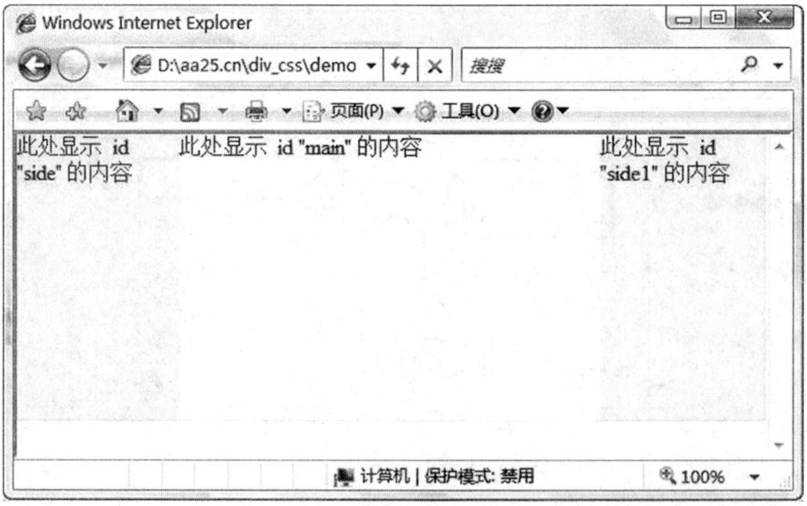

图 4－52

也许预览的效果有出入，因为还有一项设置默认 body 是有外边距的，所以这里还需要设置 body 的外边距为 0；单击 CSS 面板上的“新建”按钮，在新建面板中选择标签（重定义标签外观），然后选择 body，设置 body 的边界为 0，如图 4－53 和图 4－54 所示。

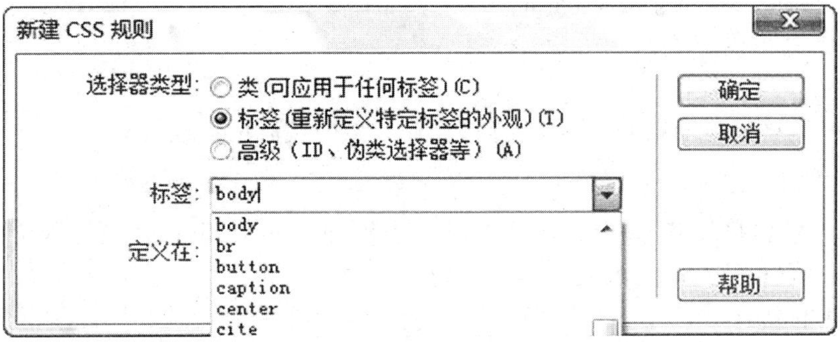

图 4－53

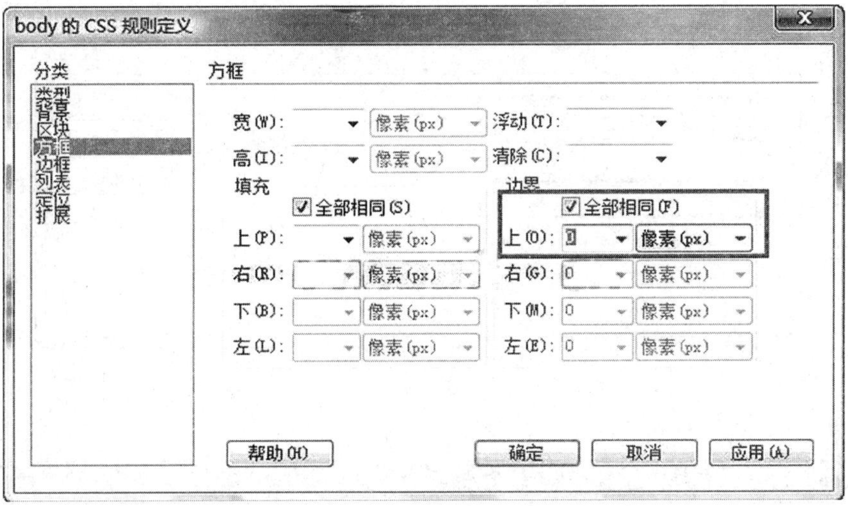

图 4－54

生成的源代码如下：

```
<! DOCTYPE html PUBLIC " -//W3C//DTD XHTML 1.0
Transitional//EN" "http://www.w3.org/TR/xhtml1/DTD/xhtml1-transitional.dtd" >
<html xmlns = "http://www.w3.org/1999/xhtml" >
<head >
<meta http-equiv = "Content-Type" content = "text/html; charset = gb2312" / >
<style >
body { margin:0;}
#side { background: #99ff99; height: 300px; width: 120px; float: left; }
#side1 { background: #99ff99; height: 300px; width: 120px; float: right; }
#main { background: #99ffff; height: 300px; margin:0 120px; }
</style >
</head >
<body >
<div id = "side" >此处显示 id "side" 的内容 </div >
<div id = "side1" >此处显示 id "side1" 的内容 </div >
```

<div id="main">此处显示 id "main" 的内容</div>
</body>
</html>

标准之路（www. aa25. cn）提示：可以先修改部分代码后再运行。

7. 三列固定宽度

三列固定宽度可以在三列自适应宽度基础上添加一个父 div，并设置这个 div 的宽度即可，如添加一个 id 为 content 的父容器。

在源代码里选中三个 div，然后单击工具栏上的“插入 Div 标签”按钮，在弹出的“插入 Div 标签”窗口“插入”项会默认为“在选定内容旁换行”，输入 id 为 content，然后给这个 div 定义宽度，如图 4-55 至图 4-57 所示。

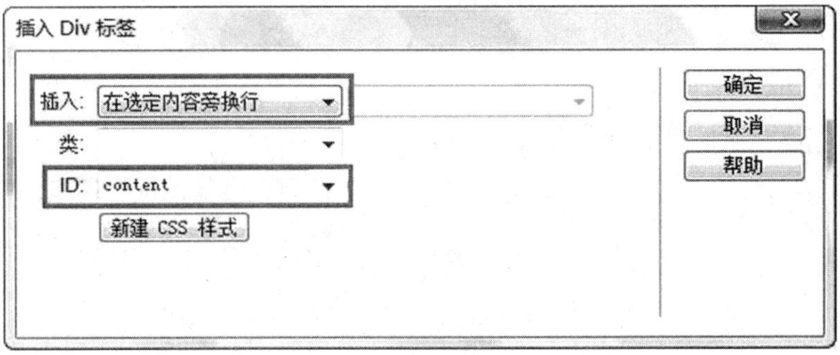

图 4-55

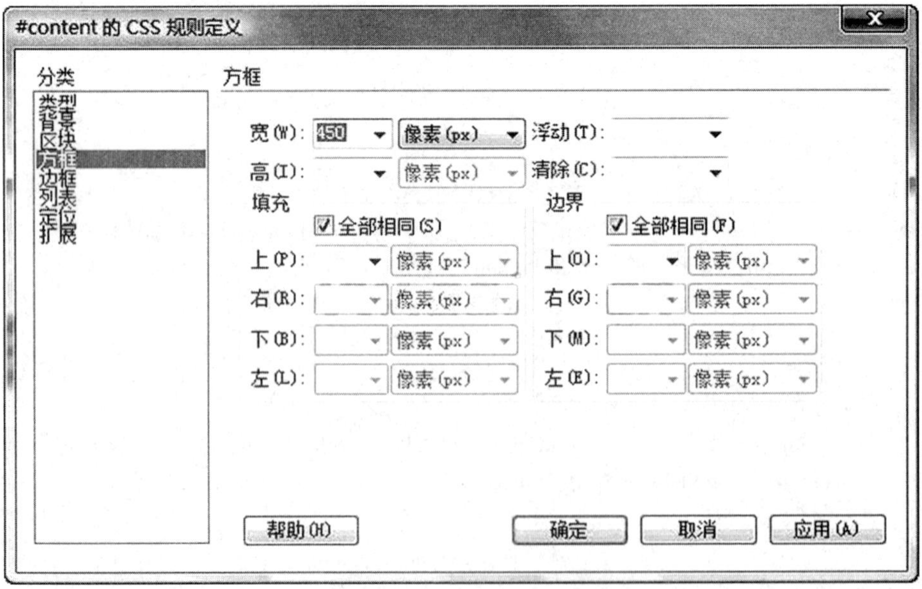

图 4-56

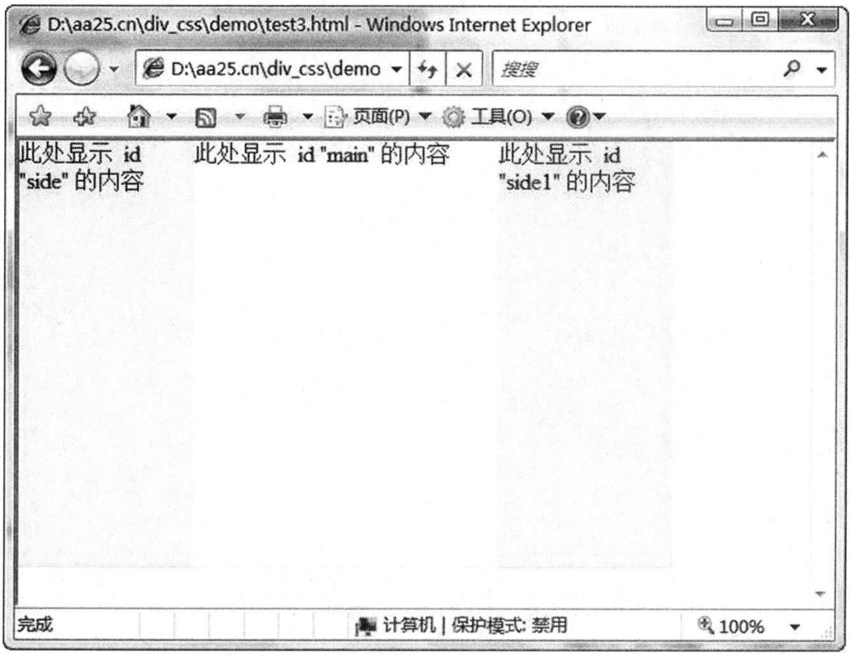

图 4－57

三列固定宽度出来后，要想实现三列固定宽度居中就方便了，只需设置#content {margin：0 auto;} 即可，如图 4－58 和图 4－59 所示。

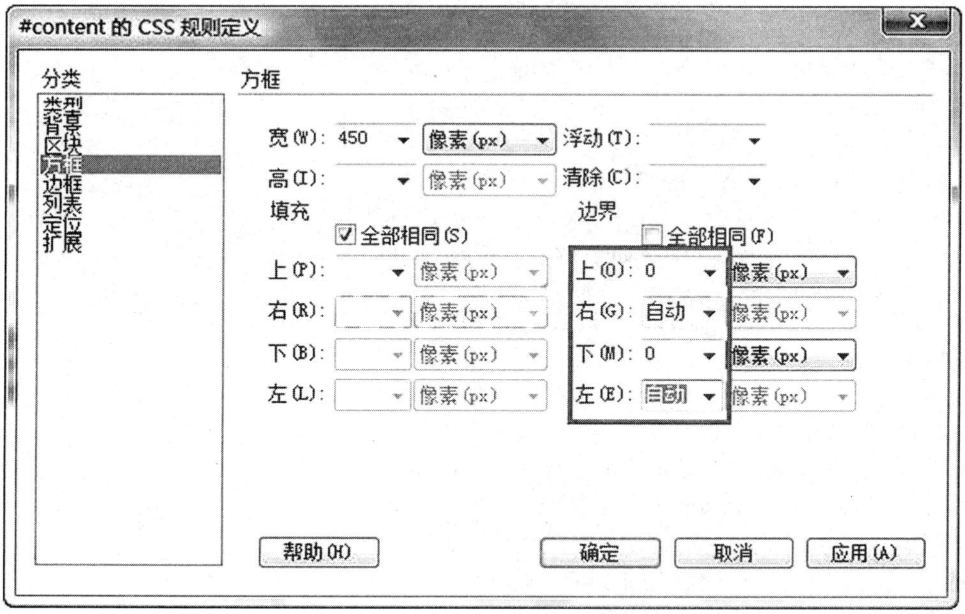

图 4－58

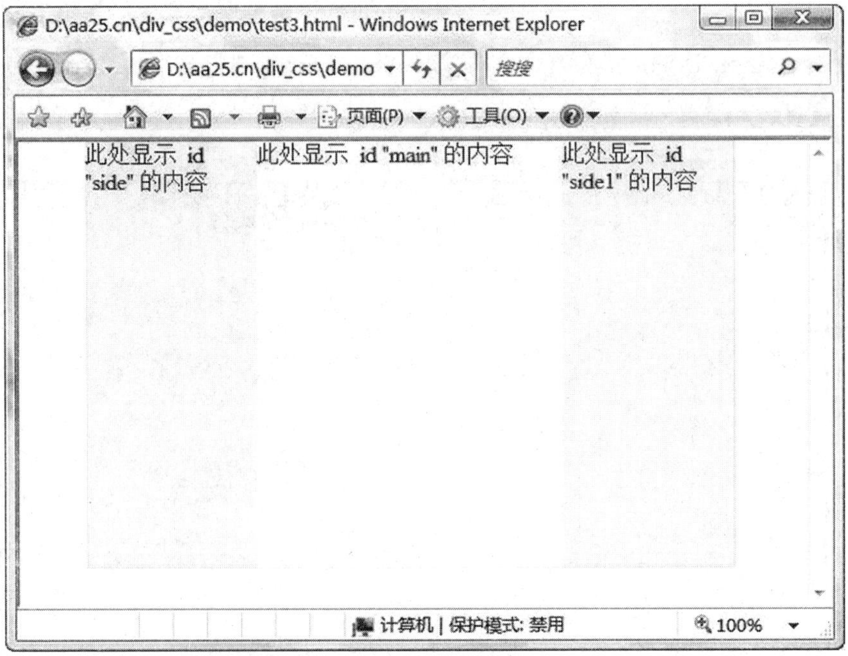

图 4－59

生成的源代码如下：

```
<! DOCTYPE html PUBLIC " -//W3C//DTD XHTML 1.0
Transitional//EN" "http://www.w3.org/TR/xhtml1/DTD/xhtml1-transitional.dtd" >
<html xmlns = "http://www.w3.org/1999/xhtml" >
<head >
<meta http-equiv = "Content-Type" content = "text/html; charset = gb2312" / >
<style >
body { margin:0;}
#content { width:450px; margin:0 auto;}
#side { background: #99ff99; height: 300px; width: 120px; float: left; }
#side1 { background: #99ff99; height: 300px; width: 120px; float: right; }
#main { background: #99ffff; height: 300px; margin:0 120px; }
</style >
</head >
<body >
<div id = "content" >
<div id = "side" >此处显示 id "side" 的内容</div >
<div id = "side1" >此处显示 id "side1" 的内容</div >
<div id = "main" >此处显示 id "main" 的内容</div >
</div >
</body >
</html >
```

标准之路（www.aa25.cn）提示：可以先修改部分代码后再运行。

8．IE6 的 3 像素 bug

3 像素 bug 是 IE6 的一个著名的 bug，当浮动元素与非浮动元素相邻时，这个 3 像素 bug 就会出现。下面左列固定、右列浮动的例子，CSS 代码如下：

```
body { margin:0;}
#side { float: left; background:#99ff99; height: 300px; width: 120px;}
#main { background: #99ffff; height: 300px;}
```

HTML 代码如下：

```
<div id = "side" >此处显示 id "side" 的内容 </div >
<div id = "main" >此处显示 id "main" 的内容 </div >
```

IE6 和 IE7 中的显示效果如图 4－60 和图 4－61 所示。

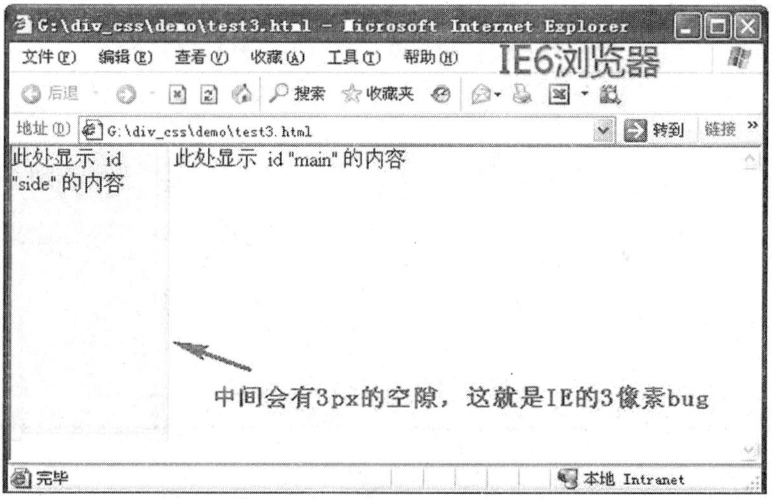

图 4－60

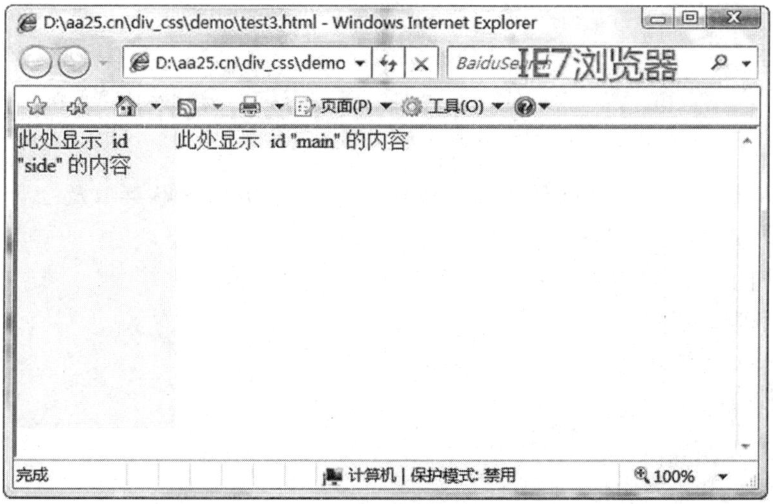

图 4－61

从图 4－60 明显看出，IE6 会在两个 div 中间加上 3px 的空隙，要解决这个问题，可在#side 上加上“_margin-right：-3px；”还有前边加上一下划线，这样这个样式专门针对 IE6 生效，如图 4－62 所示。IE7 下还会正常显示。

```
body { margin:0;}
#side { float: left; background:#99ff99; height: 300px; width: 120px; _margin-right:-3px;}
#main { background: #99ffff; height: 300px; }
```

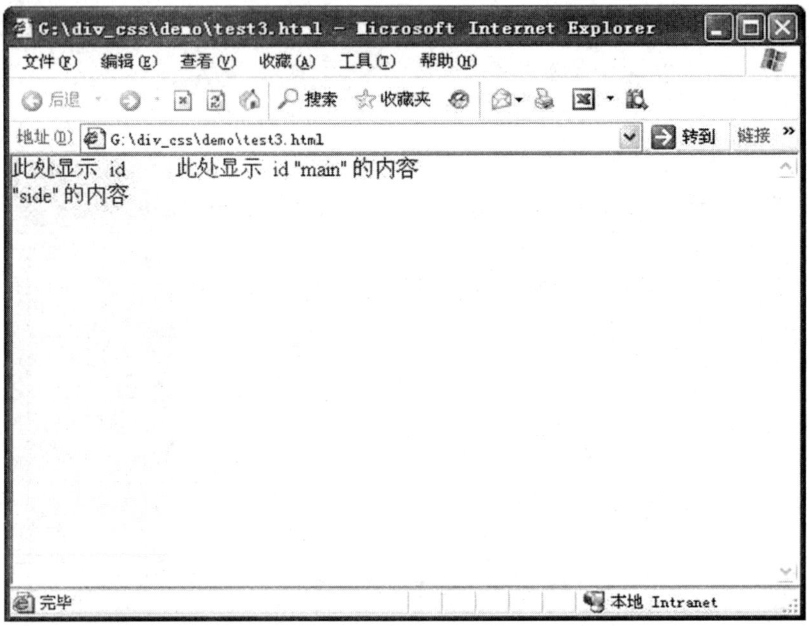

图 4－62

至此问题已经解决，但它不能通过 W3C 验证。当两列固定宽度时，最好把#main 也固定宽度且向右浮动，这样就可以避免 IE6 的 3 像素 bug。

第四节　纵向导航菜单及二级弹出菜单

下面学习《十天学会 WEB 标准（DIV + CSS）》中的纵向导航菜单及二级弹出菜单，包含以下内容和知识点：

（1）纵向列表；

（2）标签的默认样式；

（3）CSS 派生选择器；

（4）CSS 选择器的分组；

（5）纵向二级列表；

（6）相对定位和绝对定位。

1. 纵向列表

纵向列表，或称为纵向导航，在网站的产品列表中应用比较广泛，如淘宝网左侧的淘宝服务，下面学习纵向导航的制作。

先新建一个页面，之后插入一个 ID 为 menu 的 div（图 4－63），然后在设计视图中选中文字，单击工具栏的 ul 如 li 图标，即会自动插入 ul 和 li（图 4－64），最后修改文字内容为需要的内容。代码如下：

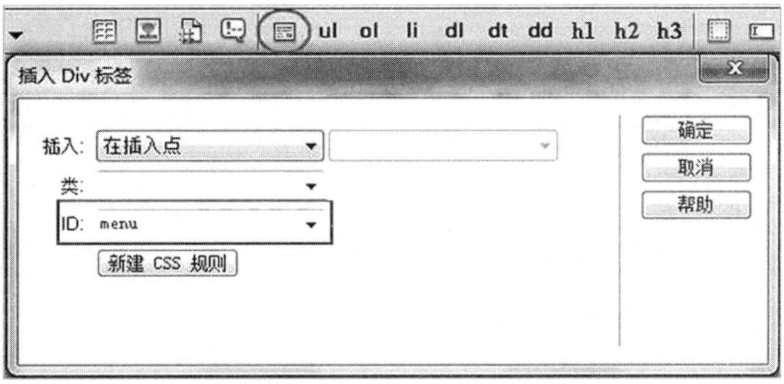

图 4－63

图 4－64

```
< div id = " menu" >
< ul >
< li > 首页 </li >
< li > 网页版式布局 </li >
< li > div + css 教程 </li >
< li > div + css 实例 </li >
< li > 常用代码 </li >
< li > 站长杂谈 </li >
< li > 技术文档 </li >
< li > 资源下载 </li >
< li > 图片素材 </li >
</ul >
</div >
```

从图 4－65 所示预览效果看，四周都有很大的空隙，而且每一行文字前边还有一个实点，这是由标签的默认样式造成的。下面需要创建样式表把标签的默认样式清除掉，如图 4－66 至图 4－69 所示。

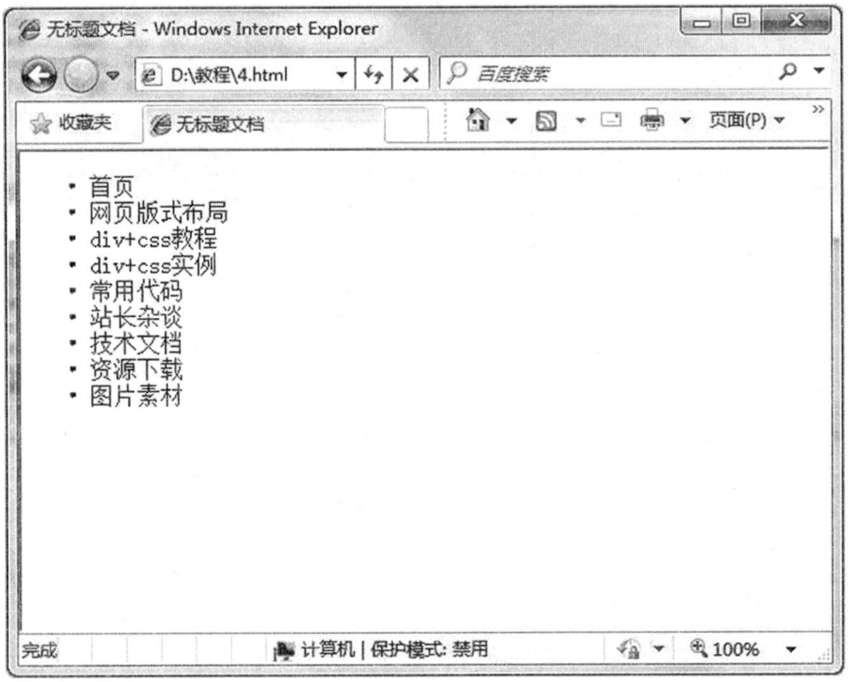

图 4－65

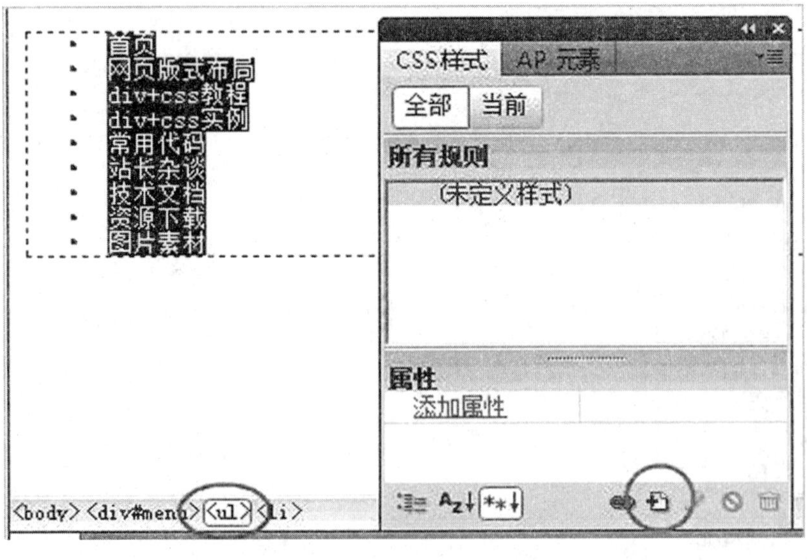

图 4－66

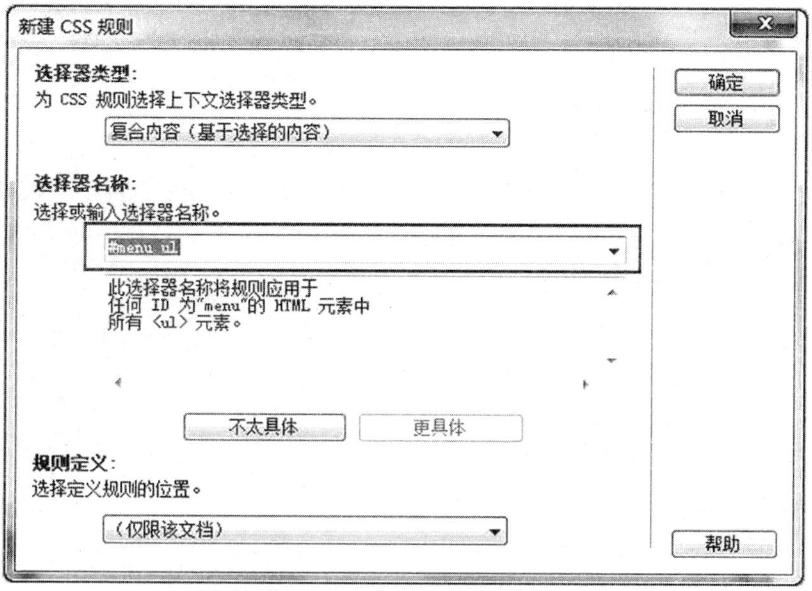

图 4－67

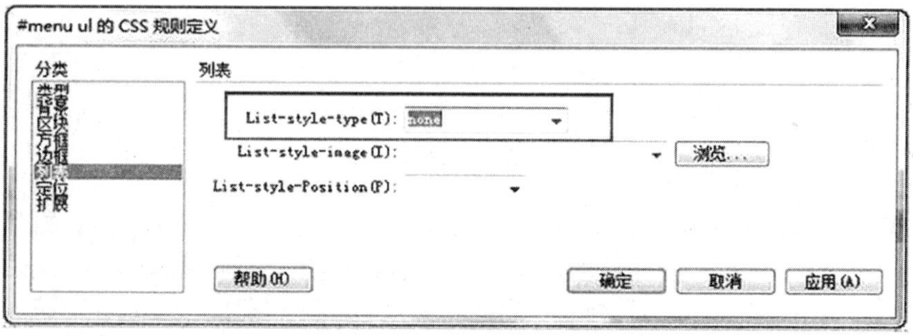

图 4－68

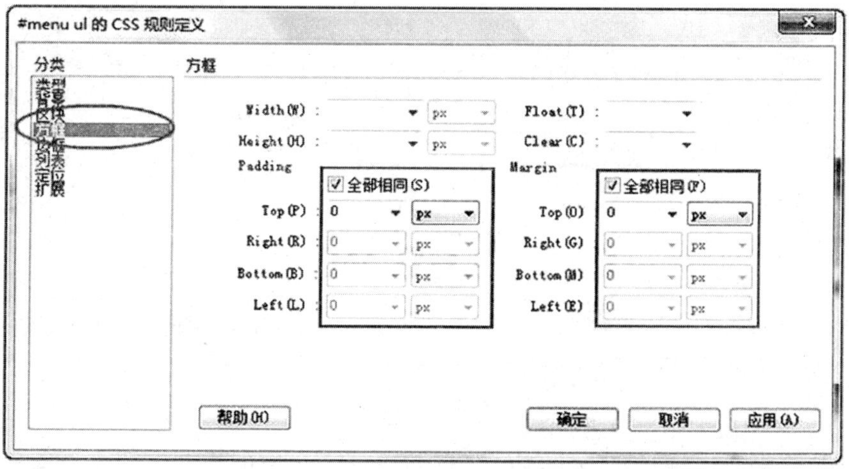

图 4－69

生成的 CSS 代码如下：

```
< style type = "text/css" >
#menu ul { list-style: none; margin: 0px; padding: 0px; }
</style >
```

下面定义全局的字体、字号、行距等，单击 CSS 样式面板上的“新建”按钮，在弹出的“新建 CSS 规则”窗口中“选择器类型”选择“标签”，“选择器名称”选择“body”，如图 4－70所示；然后在 CSS 编辑器中设置如图 4－71 所示属性。

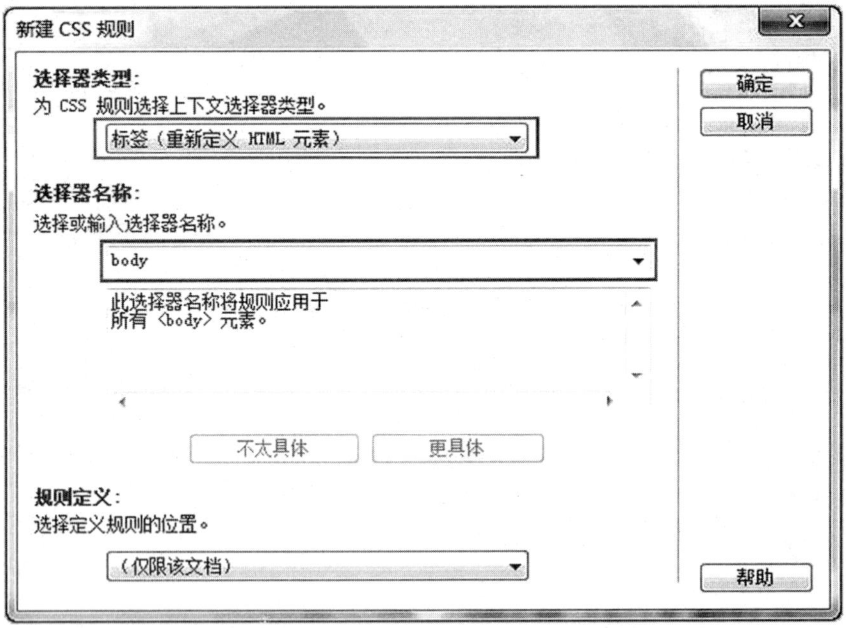

图 4－70

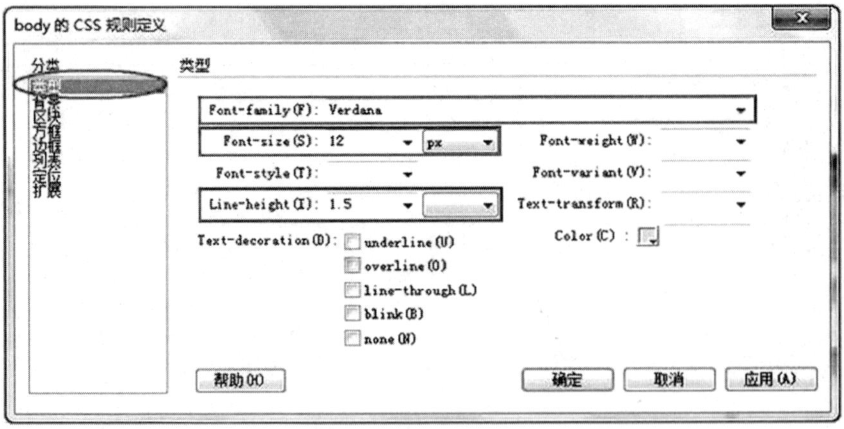

图 4－71

定义 body 全局样式后，给#menu 定义一个灰色的 1px 宽的边框（图 4－72 至图 4－74），然后定义 li 的背景色为浅灰色和下边框及内边距等（图 4－75 至图 4－80）。

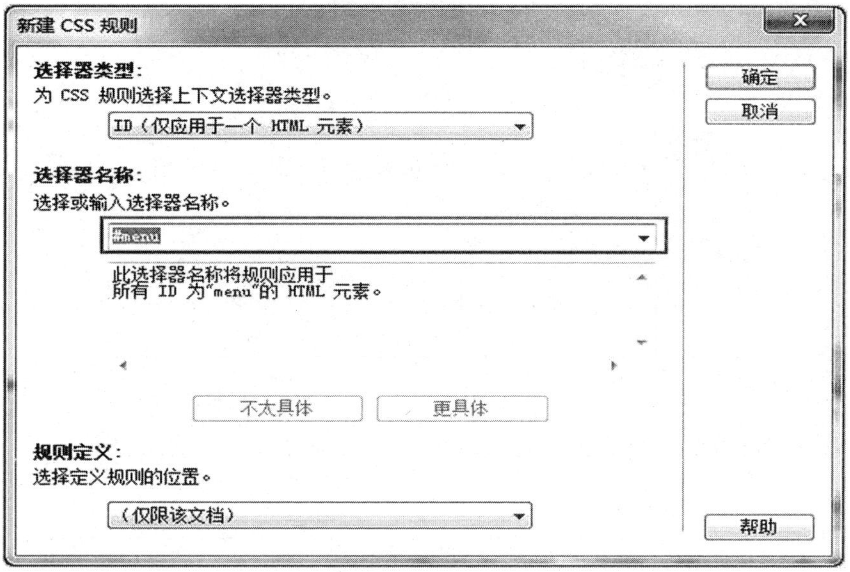

图 4－72

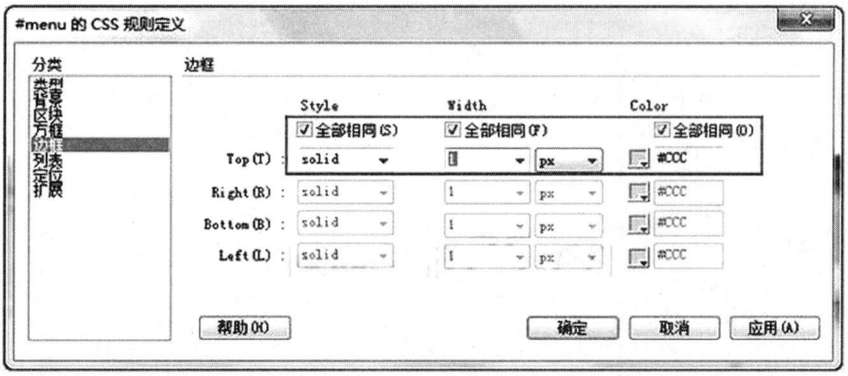

图 4－73

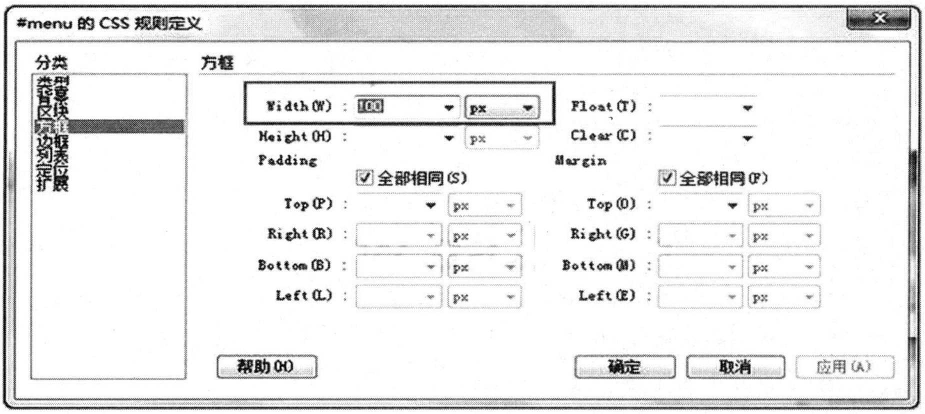

图 4－74

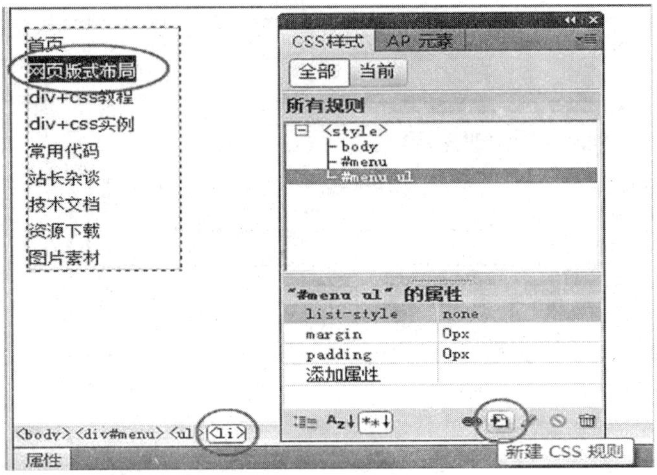

图 4－75

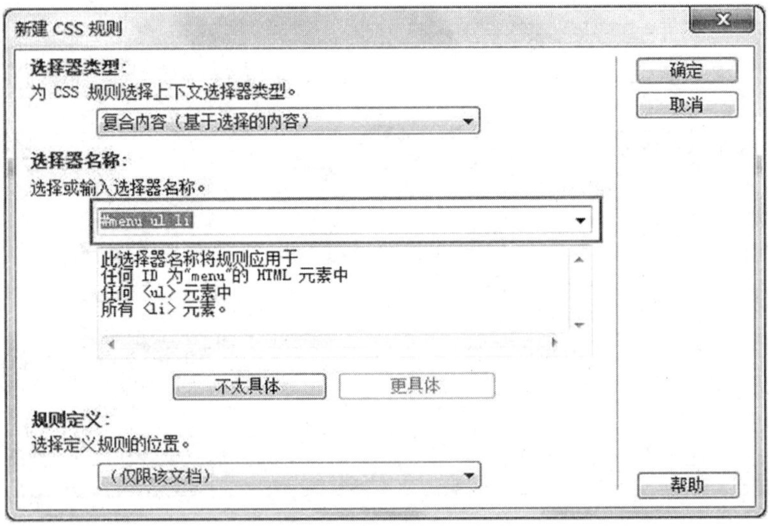

图 4－76

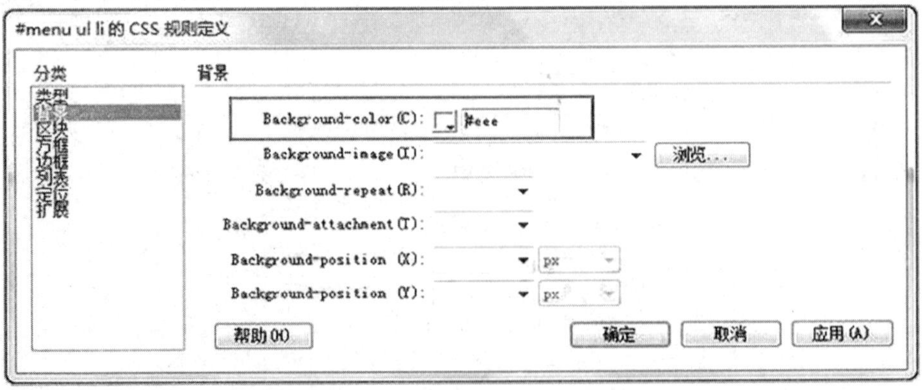

图 4－77

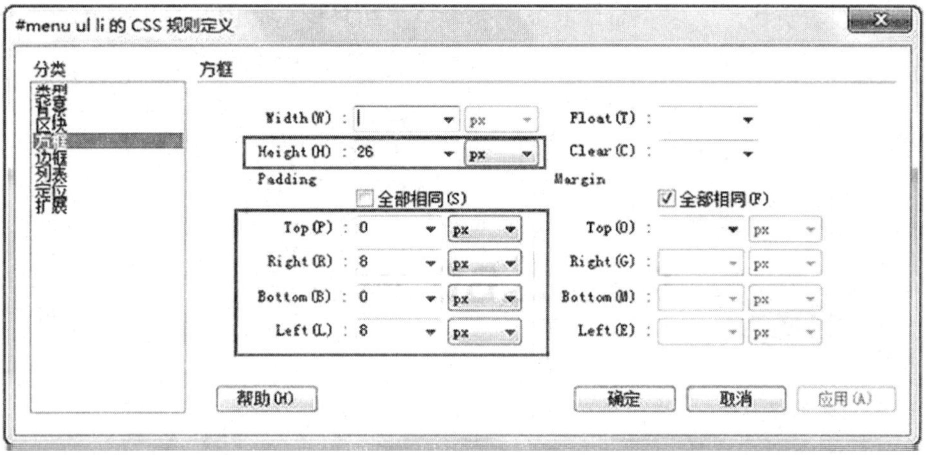

图 4－78

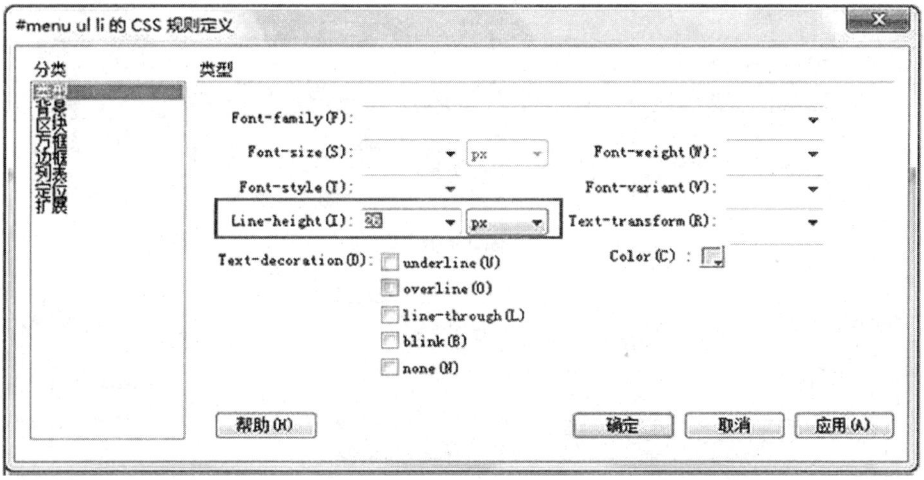

图 4－79

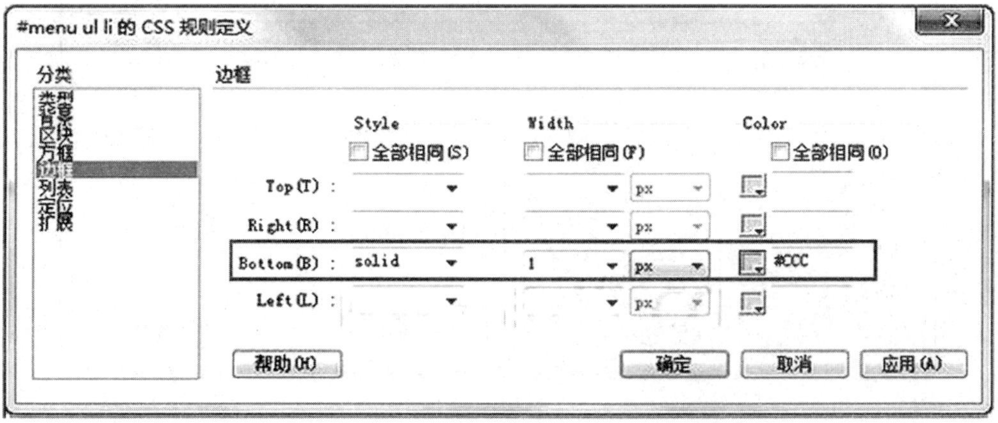

图 4－80

以上属性设置完成后，一个简单的纵向列表菜单初具模型。因为导航菜单需要链接到其他页面，故给这些导航加上链接，然后再定义 a 的状态和鼠标滑过的状态。

要添加链接，首先选择要添加链接的文字，然后在属性页面链接上输入要链接的页面地址，这里输入“#”（是个虚拟链接），不指向任何页面，如图 4－81 至图 4－83 所示。

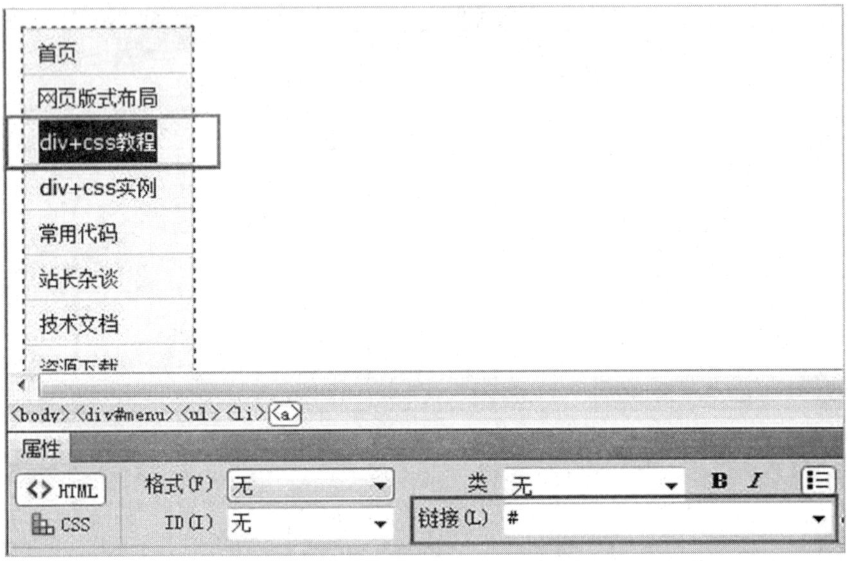

图 4－81

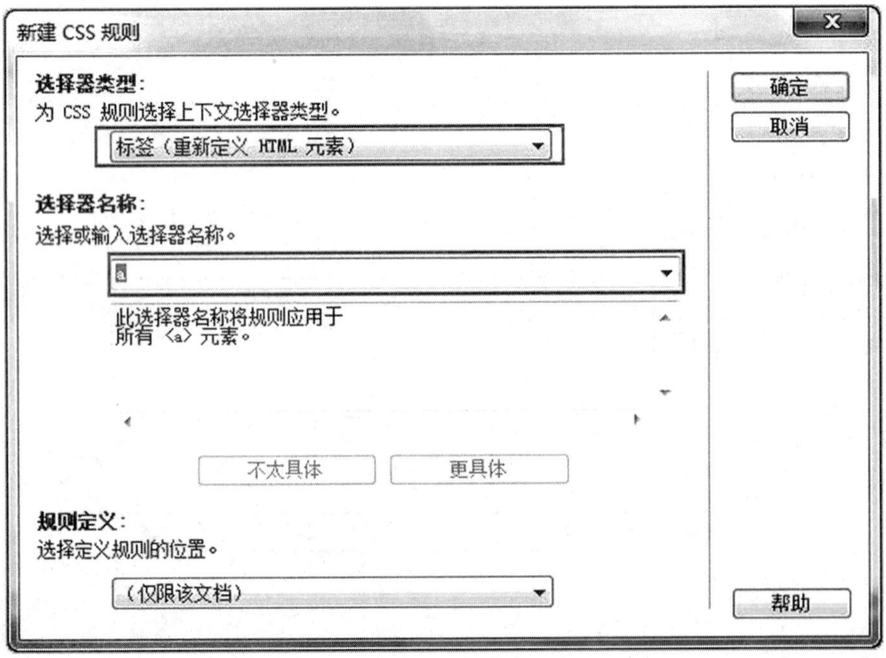

图 4－82

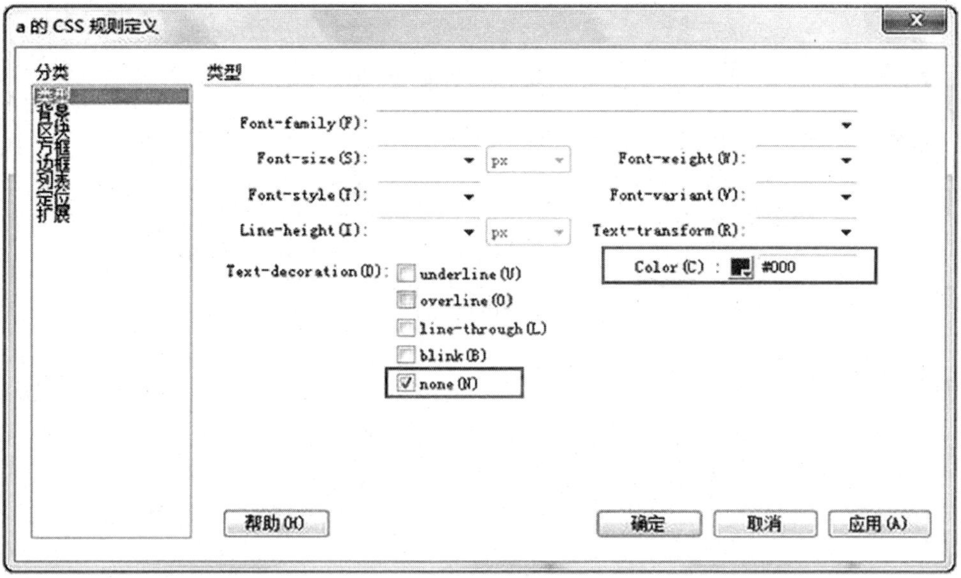

图 4－83

创建 a 的样式后，增加交互效果，当鼠标滑过链接文字时，文字颜色变成红色，这时就需要用到 a：hover 这个伪类，如图 4－84 和图 4－85 所示。

图 4－84

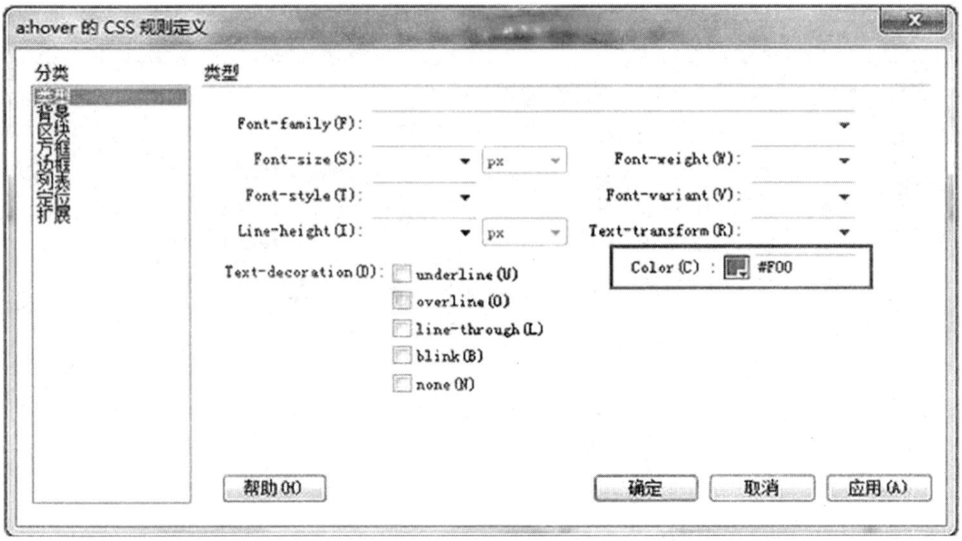

图 4－85

这里的 a：hover 属于伪类，在后面会详细讲解，这里只要知道这个写法是定义鼠标滑过时的样式即可。

整体预览效果如图 4－86 所示。

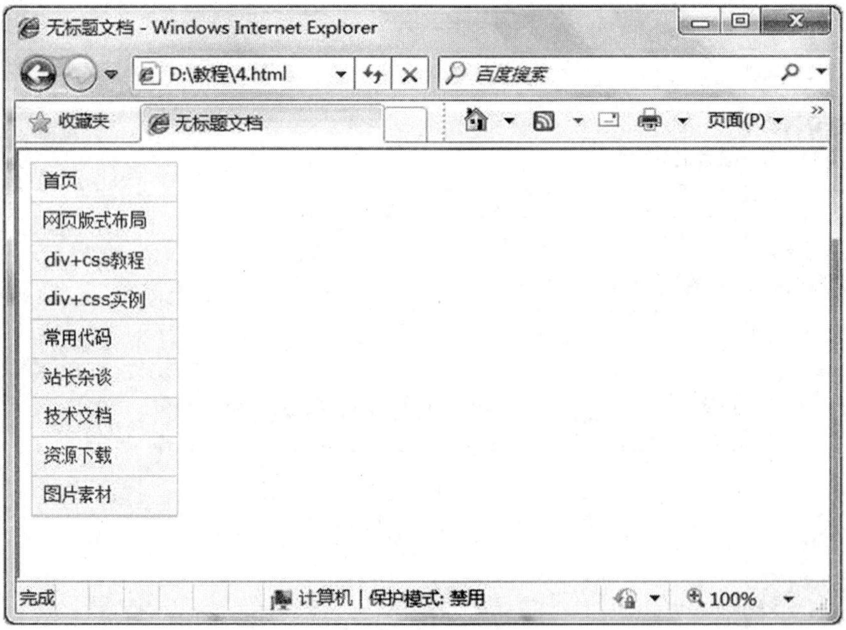

图 4－86

生成的源代码如下：

```
<! DOCTYPE html PUBLIC " -//W3C//DTD XHTML 1.0
Transitional//EN" "http://www.w3.org/TR/xhtml1/DTD/xhtml1-transitional.dtd" >
```

```
<html xmlns="http://www.w3.org/1999/xhtml">
<head>
<meta http-equiv="Content-Type" content="text/html; charset=gb2312" />
<style type="text/css">
body { font-family: Verdana; font-size: 12px; line-height: 1.5; }
a { color: #000; text-decoration: none; }
a:hover { color: #f00; }
#menu { width: 100px; border: 1px solid #CCC; }
#menu ul { list-style: none; margin: 0px; padding: 0px; }
#menu ul li { background: #eee; padding: 0px 8px; height: 26px; line-height: 26px; border-bottom: 1px solid #CCC; }
</style>
</head>
<body>
<div id="menu">
<ul>
<li><a href="@#">首页</a></li>
<li><a href="#">网页版式布局</a></li>
<li><a href="#">div+css 教程</a></li>
<li><a href="#">div+css 实例</a></li>
<li><a href="#">常用代码</a></li>
<li><a href="#">站长杂谈</a></li>
<li><a href="#">技术文档</a></li>
<li><a href="#">资源下载</a></li>
<li><a href="#">图片素材</a></li>
</ul>
</div>
</body>
</html>
```

标准之路（www.aa25.cn）提示：可以先修改部分代码后再运行。

2. 标签的默认样式

大多数标签都有自己的默认样式，如 body 默认外边距，ul 前的圆点及左侧的内边距，h1-h6 字体大小各不相同，em 默认斜体，strong 表示粗体。正因为有这些默认样式，一个设计合理的页面，即使没有加载样式，也能让用户很容易阅读。但此时这些默认样式对我们没用，所以需要清除掉。为了方便，建议用标签重定义方式，这样可以很简单地把全局的样式统一起来。另外，页面中的图片添加链接后会默认添加边框，ul 默认情况下会在列表前添加圆点，这些都是需要去掉的。代码如下：

```
body, ul, li, h1, h2, h3, h4, h5, h6, p, form, dl, dt, dd { margin: 0px; padding: 0px; font-size: 12px; font-weight: normal; }
ul { list-style: none; }
img { border-style: none; }
```

在图 4－87 中，“选择器类型”选择“复合内容（基于选择的内容）”，然后在“选择器名称”中选择常用的带默认样式的标签，中间以英文逗号分隔，并进行如图 4－88 和图 4－89 所示设置。

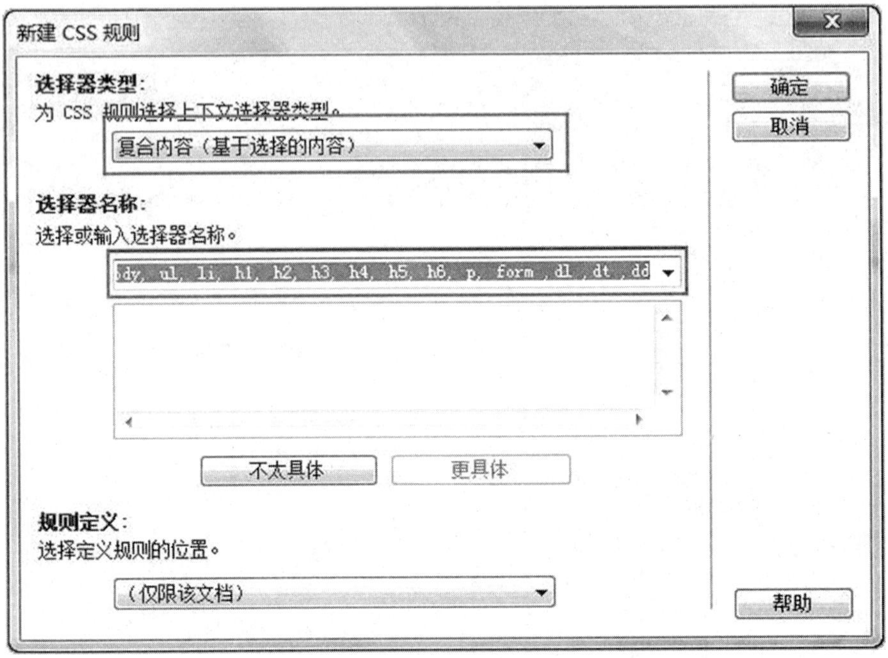

图 4－87

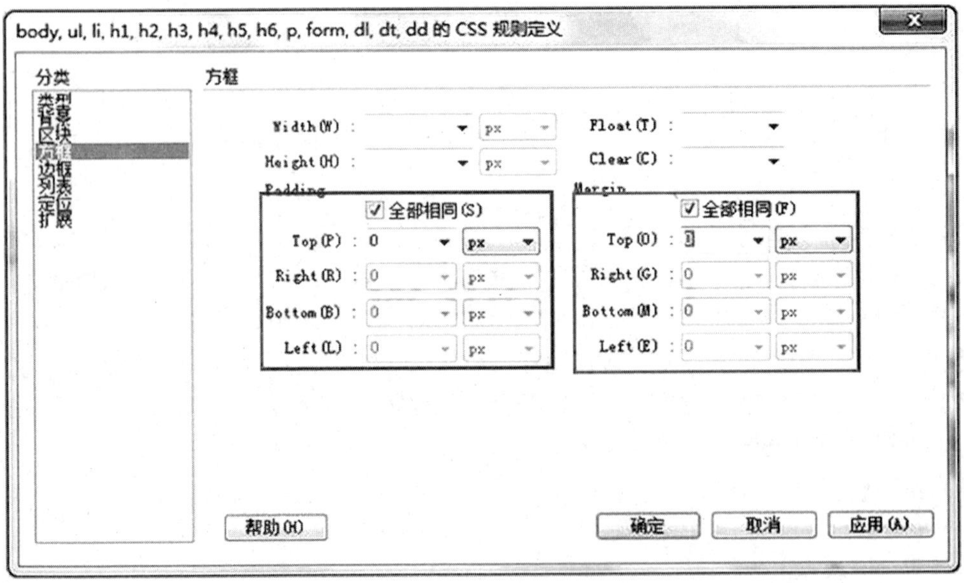

图 4－88

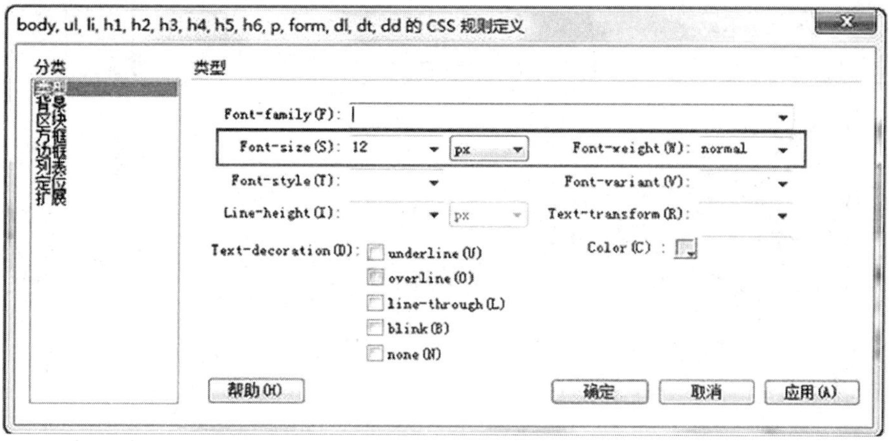

图 4－89

然后对 img 标签进行重定义，清除图片有链接时默认的边框，如图 4－90 和图 4－91 所示。

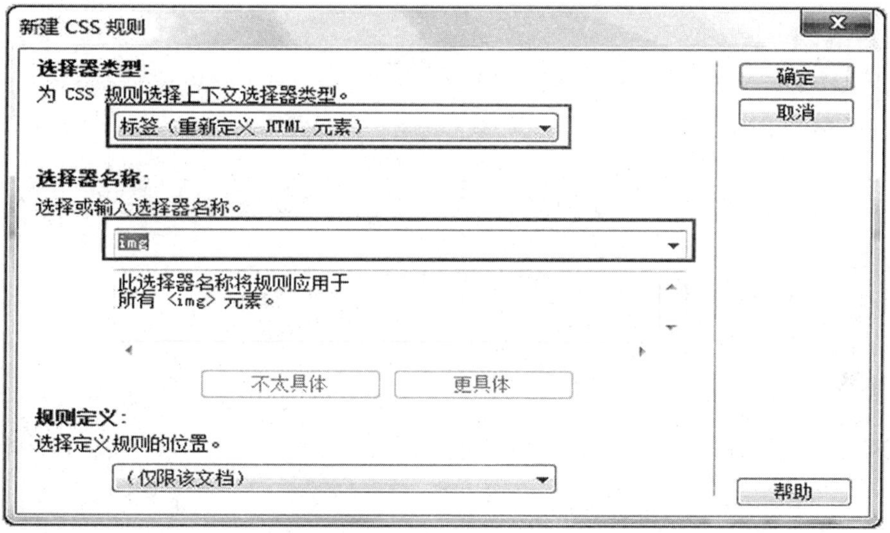

图 4－90

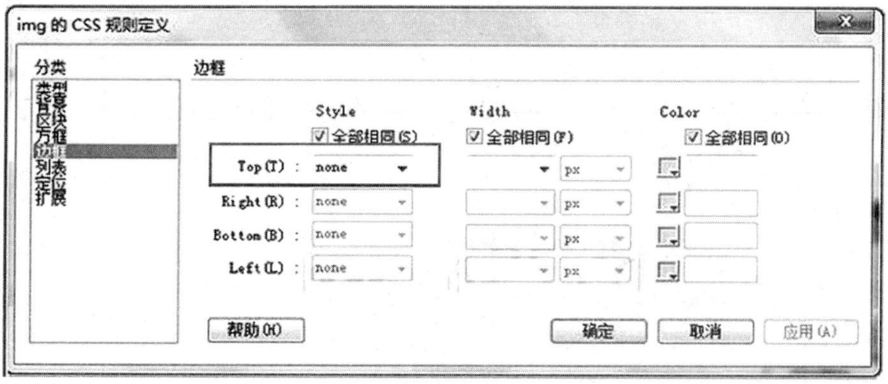

图 4－91

最后设置全局 ul 标签默认的圆点为无，如图 4－92 和图 4－93 所示。

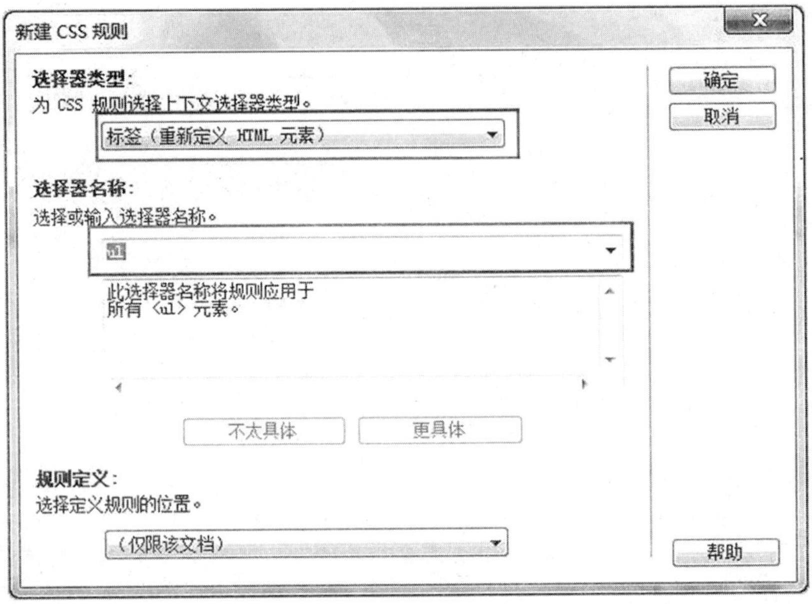

图 4－92

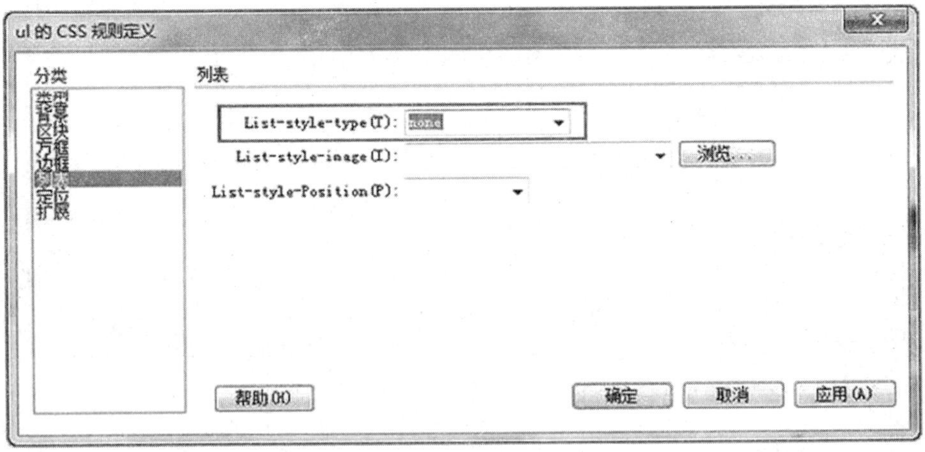

图 4－93

这样就可以把常用标签的默认样式清除掉，如果需要边距可再重新定义，也避免了各个浏览器对标签默认样式解析差异造成页面显示不一样的问题。

3. CSS 派生选择器

CSS 初学者不会使用子选择器是影响效率的原因之一。派生选择器可以帮助你节约大量的 class 定义。前面应用过派生选择器的 CSS 代码如下：

```
#menu ul { list-style: none; margin: 0px; padding: 0px; }
#menu ul li { background: #eee; padding: 0px 8px; height: 26px; line-height: 26px; border-bottom: 1px solid #ccc; }
```

#menu ul 和#menu ul li 即为派生选择器，如果把前边的#menu 去掉，那么将对 ul 标签重定义，重定义的属性将应用到全局，而前边加上#menu 后，将是定义 ID 为 menu 元素内 ul 的样式，设置它的样式只对#menu 下的 ul 生效，不对它之后的 ul 生效，有点像编程中的局部变量，而直接定义 ul 则相当于全局变量。#menu ul li 是定义 ID 为 menu 元素内 ul 下的 li，派生选择器可以不用再给每个 li 定义一个样式名来定义样式，只需使用派生选择器，从它的父元素处选择即可，这样能大大提高效率。

4. CSS 选择器的分组

可以对选择器进行分组，这样被分组的选择器就可以分享相同的声明。用逗号将需要分组的选择器分开。在下面的例子中，对所有的标题元素进行了分组。所有的标题元素都是绿色的，p 段落、div 分区、span 都是 20 像素字体。

```
h1,h2,h3,h4,h5,h6 {
color: green;
}
p,div,span{
font-size:20px;
}
```

5. 纵向二级列表

二级菜单即指当鼠标放到一级菜单上后，会弹出相应的二级菜单，移去鼠标后又自动消失，接着上面的例子进行修改，代码如下：

```
<div id="menu">
<ul>
<li><a href="@#">首页</a></li>
<li><a href="#">网页版式布局</a>
<ul>
<li><a href="#">自适应宽度</a></li>
<li><a href="#">固定宽度</a></li>
</ul>
</li>
<li><a href="#">div+css 教程</a>
<ul>
<li><a href="#">新手入门</a></li>
<li><a href="#">视频教程</a></li>
<li><a href="#">常见问题</a></li>
</ul>
</li>
<li><a href="#">div+css 实例</a></li>
<li><a href="#">常用代码</a></li>
<li><a href="#">站长杂谈</a></li>
<li><a href="#">技术文档</a></li>
<li><a href="#">资源下载</a></li>
```

<li> <a href="#" >图片素材</a> </li>
</ul>
</div>

修改 CSS 样式表，首先修改#menu ul li，给其增加一个“position：relative;”属性，如图4-94所示。

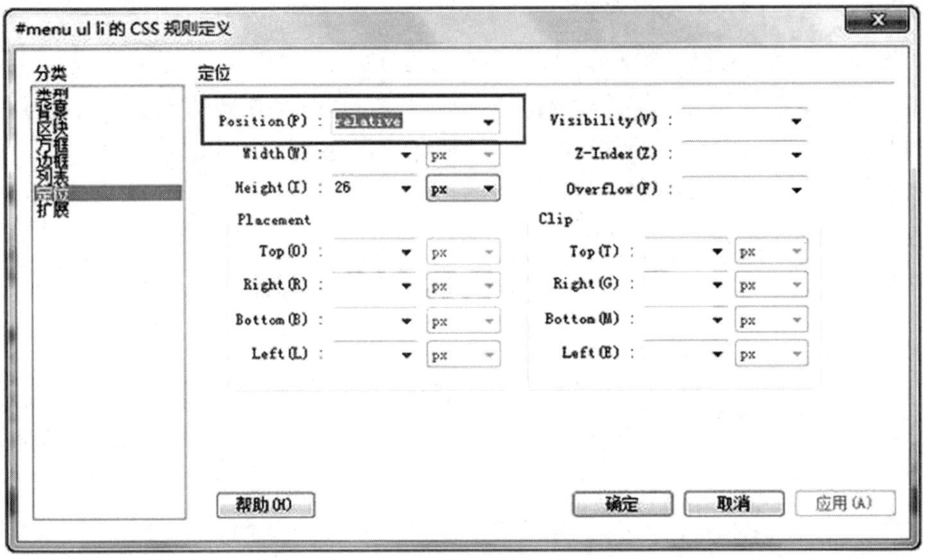

图 4-94

然后定义 ID 为 menu 元素内 ul 下的 ul 样式，如图 4-95 和图 4-96 所示。

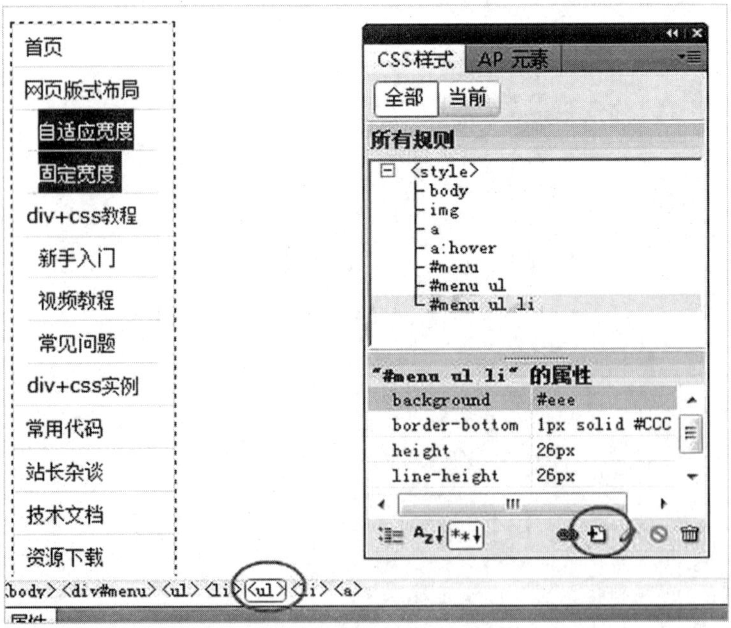

图 4-95

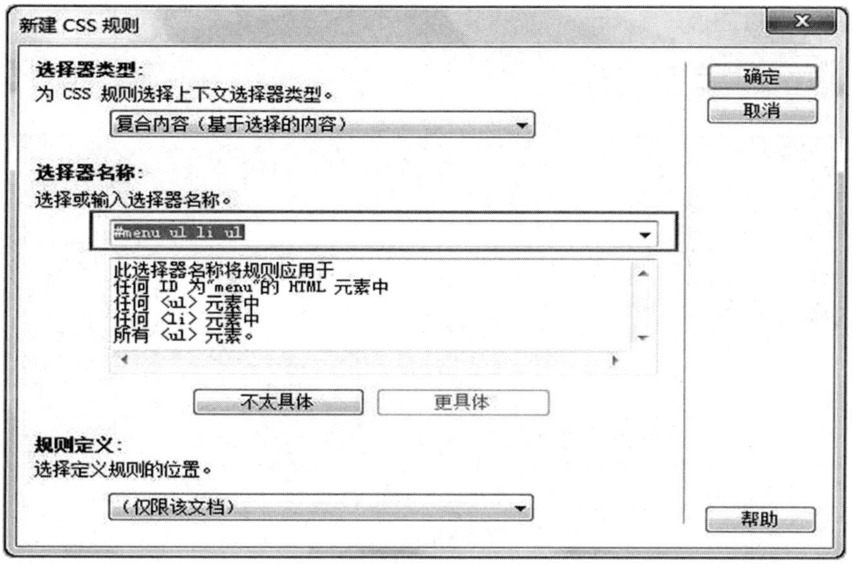

图 4－96

定义“display：none”后，默认状态下将隐藏，如图 4－97 和图 4－98 所示。

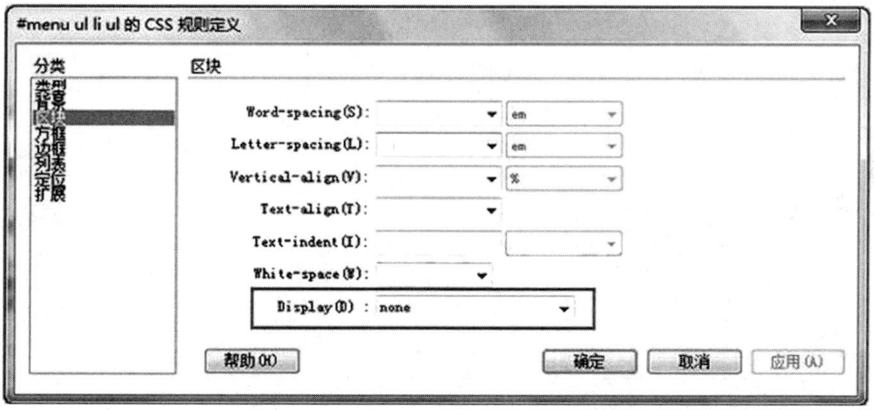

图 4－97

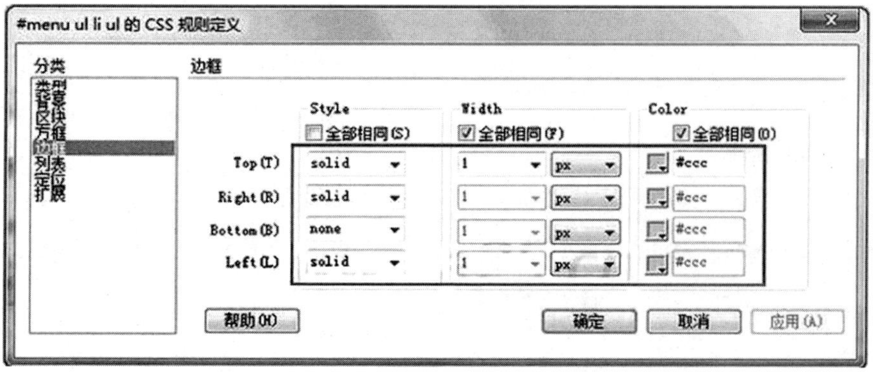

图 4－98

定义#menu ul li ul 的“position: absolute; left: 100px; top: 0px;”，它将以相对于其父元素 li 的上为 0、左为 100 的位置显示，如图 4－99 所示。

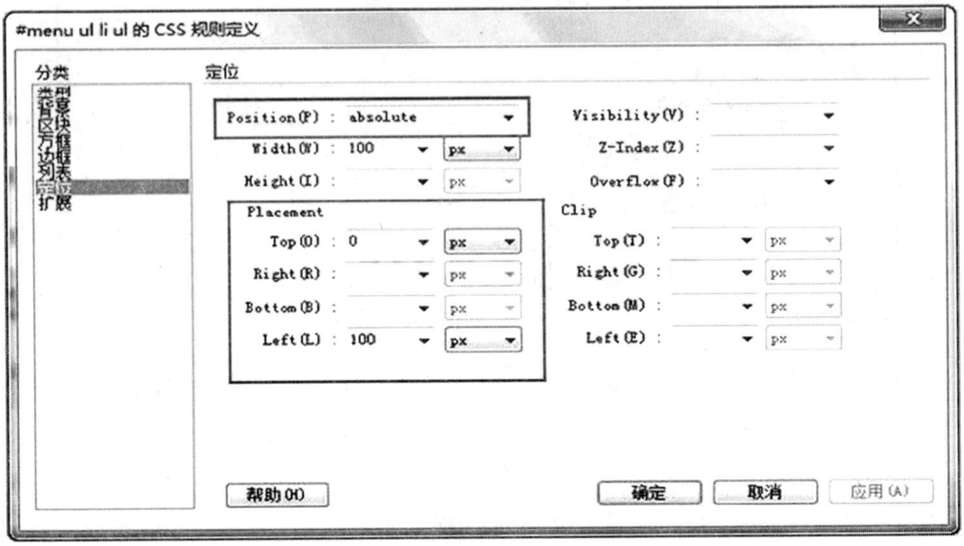

图 4－99

最后设置当鼠标滑过后显示下级菜单的样式，如图 4－100 和图 4－101 所示。

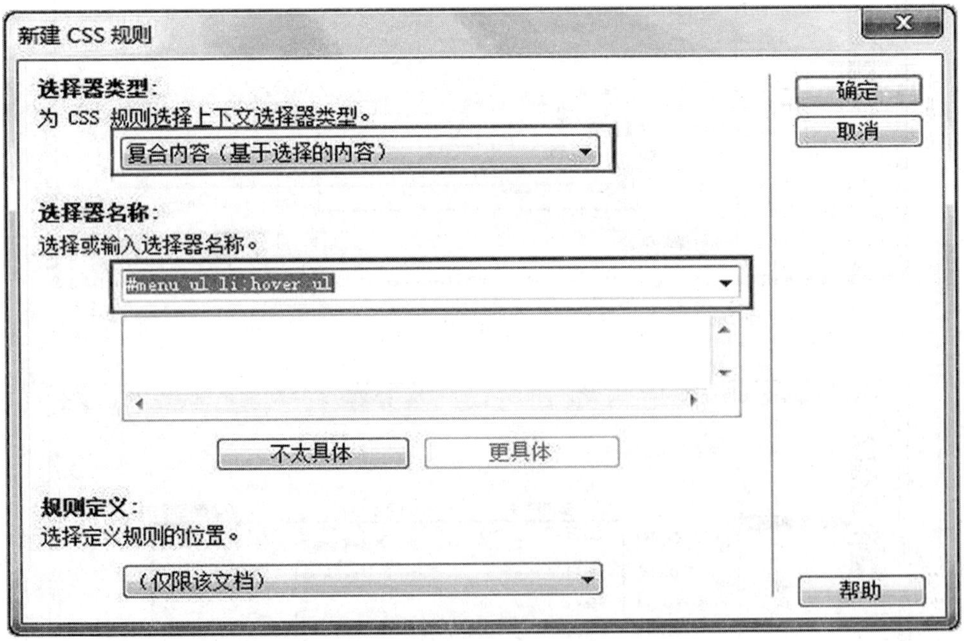

图 4－100

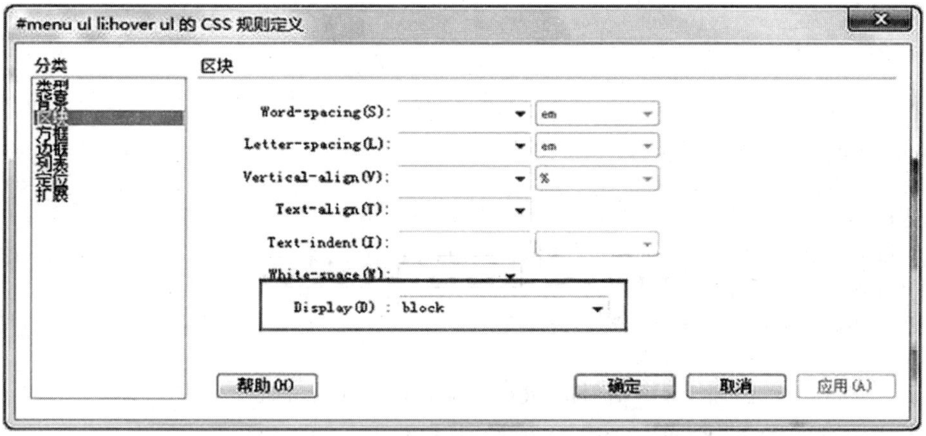

图 4-101

#menu ul li: hover ul 这个样式比较难理解，它的意思是定义 ID 为 menu 元素为 ul 下的 li，当鼠标滑过时 ul 的样式，这里设置为 display: block，指的是鼠标滑过时显示这块内容。其中的“: hover”和前边说的链接一样，同属于伪类，但有一点需要注意，目前 IE6 只支持 a 的伪类，其他标签的伪类不支持，所以要想在 IE6 下也正确显示，需要借助 JavaScript 来实现。定义一个类 current（自己命名，需和 JavaScript 中相同）的属性为 display: block；当鼠标滑过后，用 JavaScript 给当前 li 添加上这个样式，根据 CSS 的优先级即指定的高于继承的原则，实现了 IE6 下的正确显示。所以，需要加上 JavaScript 和样式：

```
#menu ul li. current ul { display:block;}
```

生成的源代码如下：

```
<! DOCTYPE html
PUBLIC " -//W3C//DTD XHTML 1.0 Transitional//EN"
"http://www. w3. org/TR/xhtml1/DTD/xhtml1-transitional. dtd" >
<html xmlns = "http://www. w3. org/1999/xhtml" >
<head>
<meta http-equiv = "Content-Type" content = "text/html; charset = gb2312" />
<script
type = "text/javascript" > <! --// -- > <! [CDATA[// > <! --
startList = function() {
if (document. all&&document. getElementById) {
navRoot = document. getElementById( "menu" );
var allli = navRoot. getElementsByTagName( "li" )
for (i =0; i < allli. length; i + + ) {
node = allli[i];
node. onmouseover = function() {
this. className + = " current";
}
node. onmouseout = function() {
this. className = this. className. replace( " current", "" );
```

```
}
}
}
}
window.onload = startList;
//--><!]]></script>
<style type="text/css">
body { font-family: Verdana; font-size: 12px; line-height: 1.5; }
img { border-style: none; }
a { color: #000; text-decoration: none; }
a:hover { color: #f00; }
#menu { width: 100px; border: 1px solid #CCC; border-bottom:none;}
#menu ul { list-style: none; margin: 0px; padding: 0px; }
#menu ul li { background: #eee; padding: 0px 8px; height: 26px;
line-height: 26px; border-bottom: 1px solid #CCC; position:relative; }
#menu ul li ul { display:none; position: absolute; left: 100px; top:
0px; width:100px; border:1px solid #ccc; border-bottom:none; }
#menu ul li.current ul { display:block;}
#menu ul li:hover ul { display:block;}
</style>
</head>
<body>
<div id="menu">
<ul>
<li><a href="#">首页</a></li>
<li><a href="#">网页版式布局</a>
<ul>
<li><a href="#">自适应宽度</a></li>
<li><a href="#">固定宽度</a></li>
</ul>
</li>
<li><a href="#">div+css 教程</a>
<ul>
<li><a href="#">新手入门</a></li>
<li><a href="#">视频教程</a></li>
<li><a href="#">常见问题</a></li>
</ul>
</li>
<li><a href="#">div+css 实例</a></li>
<li><a href="#">常用代码</a></li>
<li><a href="#">站长杂谈</a></li>
<li><a href="#">技术文档</a></li>
<li><a href="#">资源下载</a></li>
<li><a href="#">图片素材</a></li>
```

```
</ul>
</div>
</body>
</html>
```

标准之路（www. aa25. cn）提示：可以先修改部分代码后再运行。

最终显示效果如图 4－102 所示。

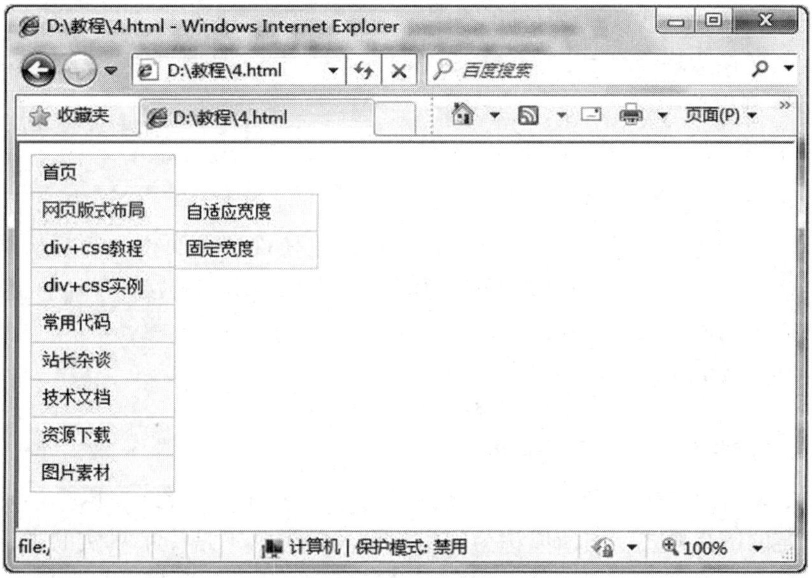

图 4－102

前面讲解块级元素和内联元素时提到 display，现在用到了“display：block；”和“display：none；”，值为 none 时表示将这个元素隐藏，值为 block 时表示将其隐藏状态改为显示状态。

6．相对定位和绝对定位

相对定位（position：relative；），如果对一个元素进行相对定位，首先它将出现在它所在的位置上，然后通过设置垂直或水平位置，让这个元素“相对于”它的原始起点进行移动。相对定位时，无论是否进行移动，元素仍然占据原来的空间。因此，移动元素会导致它覆盖其他框。

绝对定位（position：absolute；），其位置将依据浏览器左上角开始计算。绝对定位使元素脱离文档流，因此不占据空间。普通文档流中元素的布局就像绝对定位的元素不存在时一样。因为绝对定位的框与文档流无关，所以它们可以覆盖页面上的其他元素，并可以通过 z-index 来控制其层级次序。z-index 的值越高，它越显示在上层。

父容器使用相对定位，子元素使用绝对定位后，子元素的位置不再相对于浏览器左上角，而是相对于父窗口左上角。

相对定位和绝对定位需要配合 top、right、bottom、left 使用，用来定位具体位置，这四个属性只有在该元素使用定位后才生效，其他情况下无效。另外，这四个属性同时只能使用相邻的两个，不能既使用上又使用下，或既使用左又使用右。

本节讲解的知识点较多也较重要，希望大家认真学习，认真动手做一遍，加深印象。

第五节　超链接伪类

下面学习《十天学会 WEB 标准（DIV + CSS）》中的超链接伪类，包含以下内容和知识点：

（1）超链接的四种样式；

（2）将链接转换为块级元素；

（3）用 CSS 制作按钮；

（4）首字下沉。

1. 超链接的四种样式

超链接可以说是网页发展史上一个伟大的发明，它使许多页面相互链接从而构成一个网站。说到超链接，它涉及一个新的概念——伪类。下面先给出超链接的四种样式：

```
a:link {color: #ff0000} /* 未访问的链接 */
a:visited {color: #00ff00} /* 已访问的链接 */
a:hover {color: #ff00ff} /* 鼠标移动到链接上 */
a:active {color: #0000ff} /* 选定的链接 */
```

以上分别定义了超链接未访问时的链接样式、已访问的链接样式、鼠标移动到链接上的链接样式和选定的链接样式。之所以称为伪类，也就是说它不是一个真实的类，正常的类是以点开始，后边跟一个名称；而伪类是以 a 开始，后边跟一个冒号，再跟一个状态限定字符。如“a：hover”，只有当鼠标移动到该链接上时它才生效，而“a：visited”只对已访问过的链接生效。伪类使得用户体验大大提高，如可以设置鼠标移动到链接上时改变颜色或下划线等属性来告知用户这个是可以点击的，设置已访问过的链接的颜色变灰暗或加删除线告知用户这个链接的内容已访问过了。

下面来做一个默认状态下是蓝色，鼠标移动到其上是红色加下划线，选定（按下）时为紫色，已访问过为灰色加删除线的超链接实例来讲解一下。首先插入两个带超链接的内容，代码如下，效果如图 4－103 所示。

```
<p><a href="#">这里是链接</a></p>
<p><a href="10.html">这里也是链接</a></p>
```

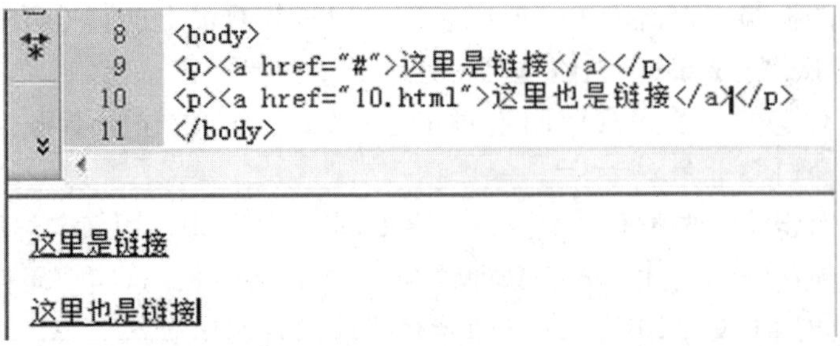

图 4－103

从图 4 - 103 中可以看出，插入的超链接默认是蓝色加下划线的，这是标签的默认样式。下面在 CSS 样式中定义 a：link，如图 4 - 104 至图 4 - 106 所示。

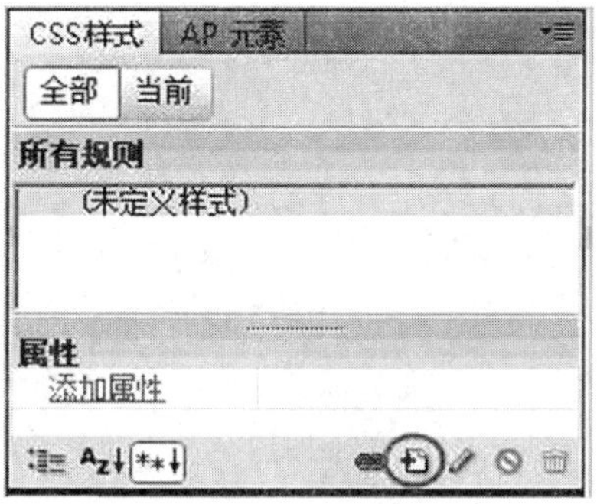

图 4 - 104

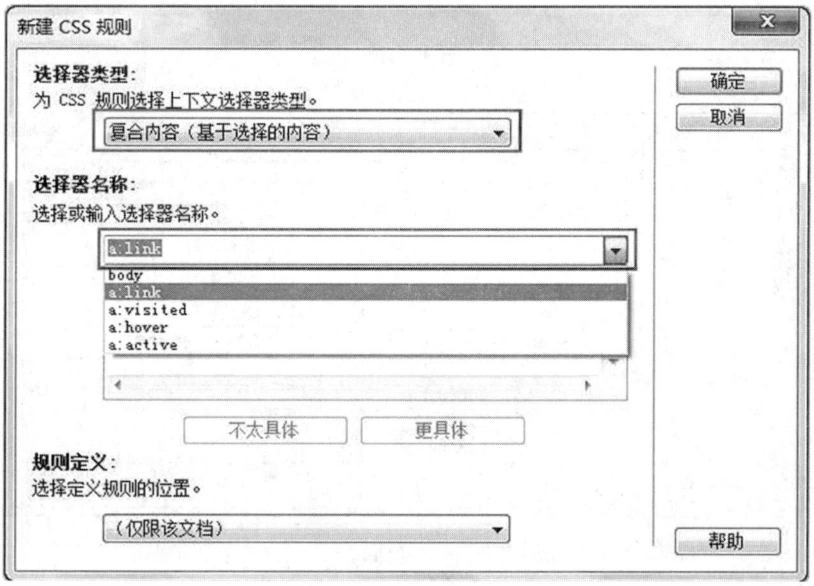

图 4 - 105

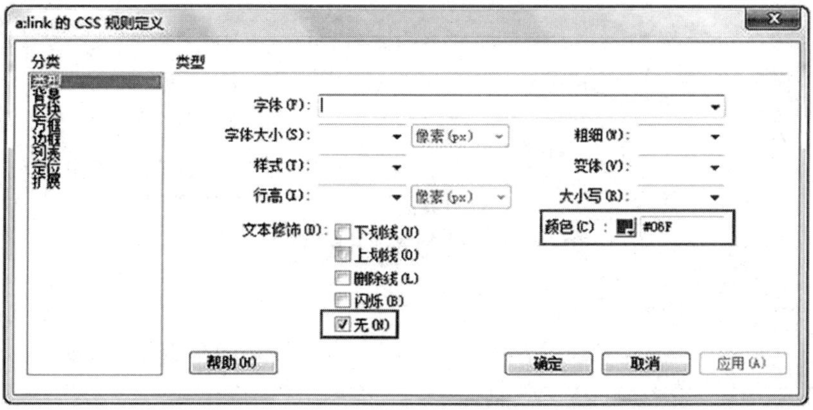

图 4 - 106

设置完 a：link 的样式后，下面分别设置 a：visited，a：hover，a：active 的样式，如图 4－107至图 4－109 所示。

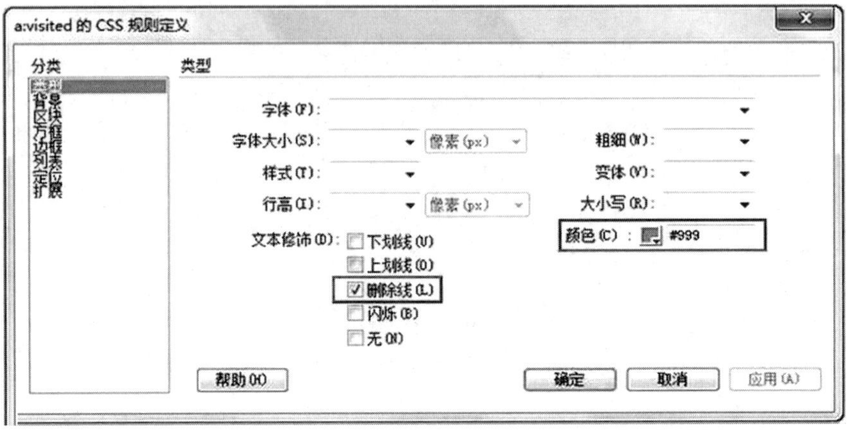

图 4－107

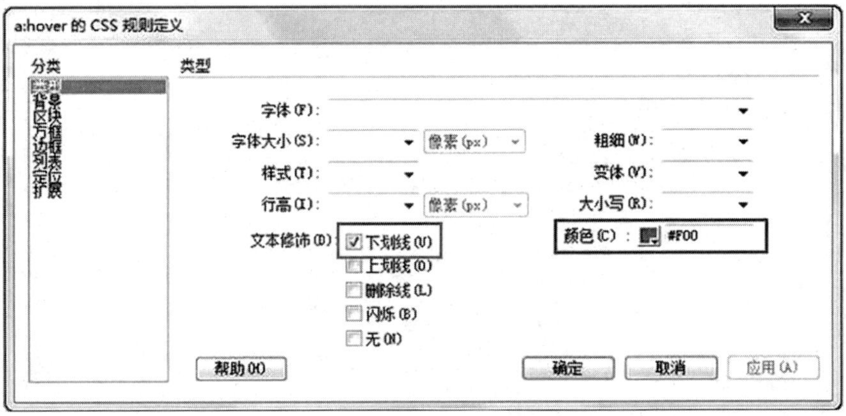

图 4－108

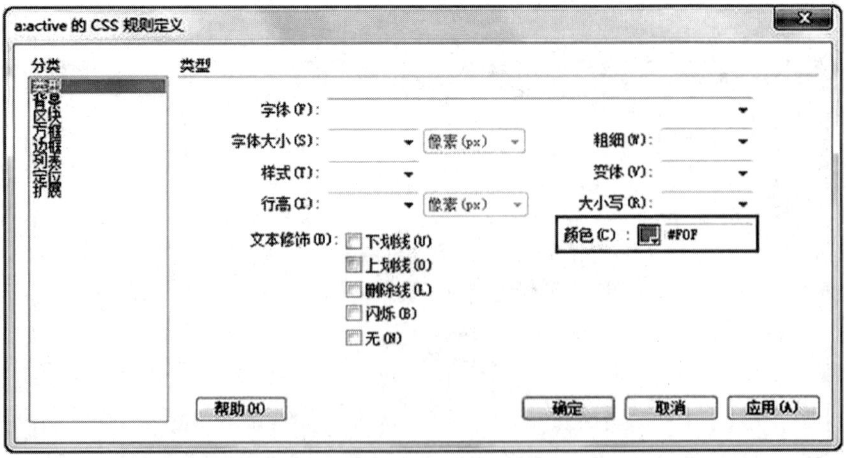

图 4－109

生成的源代码如下：

```
<! DOCTYPE html PUBLIC " -//W3C//DTD XHTML1.0
Transitional//EN""http://www.w3.org/TR/xhtml1/DTD/xhtml1-transitional.dtd">
<html xmlns="http://www.w3.org/1999/xhtml">
<head>
<meta http-equiv="Content-Type" content="text/html; charset=gb2312" />
<style type="text/css">
a:link { color: #06f; text-decoration: none; }
a:visited { color: #999; text-decoration: line-through; }
a:hover { color: #f00; text-decoration: underline; }
a:active { color: #f0f; }
</style>
</head>
<body>
<p><a href="#">这里是链接</a></p>
<p><a href="10.html">这里也是链接</a></p>
</body>
</html>
```

标准之路（www.aa25.cn）提示：可以先修改部分代码后再运行。

注意：四种状态的顺序一定不能颠倒，否则有些不生效。

2. 将链接转换为块级元素

链接在默认状态下是内联元素，转换为块级元素后可以获得更大的点击区域，可以设置宽度和高度。将链接转换为块状，只需增加一个 display：block 的 CSS 属性即可。具体设置如图 4－110 至图 4－114 所示，代码如下：

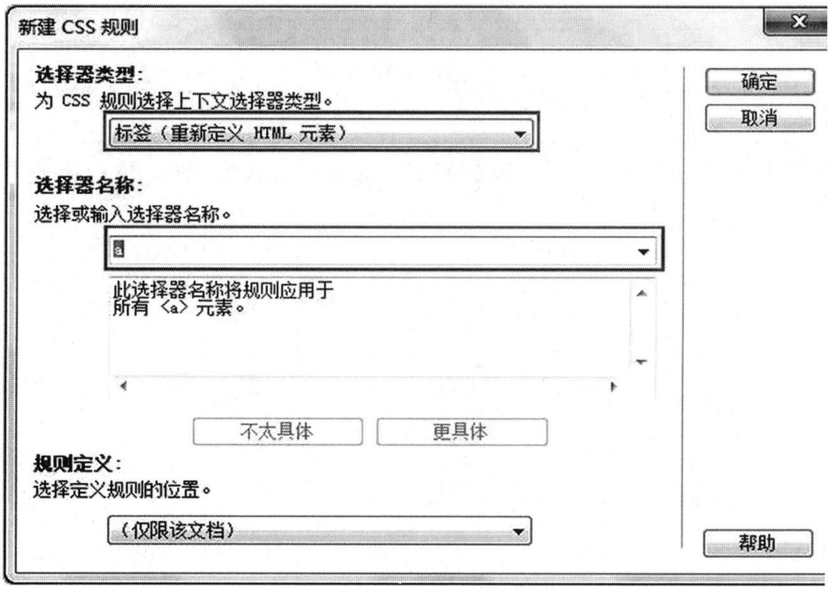

图 4－110

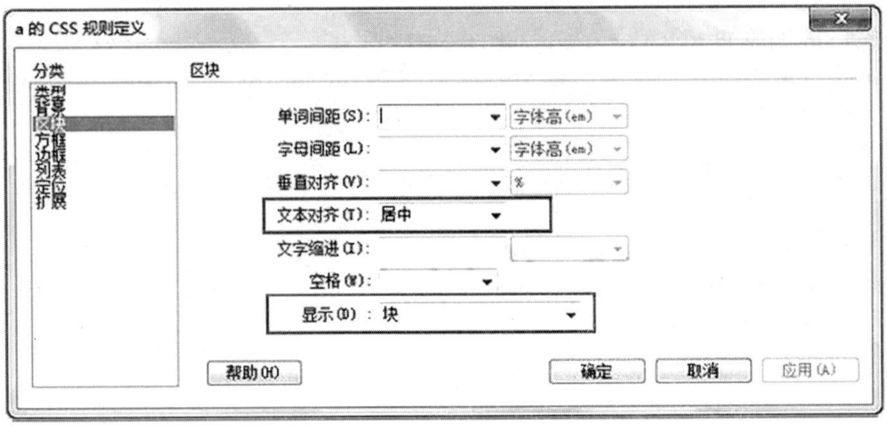

图 4－111

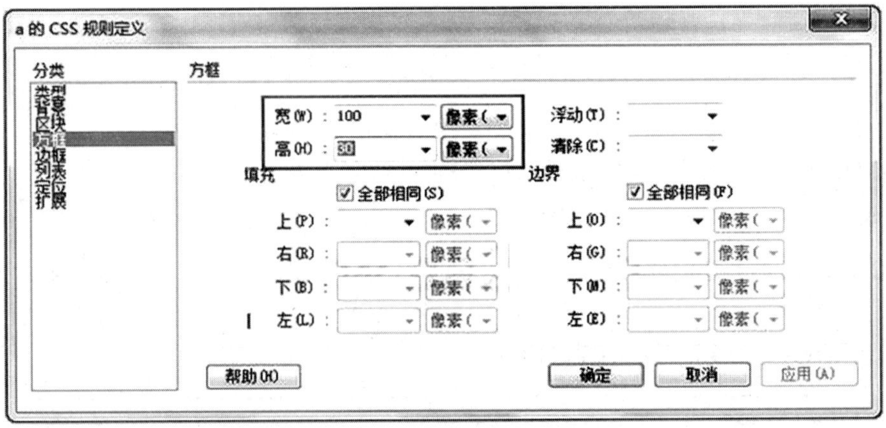

图 4－112

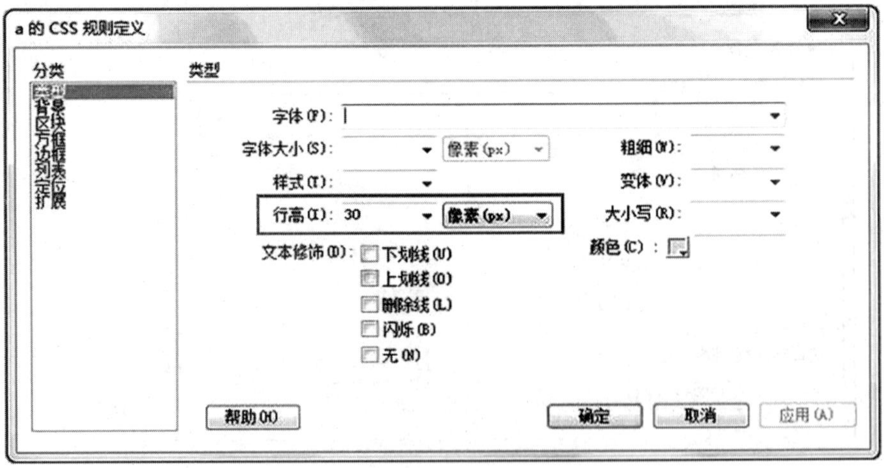

图 4－113

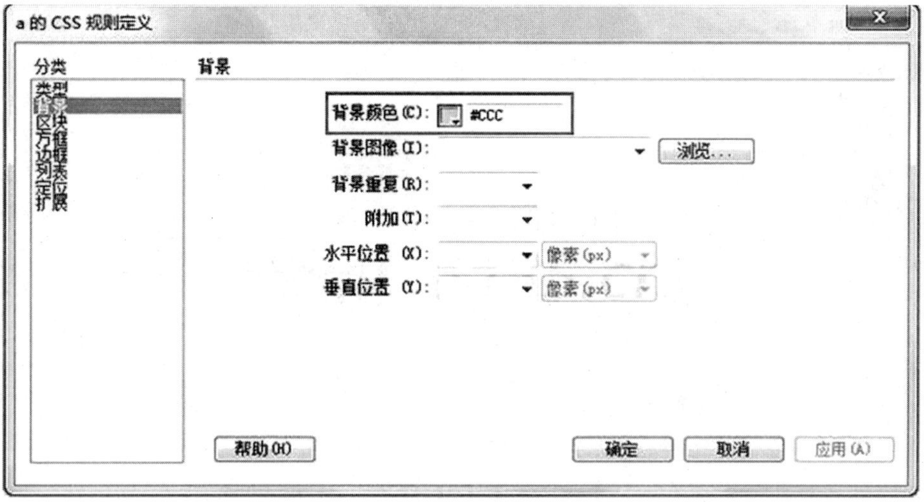

图 4 - 114

a { display: block; height: 30px; width: 100px; line-height: 30px; text-align: center; background: #ccc; }

这样设置的结果是全局 a 都执行这个样式显示，下面设置鼠标滑过时的状态，其他几种状态设置方法相同，如图 4 - 115 至图 4 - 117 所示。

图 4 - 115

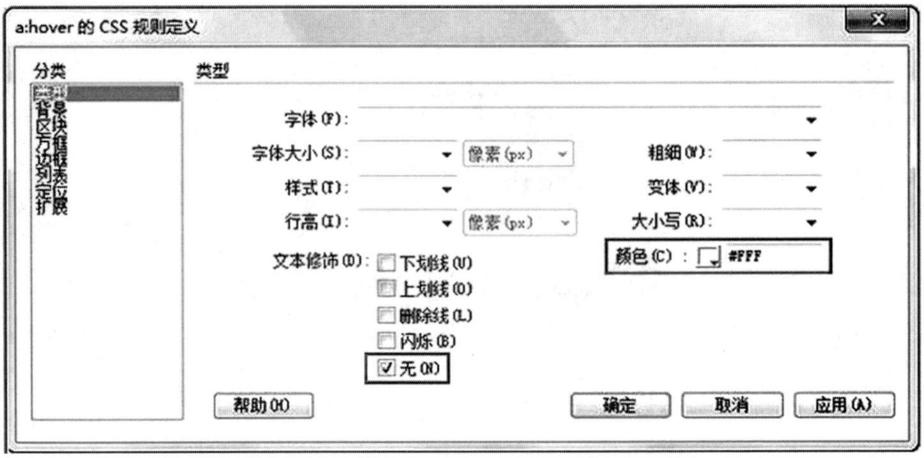

图 4－116

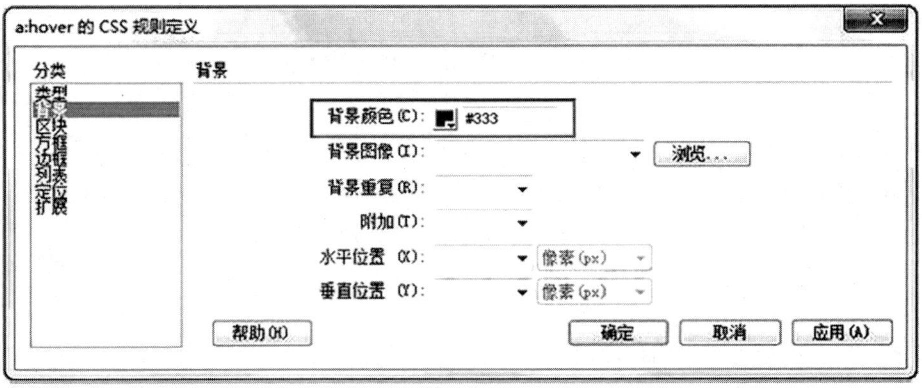

图 4－117

生成的源代码如下：

```
<! DOCTYPE html PUBLIC " -//W3C//DTD XHTML 1.0
Transitional//EN" "http://www.w3.org/TR/xhtml1/DTD/xhtml1-transitional.dtd" >
<html xmlns = "http://www.w3.org/1999/xhtml" >
<head>
<meta http-equiv = "Content-Type" content = "text/html; charset = gb2312" />
<style type = "text/css" >
a { display: block; height: 30px; width: 100px; line-height: 30px; text-align: center; background: #CCC; }
a:hover { color: #fff; text-decoration: none; background: #333; }
</style>
</head>
<body>
<p> <a href = "#" >这里是链接</a> </p>
<p> <a href = "10.html" >这里也是链接</a> </p>
```

```
</body>
</html>
```

标准之路（www. aa25. cn）提示：可以先修改部分代码后再运行。

3. 用 CSS 制作按钮

学会了把超链接转换为块级元素，再制作 CSS 按钮就简单了，只需在前面的基础上增加一个按钮的背景图片即可实现。下面以制作淘宝网首页的免费注册按钮来讲解，设置最常用的默认样式和鼠标滑过时的样式，如图 4－118 所示。

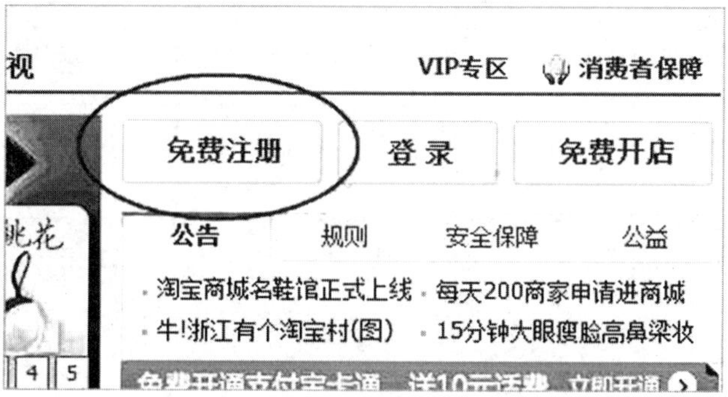

图 4－118

首先需要准备默认状态和鼠标滑过状态的图片，如图 4－119 所示。

图 4－119

修改之前的 HTML 如下，然后重新定义 CSS 样式，如图 4－120 至图 4－123 所示。

```
<p> <a href = "#" >免费注册</a> </p>
```

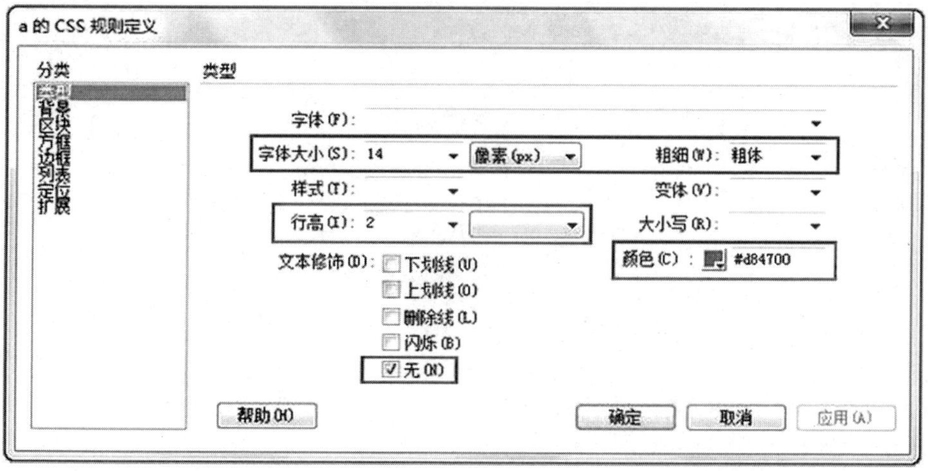

图 4－120

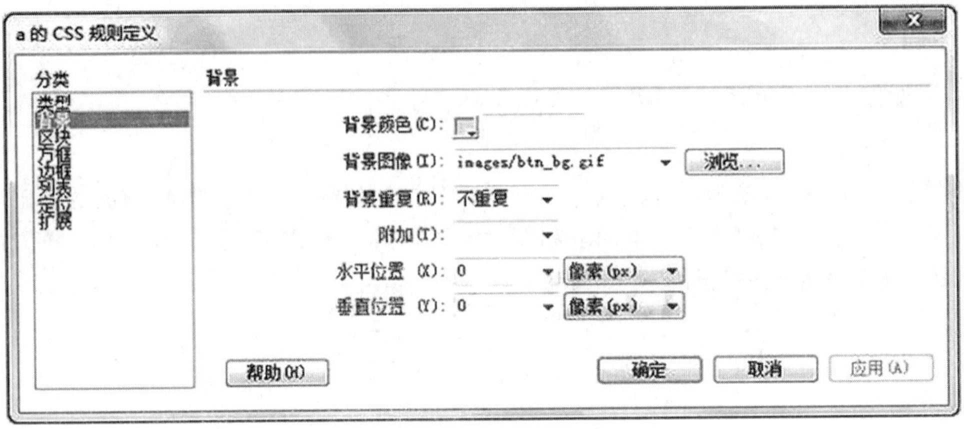

图 4－121

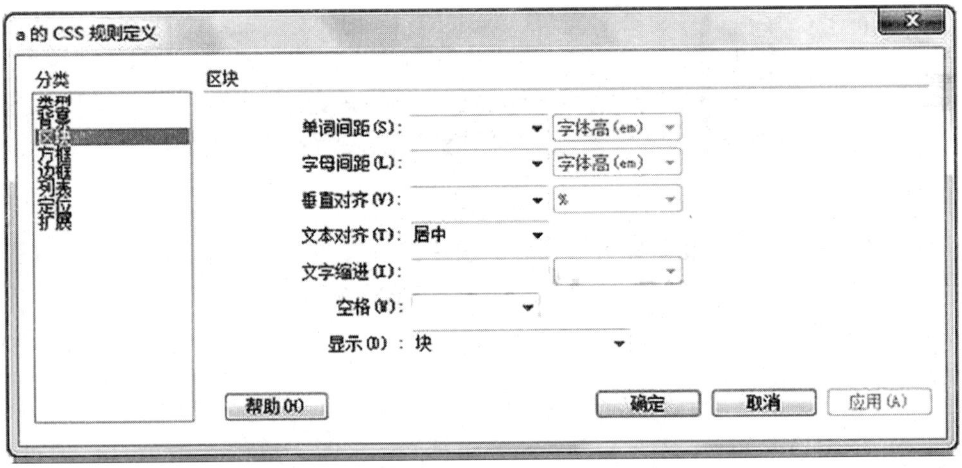

图 4－122

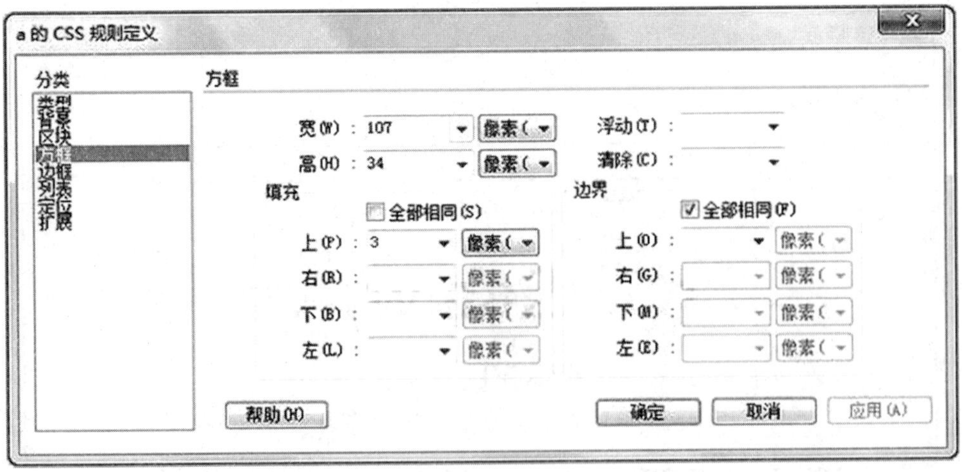

图 4－123

生成的源代码如下：

```
<! DOCTYPE html
PUBLIC " -//W3C//DTD XHTML 1.0 Transitional//EN"
"http://www.w3.org/TR/xhtml1/DTD/xhtml1-transitional.dtd" >
<html xmlns = "http://www.w3.org/1999/xhtml" >
<head >
<meta http-equiv = "Content-Type" content = "text/html; charset = gb2312"
/>
<style type = "text/css" >
a { display: block; height: 34px; width: 107px; line-height: 2;
text-align: center; background:
url(/upload/2010-08/14/014304_btn_bg.gif) no-repeat 0px 0px; color:
#d84700; font-size: 14px; font-weight: bold; text-decoration: none;
padding-top: 3px; }
a:hover { background: url(/upload/2010-08/14/014304_btn_bg_hover.gif)
no-repeat 0px 0px;}
</style >
</head >
<body >
<p > <a href = "#" >免费注册 </a > </p >
</body >
</html >
```

标准之路（www.aa25.cn）提示：可以先修改部分代码后再运行。

本例中运用到了背景图片，有关背景图片的详细运用将在后面讲解，也可以查看 CSS 样式表手册。

4. 首字下沉

首字下沉是 CSS 伪类的又一个运用，它可以直接通过 CSS 样式表向某个选择器中的文本首字添加特殊的样式，而不需要把首字添加一个标签或通过程序来实现。下面以制作 Word 里的首字下沉为例来讲解，应用如下伪元素：

```
:first-letter
```

在页面中添加如下一段内容，只用设置样式就可以实现首字下沉。

```
<p >标准之路[www.aa25.cn]提供 DIV + CSS 教程,DIV + CSS 视频教程,WEB2.0 标准,DIV + CSS 布局入门教程,网页布局实例,CSS 布局实例,DIV + CSS 模板,DIV + CSS 实例解析,网站重构,网页代码,水晶图标,幻灯广告图片。教程适合初学者循序渐进学习！ </p >
```

为了便于观察效果，设置 p 的样式如下：

```
p { width: 400px; line-height: 1.5; font-size: 14px; }
```

然后设置 p：first-letter 的样式，如图 4－124 至图 4－126 所示。

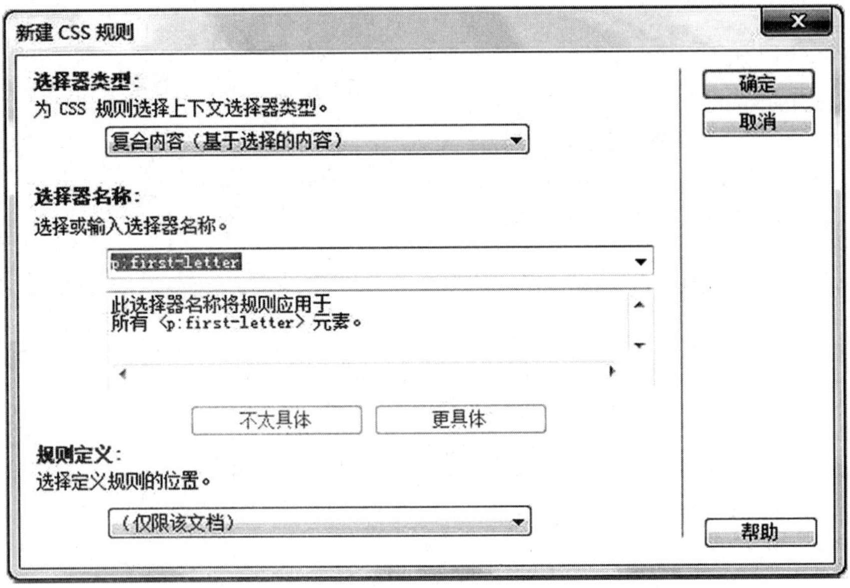

图 4－124

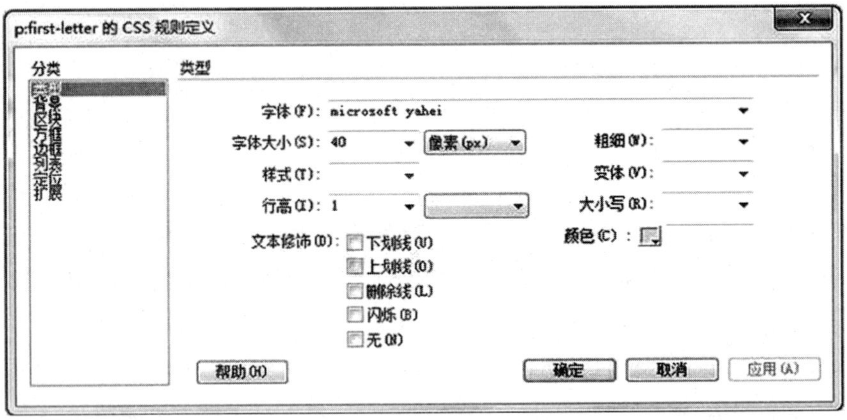

图 4－125

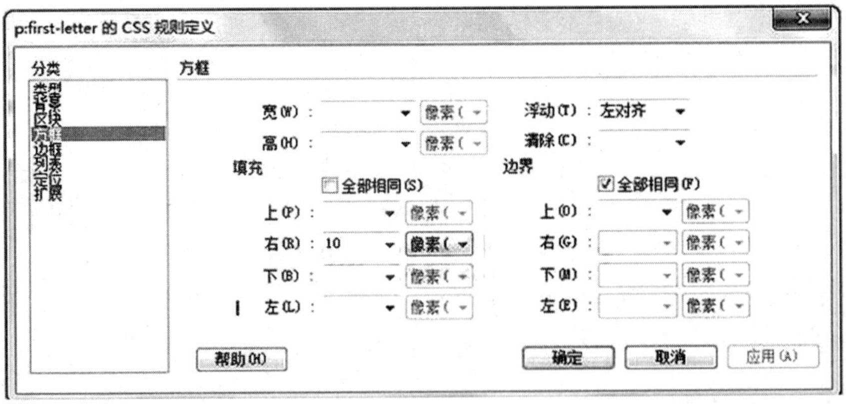

图 4－126

生成的源代码如下：

```
<! DOCTYPE html PUBLIC " -//W3C//DTD XHTML 1.0 Transitional//EN" "http://www.w3.org/TR/xhtml1/DTD/xhtml1-transitional.dtd" >
<html xmlns = "http://www.w3.org/1999/xhtml" >
<head >
<meta http-equiv = "Content-Type" content = "text/html; charset = gb2312" / >
<style type = "text/css" >
p { width: 400px; line-height: 1.5; font-size: 14px; }
p:first-letter { font-family: " microsoft yahei"; font-size: 40px; float: left; padding-right: 10px; line-height: 1; }
</style >
</head >
<body >
<p >标准之路[www.aa25.cn]提供 DIV + CSS 教程,DIV + CSS 视频教程,WEB2.0 标准,DIV + CSS 布局入门教程,网页布局实例,CSS 布局实例,DIV + CSS 模板,DIV + CSS 实例解析,网站重构,网页代码,水晶图标,幻灯广告图片。教程适合初学者循序渐进学习！ </p >
</body >
</html >
```

| 第六节 | HTML 列表

下面学习《十天学会 WEB 标准（DIV + CSS）》中的 HTML 列表，包含以下内容和知识点：

（1）ul 无序和 ol 有序列表；

（2）改变项目符号样式或用图片定义项目符号；

（3）横向图文列表；

（4）浮动后父容器高度自适应；

（5）IE6 的双倍边距 bug。

1. ul 无序和 ol 有序列表

无序列表是 WEB 标准布局中最常用的样式，代码如下，显示效果如图 4 - 127 所示。

```
<div id = "layout" >
<ul >
<li > <a title = "第五节超链接伪类" href = "/div_css/906.shtml" target = "_blank" >第五节超链接伪类 </a > </li >
<li > <a title = "第四节纵向导航菜单" href = "/div_css/905.shtml" target = "_blank" >第四节纵向导航菜单 </a > </li >
<li > <a title = "第三节二列和三列布局" href = "/div_css/904.shtml" target = "_blank" >第三节二列和三列布局 </a > </li >
<li > <a title = "第二节一列布局" href = "/div_css/903.shtml" target = "_blank" >第二节一列布局 </a > </li >
<li > <a title = "第一节 XHTML CSS 基础知识" href = "/div_css/902.shtml" target = "_blank" >第一节 XHTML CSS 基础知识 </a > </li >
</ul >
</div >
```

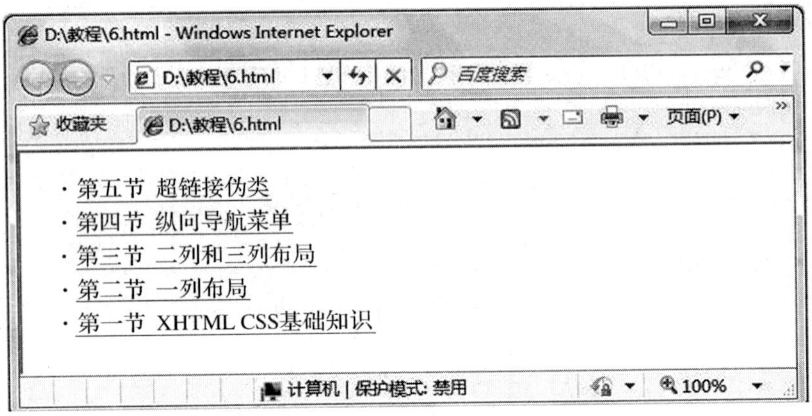

图 4－127

无序列表，以 ul 包含 li 的形式，默认每行前的符号是圆点，可以通过样式表改为无、方块、空心圆等。有序列表，以 ol 包含 li 的形式，以数字为项目符号，无序列表也可以用 CSS 定义显示成有序列表，代码如下，显示效果如图 4－128 所示。

```
<div id = "layout" >
<ol >
<li > <a title = "第五节超链接伪类" href = "/div_css/906. shtml" target = "_blank" >第五节超链接伪类</a > </li >
<li > <a title = "第四节纵向导航菜单" href = "/div_css/905. shtml" target = "_blank" >第四节纵向导航菜单</a > </li >
<li > <a title = "第三节二列和三列布局" href = "/div_css/904. shtml" target = "_blank" >第三节二列和三列布局</a > </li >
<li > <a title = "第二节一列布局" href = "/div_css/903. shtml" target = "_blank" >第二节一列布局</a > </li >
<li > <a title = "第一节 XHTML CSS 基础知识" href = "/div_css/902. shtml" target = "_blank" >第一节 XHTML CSS 基础知识</a > </li >
</ol >
</div >
```

图 4－128

2. 改变项目符号样式或用图片定义项目符号

前面提到，项目符号默认是圆点，可以通过样式表改为其他形式，如图 4－129 所示。

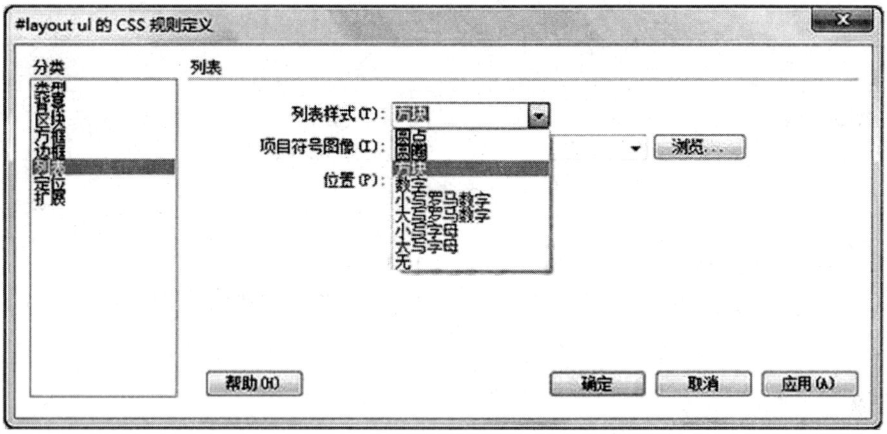

图 4－129

从样式表编辑器中可以看到，项目符号有多种形式，包括改为 ol 默认的以数字有序列表显示。另外，项目符号还可以以图像形式显示，如图 4－130 和图 4－131 所示。

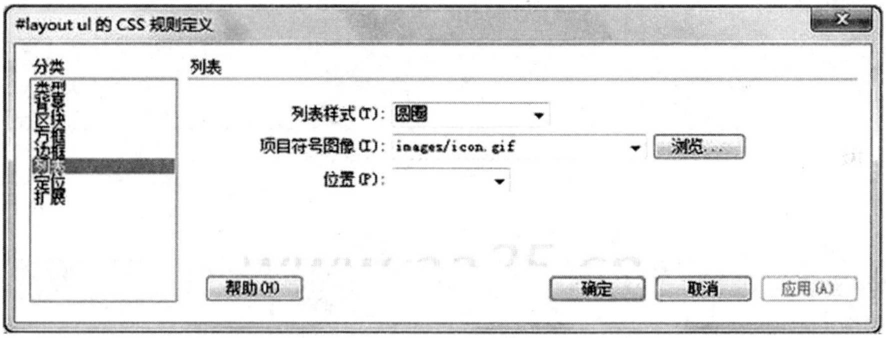

图 4－130

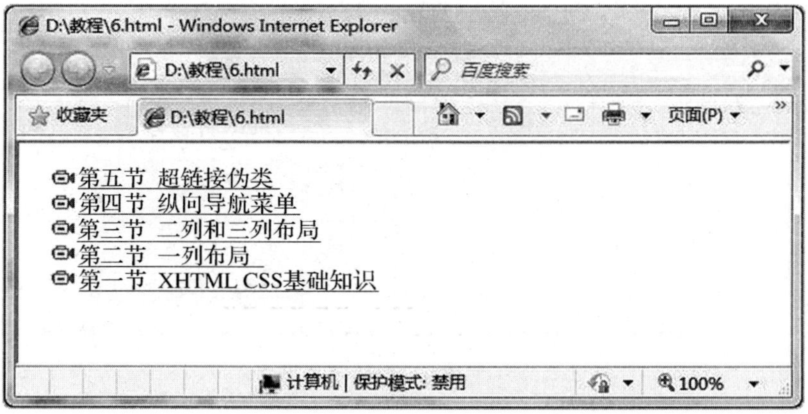

图 4－131

这种形式对图像控制不是很灵活，所以实际应用中一般用背景图片来实现，在前面基础上将项目符号设置为“list-style：none;”，如图 4－132 至图 4－134 所示。

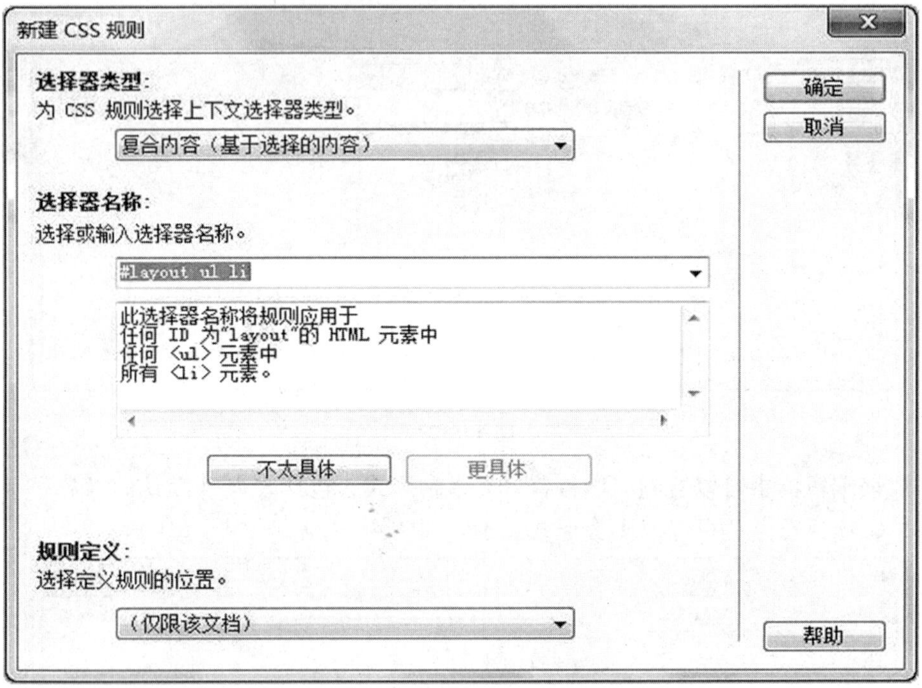

图 4－132

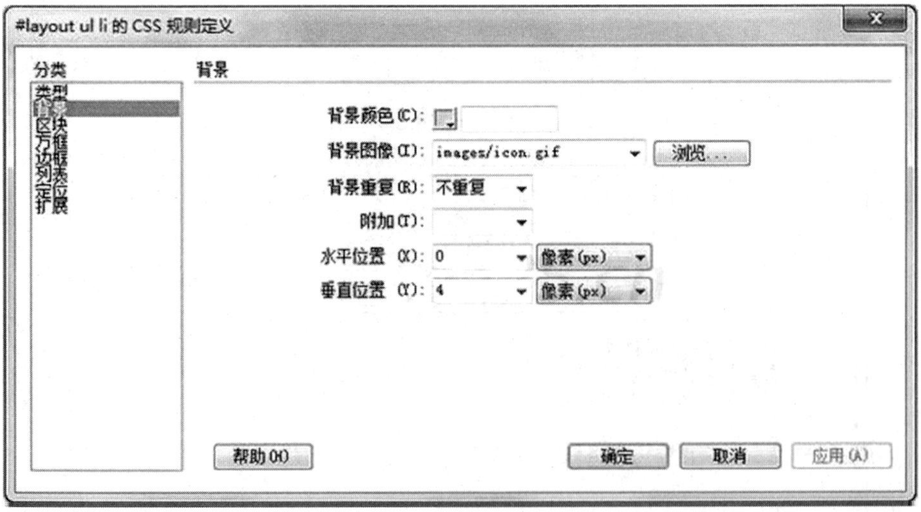

图 4－133

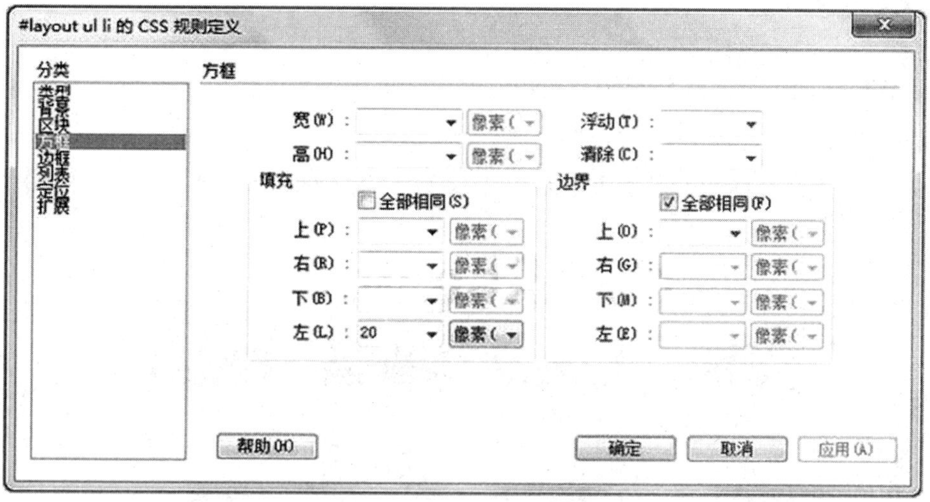

图 4-134

生成的源代码如下：

```
<! DOCTYPE html PUBLIC " -//W3C//DTD XHTML 1.0
Transitional//EN" "http://www.w3.org/TR/xhtml1/DTD/xhtml1-transitional.dtd" >
<html xmlns = "http://www.w3.org/1999/xhtml" >
<head >
<meta http-equiv = "Content-Type" content = "text/html; charset = gb2312" / >
<style type = "text/css" >
#layout ul { list-style: none; }
#layout ul li { background: url (/upload/2010 - 08/17/icon.gif) no-repeat 0px 4px; padding-left:
20px; }
</style >
</head >
<body >
<div id = "layout" >
<ul >
<li > <a title = "第五节 超链接伪类" href = "/div_css/906.shtml" target = "_blank" >第五节 超链
接伪类 </a > </li >
<li > <a title = "第四节 纵向导航菜单" href = "/div_css/905.shtml" target = "_blank" >第四节 纵
向导航菜单 </a > </li >
<li > <a title = "第三节 二列和三列布局" href = "/div_css/904.shtml" target = "_blank" >第三节
二列和三列布局 </a > </li >
<li > <a title = "第二节 一列布局" href = "/div_css/903.shtml" target = "_blank" >第二节 一列布
局 </a > </li >
<li > <a title = "第一节 XHTML CSS 基础知识" href = "/div_css/902.shtml" target = "_blank" >第
一节 XHTML CSS 基础知识 </a > </li >
</ul >
</div >
```

```
</body>
</html>
```

标准之路（www. aa25. cn）提示：可以先修改部分代码后再运行。

3. 横向图文列表

横向图文列表是在前面的基础上增加图片并让列表横向排列，最终实现效果如图 4－135 所示。

图 4－135

首先插入如下的 HTML 代码：

```
<div id="layout">
<ul>
<li><a href="#"><img src="images/pic.gif" width="68" height="54" />三亚</a></li>
<li><a href="#"><img src="images/pic.gif" width="68" height="54" />三亚</a></li>
<li><a href="#"><img src="images/pic.gif" width="68" height="54" />三亚</a></li>
<li><a href="#"><img src="images/pic.gif" width="68" height="54" />三亚</a></li>
<li><a href="#"><img src="images/pic.gif" width="68" height="54" />三亚</a></li>
<li><a href="#"><img src="images/pic.gif" width="68" height="54" />三亚</a></li>
<li><a href="#"><img src="images/pic.gif" width="68" height="54" />三亚</a></li>
<li><a href="#"><img src="images/pic.gif" width="68" height="54" />三亚</a></li>
<li><a href="#"><img src="images/pic.gif" width="68" height="54" />三亚</a></li>
<li><a href="#"><img src="images/pic.gif" width="68" height="54" />三亚</a></li>
<li><a href="#"><img src="images/pic.gif" width="68" height="54" />三亚</a></li>
<li><a href="#"><img src="images/pic.gif" width="68" height="54" />三亚</a></li>
<li><a href="#"><img src="images/pic.gif" width="68" height="54" />三亚</a></li>
<li><a href="#"><img src="images/pic.gif" width="68" height="54" />三亚</a></li>
<li><a href="#"><img src="images/pic.gif" width="68" height="54" />三亚</a></li>
<li><a href="#"><img src="images/pic.gif" width="68" height="54" />三亚</a></li>
</ul>
</div>
```

然后添加 CSS 样式，这里用到一个很重要的 CSS 属性——float，这个属性在第三节的教程中已详细讲解过，这里不再赘述。先添加如下全局样式：

```
body { margin:0 auto; font-size:12px; font-family:Verdana; line-height:1.5;}
ul,dl,dt,dd,h1,h2,h3,h4,h5,h6,form { padding:0; margin:0;}
ul { list-style:none;}
img { border:0px;}
a { color:#05a; text-decoration:none;}
a:hover { color:#f00;}
```

最后让每个 li 元素浮动起来（图 4－136 至图 4－138），这样就实现了横向排列。

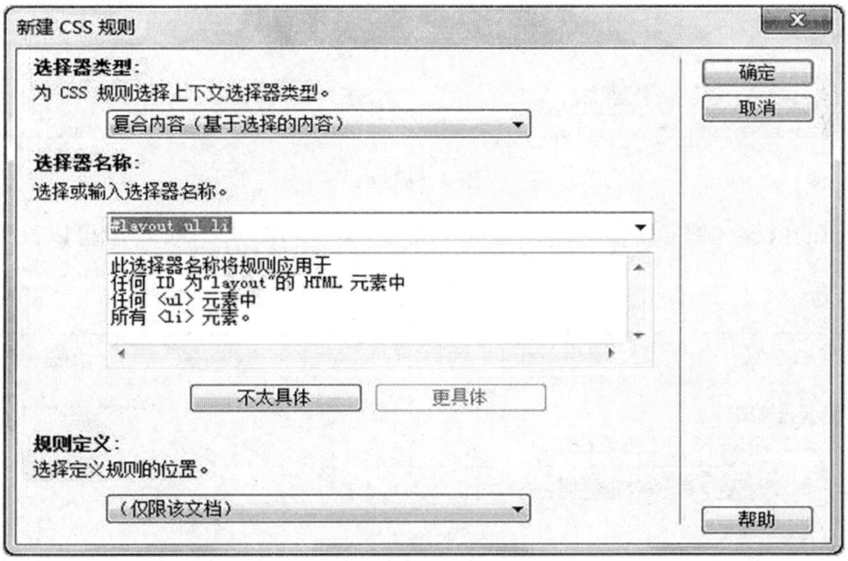

图 4－136

图 4－137

图 4－138

根据前面的内容，把 a 转换为块级元素（图 4－139 和图 4－140）后可以设置宽高并增大点击区域。

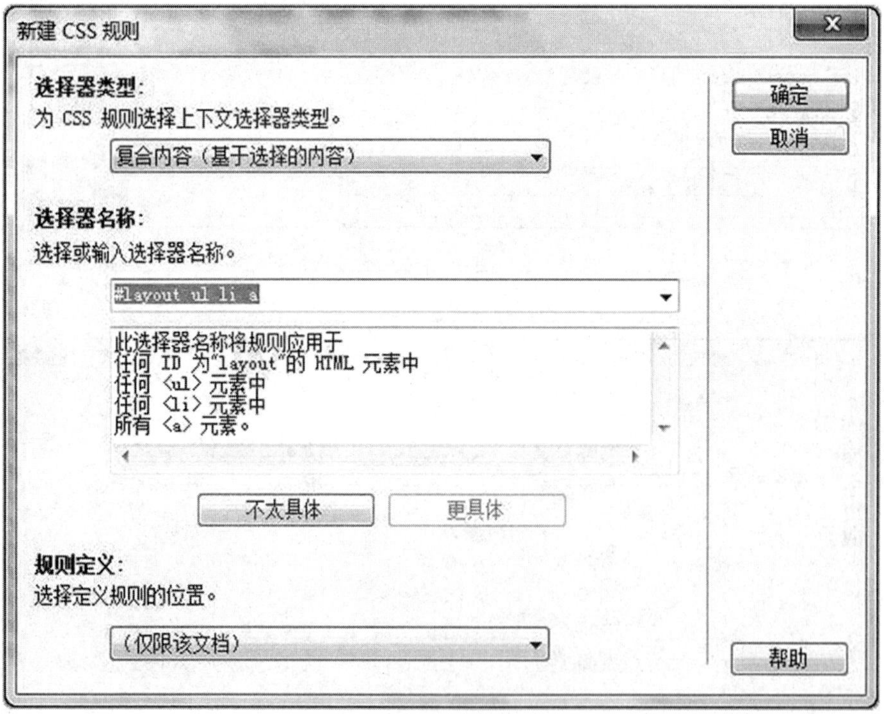

图 4－139

图 4 - 140

设置 a 下图片的样式操作，如图 4 - 141 至图 4 - 143 所示。

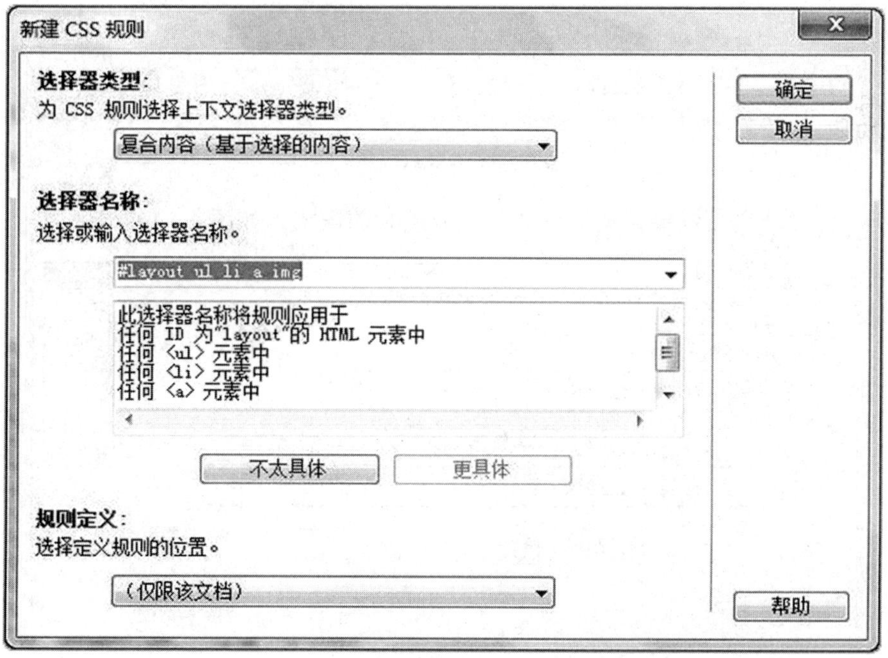

图 4 - 141

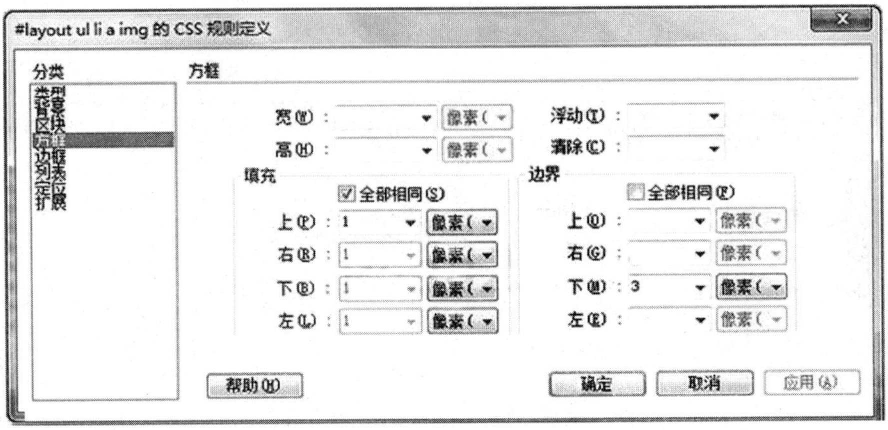

图 4－142

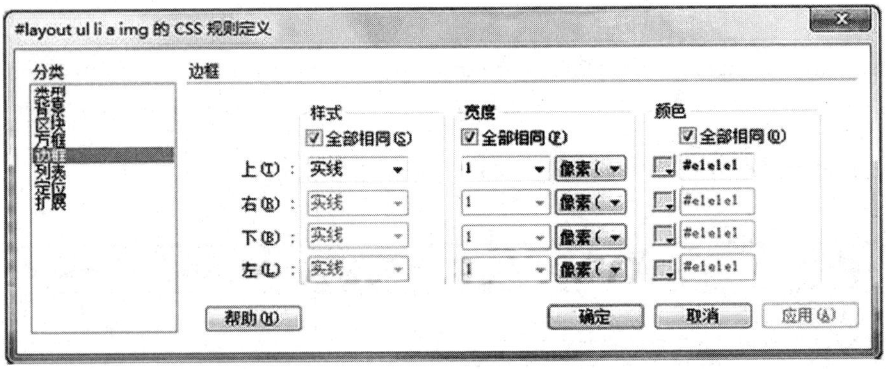

图 4－143

为了获得更好的交互效果，这里增加鼠标滑过时的样式，如图 4－144 至图 4－146 所示。

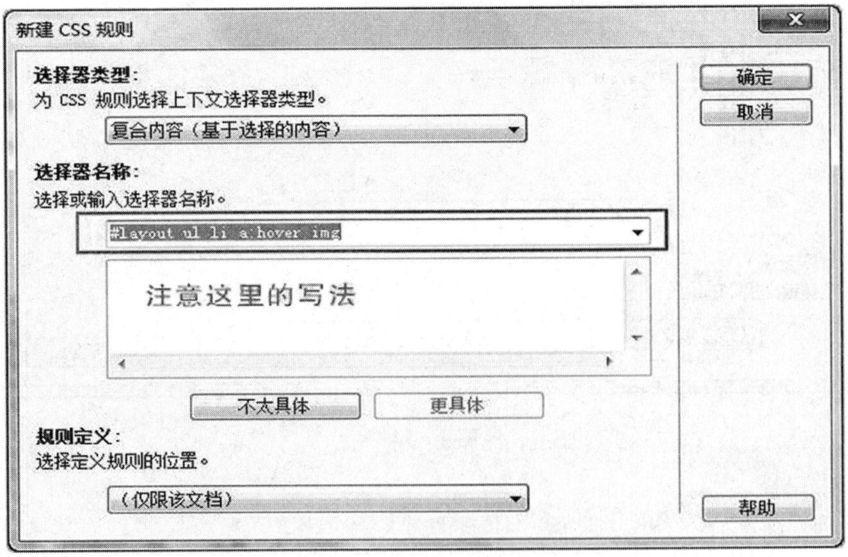

图 4－144

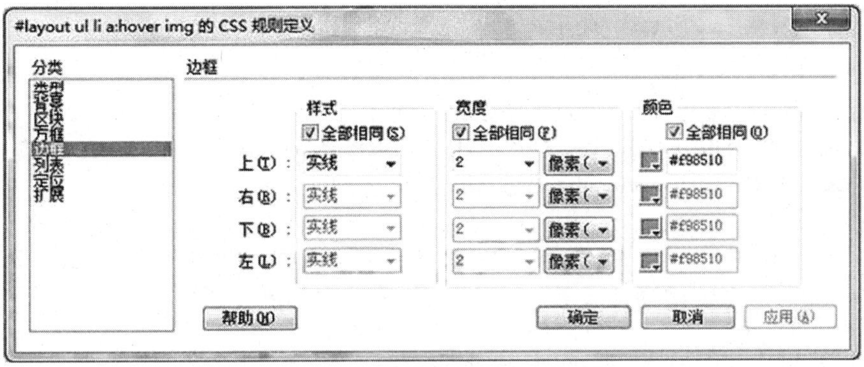

图 4－145

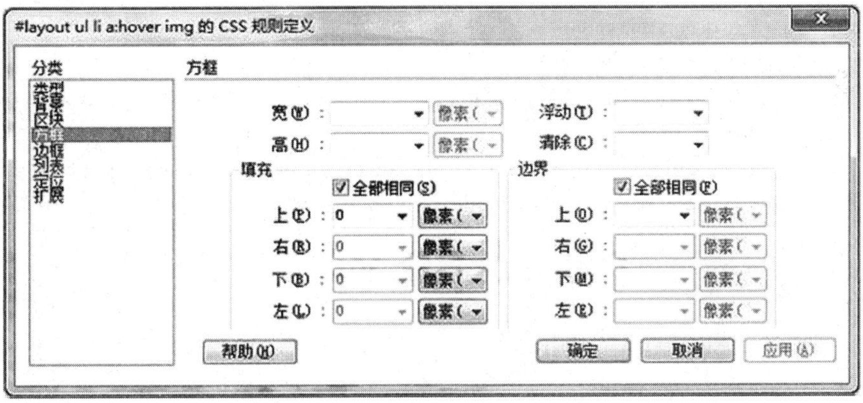

图 4－146

最终的效果如图 4－147 所示。

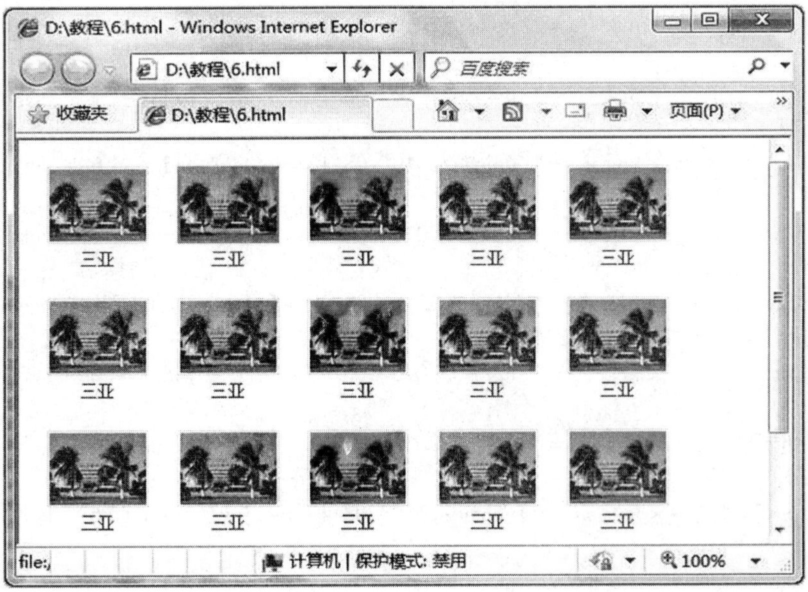

图 4－147

标准之路（www. aa25. cn）提示：可以先修改部分代码后再运行。

生成的源代码如下：

```
<! DOCTYPE html PUBLIC " -//W3C//DTD XHTML 1.0
Transitional//EN" "http://www.w3.org/TR/xhtml1/DTD/xhtml1-transitional.dtd" >
<html xmlns = "http://www.w3.org/1999/xhtml" >
<head >
<meta http-equiv = "Content-Type" content = "text/html; charset = gb2312" / >
<style type = "text/css" >
body { margin:0 auto; font-size:12px; font-family:Verdana; line-height:1.5;}
ul,dl,dt,dd,h1,h2,h3,h4,h5,h6,form { padding:0; margin:0;}
ul { list-style:none;}
img { border:0px;}
a { color:#05a; text-decoration:none;}
a:hover { color:#f00;}
#layout ul li { width:72px; float:left; margin:20px 0 0px 20px; display:inline; text-align:center;}
#layout ul li a { display:block;}
#layout ul li a img { padding:1px; border:1px solid #e1e1e1; margin - bottom:3px;}
#layout ul li a:hover img { padding:0px; border:2px solid #f98510;}
</style >
</head >
<body >
<div id = "layout" >
<ul >
<li > <a href = "#" > <img src = "/upload/2010 - 08/17/pic.jpg" width = "68" height = "54" / >三亚 </a > </li >
<li > <a href = "#" > <img src = "/upload/2010 - 08/17/pic.jpg" width = "68" height = "54" / >三亚 </a > </li >
<li > <a href = "#" > <img src = "/upload/2010 - 08/17/pic.jpg" width = "68" height = "54" / >三亚 </a > </li >
<li > <a href = "#" > <img src = "/upload/2010 - 08/17/pic.jpg" width = "68" height = "54" / >三亚 </a > </li >
<li > <a href = "#" > <img src = "/upload/2010 - 08/17/pic.jpg" width = "68" height = "54" / >三亚 </a > </li >
<li > <a href = "#" > <img src = "/upload/2010 - 08/17/pic.jpg" width = "68" height = "54" / >三亚 </a > </li >
<li > <a href = "#" > <img src = "/upload/2010 - 08/17/pic.jpg" width = "68" height = "54" / >三亚 </a > </li >
<li > <a href = "#" > <img src = "/upload/2010 - 08/17/pic.jpg" width = "68" height = "54" / >三亚 </a > </li >
<li > <a href = "#" > <img src = "/upload/2010 - 08/17/pic.jpg" width = "68" height = "54" / >三亚 </a > </li >
<li > <a href = "#" > <img src = "/upload/2010 - 08/17/pic.jpg" width = "68" height = "54" / >三亚 </a > </li >
<li > <a href = "#" > <img src = "/upload/2010 - 08/17/pic.jpg" width = "68" height = "54" / >三亚 </a > </li >
```

```
<li> <a href="#"> <img src="/upload/2010-08/17/pic.jpg" width="68" height="54" />三亚</a> </li>
<li> <a href="#"> <img src="/upload/2010-08/17/pic.jpg" width="68" height="54" />三亚</a> </li>
<li> <a href="#"> <img src="/upload/2010-08/17/pic.jpg" width="68" height="54" />三亚</a> </li>
<li> <a href="#"> <img src="/upload/2010-08/17/pic.jpg" width="68" height="54" />三亚</a> </li>
<li> <a href="#"> <img src="/upload/2010-08/17/pic.jpg" width="68" height="54" />三亚</a> </li>
</ul>
</div>
</body>
</html>
```

4. 浮动后父容器高度自适应

当一个容器内元素都浮动后，它的高度将不会随着内部元素高度的增加而增加，所以会造成内容元素的显示超出容器。为了便于查看效果，把前面实例中的#layout 增加一个边框和内边距，代码如下，显示效果如图 4－148 所示。

```
#layout { width:400px; border:2px solid #ccc; padding:2px;}
```

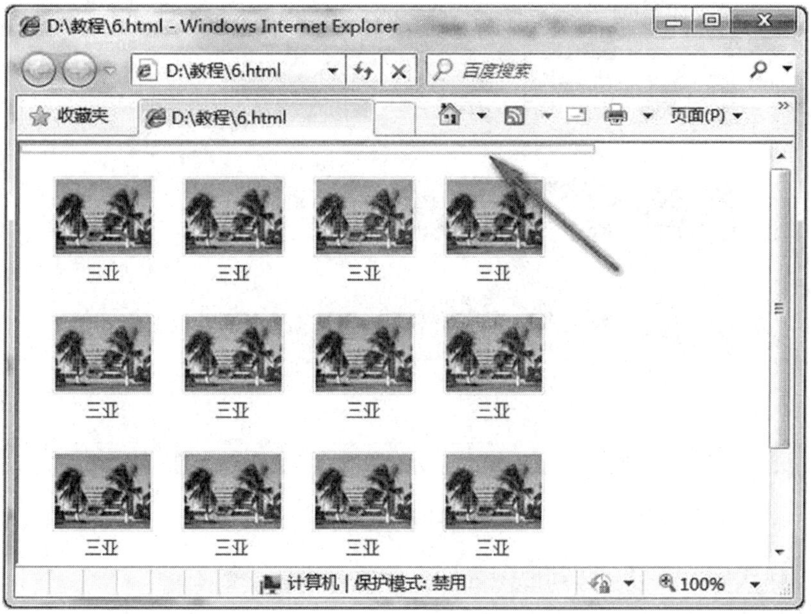

图 4－148

容器没有被内容元素撑高，要解决这个问题，需要使用以下样式：

```
overflow:auto; zoom:1;
```

“overflow: auto;”是让高度自适应；“zoom: 1;”是为了兼容 IE6 而写（此样式不能通

过 W3C 验证）。

这就是所谓的 CSS hack，之前讲解 3 像素 bug 时没有介绍 CSS hack，现在补充一下。

由于不同的浏览器，如 IE6、IE7、IE8、Mozilla Firefox 等，对 CSS 的解析认识不一样，因此会导致生成的页面效果不一样，得不到所需要的页面效果。这时就需要针对不同的浏览器写不同的 CSS 代码，让它能够同时兼容不同的浏览器，能在不同的浏览器中得到想要的页面效果。这个针对不同的浏览器写不同的 CSS 代码的过程，就叫 CSS hack。这里的“overflow：auto；zoom：1；”就是所谓的 CSS hack，这种形式是应用常用的代码来解决不兼容问题，也会用到添加一些特殊符号的形式，它本身没有意义，只是针对不同浏览器是否对它识别来实现的。

5. IE6 的双倍边距 bug

双倍边距是 IE6 一个著名的 bug，也是经常遇到的。如前所述，当浮动后设置左侧外边距时，最左侧将显示为双倍边距，如设置为 20px，而在 IE6 下却显示 40px，解决这个问题只需应用一个样式，代码如下，显示效果如图 4－149 所示。

```
display:inline;
```

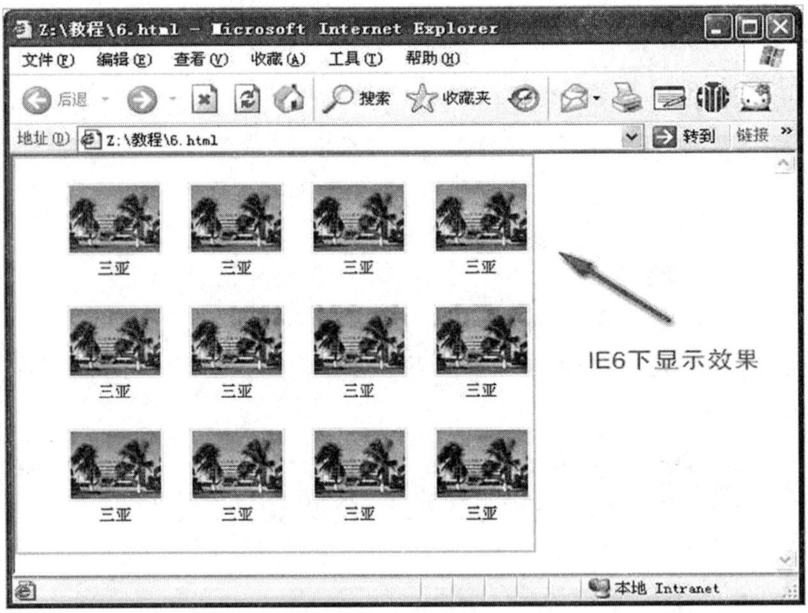

图 4－149

增加以上样式后，在 IE6 和其他浏览器中显示效果就一样了。

生成的源代码如下：

```
<! DOCTYPE html PUBLIC " -//W3C//DTD XHTML 1.0 Transitional//EN" "http://www.w3.org/TR/xhtml1/DTD/xhtml1-transitional.dtd" >
<html xmlns = "http://www.w3.org/1999/xhtml" >
<head >
<meta http-equiv = "Content-Type" content = "text/html; charset = gb2312" / >
```

```
<style type="text/css">
body { margin:0 auto; font-size:12px; font-family:Verdana; line-height:1.5;}
ul,dl,dt,dd,h1,h2,h3,h4,h5,h6,form { padding:0; margin:0;}
ul { list-style:none;}
img { border:0px;}
a { color:#05a; text-decoration:none;}
a:hover { color:#f00;}
#layout { width:390px; border:2px solid #ccc; padding-bottom:20px; overflow:auto; zoom:1;}
#layout ul li { width:72px; float:left; margin:20px 0 0px 20px; display:inline; text-align:center;}
#layout ul li a { display:block;}
#layout ul li a img { padding:1px; border:1px solid #e1e1e1; margin-bottom:3px;}
#layout ul li a:hover img { padding:0px; border:2px solid #f98510;}
</style>
</head>
<body>
<div id="layout">
<ul>
<li><a href="#"><img src="/upload/2010-08/17/pic.jpg" width="68" height="54" />三亚</a></li>
<li><a href="#"><img src="/upload/2010-08/17/pic.jpg" width="68" height="54" />三亚</a></li>
<li><a href="#"><img src="/upload/2010-08/17/pic.jpg" width="68" height="54" />三亚</a></li>
<li><a href="#"><img src="/upload/2010-08/17/pic.jpg" width="68" height="54" />三亚</a></li>
<li><a href="#"><img src="/upload/2010-08/17/pic.jpg" width="68" height="54" />三亚</a></li>
<li><a href="#"><img src="/upload/2010-08/17/pic.jpg" width="68" height="54" />三亚</a></li>
<li><a href="#"><img src="/upload/2010-08/17/pic.jpg" width="68" height="54" />三亚</a></li>
<li><a href="#"><img src="/upload/2010-08/17/pic.jpg" width="68" height="54" />三亚</a></li>
<li><a href="#"><img src="/upload/2010-08/17/pic.jpg" width="68" height="54" />三亚</a></li>
<li><a href="#"><img src="/upload/2010-08/17/pic.jpg" width="68" height="54" />三亚</a></li>
<li><a href="#"><img src="/upload/2010-08/17/pic.jpg" width="68" height="54" />三亚</a></li>
<li><a href="#"><img src="/upload/2010-08/17/pic.jpg" width="68" height="54" />三亚</a></li>
</ul>
</div>
</body>
</html>
```

第七节 横向导航菜单

下面学习《十天学会WEB标准（DIV+CSS)》中的横向导航菜单，包含以下内容和知识点：

（1）横向列表菜单；

（2）用图片美化的横向导航；

（3）CSS Sprites 技术。

1. 横向列表菜单

前边学习过纵向导航菜单，又学习了float属性，那么要实现横向导航菜单，只需要把li横向排列即可。这里把第四节的代码拿过来直接用，修改后的代码如下，显示效果如图4－150所示。

```
<! DOCTYPE html PUBLIC " -//W3C//DTD XHTML 1.0
Transitional//EN" "http://www.w3.org/TR/xhtml1/DTD/xhtml1-transitional.dtd" >
<html xmlns = "http://www.w3.org/1999/xhtml" >
<head >
<meta http-equiv = "Content-Type" content = "text/html; charset = gb2312" / >
<style type = "text/css" >
body { font-family: Verdana; font-size: 12px; line-height: 1.5; }
a { color: #000; text-decoration: none; }
a:hover { color: #F00; }
#menu { border: 1px solid #CCC; height:26px; background: #eee;}
#menu ul { list-style: none; margin: 0px; padding: 0px; }
#menu ul li { float:left; padding: 0px 8px; height: 26px; line-height: 26px; }
</style >
</head >
<body >
<div id = "menu" >
<ul >
<li > <a href = "#" >首页 </a > </li >
<li > <a href = "#" >网页版式布局 </a > </li >
<li > <a href = "#" >div + css 教程 </a > </li >
<li > <a href = "#" >div + css 实例 </a > </li >
<li > <a href = "#" >常用代码 </a > </li >
</ul >
</div >
</body >
</html >
```

标准之路（www.aa25.cn）提示：可以先修改部分代码后再运行。

图 4－150

最主要的就是用 float 让 li 向右浮动，实现横向排列，具体步骤不再赘述。如果要让它水平居中，首先导航的宽度是固定的，然后设置“margin：0 auto;”即可，如图 4－151 所示。

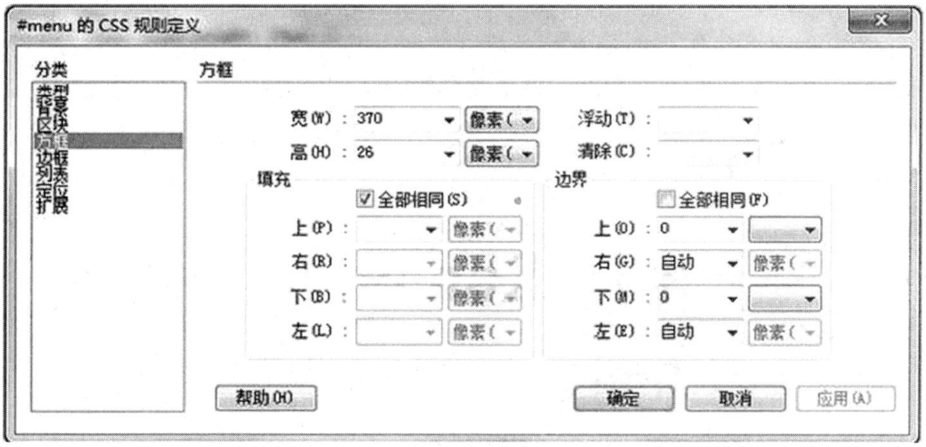

图 4－151

为了使用户体验更加友好，还是应把 a 转换成块级元素，也可以给 a 设置背景色或背景图片以使其更加美观，然后再设置鼠标滑过时的样式，代码如下：

```
#menu { width:370px; margin:0 auto; border: 1px solid #ccc; height:26px; background: #eee;}
#menu ul { list-style: none; margin: 0px; padding: 0px; }
#menu ul li { float:left;}
#menu ul li a { display:block; padding: 0px 8px; height: 26px; line-height: 26px; float:left;}
#menu ul li a:hover { background:#333; color:#fff;}
```

至此，常用的样式大部分都涉及过了，为了提高效率，建议大家还是手写代码，如果还不能手写代码，就参考上边的样式，自己在 CSS 编辑器里设置。

经过上边的修改，现在的用户体验会更加友好，如图 4－152 所示。

图 4 – 152

这里的“#menu ul li a”本来是可以不加“float：left”的，但 IE6 下在 li 没有设置宽度，“#menu ul li a”设置“display：block”的情况下，将会显示错乱，所以需要在 a 上增加“float：left”来修正。

2. 用图片美化的横向导航

背景图片也是网页制作当中最常用的样式之一，运用好背景图片，可以使页面更加出色、更加人性化，有更快的加载速度。显示效果如图 4 – 153 所示。

图 4 – 153

其中用到三张图片，分别为当前状态、鼠标划过时样式和默认样式用的图片，如图4 – 154 所示。

图 4 – 154

下面修改 CSS 样式，只截一张图，其他设置方法相同，如图 4 – 155 所示。

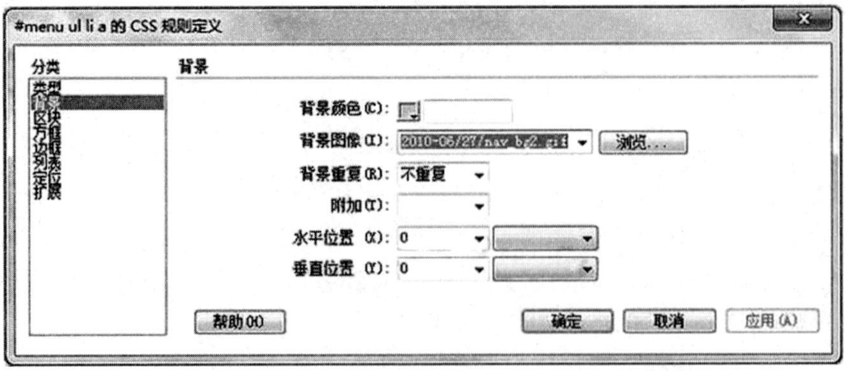

图 4 – 155

代码如下：

```
#menu { width:500px; height:28px; margin:0 auto; border-bottom:3px solid #e10001;}
#menu ul { list-style: none; margin: 0px; padding: 0px; }
#menu ul li { float:left; margin-left:2px;}
#menu ul li a { display:block; width:87px; height:28px; line-height:28px; text-align:center; background:url(/upload/2010-08/17/091033_nav_bg2.gif) 0 0 no-repeat; font-size:14px;}
#menu ul li a:hover { background:url(/upload/2010-08/17/091033_nav_bg3.gif) 0 0 no-repeat;}
#menu ul li a#current { background:url(/upload/2010-08/17/091033_nav_bg.gif) 0 0 no-repeat; font-weight:bold; color:#fff;}
```

为了让用户知道当前所处的页面，可以做一个当前页面的状态，把 ID 添加到相应的 a 上。

生成的源代码如下：

```
<! DOCTYPE html
PUBLIC "-//W3C//DTD XHTML 1.0 Transitional//EN"
"http://www.w3.org/TR/xhtml1/DTD/xhtml1-transitional.dtd">
<html xmlns="http://www.w3.org/1999/xhtml">
<head>
<meta http-equiv="Content-Type" content="text/html; charset=gb2312"
/>
<style type="text/css">
body { font-family: Verdana; font-size: 12px; line-height: 1.5; }
a { color: #000; text-decoration: none; }
a:hover { color: #f00; }
#menu { width:500px; height:28px; margin:0 auto; border-bottom:3px solid
#e10001;}
#menu ul { list-style: none; margin: 0px; padding: 0px; }
#menu ul li { float:left; margin-left:2px;}
#menu ul li a { display:block; width:87px; height:28px;
line-height:28px; text-align:center;
background:url(/upload/2010-08/17/091033_nav_bg2.gif) 0 0 no-repeat;
font-size:14px;}
#menu ul li a:hover {
background:url(/upload/2010-08/17/091033_nav_bg3.gif) 0 0 no-repeat;}
#menu ul li a#current {
background:url(/upload/2010-08/17/091033_nav_bg1.gif) 0 0 no-repeat;
font-weight:bold; color:#fff;}
</style>
</head>
<body>
<div id="menu">
<ul>
<li><a id="current" href="#">首页</a></li>
<li><a href="#">网页版式</a></li>
<li><a href="#">web 教程</a></li>
<li><a href="#">web 实例</a></li>
```

```
<li> <a href="#">常用代码</a> </li>
</ul>
</div>
</body>
</html>
```

标准之路（www.aa25.cn）提示：可以先修改部分代码后再运行。

3. CSS Sprites 技术

在国内很多人把 CSS Sprites 叫 CSS 精灵或 CSS 雪碧。它是把网页中的一些背景图片整合到一张图片文件中，再利用 CSS 的背景图片定位到要显示的位置。这样做可以减少文件体积和对服务器的请求次数，以提高效率。

在讲 CSS Sprites 之前，先把背景图片弄清楚：

```
#menu ul li a { background:#ccc url(images/nav_bg2.gif) 0 0 no-repeat; }
```

CSS 背景属性缩写后如上所示，#ccc 表示背景色；url（）中是背景图片路径；接下来的两个数值参数分别是左右和上下，第一个参数表示距左多少像素，第二个参数表示距上多少像素，这和 padding 的简写方式不一样，一定不要弄混。另外，再强调一点，CSS 中值为 0 可以不带单位，其他数值都必须带单位（line-height 值为多少倍时，zoom，z-index 除外）；no-repeat 表示背景图片向哪个方向重复，此时为不重复。

还需说明一点的是定位图片位置的参数是以图片的左上角为原点的，理解了这些，CSS Sprites 技术就基本理解了，即靠背景图片定位来实现。把三张背景图片整合到一张上，如图 4－156 所示。

图 4－156

生成的源代码如下：

```
<! DOCTYPE html
PUBLIC " -//W3C//DTD XHTML 1.0 Transitional//EN"
"http://www.w3.org/TR/xhtml1/DTD/xhtml1-transitional.dtd" >
<html xmlns="http://www.w3.org/1999/xhtml" >
<head>
<meta http-equiv="Content-Type" content="text/html; charset=gb2312"
/>
<style type="text/css" >
body { font-family: Verdana; font-size: 12px; line-height: 1.5; }
a { color: #000; text-decoration: none; }
a:hover { color: #f00; }
#menu { width:500px; height:28px; margin:0 auto; border-bottom:3px solid
#e10001;}
#menu ul { list-style: none; margin: 0px; padding: 0px; }
#menu ul li { float:left; margin-left:2px;}
#menu ul li a { display:block; width:87px; height:28px;
```

```
line-height:28px; text-align:center;
background:url(/upload/2010-08/17/091033_nav_bg.gif) 0 -28px no-repeat;
font-size:14px;}
#menu ul li a:hover {
background:url(/upload/2010-08/17/091033_nav_bg.gif) 0 -56px no-repeat;}
#menu ul li a#current {
background:url(/upload/2010-08/17/091033_nav_bg.gif) 0 0 no-repeat;
font-weight:bold; color:#fff;}
</style>
</head>
<body>
<div id="menu">
<ul>
<li><a id="current" href="#">首页</a></li>
<li><a href="#">网页版式</a></li>
<li><a href="#">web 教程</a></li>
<li><a href="#">web 实例</a></li>
<li><a href="#">常用代码</a></li>
</ul>
</div>
</body>
</html>
```

标准之路（www.aa25.cn）提示：可以先修改部分代码后再运行。

最终显示效果如图 4－157 所示。

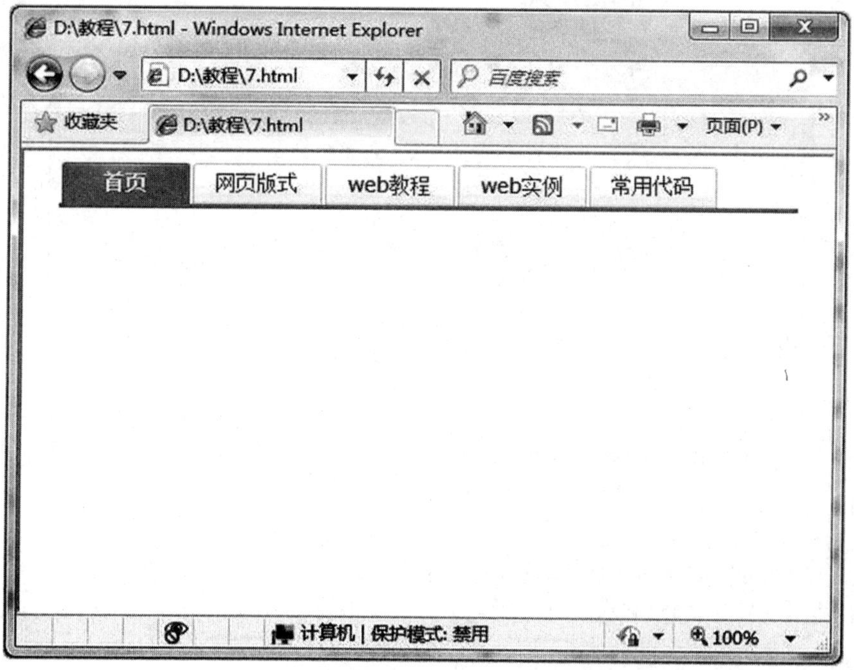

图 4－157

第八节 下拉及多级弹出菜单

下面学习《十天学会 WEB 标准（DIV + CSS)》中的下拉及多级弹出菜单，包含以下内容和知识点：

（1）带下拉子菜单的导航菜单；

（2）绝对定位和浮动的区别和运用；

（3）CSS 自适应宽度滑动门菜单。

1．带下拉子菜单的导航菜单

下拉菜单在一些企业网站中应用得尤为广泛，它有使用方便、占用空间小等特点。之前纵向导航菜单中已使用过二级导航，下面制作横向导航菜单的二级菜单，方法和纵向一样，只不过由纵向改变为横向而已，下面以前面用图片美化的横向导航中的实例进行修改，如图 4－158 所示。

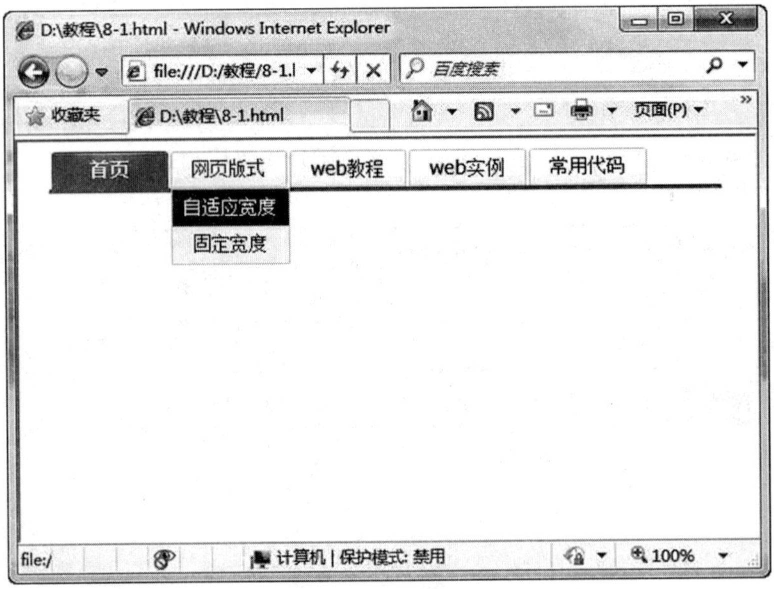

图 4－158

首先在 HTML 代码中增加二级菜单的代码如下：

```
<div id="menu">
<ul>
<li><a id="current" href="#">首页</a></li>
<li><a href="#">网页版式</a>
<ul>
<li><a href="#">自适应宽度</a></li>
<li><a href="#">固定宽度</a></li>
```

```
</ul>
</li>
<li> <a href="#">web 教程 </a>
<ul>
<li> <a href="#">新手入门 </a> </li>
<li> <a href="#">视频教程 </a> </li>
<li> <a href="#">常见问题 </a> </li>
</ul>
</li>
<li> <a href="#">web 实例 </a> </li>
<li> <a href="#">常用代码 </a> </li>
</ul>
</div>
```

增加代码后，在浏览器里预览，显示效果如图 4 - 159 所示。

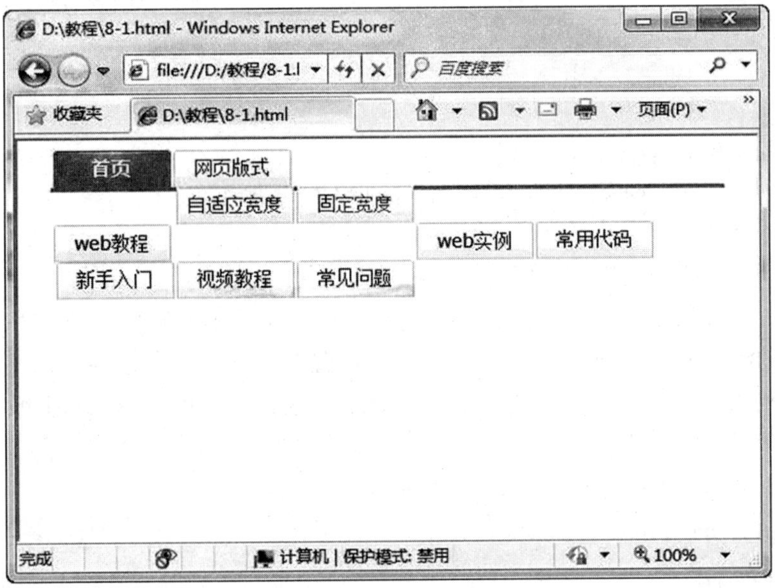

图 4 - 159

由图 4 - 159 可知，导航菜单发生了错乱。“自适应宽度” 和 “固定宽度” 两个二级菜单也继承了一级菜单背景和横向排列，所以先把二级菜单的背景和浮动清除掉，增加以下 CSS 代码：

```
#menu ul li ul li { float:none; }
#menu ul li ul li a { background:none; }
```

现在预览一下，二级菜单已经归位，但鼠标滑过时还是继承了一级菜单的样式，如图 4 - 160所示。所以，也改为最终效果上的黑色背景白色文字，还有下拉菜单的灰色边框和灰色背景也一并加上，修改并增加如下代码：

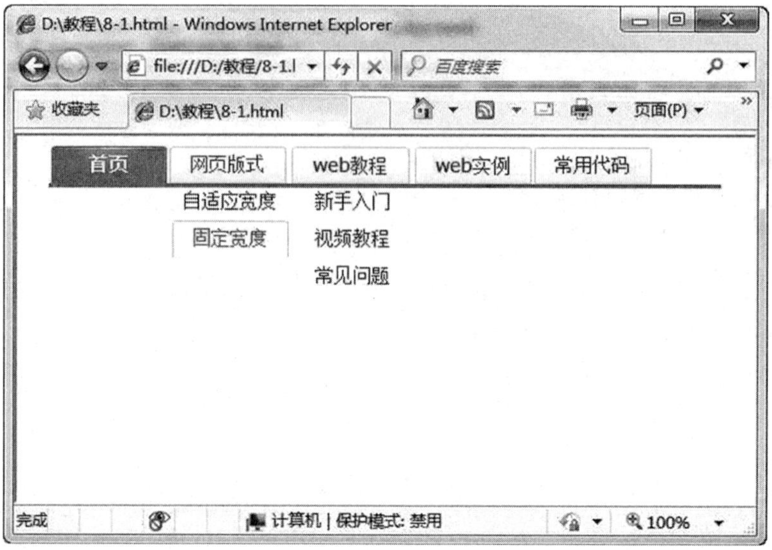

图 4－160

```
#menu ul li ul { border:1px solid #ccc; }
#menu ul li ul li { float:none; width:85px; background:#eee; margin:0; }
#menu ul li ul li a { background:none; }
#menu ul li ul li a:hover { background:#333; color:#fff; }
```

第一行设置二级菜单的灰色边框；为了美观，把下拉菜单的宽度设置成和一级菜单宽度相同，第二行的“width：85px”再加上第一行上设置的边框左、右各 1px 后正好是 87px，与一级菜单宽度相同，“margin：0”是为了清除继承一级菜单中的“margin-left：2px;”，最后一行设置鼠标滑过时的样式。

再预览一下，基本的样式已经实现，如图 4－161 所示。

图 4－161

然后就该把二级菜单隐藏起来，当鼠标滑过时再显示出来。要增加如下代码：

```
#menu ul li ul { display:none; border:1px solid #ccc;}
#menu ul li:hover ul { display:block;}
```

注意第二行的写法，“#menu ul li: hover ul”是定义当鼠标滑过#menu 下 ul 下的 li 时，li 下的 ul 的样式，这里设置为“display: block”，意思是鼠标滑过时显示这块内容。开始隐藏，鼠标滑过时显示，这就实现了想要的效果。目前，IE6 只支持 a 的伪类，其他标签的伪类不支持，所以要想在 IE6 下也正确显示，需要借助 JavaScript 来实现。下面定义一个类“sfhover”（自己命名，需和 JavaScript 中相同）的属性为“display: block;”，然后当鼠标滑过时，用 JavaScript 给当前 li 添加上这个样式，根据 CSS 的优先级即指定的高于继承的原则，就实现了 IE6 下的正确显示。所以，增加如下代码：

```
#menu ul li. sfhover ul { display:block;}
```

可以发现，现在应用的 JavaScript 和纵向导航时应用的不一样，但最终实现的效果是一样的。同理，CSS 在布局网站时，也可以有多种方法。至此，本例就基本完成了，还有一个问题是当前导航下有内容的话，如果二级菜单显示，将会把下边的内容挤跑，所以需要给“#menu ul li ul”增加“position: absolute;”属性，当其绝对定位后，它将脱离原来文档流，不再占据空间，因此也不会再把下边内容挤跑。

完整的预览代码如下：

```
<! DOCTYPE html
PUBLIC " -//W3C//DTD XHTML 1.0 Transitional//EN"
"http://www. w3. org/TR/xhtml1/DTD/xhtml1-transitional. dtd" >
<html xmlns = "http://www. w3. org/1999/xhtml" >
<head >
<meta http-equiv = "Content-Type" content = "text/html; charset = gb2312"
/>
<script
type = text/javascript > <! --//-- > <! [CDATA[//> <! --
function menuFix() {
var sfEls = document. getElementById("menu"). getElementsByTagName("li");
for (var i =0; i < sfEls. length; i + +) {
sfEls[i]. onmouseover = function() {
this. className + = (this. className. length >0? " ": "") + "sfhover";
}
sfEls[i]. onMouseDown = function() {
this. className + = (this. className. length >0? " ": "") + "sfhover";
}
sfEls[i]. onMouseUp = function() {
this. className + = (this. className. length >0? " ": "") + "sfhover";
}
sfEls[i]. onmouseout = function() {
this. className = this. className. replace(new RegExp("( ? |^)sfhover\\b"),
"");
```

```
}
}
}
window. onload = menuFix;
// - - > < ! ] ] > </script >
< style type = "text/css" >
body { font-family: Verdana; font-size: 12px; line-height: 1.5; }
a { color: #000; text-decoration: none; }
a:hover { color: #f00; }
#menu { width:500px; height:28px; margin:0 auto; border - bottom:3px solid
#e10001;}
#menu ul { list-style: none; margin: 0px; padding: 0px; }
#menu ul li { float:left; margin-left:2px;}
#menu ul li a { display:block; width:87px; height:28px;
line-height:28px; text-align:center;
background:url(http://www. aa25. cn/upload/2010 - 06/27/nav_bg2. gif) 0 0
no-repeat; font-size:14px;}
#menu ul li a:hover {
background:url(http://www. aa25. cn/upload/2010 - 06/27/nav_bg3. gif) 0 0
no-repeat;}
#menu ul li a#current {
background:url(http://www. aa25. cn/upload/2010 - 06/27/nav_bg1. gif) 0 0
no-repeat; font-weight:bold; color:#fff;}
#menu ul li ul { border:1px solid #ccc; display:none;
position:absolute;}
#menu ul li ul li { float:none; width:87px; background:#eee; margin:0;}
#menu ul li ul li a { background:none;}
#menu ul li ul li a:hover { background:#333; color:#fff;}
#menu ul li:hover ul { display:block;}
#menu ul li. sfhover ul { display:block;}
</style >
</head >
< body >
< div id = "menu" >
< ul >
< li > < a id = "current" href = "#" >首页 </a > </li >
< li > < a href = "#" >网页版式 </a >
< ul >
< li > < a href = "#" >自适应宽度 </a > </li >
< li > < a href = "#" >固定宽度 </a > </li >
</ul >
</li >
< li > < a href = "#" >web 教程 </a >
< ul >
< li > < a href = "#" >新手入门 </a > </li >
```

```
<li> <a href="#">视频教程</a> </li>
<li> <a href="#">常见问题</a> </li>
</ul>
</li>
<li> <a href="#">web 实例</a> </li>
<li> <a href="#">常用代码</a> </li>
</ul>
</div>
</body>
</html>
```

标准之路（www.aa25.cn）提示：可以先修改部分代码后再运行。

2. 绝对定位和浮动的区别和运用

至此，定位和浮动也都涉及过了，但有些朋友可能还在迷惑，两者都可以分栏布局，到底什么时候用浮动，什么时候用定位呢？

当一个元素使用绝对定位后，它的位置将依据浏览器左上角开始计算或相对于父容器（在父容器使用相对定位时）确定。绝对定位使元素脱离文档流，因此不占据空间。普通文档流中元素的布局与绝对定位的元素不存在时一样。因为绝对定位的框与文档流无关，所以它们可以覆盖页面上的其他元素。

而浮动元素的定位还是基于正常的文档流，然后从文档流中抽出并尽可能远的移动至左侧或者右侧，文字内容会围绕在浮动元素周围。当一个元素从正常文档流中抽出后，仍然在文档流中的其他元素将忽略该元素并填补其原先的空间。它只是改变了文档流的显示，而没有脱离文档流，理解了这一点，就能够很容易地弄明白什么时候用定位，什么时候用浮动了。

一个元素浮动或绝对定位后，它将自动转换为块级元素，而不论该元素本身是什么类型。

3. CSS 自适应宽度滑动门菜单

CSS 自适应宽度菜单指菜单的宽度可以随着内容的增加而变宽，前面的实例是按 4 个字的宽度来设计的，如果其中一项为 5 个字或更多，就放不下了。那么就需要让它的宽度可以随着内容的增减而变化，这就是 CSS 自适应宽度菜单。自适应宽度按钮和菜单原理一样，自适应宽度菜单在《新手常见问题》中已经讲过。

前面学习 CSS 按钮实例时只做了一个按钮，其中有三个按钮，而且宽度不一样，下面还以这个按钮为基础，制作宽度自适应的按钮。

图 4-162

那么它的实现原理是什么？如图 4-162 所示，要想实现自适应宽度，需要在文字上增加一个辅助标签，如 span，分别在 a 上和 span 上设置背景，一个左侧对齐，一个右侧对齐。

四条辅助线内为一个按钮元素，绿色部分为 span，然后定义它的背景图片靠右侧对齐，而左侧的部分为 a 的背景图片，定义靠左侧对齐。当文字多时，会把 span 撑开，实现了自适应宽度的按钮。这里需要一张图片，如图 4－163 所示，它的宽度要宽于所应用的最宽宽度，这样才能显示正常，同时根据以前学习的 CSS Sprites 技术，把背景图片和鼠标经过图片放到一张图片上。

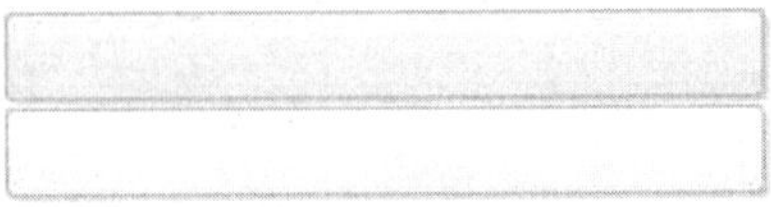

图 4－163

对 CSS 按钮的例子代码进行修改，先改为背景图片使用上图，再增加两个字数不等的按钮，并在文字上增加 span 标签，代码如下：

```
<! DOCTYPE html
PUBLIC " -//W3C//DTD XHTML 1.0 Transitional//EN"
"http://www. w3. org/TR/xhtml1/DTD/xhtml1-transitional. dtd" >
<html xmlns = "http://www. w3. org/1999/xhtml" >
<head >
<meta http-equiv = "Content-Type" content = "text/html; charset = gb2312"
/>
<style type = "text/css" >
a { display: block; height: 34px; width: 107px; line-height: 2;
text-align: center; background:
url(/upload/2010 -08/17/091722_btn_bg. gif) no-repeat 0px 0px; color:
#d84700; font-size: 14px; font-weight: bold; text-decoration: none;
padding-top: 3px; }
a:hover { background: url(/upload/2010 -08/17/091722_btn_bg. gif)
no-repeat 0px -37px;}
</style >
</head >
<body >
<p > <a href = "#" > <span >免费注册 </span > </a > <a
href = "#" > <span >登录 </span > </a > <a
href = "#" > <span >在淘宝网上开店 </span > </a > </p >
</body >
</html >
```

标准之路（www. aa25. cn）提示：可以先修改部分代码后再运行。

预览显示效果如图 4－164 所示，因背景图片比较长，所以右侧显示不太友好，下一步就需要把 a 的宽度去掉，设置 span 的背景，使右侧显示正常，另外把三个按钮横向排列。

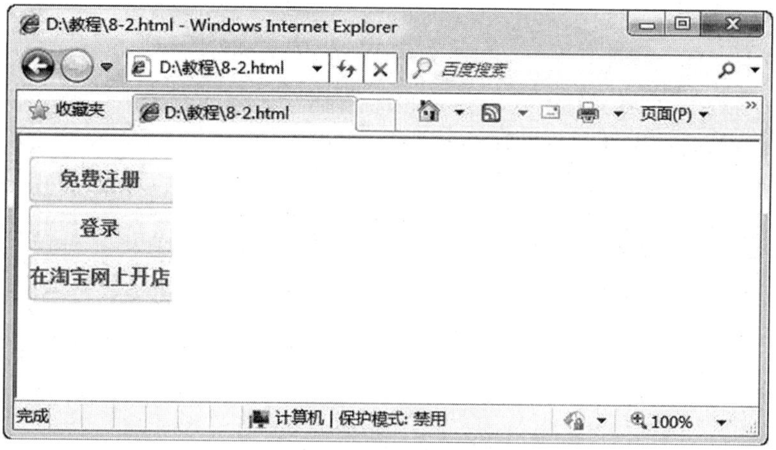

图 4-164

在 a 上增加如下代码：

float:left; margin:5px;

即横向排列，并增加 5px 的外边距。

为了美观，下一步需要使 a 的左侧增加填充，使文字不紧贴左侧，同理 span 右侧需要增加一个同样的填充。代码如下：

```
a { display: block; float: left; margin: 5px; height: 37px; line-height: 37px; text-align: center; background: url(btn_bg.gif) no-repeat 0px 0px; color: #d84700; font-size: 14px; font-weight: bold; text-decoration: none; padding-left: 18px; }
a span { display: block; background: url(btn_bg.gif) no-repeat right 0px; padding-right: 20px; }
a:hover { background: url(btn_bg.gif) no-repeat 0px -37px; }
a:hover span { background: url(btn_bg.gif) no-repeat right -37px; }
```

对比以上代码，可能已经发现，原来 a 顶部的 3px 去掉了，把高度改为 37px，行高也改为 37px。然后设置 a 下 span 的背景图片，span 默认是内联元素，所以需要先转换为块级元素；另外需要增加鼠标经过时 span 的样式。显示效果如图 4-165 所示，对比一下实例图，可以认为已经实现了需要的效果。

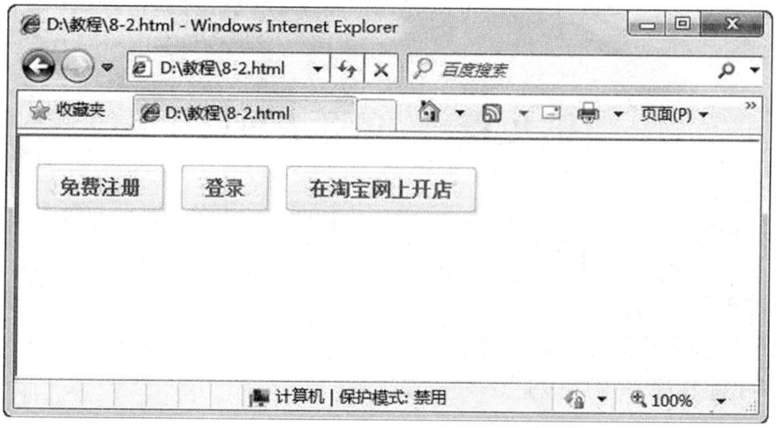

图 4-165

生成的源代码如下：

```
<! DOCTYPE html
PUBLIC " -//W3C//DTD XHTML 1.0 Transitional//EN"
"http://www.w3.org/TR/xhtml1/DTD/xhtml1-transitional.dtd" >
<html xmlns = "http://www.w3.org/1999/xhtml" >
<head >
<meta http-equiv = "Content-Type" content = "text/html; charset = gb2312"
/ >
<style type = "text/css" >
a { display: block; float:left; margin:5px; height: 37px;line-height:
37px; text-align: center; background:
url(/upload/2010 -08/17/091722_btn_bg.gif) no-repeat 0px 0px; color:
#d84700; font-size: 14px; font-weight: bold; text-decoration: none;
padding-left:18px; }
a span { display:block; background:
url(/upload/2010 -08/17/091722_btn_bg.gif) no-repeat right 0px;
padding-right:20px;}
a:hover { background: url(/upload/2010 -08/17/091722_btn_bg.gif)
no-repeat 0px -37px;}
a:hover span{ background: url(/upload/2010 -08/17/091722_btn_bg.gif)
no-repeat right -37px;}
</style >
</head >
<body >
<p > <a href = "#" > <span >免费注册 </span > </a >
<a
href = "#" > <span >登录 </span > </a >
<a
href = "#" > <span >在淘宝网上开店 </span > </a > </p >
</body >
</html >
```

标准之路（www.aa25.cn）提示：可以先修改部分代码后再运行。

第九节 CSS 表单设计

下面学习《十天学会 WEB 标准（DIV + CSS)》中的 CSS 表单设计，包含以下内容和知识点：

（1）改变文本框和文本域样式；

（2）用图片美化按钮；

（3）改变下拉列表样式；

（4）用 label 标签提升用户体验。

1. 改变文本框和文本域样式

文本框和文本域都可以用 CSS 进行美化，如改变边框粗细、颜色，添加背景色、背景图像等。参考下边的实例，代码如下，显示效果如图 4-166 所示。

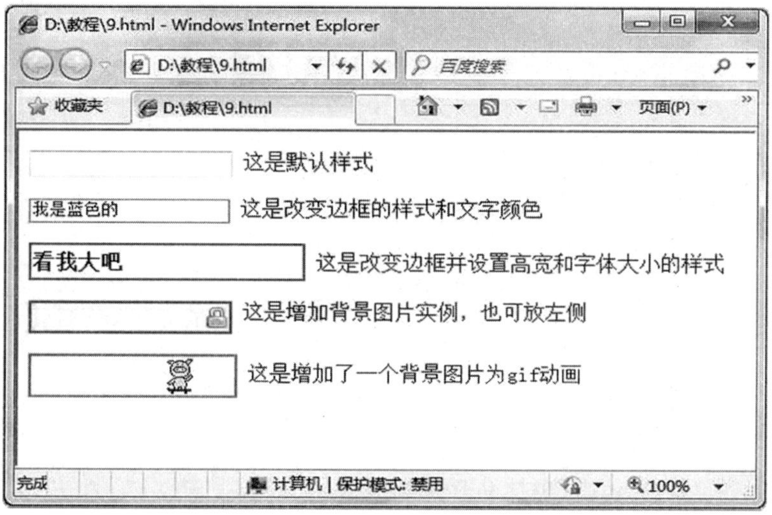

图 4-166

```
.text1 { border:1px solid #f60; color:#03c;}
.text2 { border:2px solid #390; width:200px; height:24px; font-size:16px; font-weight:bold; line-height:1.6;}
.text3 { border:2px solid #c3c; height:20px; background:url(icon9.gif) right 3px no-repeat;}
.text4 { border:2px solid #f60; width:150px; height:29px;font-size:16px; line-height:1.6; background:url(bg_9.gif) 0 0 no-repeat;}
```

以上四个样式表分别对应图 4-166 中的第 2、3、4、5 行表单，第一行是文本框的默认样式；第二行为设置边框和字体颜色的样式；第三行为设置边框、宽度、高度、字体大小、行高的样式；第四行为设置边框和增加背景色及背景图片；第五行为增加一个 gif 动画的背景图片。文本域的样式设置代码如下：

```
.area { border:1px solid #f90; overflow:auto; background:#fff url(bg_9_1.gif) right bottom no-repeat; width:99%; height:100px;}
```

图 4-167 中第一个为默认的文本域样式，第二个为设置边框、宽度为百分比、高度和背景图片的文本域样式。其中“overflow: auto”定义当内容不超过现在文本域高度时不出现滚动条。

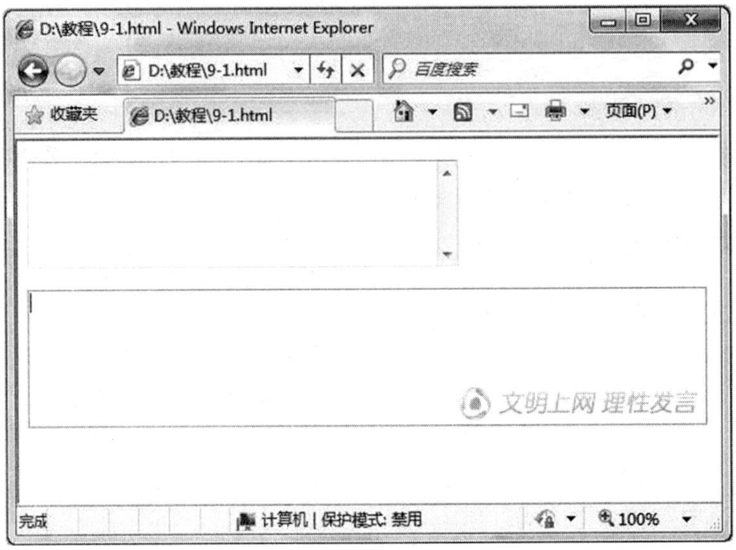

图 4 - 167

生成的源代码如下：

```
< ! DOCTYPE html
PUBLIC " -//W3C//DTD XHTML 1.0 Transitional//EN"
"http://www.w3.org/TR/xhtml1/DTD/xhtml1-transitional.dtd" >
< html xmlns = "http://www.w3.org/1999/xhtml" >
< head >
< meta http-equiv = "Content-Type" content = "text/html; charset = gb2312"
/ >
< style type = "text/css" >
.text1 { border:1px solid #f60; color:#03c;}
.text2 { border:2px solid #390; width:200px; height:24px;
font-size:16px; font-weight:bold; line-height:1.6;}
.text3 { border:2px solid #c3c; height:20px; background:#ffeeff
url(/upload/2010 - 08/28/icon9.gif) right 3px no-repeat;}
.text4 { border:2px solid #f60; width:150px; height:29px;font-size:16px;
line-height:1.6; background:url(/upload/2010 - 08/28/bg_9.gif) 0 0
no-repeat;}
.area { border:1px solid #f90; overflow:auto; background:#fff
url(/upload/2010 - 08/28/bg_9_1.gif) right bottom no-repeat; width:99%;
height:100px;}
< /style >
< /head >
< body >
< p >
< input type = "text" name = "textfield" id = "textfield" / >
这是默认样式
< /p >
< p >
< input name = "textfield2" type = "text" class = "text1" id = "textfield2"
value = "我是蓝色的" / >
```

```
这是改变边框的样式和文字颜色
</p>
<p>
<input name="textfield3" type="text" class="text2" id="textfield3"
value="看我大吧" />
这是改变边框并设置高宽和字体大小的样式
</p>
<p>
<input class="text3" type="text" name="textfield4" id="textfield4"/>
这是增加背景图片实例,也可放左侧
</p>
<p>
<input class="text4" type="text" name="textfield5" id="textfield5"/>
这是增加了一个背景图片为 gif 动画
</p>
<p>
<textarea name="textarea" id="textarea" cols="45"
rows="5"></textarea>
</p>
<p>
<textarea class="area" name="textarea2" id="textarea2" cols="45"
rows="5"></textarea>
</p>
</body>
</html>
```

标准之路（www.aa25.cn）提示：可以先修改部分代码后再运行。

2. 用图片美化按钮

按钮也是网页中常见的元素，但默认的样式有时会和页面整体效果不协调，需要把它美化一下，它的样式设置和文本框如出一辙。下面以三个实例来说明，代码如下：

```
.btn02 {background:#fff url(btn_bg2.gif) 0 0; height:22px; width:55px; color:#297405; border:1px solid #90be4a; font-size:12px; font-weight:bold; line-height:180%; cursor:pointer;}
.btn04 {background:url(btn_bg2.gif) 0 -24px; width:70px; height:22px; color:#9a4501; border:1px solid #dbb119; font-size:12px; line-height:160%; cursor:pointer;}
.btn07 {background:url(submit_bg.gif) 0px -8px; border:1px solid #cfab25; height:32px; font-weight:bold; padding-top:2px; cursor:pointer; font-size:14px; color:#660000;}
.btn08 {background:url(submit_bg.gif) 0px -64px; border:1px solid #8b9c56; height:32px; font-weight:bold; padding-top:2px; cursor:pointer; font-size:14px; color:#360;}
.btn09 {background:url(http://www.aa25.cn/upload/2010-08/14/014304_btn_bg.gif) 0 0 no-repeat; width:107px; height:37px; border:none; font-size:14px; font-weight:bold; color:#d84700; cursor:pointer;}
```

图 4-168 中的按钮，前两个为固定宽度，但宽度可以根据需要随意调整；之后两个为自适应宽度，根据字数多少自适应调整，这四个样式都是采用一个背景图片横向循环实现的，所以宽度不受限制；最后一个完全采用背景图片，这样宽度就得固定，要不会影响美观，需要注意的是这种方式需要去掉按钮边框。

采用以上的按钮有一个好处是当 CSS 样式表没有加载出来时，将会显示为默认按钮样式，这样用户可以清楚地知道这是个按钮，正常加载后，会使按钮更加美观。它和前面讲的

CSS 按钮有所不同，那里的按钮实际还是个链接，而这里的是按钮元素。注意：不同浏览器下显示效果略有不同。

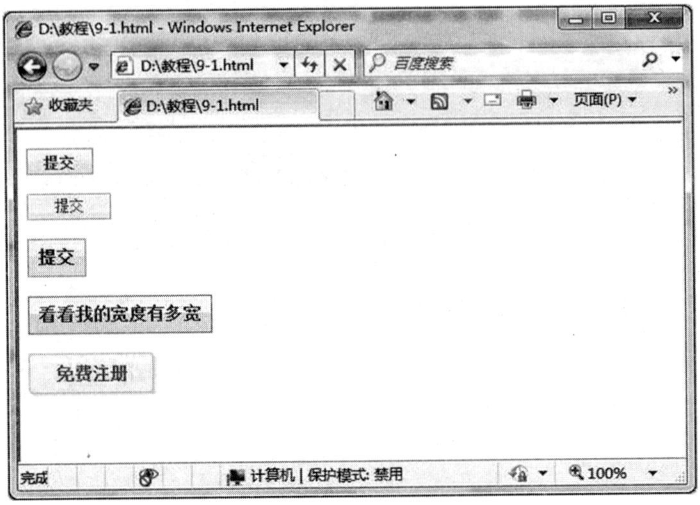

图 4 - 168

生成的源代码如下：

```
<! DOCTYPE html
PUBLIC "-//W3C//DTD XHTML 1.0 Transitional//EN"
"http://www.w3.org/TR/xhtml1/DTD/xhtml1-transitional.dtd">
<html xmlns="http://www.w3.org/1999/xhtml">
<head>
<meta http-equiv="Content-Type" content="text/html; charset=gb2312"
/>
<style type="text/css">
.btn02 { background:#fff url(/upload/2010-08/28/btn_bg2.gif) 0 0;
height:22px; width:55px; color:#297405; border:1px solid #90be4a;
font-size:12px; font-weight:bold; line-height:180%; cursor:pointer;}
.btn04 { background:url(/upload/2010-08/28/btn_bg2.gif) 0 -24px;
width:70px; height:22px; color:#9a4501; border:1px solid #dbb119;
font-size:12px; line-height:160%; cursor:pointer;}
.btn07 { background:url(/upload/2010-08/28/submit_bg.gif) 0px -8px;
border:1px solid #cfab25; height:32px; font-weight:bold;
padding-top:2px; cursor:pointer; font-size:14px; color:#660000;}
.btn08 { background:url(/upload/2010-08/28/submit_bg.gif) 0px -64px;
border:1px solid #8b9c56; height:32px; font-weight:bold;
padding-top:2px; cursor:pointer; font-size:14px; color:#360;}
.btn09 {background:url(http://www.aa25.cn/upload/2010-08/14/014304_btn_bg.gif) 0
0 no-repeat; width:107px; height:37px; border:none; font-size:14px;
font-weight:bold; color:#d84700; cursor:pointer;}
</style>
</head>
<body>
<p>
```

```
<input name="button" type="submit" class="btn02" id="button"
value="提交" />
</p>
<p>
<input name="button2" type="submit" class="btn04" id="button2"
value="提交" />
</p>
<p>
<input name="button" type="submit" class="btn07" id="button"
value="提交" />
</p>
<p>
<input name="button2" type="submit" class="btn08" id="button2"
value="看看我的宽度有多宽" />
</p>
<p>
<input name="button" type="submit" class="btn09" id="button"
value="免费注册" />
</p>
</body>
</html>
```

标准之路（www. aa25. cn）提示：可以先修改部分代码后再运行。

3. 改变下拉列表样式

下拉列表（菜单）是大家最头疼的一个元素，因其对许多样式不生效，故而在页面中显示不很美观，而且在 IE6 下总在最上层，造成许多弹出层被遮挡，使页面的用户体验大打折扣，所以一些设计师想出了许多办法来改变这种情况。

IE6 下对下拉列表的背景和宽度样式生效，其他绝大部分不生效，IE8 下增加了对边框和高度的支持。但这样似乎离我们的要求还很远，所以不得不寻求其他的办法。先看图 4－169至图 4－171 所示同一代码分别在 IE6、FF、IE8 下显示的差异。

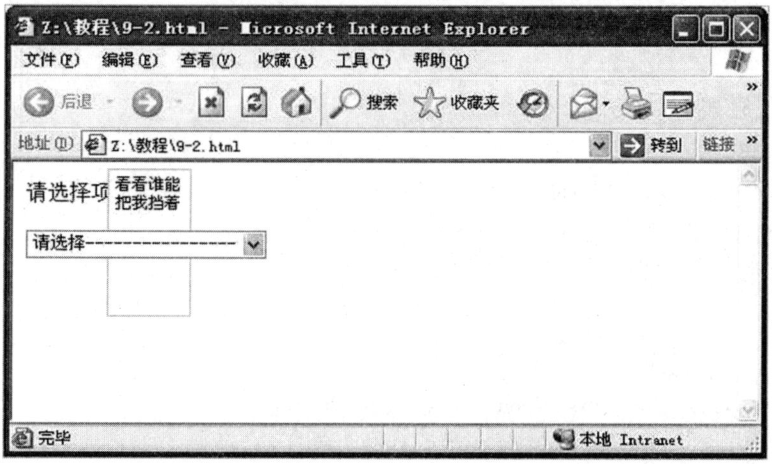

图 4－169

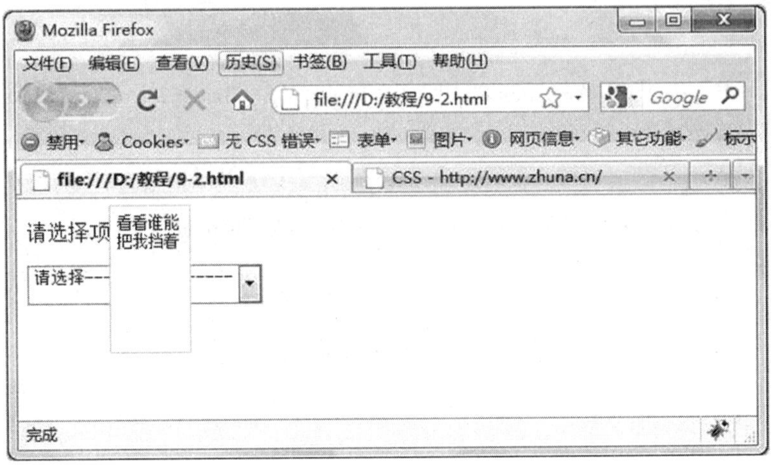

图 4－170

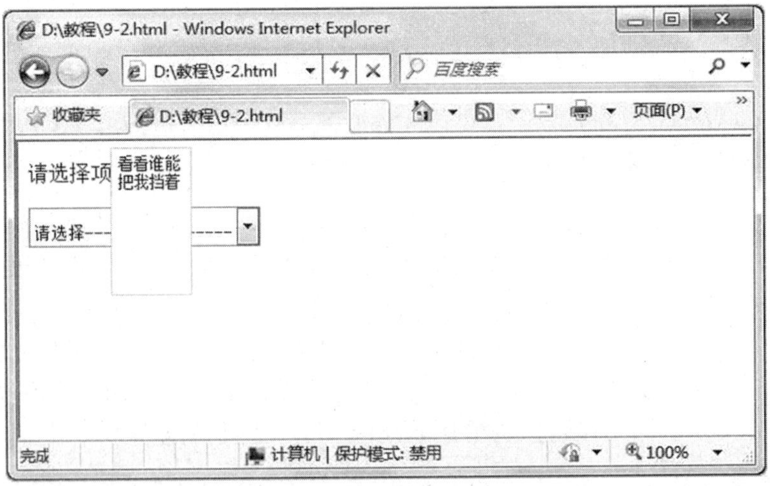

图 4－171

生成的源代码如下：

```
<! DOCTYPE html
PUBLIC " -//W3C//DTD XHTML 1.0 Transitional//EN"
"http://www.w3.org/TR/xhtml1/DTD/xhtml1-transitional.dtd" >
<html xmlns = "http://www.w3.org/1999/xhtml" >
<head >
<meta http-equiv = "Content-Type" content = "text/html; charset = gb2312"/ >
<style type = "text/css" >
.select { border:1px solid #f60; background:#ff9; height:30px;}
.tip { width:50px; border:1px solid #ccc; background:#fff;
position:absolute; top:5px; left:70px; font-size:12px; height:100px;
padding:5px;}
```

```
</style>
</head>
<body>
<p>请选择项目:</p>
<p>
<select name="select" id="select" class="select">
<option>请选择 ----------------- </option>
<option>标准之路</option>
</select>
</p>
<div class="tip">看看谁能把我挡着</div>
</body>
</html>
```

标准之路（www. aa25. cn）提示：可以先修改部分代码后再运行。

可以看到，在三个浏览器下显示都不尽相同，所以最好寻求其他的办法或者使用默认样式。其中 IE6 下被遮挡可以对浮动层用 iframe，因下拉列表不会跑到 iframe 上边。有更高美化需求的可以用 div 模拟来代替下拉列表，但这种方法实现起来比较麻烦，本节不再过多介绍。

4. 用 label 标签提升用户体验

label 标签常常被大家忽略，合理利用会使页面的用户体验得到提升，可以对表单的说明文字使用 label 标签，这样当用户点击文字时，光标就会定位到表单上。

如图 4－172 所示，当用鼠标点击姓名文字时，光标就会定位到后边的文本框上；点击男女文字也会选中相应的选项；同理，复选框和文本域也是一样的。

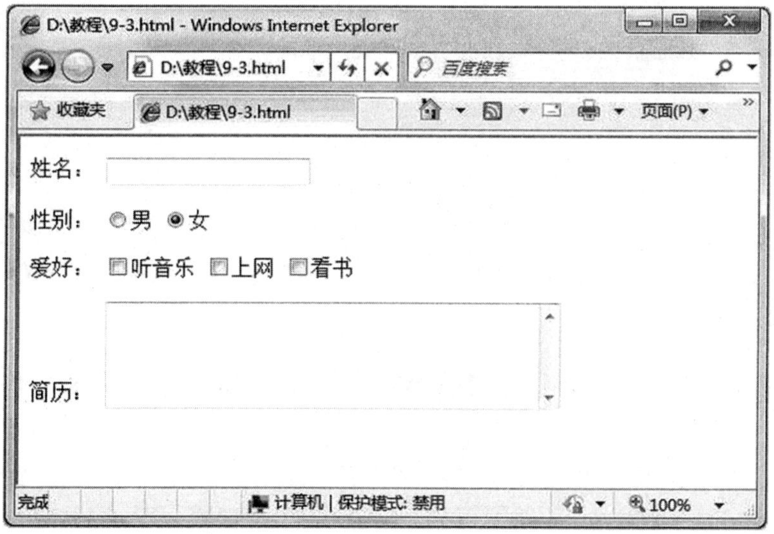

图 4－172

生成的源代码如下：

```
<! DOCTYPE html PUBLIC " -//W3C//DTD XHTML 1.0
Transitional//EN" "http://www.w3.org/TR/xhtml1/DTD/xhtml1-transitional.dtd" >
<html xmlns = "http://www.w3.org/1999/xhtml" >
<head >
<meta http-equiv = "Content-Type" content = "text/html; charset = gb2312" / >
<style type = "text/css" >
</style >
</head >
<body >
<p >
<label for = "name" >姓名：</label >
<input type = "text" name = "name" id = "name" / >
</p >
<p >性别：
<input type = "radio" name = "sex" id = "male" value = "radio" / > <label for = "male" >男 </label >
<input type = "radio" name = "sex" id = "female" value = "radio2" / > <label for = "female" >女 </label > </p >
<p >爱好：
<input type = "checkbox" name = "music" id = "music" / >
<label for = "music" >听音乐 </label >
<input type = "checkbox" name = "web" id = "web" / >
<label for = "web" >上网 </label >
<input type = "checkbox" name = "book" id = "book" / >
<label for = "book" >看书 </label > </p >
<p >
<label for = "content" >简历：</label >
<textarea name = "content" id = "content" cols = "45" rows = "5" > </textarea >
</p >
<p > </p >
<p > </p >
</body >
</html >
```

标准之路（www.aa25.cn）提示：可以先修改部分代码后再运行。

第十节 DIV + CSS 网页标准布局实例教程（一）

下面学习《十天学会 WEB 标准（DIV + CSS）》的最后一节，本节把前面学习的零碎内容串联起来，组织成一个网站，从建立站点到一个完整的 DIV + CSS 网页的完成，整个流程下来，希望能对各位有所帮助。由于内容较多，将分三部分来讲解。

1. 建立站点

前面都是零碎讲解一些相关知识，要做一个网站，首先需要建立一个站点。那么什么是站点，为什么要建立一个站点呢？因为网站不同于其他文件，如一个图片放到哪个盘哪个目录下都可以访问，而网站是许多文件相互关联的，所以要专门建立一个目录把它们分门别类地存放起来。做过视频编辑的朋友都知道，需要先建立一个工程，把原始的视频文件、图片素材分类放好，也是这个道理。下面以在 D 盘建立一个 jiaocheng 文件夹为例，在 Dreamweaver 里创建一个站点指向这个文件夹，然后在目录下新建 images 文件夹、css 文件夹等把各类文件分别存放起来，如图 4－173 和图 4－174 所示。

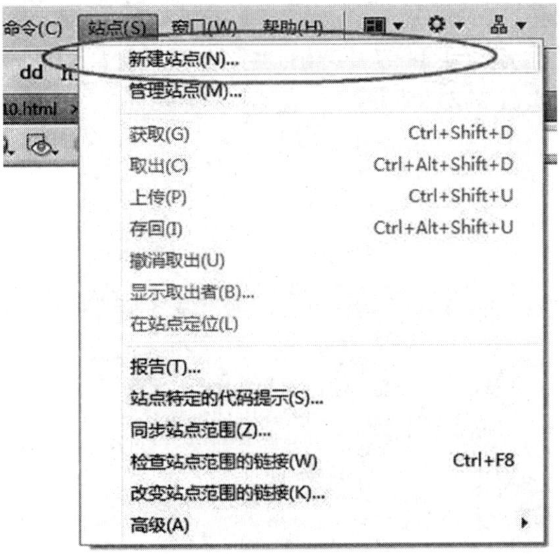

图 4－173

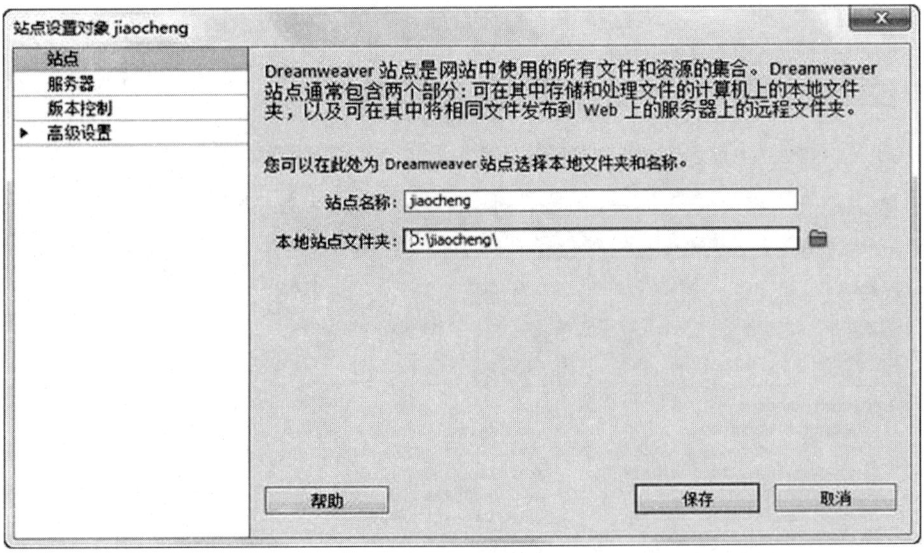

图 4－174

保存后，一个站点就建立起来了，不同的版本，界面会有所不同。如果要链接 FTP，需要设置服务器选项（后面会涉及）。站点建立好后，先建立一个 images 和 css 文件夹，分别用来存放图片和 CSS 文件，如图 4－175 所示。直接在 Windows 的资源管理器下建立或者在 DW 里建立都可以；在 DW 里建立需要在文件面板列表的根目录上单击鼠标右键，选择新建文件夹后更改名字即可。

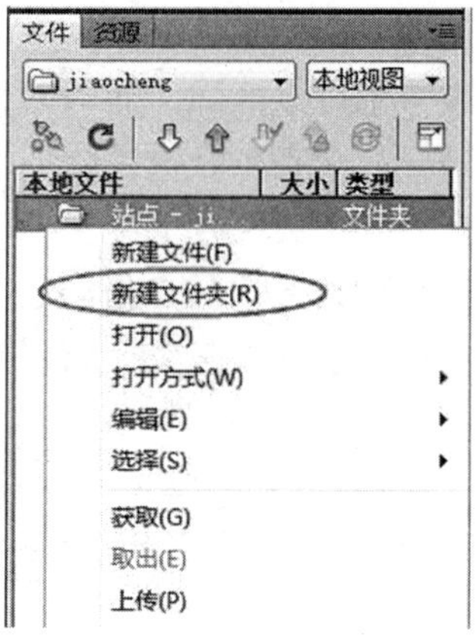

图 4－175

2. 结构分析

创建完站点后，就需要对页面结构进行分析，根据效果图分析页面分为几大块，使布局更合理。图 4－176 所示是一个企业网站的模板，虽然不怎么好看，但目的是把前边学的东西全都串起来，让大家掌握各种情况的处理方法。先看下效果图（图 4－176）及在网页中显示的样式（图 4－177）。

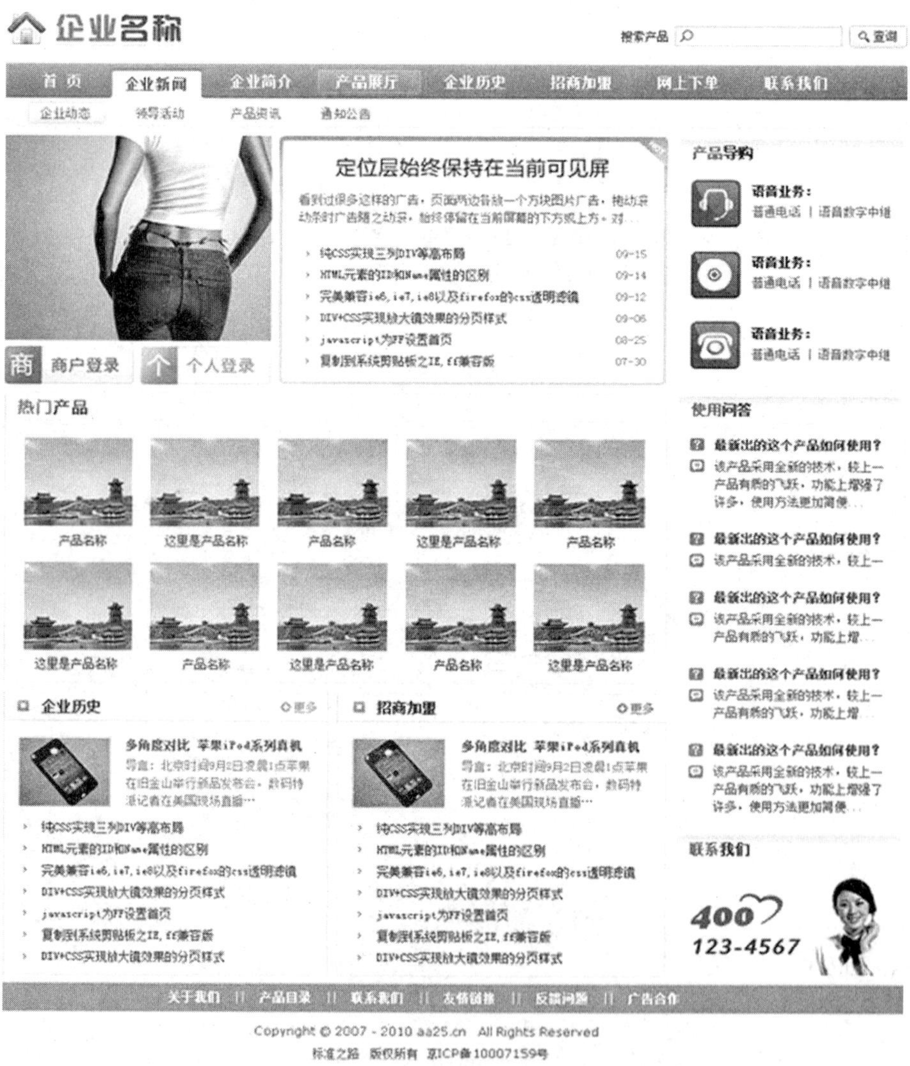

图 4－176

图 4－177

从图 4－176 可以看出，整个页面分为头部区域、导航区域、主体部分和底部，其中主体部分又分为左右两列，整个页面居中显示，看明白了这点，下边的框架就好搭建了。整体框架结构如图 4－178 所示。

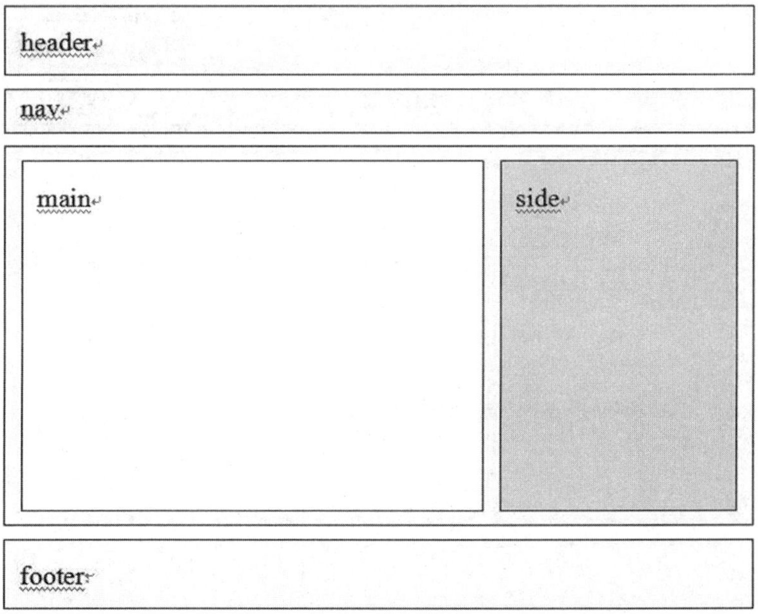

图 4－178

3. 搭建框架

首先在 DW 里新建一个 HTML 文件（图 4－179），单击“创建”按钮后会自动生成如下代码的一个 HTML 文件，保存为 index. html，并把无标题文档改为“主页”。强调一点，许多同学喜欢把第一行代码删除掉，认为没用，其实这句话的作用很大，它表明以何种形式解析文档，如果删除可能会引起样式表失效或其他意想不到的问题。接下来需要插入以上各个块的标签，以插入 header 的标签为例（图 4－180），其他的插入方法类同。

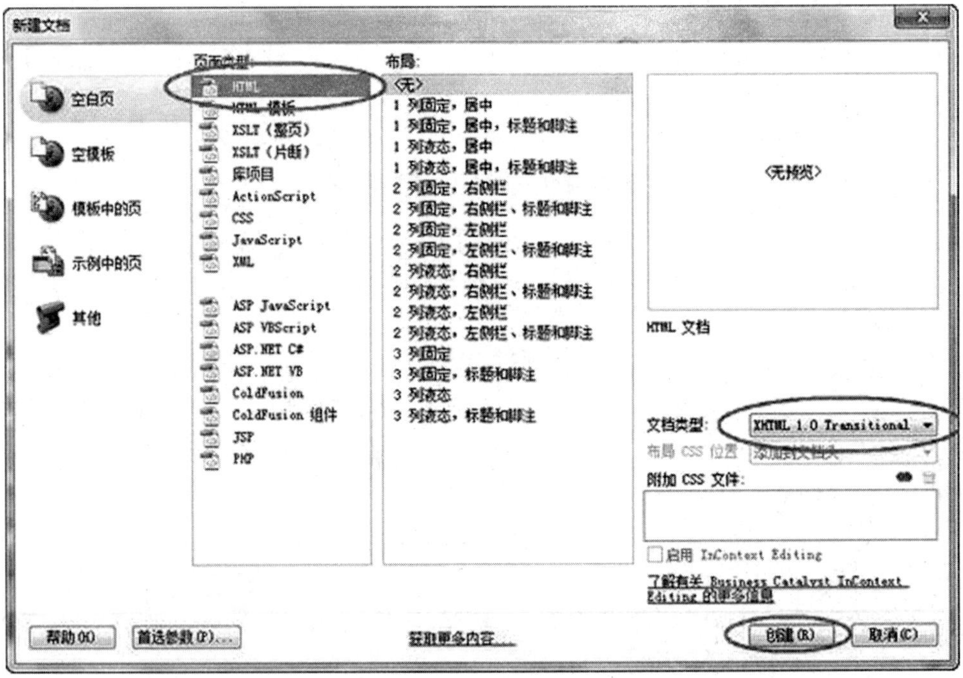

图 4－179

```
<! DOCTYPE html PUBLIC " -//W3C//DTD XHTML 1.0 Transitional//EN" "http://www.w3.org/TR/xhtml1/DTD/xhtml1-transitional.dtd" >
<html xmlns = "http://www.w3.org/1999/xhtml" >
<head >
<meta http-equiv = "Content-Type" content = "text/html; charset = gb2312" / >
<title > 主页 </title >
</head >
<body >
</body >
</html >
```

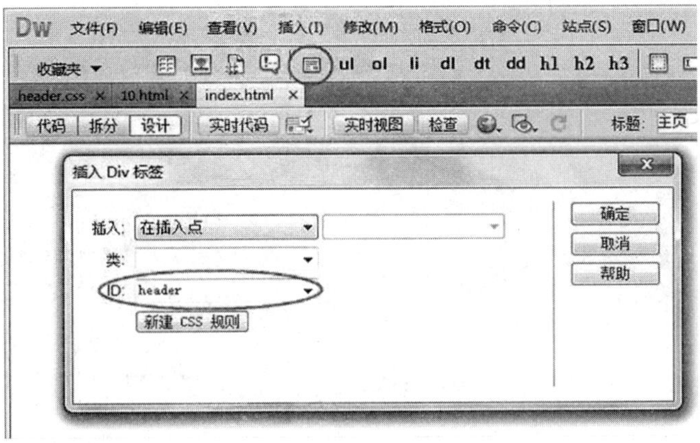

图 4－180

按照图 4－180 的方法依次插入标签，或者直接在代码视图中手工输入，代码如下：（注意 main 和 side 包含在 maincontent 里）

```
<div id="header">此处显示 id "header" 的内容</div>
<div id="nav">此处显示 id "nav" 的内容</div>
<div id="maincontent">
  <div id="main">此处显示 id "main" 的内容</div>
  <div id="side">此处显示 id "side" 的内容</div>
</div>
<div id="footer">此处显示 id "footer" 的内容</div>
```

从上边的效果图分析得知，整个网页是居中显示的，按照这样的写法需要把以上的 header、nav、maincontent、footer 都设置宽度并居中，这样做起来很麻烦，所以再在这些标签外增加一下父标签，给这个父标签设置宽度并居中后，所有的标签就都居中了。增加后的代码如下：

```
<div id="container">
<div id="header">此处显示 id "header" 的内容</div>
<div id="nav">此处显示 id "nav" 的内容</div>
<div id="maincontent">
  <div id="main">此处显示 id "main" 的内容</div>
  <div id="side">此处显示 id "side" 的内容</div>
</div>
<div id="footer">此处显示 id "footer" 的内容</div>
</div>
```

HTML 框架代码写完后，下边就需要设置 CSS 样式表。首先需要测量效果图的整体宽度，然后设置 container 也是这个宽度并居中。测量效果图宽度的方法有许多种，可以直接查看图片尺寸。如果测量其中某一块的宽度，可以使用测量软件，也可以在 PS 下测量。一般在 PS 下测量，因为效果图是在 PS 下制作的，所以用 ps 测量会比较方便。其方法是在首选项里把 PS 的单位改为像素，然后用选区选中要测量的部分，在信息面板中就会显示出当前选区的宽度和高度，如图 4－181 所示。

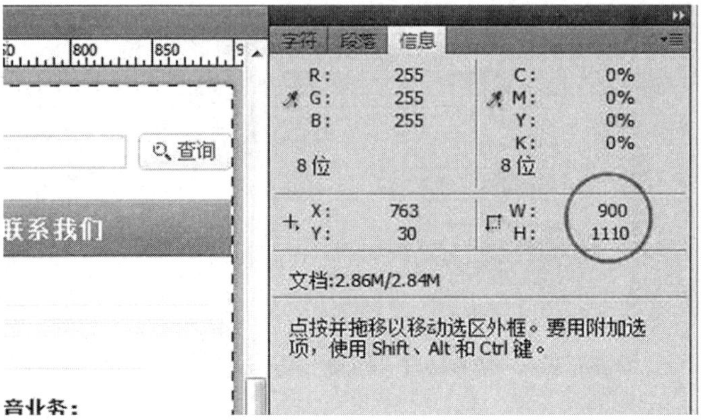

图 4－181

测量后可以得知：整体宽度为 900px，main 部宽度为 664px，side 宽度为 228px。对这三个基本宽度进行测量后，下面就可以写 CSS 代码了。由于本实例是按照实际应用来做的，所以 CSS 样式表最好写在单独的文件里，不要再写在文件内部，这样可以利用代码的重用性，降低劳动强度。下面就新建一个 CSS 样式表文件：在 DW 文件菜单选择“新建”，然后在打开的窗口页面类型中选择 CSS，创建后保存在 CSS 文件夹中并命名为 layout. css，如图 4－182 和图 4－183 所示。

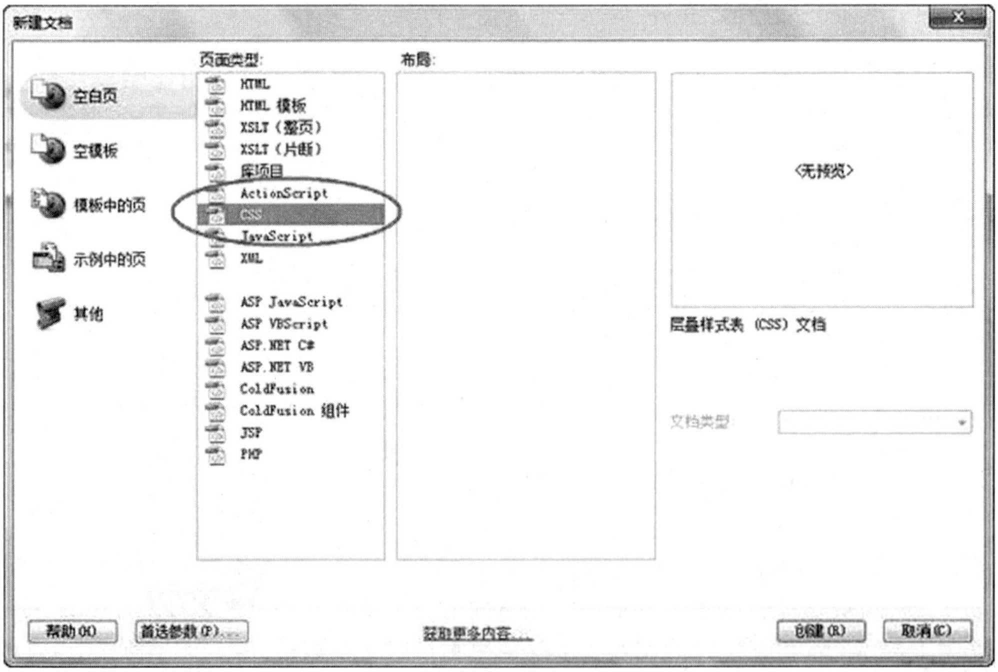

图 4－182

图 4 - 183

保存后先设置全局的样式，而后写每一块单独的样式，全局样式如下：

```
body { margin:0 auto; font-size:12px; font-family:Verdana; line-height:1.5;}
ul,dl,dd,h1,h2,h3,h4,h5,h6,form,p { padding:0; margin:0;}
ul { list-style:none;}
img { border:0px;}
a { color:#05a; text-decoration:none;}
a:hover { color:#f00;}
```

全局的样式定义完后，下面定义以上几大块的样式，先设置#container 的样式如下：

```
#container { width:900px; margin:0 auto;}
```

预览 index. html，发现并没有改变，这是为什么呢？因为刚定义的样式表没有和 HTML 文件关联，所以设置的样式当然不能对它生效。可以在 CSS 面板中单击“附加样式表”按钮，然后在弹出的窗口中选择刚才创建的样式表文件，而后单击“确定”按钮即可，如图 4 - 184 和图 4 - 185 所示。

图 4 - 184

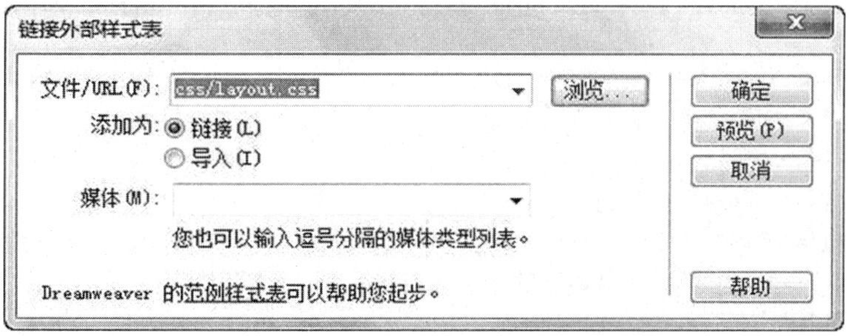

图 4 - 185

如果已经是宽度为900px并居中，说明样式和文件关联好了。这就是为什么要定义一个站点，因为许多文件要关联在一起才能构成一个完整的网页，所以要把它们放在一起，才能让这个页面找到和它相关的文件在哪里。下面设置内部几大块的样式，为了便于观察，为部分块设置了背景色。代码如下：

```
/*body*/
#container {width:900px; margin:0 auto;}

/*header*/
#header {height:70px; background:#ccffcc; margin-bottom:8px;}
#nav {height:30px; background:#ccffcc; margin-bottom:8px;}

/*main*/
#maincontent {margin-bottom:8px;}
#main {float:left; width:664px; height:500px; background:#ffff99;}
#side {float:right; width:228px; height:500px; background:#ffcc99;}

/*footer*/
#footer {height:70px; background:#ccffcc;}
```

预览一下，发现在IE6下#maincontent的底部外边距并没有生效，而在IE8下#footer干脆跑到了#maincontent下边，这又是怎么回事呢？这就是之前所讲的，如果一个容器内的元素都浮动的话，那么它的高度将不会去适应内部元素的高度。解决办法是在#maincontent增加"overflow: autol; zoom: 1;"，这样就可以让它自动适应内部元素的高度。

再预览一下，就都正常了。为了更加保险，建议在header、nav、maincontent、footer之间增加如下一句代码并设置CSS样式如下，它的作用是清除浮动。

```
<div class="clearfloat"></div>

.clearfloat {clear:both;height:0;font-size: 1px;line-height: 0px;}
```

生成的源代码如下：

```
<!DOCTYPE html PUBLIC "-//W3C//DTD XHTML 1.0
Transitional//EN" "http://www.w3.org/TR/xhtml1/DTD/xhtml1-transitional.dtd">
<html xmlns="http://www.w3.org/1999/xhtml">
<head>
<meta http-equiv="Content-Type" content="text/html; charset=gb2312" />
<title>主页</title>
<link href="http://www.aa25.cn/upload/2010-09/16/layout.css" rel="stylesheet" type="text/
css" />
</head>
<body>
<div id="container">
<div id="header">此处显示 id "header" 的内容</div>
<div class="clearfloat"></div>
<div id="nav">此处显示 id "nav" 的内容</div>
<div class="clearfloat"></div>
<div id="maincontent">
```

```
<div id="main">此处显示 id "main" 的内容</div>
<div id="side">此处显示 id "side" 的内容</div>
</div>
<div class="clearfloat"> </div>
<div id="footer">此处显示 id "footer" 的内容</div>
</div>
</body>
</html>
```

标准之路（www. aa25. cn）提示：可以先修改部分代码后再运行。

4. 切割效果图

基本框架搭建完毕后，下一步就是要分析每一块该怎么切图了。切图的方法有多种，可以使用 PS 或 fireworks 自带的切片工具（图 4－186），也可以用 QQ 的截屏或者创建新文件，把需要的部分复制过来保存，关键看个人喜好。

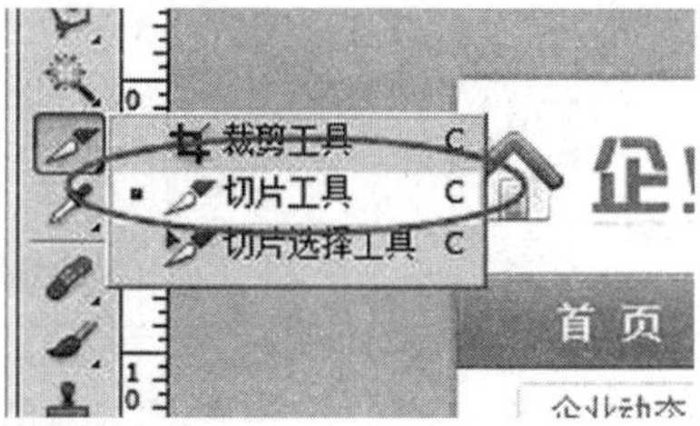

图 4－186

用 PS 的切片工具的话，把需要切割的区域用切片工具切分，如果要设置图片的名称，应使用切片选择工具，然后在切片上双击，会弹出如图 4－187所示窗口，填写名字后单击“确定”按钮即可。

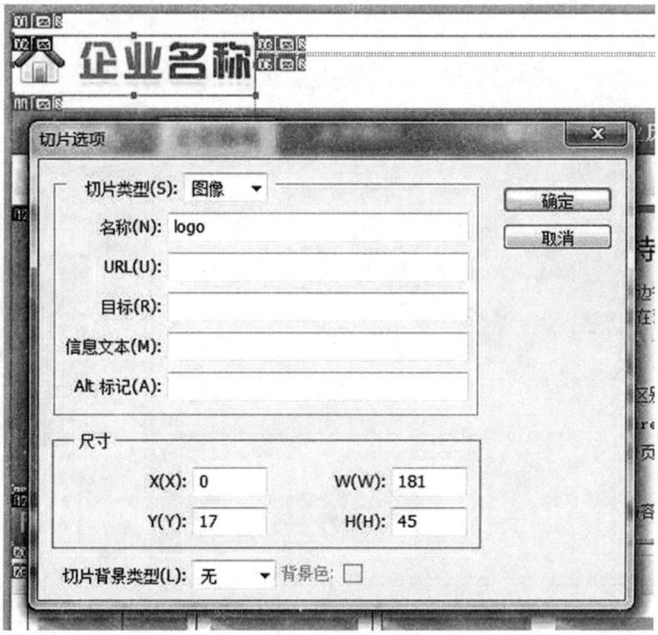

图 4－187

切割完后，需要保存图片，选择“文件/存储为 Web 和设备所用格式”（图 4－188），在弹出的窗口中点击选中切片，然后在右侧可以设置当前切片的图片格式，如图 4－189 所示。这里有个技巧，一般小型色彩单一的图片，采用 gif 格式，照片类大型图片采用 jpg 格式，这样生成的图片既能保证质量，图片体积又小。

图 4－188

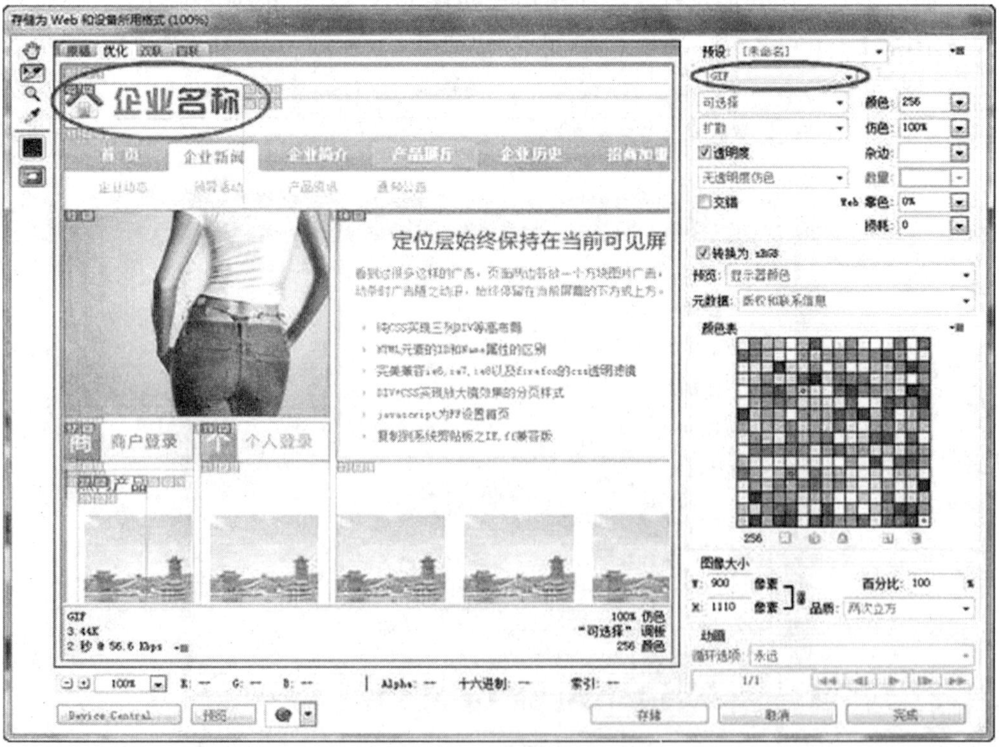

图 4－189

设置完图片的格式后，就可以存储了，这里选择到 images 的上一级目录即可，PS 会自动创建 images 目录并把图片文件放入其中，如果已存在，直接放入即可。在格式处选择“仅限图像”，如果选择 HMTL 和图像，PS 会自动生成一个表格式的网页，如果不需要这个页面，就不让它生成了；还有一个需要注意的地方就是选择“所有用户切片”，这样只把手动切割的图片保存下来，其他的不保存，如图 4 - 190 所示。保存后的图片如图 4 - 191 所示，其中 hot_ bg. gif 这张图片切割时没有隐藏上边的文字，可在 PS 里处理把文字抹掉。

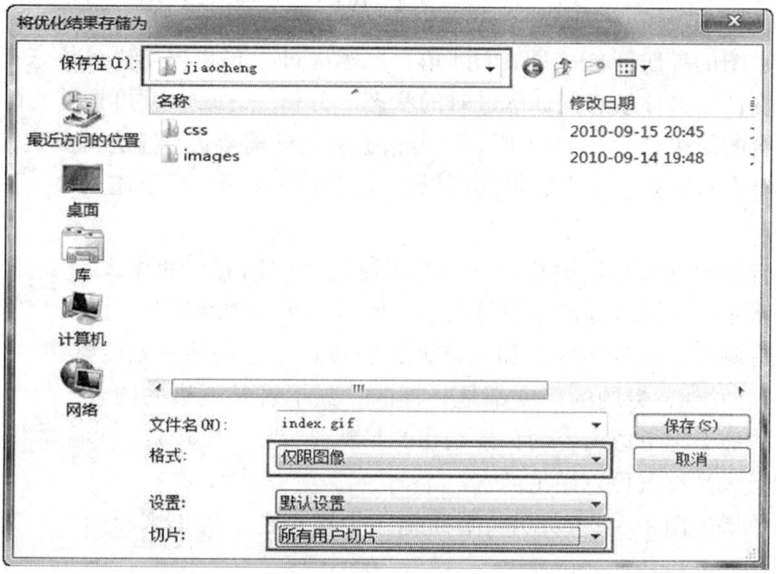

图 4 - 190

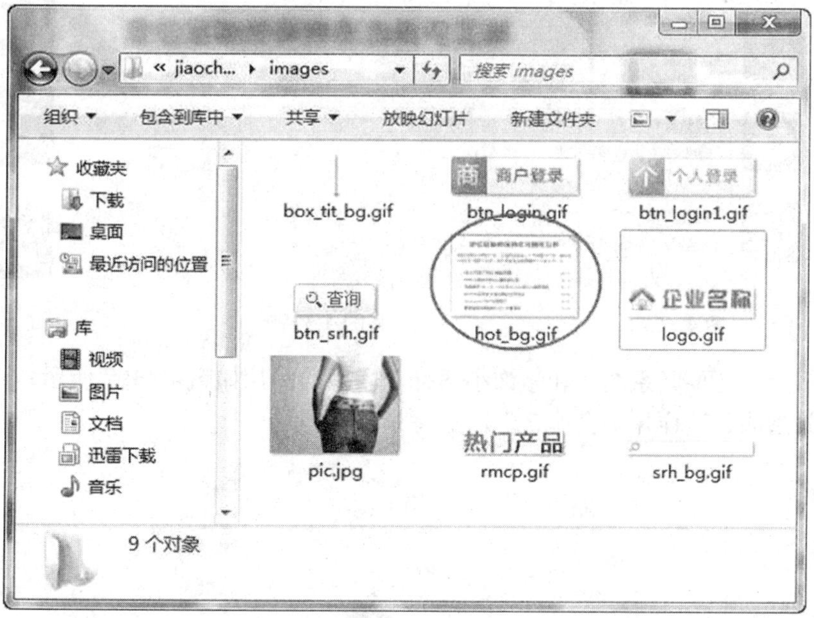

图 4 - 191

目前所切的图片只是一部分，并没有把整个页面所需的图片全都切割下来，如导航部分所用背景图片可以放到一张图片上，下面就用新建文件，然后用 QQ 截屏再粘贴的方法来创建，如图 4 - 192 所示。

图 4－192

分析一下上图的导航部分：两端的圆角；鼠标滑过状态和当前栏目状态宽度应该随着字数的多少而改变；二级导航有鼠标滑过时的状态。分析完之后，就可把需要的图片整合到一张图片上，整合的结果如图 4－193 所示，可根据自己的需要进行整合。其实完全可以把其他一些小图标都整合在一张图片上，但那样操作起来比较麻烦，所以还是归一下类，把相关的图标整合到一起。

图 4－193

接下来整合侧边栏的背景图片，分析发现侧边栏应用同样的样式，只不过高度有所不同，而且是四角都是圆角，所以只用一个通用的样式就可以满足所有侧边栏块的需求。那么，怎么制作这个通用的背景呢？从图 4－194 可以发现，标题的高度都是一样的，只不过是下边的内容高度不同而已，那么把下边内容的背景制作的足够长（图 4－195），超过可能出现的最大高度就可以满足需求。

整合后的效果如图 4－194 所示。下面把三个图标也给切出来，如图 4－196 所示。

图 4－194

图 4－195

图4－196

这些完成后，还要联系图片和修饰小图标。联系的图片如图 4－197 所示，这里的图片和小图标要背景透明，这样才不会遮盖下面的背景。

图 4－197

| 第十一节 | DIV + CSS 网页标准布局实例教程（二）

1. 布局页面——头部和导航

有了前面的基础，下面的任务就是要利用 HTML 和 CSS 制作完成一个完整的网页。先从头部开始，已经把整体框架搭建好了，就像盖房子一样，整体结构已经出来，下面就需要分割空间。首先分析头部：头部分为两部分，一部分是 logo 靠左侧显示，另一部分是搜索框靠右侧显示，布局时插入两个 div，以一个向左浮动、一个向右浮动的方式来完成。另外，还有很多种实现方法，如 logo 用 h1 标签，搜索框用 span，或者把 logo 作为背景图片也是可以的，不管采用哪种方法，要根据页面的需求选用一种最合理的方法。如果要在 logo 上加上链接，就不能用背景图片的方法了。

```
<div id = "header" >
<div id = "logo" >此处显示 id "logo" 的内容 </div>
<div id = "search" >此处显示 id "search" 的内容 </div>
</div>
```

先在 header 里插入以上两块元素，然后分别插入相应的内容，在 logo 里插入事先切割好的 logo 图片，在 search 里插入一个表单、一个文本框和一个按钮，插入后如下：

```
<div id = "header" >
<div id = "logo" > <img src = "images/logo. gif" width = "181" height = "45" /> </div>
<div id = "search" >
<form id = "form1" name = "form1" method = "post" action = "" >
搜索产品
<input type = "text" name = "textfield" id = "textfield" />
<input type = "submit" name = "button" id = "button" value = "查询" />
</form>
</div>
</div>
```

接下来定义 CSS，在 PS 里测量，头部的高度是 71px，logo 距顶部 18px，搜索产品距顶部 30px，下面在 CSS 里把这些参数都定义上，看显示的效果和效果图是否一样。

```
#logo { float:left; margin-top:18px;}
#search { float:right; margin-top:30px;}
```

这两项的位置已经差不多了。预览时会发现，搜索框和按钮跟效果图不一样，这是因为还没为它设置样式，接下来把文本框增加一个 class 为 inp_srh 样式，按钮增加 btn_srh 样式，然后定义这两个样式的属性。

```
#search { float:right; height:24px; margin-top:30px; color:#444;}
.inp_srh { width:140px; height:17px; padding-left:20px; background:url(../images/srh_bg. gif) 0 0 no-repeat; border:1px solid #cbcbcb;}
.btn_srh { width:58px; height:23px; background:url(../images/btn_srh. gif) 0 0 no-repeat; border:
```

```
none; cursor:pointer; text-indent:-999em;}
    #search * { vertical-align:middle;}
```

给 search 增加了高度和文字颜色，这点不用多做解释，但高度为 24px 是为了照顾 IE6。

inp_srh 的宽度和高度并不是实际效果图中的宽度和高度，是因为默认情况下文本框带有内边距，另外就是 padding 的值也会算到总宽度上。

btn_srh 是应用背景图像来实现的，这里的 border 值为 none 指的是无边框；cursor 定义鼠标样式为手形，之前许多朋友用 hand，但通不过 W3C 认证；text-indent：-999em 的属性许多朋友可能不理解，它的作用相当于 Word 中的首行缩进，这里设置成 -999，意思是向左侧缩进 -999em，这样就看不到文字了，所以它的作用是将按钮上的文字隐藏，当然也可以在 HTML 代码中插入空格代替文字，但这样做有点不太好，因为在不支持 CSS 的设备上查看时，用户会不知道这个按钮是干什么的，所以不建议采用这种形式。

有必要解释一下最后一行，它的特殊之处是在样式名和大括号之间加了一个“*”号，这里兼容所用的属于 css hack 部分内容，是定义这些元素都垂直居中对齐。css hack 本身就是无意思的东西，所以不做过多解释，知道当需要垂直居中对齐时就采用这种写法即可，但是一定不要滥用，因为这个属性也是有缺陷的，当英文和中文同时出现时，英文会靠上显示。

这些设置完后，把最初搭建框架时设置的 header 的背景色和底部外边距去掉。

```
#header { height:71px;}
```

至此，头部的样式就完成了，下面该制作导航了。导航分为一级导航和二级导航，所以需要在 nav 下再插入 nav_main 和 nav_son 两个块级元素。

```
<div id="nav">
<div id="nav_l"></div>
<div id="nav_r"></div>
<div class="nav_main">
<ul>
<li><a href="#"><span>首页</span></a></li>
<li><a href="#" id="nav_current"><span>企业新闻</span></a></li>
<li><a href="#"><span>企业简介</span></a></li>
<li><a href="#"><span>产品展厅</span></a></li>
<li><a href="#"><span>企业历史</span></a></li>
<li><a href="#"><span>招商加盟</span></a></li>
<li><a href="#"><span>网上下单</span></a></li>
<li><a href="#"><span>联系我们</span></a></li>
</ul>
</div>
<div class="nav_son">
<ul>
<li><a href="#">企业动态</a></li>
<li><a href="#">领导活动</a></li>
<li><a href="#">产品资讯</a></li>
<li><a href="#">通知公告</a></li>
```

```
</ul>
</div>
</div>
```

首先设置 nav 的高度及背景图片样式：

```
#nav { height:66px; background:url(../images/nav_bg.gif) 0 0 repeat-x; margin-bottom:8px;}
```

然后设置该一级菜单和二级菜单的样式：

```
.nav_main { height:36px; overflow:hidden;}
.nav_main ul li { float:left; font-size:14px; font-weight:bold; margin:5px 5px 0 5px;}
.nav_main ul li a { float:left; display:block; height:26px; line-height:26px; color:#fff; padding-left:20px;}
.nav_main ul li a span { display:block; padding-right:20px;}
.nav_main ul li a:hover { background:url(../images/nav_bg.gif) 0 -163px no-repeat;}
.nav_main ul li a:hover span { background:url(../images/nav_bg.gif) right -163px no-repeat;}
.nav_main ul li a#nav_current { height:31px; line-height:31px; background:url(../images/nav_bg.gif) 0 -132px no-repeat; color:#646464;}
.nav_main ul li a#nav_current span { height:31px; background:url(../images/nav_bg.gif) right -132px no-repeat;}
.nav_son { height:30px;}
.nav_son ul li { float:left; margin-top:4px;}
.nav_son ul li a { display:block; width:78px; height:22px; line-height:22px; text-align:center; color:#6e6e6e;}
.nav_son ul li a:hover { background:url(../images/nav_bg.gif) 0 -198px no-repeat;}
```

这些样式的作用就不多讲了，前面已详细讲解过，只不过本例使用了双导航菜单而已。现在在浏览器中预览一下，看看效果怎么样，是不是和效果图差不多，但还有最后一步就是两端的圆角没实现，实现圆角的方法也不复杂，只需再增加两行代码和两个样式即可。在 nav 下 nav_main 之前增加如下两行代码：

```
<div id="nav_l"></div>
<div id="nav_r"></div>
```

然后用样式表定义一个左侧的圆角、一个右侧的圆角，CSS 样式如下：

```
#nav_l { float:left; height:66px; width:5px; overflow:hidden; background:url(../images/nav_bg.gif) 0 -66px no-repeat; margin-right:10px;}
#nav_r { float:right; height:66px; width:5px; overflow:hidden; background:url(../images/nav_bg.gif) -5px -66px no-repeat;}
```

再预览一下，看看头部和导航是不是与效果图一样。

生成的源代码如下：

```
<!DOCTYPE html
PUBLIC "-//W3C//DTD XHTML 1.0 Transitional//EN"
"http://www.w3.org/TR/xhtml1/DTD/xhtml1-transitional.dtd">
<html xmlns="http://www.w3.org/1999/xhtml">
<head>
```

```
<meta http-equiv = "Content-Type" content = "text/html; charset = gb2312"
/>
<title>主页</title>
<link href = "http://www.aa25.cn/upload/2010-09/21/css/layout1.css"
rel = "stylesheet" type = "text/css" />
</head>
<body>
<div id = "container" >
   <div id = "header" >
      <div id = "logo" > <img
src = "http://www.aa25.cn/upload/2010-09/21/images/logo.gif" width = "181"
height = "45" /> </div>
      <div id = "search" >
         <form id = "form1" name = "form1" method = "post" action = "" >
          搜索产品
          <input class = "inp_srh" type = "text" name = "textfield"
id = "textfield" />
          <input class = "btn_srh" type = "submit" name = "button"
id = "button" value = "查询" />
         </form>
      </div>
   </div>
   <div class = "clearfloat" > </div>
   <div id = "nav" >
    <div id = "nav_l" > </div>
     <div id = "nav_r" > </div>
     <div class = "nav_main" >
        <ul>
           <li> <a
href = "#" > <span>首页</span> </a> </li>
           <li> <a href = "#"
id = "nav_current" > <span>企业新闻</span> </a> </li>
           <li> <a
href = "#" > <span>企业简介</span> </a> </li>
           <li> <a
href = "#" > <span>产品展厅</span> </a> </li>
           <li> <a
href = "#" > <span>企业历史</span> </a> </li>
           <li> <a
href = "#" > <span>招商加盟</span> </a> </li>
           <li> <a
href = "#" > <span>网上下单</span> </a> </li>
           <li> <a
href = "#" > <span>联系我们</span> </a> </li>
        </ul>
```

```
    </div>
    <div class="nav_son">
     <ul>
         <li><a href="#">企业动态</a></li>
         <li><a href="#">领导活动</a></li>
         <li><a href="#">产品资讯</a></li>
         <li><a href="#">通知公告</a></li>
       </ul>
    </div>
  </div>
  <div class="clearfloat"></div>
  <div id="maincontent">
    <div id="main">此处显示 id "main" 的内容</div>
    <div id="side">此处显示 id "side" 的内容</div>
  </div>
  <div class="clearfloat"></div>
  <div id="footer">此处显示 id "footer" 的内容</div>
</div>
</body>
</html>
```

标准之路（www.aa25.cn）提示：可以先修改部分代码后再运行。

2. 布局页面——侧边栏

主体部分涉及 side 和 main 两部分，内容比较多，但都不难，学起来并不吃力。主体部分先从侧边栏说起，讲解如何切图时已经说过，侧边栏可以共用一个样式，下面就先做一个通用的，插入如下 HTML 代码：

```
<div class="side_box">
<h2><strong>产品</strong>导购</h2>
<div class="side_con">此处显示 class "side_con"的内容</div>
</div>
```

这里的标题采用 h2 标签，没必要再用一个 div，还有“产品导购”中“产品”二字是红色字体，这里用 strong 标签，这样可以省去很多没必要的定义，所以在页面布局当中一定要合理利用每一个标签。前面讲的为什么不能叫 DIV + CSS 而应该叫 XHTML + CSS，是因为 div 只是 XHTML 中的一个标签，叫 DIV + CSS 会让许多朋友误认为遇到块级元素就得用 div，会造成 div 的滥用，而合理利用每个标签，才是 WEB 标准设计的一个准则。定义侧边栏的样式如下：

```
#side { float:right; width:228px;}
.side_box { margin-bottom:8px;}
.side_box h2 { height:25px; padding:6px 10px 0 10px; background:url(../images/side_bg.gif) 0 0 no-repeat; font-size:14px; color:#444;}
.side_box h2 strong { color:#f30;}
.side_con { padding:10px; background:url(../images/side_bg.gif) 0 bottom no-repeat;}
```

预览一下效果，看看是不是整体效果出来了图 4－198，下边就需要定义里边各个部分。

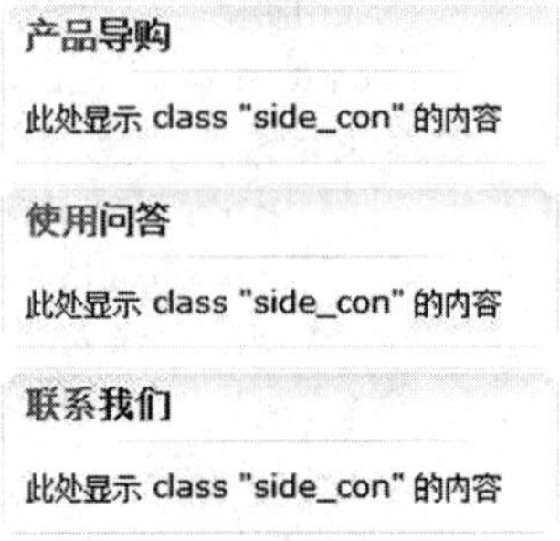

图 4－198

首先看“产品导购”部分，内容分为三部分，可以用 ul、li 列表的形式实现，前边的图标用背景图片实现，可以在 li 上设置背景图片，但这样麻烦一点，每个都需要设置，而且还得定位；有个更简便的方法是定义 ul 的背景图片，因为在切图标时每个图标之间的间距是按照效果图的间距来切的。

```
<div class="side_box">
<h2><strong>产品</strong>导购</h2>
<div class="side_con product">
<ul>
<li><strong>语音业务:</strong><a href="#">普通电话</a>| <a href="#">语音数字中继</a></li>
<li><strong>语音业务:</strong><a href="#">普通电话</a>| <a href="#">语音数字中继</a></li>
<li class="product3"><strong>语音业务:</strong><a href="#">普通电话</a>| <a href="#">语音数字中继</a></li>
</ul>
</div>
</div>
```

细心的用户已经发现，这里的 class 后跟了两个样式名称，说明一个元素可以定义多个样式，中间用空格分开；也可以把 product 样式定义在 ul 上。

说到可以定义多个样式，强调一点：许多初学者常常大量使用，如一个块元素需要设置边框，绿色文字和灰色背景就在 CSS 里定义：

```
.border { border:1px solid #f60;}
.color { color:#080;}
.bg { background:#ccc;}
```

然后在块元素上增加：

```
<div class="border color bg">此处显示新 Div 标签的内容</div>
```

其实这是一个非常不好的写法，这样表面看似达到了代码重用性，但实际当中，当需要把其中一个元素的边框改为 2px，怎么改？如果把 border 的边框改了，那么所有应用这一样式的元素就都改了。如果再在代码中增加一个样式，那么又得去改 HTML 代码，与代码和结构分离的理念相违背。一个好的代码布局，不管以后怎么改风格，只用改样式表，而不用去改 HTML 代码，这才真正做到了两者分离。

回到刚才的问题上，给第三个 li 定义一个 product3 样式，然后在样式表中定义它的底部边框为无，因为前边定义 li 的底边框为 1px 的虚线，而最后一个不需要，所以单独定义一个样式把它取消掉，这里的 product3 是根据需要自己定义的名称，一般用能表达这块内容意思的简洁英文来表示，或者用拼音。“产品导购”的样式定义如下：

```
.product { padding:0px 10px;}
.product ul { background:url(../images/icon2.gif) 5px 12px no-repeat;}
```

```
.product ul li { height:58px; padding:14px 0 0 64px; border-bottom:1px dashed #dcdcdc; color:#777;}
.product ul li strong { display:block; height:24px; color:#333;}
.product ul li a { color:#777;}
.product ul li a:hover { text-decoration:underline;}
.product ul li.product3 { border-bottom:none;}
```

“产品导购”完成后，下面该“使用问答”了。“使用问答”部分都是一问一答的形式，问答各采用不同的图标，而且问的文字加粗。所以，这部分采用 dl、dt、dd 的形式来完成。

```
<div class="side_con ask">
<dl>
<dt><a href="#">最新出的这个产品如何使用？</a></dt>
<dd>该产品采用全新的技术,较上一产品有质的飞跃,功能上增强了许多,使用方法更加简便...</dd>
</dl>
<dl>
<dt><a href="#">最新出的这个产品如何使用？</a></dt>
<dd>该产品采用全新的技术,较上一...</dd>
</dl>
<dl>
<dt><a href="#">最新出的这个产品如何使用？</a></dt>
<dd>该产品采用全新的技术,较上一产品有质的飞跃,功能上增强了...</dd>
</dl>
<dl>
<dt><a href="#">最新出的这个产品如何使用？</a></dt>
<dd>该产品采用全新的技术,较上一产品有质的飞跃,功能上增强...</dd>
</dl>
<dl>
<dt><a href="#">最新出的这个产品如何使用？</a></dt>
<dd>该产品采用全新的技术,较上一产品有质的飞跃,功能上增强了许多,使用方法更加简便...</dd>
</dl>
</div>
```

```
.ask dl { padding:10px 0; border-bottom:1px dashed #dcdcdc;}
.ask dl dt { height:22px; overflow:hidden; font-weight:bold; background:url(../images/icon.gif) 0 -149px no-repeat; padding-left:20px;}
.ask dl dt a { color:#666;}
.ask dl dd { color:#666; background:url(../images/icon.gif) 0 -198px no-repeat; padding-left:20px;}
```

“使用问答”完成后，侧边栏就剩下“联系我们”了，这个更简单，直接插入图片即可，然后调整一下位置。

```
<div class="side_box">
<h2><strong>联系</strong>我们</h2>
<div class="side_con contact"><a href="#"><img src="images/tel.gif" width="222" height="112" /></a></div>
</div>
```

```
.contact { padding:2px;}
```

3. 布局页面——主体部分

主体部分可以分为三大部分，顶部是幻灯和热点新闻，中间是图片列表，下边是左、右两块，先来布局主体部分的顶部。顶部实际上也是左、右两列布局，并不复杂，不再单独贴代码，本节结尾会提供实例的源代码。讲解一点：热点新闻列表中的日期是用一个 span 标签写在内容的前边，然后把 span 向右浮动即可，“个人登录” 和 “商户登录” 的实现方法也是如此。

之前许多朋友问，像标准之路主页的幻灯是怎么实现的？其实很简单，只要动动手，就知道怎么做了。但许多同学遇到问题不去考虑靠自己的能力能否解决，而是上来就问，这是一个很不好的学习态度。应该先找找办法，如果实在解决不了，再来问也不迟。方法是查看标准之路主页源代码，找到幻灯部分，会发现有如图 4 - 199 所示一段 JS 代码，而且代码中有几个设置参数的地方，那么要想在自己的网站实现这样的功能，直接把这部分代码插入到自己网站的相应位置，修改参数中的大小为自己的大小、图片地址为自己的图片地址，还有就是下载 swf 文件，并改为相应正确的地址。如果有 HTML 基础的话，这些不难，还是那句话，一定要多动手、多动脑。

把如图 4 - 199 所示一段代码拷贝到本例的幻灯图片位置，下载实现幻灯的 swf 文件到本地 images 文件夹下，地址为 http://www.aa25.cn/v3/images/indexpic.swf，接下来修改/v3/images/indexpic.swf 为 images/indexpic.swf；修改 swf_width 和 swf_height 的值为 269 和 210；files 的值为图片路径，links 为图片的链接地址，texts 为标题名称，中间也是用 “|” 分隔，这样就实现了幻灯图片的展示。

```
<div id="huandeng">
  <script language='javascript'>
    linkarr = new Array();
    picarr = new Array();
    textarr = new Array();
    var swf_width=248;
    var swf_height=178;
    var files = "/upload/special/xinshou.jpg|/upload/2010-09/16/
    var links = "/special/xinshou/index.shtml|/div_css/911.shtml
    var texts = "";
    for(i=1;i<picarr.length;i++){
        if(files=="") files = picarr[i];
        else files += "|"+picarr[i];
    }
    for(i=1;i<linkarr.length;i++){
        if(links=="") links = linkarr[i];
        else links += "|"+linkarr[i];
    }
    for(i=1;i<textarr.length;i++){
        if(texts=="") texts = textarr[i];
        else texts += "|"+textarr[i];
    }
    document.write('<object classid="clsid:d27cdb6e-ae6d-11cf-96t
    document.write('<param name="movie" value="/v3/images/indexpi
    document.write('<param name="menu" value="false"><param name=
    document.write('<param name="FlashVars" value="bcastr_file='+
    document.write('<embed src="/v3/images/indexpic.swf" wmode="c
  </script>
</div>
```

图 4 - 199

幻灯实现后，接下来该中间部分图片列表了，与前面学习的横向图文列表一样，唯一区别就是多了一个标题。在 index_top 下插入如下代码：

```
<div id="index_pic">
<h2><span></span></h2>
<ul>
<li><a href="#"><img src="images/pic4.gif" width="107" height="87" />产品名称</a></li>
<li><a href="#"><img src="images/pic4.gif" width="107" height="87" />产品名称</a></li>
<li><a href="#"><img src="images/pic4.gif" width="107" height="87" />产品名称</a></li>
<li><a href="#"><img src="images/pic4.gif" width="107" height="87" />产品名称</a></li>
<li><a href="#"><img src="images/pic4.gif" width="107" height="87" />产品名称</a></li>
<li><a href="#"><img src="images/pic4.gif" width="107" height="87" />产品名称</a></li>
<li><a href="#"><img src="images/pic4.gif" width="107" height="87" />产品名称</a></li>
<li><a href="#"><img src="images/pic4.gif" width="107" height="87" />产品名称</a></li>
</ul>
</div>
```

```
#index_pic { border:1px solid #dbdbdb; margin-bottom:8px;}
#index_pic h2 { height:28px; background:url(../images/box_tit_bg.gif) 0 0; border-bottom:1px solid #dbdbdb;}
#index_pic h2 span { display:block; height:25px; background:url(../images/rmcp.gif) 12px 6px no-repeat;}
#index_pic ul { padding:0 0 15px 0; overflow:auto; zoom:1;}
#index_pic ul li { width:107px; float:left; margin:15px 0 0px 21px; display:inline; text-align:center;}
#index_pic ul li a { display:block;}
#index_pic ul li img { margin-bottom:3px;}
```

这次没做鼠标滑过时边框效果，相对之前的简单一点。本例中“热门产品”的图标采用了背景图片，也可以采用一个图片直接插入，但从用户体验的角度来讲，这些图片还是以背景图片插入为好，因为背景图片是在整个页面加载过程中后来加载的。

图片列表实现之后，主体部分就剩下“企业历史”和“招商加盟”两块。这两块也应用左、右浮动的方式实现，代码就不贴出来了。强调一点：这里的 more：hover 的写法，因为 more 直接加在 a 上，所以鼠标经过的样式就不用再写 a 了，或者写成 a. more：hover。

4. 底部和细节调整

底部比较简单，灰色背景部分可以用 h 类标签完成，也可以用 dl、dt、dd 完成，再或者其他标签也可以，此处不再赘述。

底部完成后，最后的步骤是要做一些细节调整，如该对齐的地方是否对齐，图片的 alt 属性是否已经加上，在各种浏览器下是否显示一样等。至此，整个前台页面就算制作完成了，下面的任务就是用程序来读取数据库里的内容，以完成整个站点的制作。

浏览器兼容问题一直是让新手朋友头疼的地方，其实只要掌握几个常用浏览器的特性，不需要过多的 css hack 就可以解决问题。本例中使用的 css hack 大致有以下几种。

（1）zoom = 1：用来解决自适应高度时 IE6 的兼容问题（这个属性通不过 W3C 认证）。

（2）display：inline：用来解决 IE6 双倍边距 bug 问题。

（3） *：加在样式名和属性中间，常用在需要垂直居中时。

（4）IE6 的 3 像素 bug：在布局时可采用左、右都浮动的办法避免这个问题。

另外，还有一些做法也可以解决兼容问题，如固定高度就是因为各浏览器之间的解释差异，为了使显示效果尽可能一样而采用的折中办法。总之遵循一点，css hack 能少用尽量少用，这样便于以后维护。

完成这样一个布局方法有多种，本例中所讲解的方法只是作者的观点，不一定是最好的方法，希望大家通过本例的学习能做到举一反三，掌握更多的方法。

本例是左宽右窄型的布局，如果想调换位置，只需把#main 和#side 的向左、向右浮动调换一下即可，这是表格布局所不及的。所以，不管#main 和#side 在 HTML 代码中谁先谁后，让它们显示在哪里完全是 CSS 来完成的。这里建议将#main 的代码写在#side 前面，因为这样在页面加载的过程中会先加载 main 部分，用户首先看到的是主要内容，搜索引擎收录时也会先找到 main 部分的内容。

生成的源代码如下：

```
<! DOCTYPE html
PUBLIC " -//W3C//DTD XHTML 1.0 Transitional//EN"
"http://www.w3.org/TR/xhtml1/DTD/xhtml1-transitional.dtd" >
<html xmlns = "http://www.w3.org/1999/xhtml" >
<head >
<meta http-equiv = "Content-Type" content = "text/html; charset = gb2312"
/>
<title > 主页 </title >
<link href = "http://www.aa25.cn/upload/2010 - 09/21/css/layout.css"
rel = "stylesheet" type = "text/css" / >
</head >
<body >
<div id = "container" >
   <div id = "header" >
      <div id = "logo" > <img
src = "http://www.aa25.cn/upload/2010 - 09/21/images/logo.gif" alt = "企业名称"
width = "181" height = "45" / > </div >
      <div id = "search" >
         <form id = "form1" name = "form1" method = "post" action = "" >
           搜索产品
           <input class = "inp_srh" type = "text" name = "textfield"
```

```
id="textfield" />
                <input class="btn_srh" type="submit" name="button"
id="button" value="查询" />
              </form>
            </div>
          </div>
          <div class="clearfloat"></div>
          <div id="nav">
           <div id="nav_l"></div>
             <div id="nav_r"></div>
             <div class="nav_main">
               <ul>
                 <li><a
href="#"><span>首页</span></a></li>
                 <li><a
href="#" id="nav_current"><span>企业新闻</span></a></li>
                 <li><a
href="#"><span>企业简介</span></a></li>
                 <li><a
href="#"><span>产品展厅</span></a></li>
                 <li><a
href="#"><span>企业历史</span></a></li>
                 <li><a
href="#"><span>招商加盟</span></a></li>
                 <li><a
href="#"><span>网上下单</span></a></li>
                 <li><a
href="#"><span>联系我们</span></a></li>
               </ul>
             </div>
             <div class="nav_son">
              <ul>
                 <li><a href="#">企业动态</a></li>
                 <li><a href="#">领导活动</a></li>
                 <li><a href="#">产品资讯</a></li>
                 <li><a href="#">通知公告</a></li>
               </ul>
             </div>
           </div>
           <div class="clearfloat"></div>
           <div id="maincontent">
             <div id="main">
               <div id="index_top">
                 <div id="pic">
             <script language="javascript" type="text/javascript">
                   linkarr = new Array();
```

```
                picarr = new Array();
                textarr = new Array();
                var swf_width =269;
                var swf_height =210;
                var files =
    "http://www.aa25.cn/upload/2010-09/21/images/pic.jpg|http://www.aa25.cn/upload/2010-09/21/images/pic1.jpg|http://www.aa25.cn/upload/2010-09/21/images/pic2.jpg|http://www.aa25.cn/upload/2010-09/21/images/pic3.jpg";

                var links = "#|#|#|#";
                var texts = "";
                for(i=1;i<picarr.length;i++){
                  if(files=="") files = picarr[i];
                  else files += "|"+picarr[i];
                }
                for(i=1;i<linkarr.length;i++){
                  if(links=="") links = linkarr[i];
                  else links += "|"+linkarr[i];
                }
                for(i=1;i<textarr.length;i++){
                  if(texts=="") texts = textarr[i];
                  else texts += "|"+textarr[i];
                }
                document.write('<object
    classid="clsid:d27cdb6e-ae6d-11cf-96b8-444553540000"
    codebase="http://fpdownload.macromedia.com/pub/shockwave/cabs/flash/swflash.cab#version=6,0,0,0"
    width="+ swf_width +" height="+ swf_height +">);
                document.write(<param name="movie"
    value="http://www.aa25.cn/upload/2010-09/21/images/indexpic.swf"><param
    name="quality" value="high">);
                document.write(<param name="menu"
    value="false"><param name=wmode value="opaque">);
                document.write(<param name="FlashVars"
    value="bcastr_file=+files+&bcastr_link=+links+&bcastr_title=+texts+">);

                document.write(<embed
    src="http://www.aa25.cn/upload/2010-09/21/images/indexpic.swf"
    wmode="opaque"
    FlashVars="bcastr_file=+files+&bcastr_link=+links+&bcastr_title=+texts+&
    menu="false" quality="high" width="+ swf_width +" height="+
    swf_height +" type="application/x-shockwave-flash"
    pluginspage="http://www.macromedia.com/go/getflashplayer" />);
    document.write(</object>);
                </script>
                <div id="login"><span><a href="#"><img
```

```
src = "http://www.aa25.cn/upload/2010 - 09/21/images/btn_login1.gif"
alt = "个人用户登录" width = "131" height = "39" /> </a> </span> <a
href = "#" > <img
src = "http://www.aa25.cn/upload/2010 - 09/21/images/btn_login.gif"
alt = "经销商登录" width = "131" height = "39" /> </a> </div>
            </div>
            <div id = "hot_news" >
              <div id = "news_top" >
                <h1>苹果 iphone 4 手机将于 9 月 25 日在中国上市</h1>

    <p>日前中国联通正式宣布将于 9 月 25 日 9 时在中国市场全面推出 iPhone4,并为 iPhone4 用户量
身定制了合约计划。</p>
              </div>
              <div id = "news_list" >
                <ul>
                  <li> <span>9 - 22</span> <a
href = "#" >纯 CSS 实现三列 DIV 等高布局</a> </li>
                  <li> <span>9 - 22</span> <a
href = "#" >HTML 元素的 ID 和 Name 属性的区别</a> </li>
                  <li> <span>9 - 22</span> <a
href = "#" >完美兼容 ie6,ie7,ie8 以及 firefox 的 css 透明滤镜</a> </li>
                  <li> <span>9 - 22</span> <a
href = "#" >DIV + CSS 实现放大镜效果的分页样式</a> </li>
                  <li> <span>9 - 22</span> <a
href = "#" >javascript 为 FF 设置首页</a> </li>
                  <li> <span>9 - 22</span> <a
href = "#" >复制到系统剪贴板之 IE,ff 兼容版</a> </li>
                </ul>
              </div>
            </div>
          </div>
          <div id = "index_pic" >
            <h2> <span> </span> </h2>
            <ul>
             <li> <a href = "#" > <img
src = "http://www.aa25.cn/upload/2010 - 09/21/images/pic4.gif" alt = "产品名称"
width = "107" height = "87" />产品名称</a> </li>
              <li> <a href = "#" > <img
src = "http://www.aa25.cn/upload/2010 - 09/21/images/pic4.gif" alt = "产品名称"
width = "107" height = "87" />产品名称</a> </li>
              <li> <a href = "#" > <img
src = "http://www.aa25.cn/upload/2010 - 09/21/images/pic4.gif" alt = "产品名称"
width = "107" height = "87" />产品名称</a> </li>
              <li> <a href = "#" > <img
src = "http://www.aa25.cn/upload/2010 - 09/21/images/pic4.gif" alt = "产品名称"
width = "107" height = "87" />产品名称</a> </li>
```

```
            <li> <a href = "#" > <img
src = "http://www.aa25.cn/upload/2010 - 09/21/images/pic4.gif" alt = "产品名称"
width = "107" height = "87" / >产品名称 </a> </li>
            <li> <a href = "#" > <img
src = "http://www.aa25.cn/upload/2010 - 09/21/images/pic4.gif" alt = "产品名称"
width = "107" height = "87" / >产品名称 </a> </li>
            <li> <a href = "#" > <img
src = "http://www.aa25.cn/upload/2010 - 09/21/images/pic4.gif" alt = "产品名称"
width = "107" height = "87" / >产品名称 </a> </li>
            <li> <a href = "#" > <img
src = "http://www.aa25.cn/upload/2010 - 09/21/images/pic4.gif" alt = "产品名称"
width = "107" height = "87" / >产品名称 </a> </li>
            <li> <a href = "#" > <img
src = "http://www.aa25.cn/upload/2010 - 09/21/images/pic4.gif" alt = "产品名称"
width = "107" height = "87" / >产品名称 </a> </li>
            <li> <a href = "#" > <img
src = "http://www.aa25.cn/upload/2010 - 09/21/images/pic4.gif" alt = "产品名称"
width = "107" height = "87" / >产品名称 </a> </li>
          </ul>
        </div>
        <div id = "index_box" >
          <div class = "box" >
            <h2> <a class = "more"
href = "#" >更多.. </a> <span>企业历史 </span> </h2>
            <div class = "box_con" >
              <dl>
                <dt> <a href = "#" > <img
src = "http://www.aa25.cn/upload/2010 - 09/21/images/pic5.gif" alt = "多角度对比
苹果 iPod 系列真机" width = "91" height = "70" / > </a> </dt>
                <dd> <a href = "#" > <strong>多角度对比
苹果 iPod 系列真机 </strong> </a>

导言:北京时间 9 月 2 日凌晨 1 点苹果在旧金山举行新品发布会,数码特派记者在美国现场直播
&hellip; </dd>
              </dl>
              <ul>
               <li> <a
href = "#" >纯 CSS 实现三列 DIV 等高布局 </a> </li>
                <li> <a
href = "#" >HTML 元素的 ID 和 Name 属性的区别 </a> </li>
                <li> <a
href = "#" >完美兼容 ie6,ie7,ie8 以及 firefox 的 css 透明滤镜 </a> </li>
                <li> <a
href = "#" >DIV + CSS 实现放大镜效果的分页样式 </a> </li>
                <li> <a
href = "#" >javascript 为 FF 设置首页 </a> </li>
```

```
                <li> <a
href="#">复制到系统剪贴板之IE,ff兼容版</a> </li>
                <li> <a
href="#">DIV+CSS实现放大镜效果的分页样式</a> </li>
              </ul>
            </div>
          </div>
          <div class="box box1">
            <h2> <a class="more"
href="#">更多..</a> <span>企业历史</span> </h2>
            <div class="box_con">
              <dl>
                <dt> <a href="#"> <img
src="http://www.aa25.cn/upload/2010-09/21/images/pic5.gif" alt="多角度对比
苹果iPod系列真机" width="91" height="70" /> </a> </dt>
                <dd> <a href="#"> <strong>多角度对比
苹果iPod系列真机</strong> </a>

导言:北京时间9月2日凌晨1点苹果在旧金山举行新品发布会,数码特派记者在美国现场直播
&hellip; </dd>
              </dl>
              <ul>
                <li> <a
href="#">纯CSS实现三列DIV等高布局</a> </li>
                <li> <a
href="#">HTML元素的ID和Name属性的区别</a> </li>
                <li> <a
href="#">完美兼容ie6,ie7,ie8以及firefox的css透明滤镜</a> </li>
                <li> <a
href="#">DIV+CSS实现放大镜效果的分页样式</a> </li>
                <li> <a
href="#">javascript为FF设置首页</a> </li>
                <li> <a
href="#">复制到系统剪贴板之IE,ff兼容版</a> </li>
                <li> <a
href="#">DIV+CSS实现放大镜效果的分页样式</a> </li>
              </ul>
            </div>
          </div>
        </div>
      </div>
      <div id="side">
        <div class="side_box">
          <h2> <strong>产品</strong>导购</h2>
          <div class="side_con product">
            <ul>
```

```
                <li> <strong>语音业务: </strong> <a
href="#">普通电话</a> | <a
href="#">语音数字中继</a> </li>
                <li> <strong>语音业务: </strong> <a
href="#">普通电话</a> | <a
href="#">语音数字中继</a> </li>
                <li
class="product3"> <strong>语音业务: </strong> <a
href="#">普通电话</a> | <a
href="#">语音数字中继</a> </li>
              </ul>
            </div>
          </div>
          <div class="side_box">
            <h2> <strong>使用</strong>问答</h2>
            <div class="side_con ask">
              <dl>
                <dt> <a
href="#">最新出的这个产品如何使用? </a> </dt>

 <dd>该产品采用全新的技术,较上一产品有质的飞跃,功能上增强了许多,使用方法更加简便...
</dd>
              </dl>
              <dl>
                <dt> <a
href="#">最新出的这个产品如何使用? </a> </dt>
                <dd>该产品采用全新的技术,较上一... </dd>
              </dl>
              <dl>
                <dt> <a
href="#">最新出的这个产品如何使用? </a> </dt>
                <dd>该产品采用全新的技术,较上一产品有质的飞跃,功能上增强了... </dd>
              </dl>
              <dl>
                <dt> <a
href="#">最新出的这个产品如何使用? </a> </dt>
                <dd>该产品采用全新的技术,较上一产品有质的飞跃,功能上增强... </dd>
              </dl>
              <dl>
                <dt> <a
href="#">最新出的这个产品如何使用? </a> </dt>

 <dd>该产品采用全新的技术,较上一产品有质的飞跃,功能上增强了许多,使用方法更加简便...
</dd>
              </dl>
            </div>
```

```
        </div>
        <div class="side_box">
          <h2><strong>联系</strong>我们</h2>
          <div class="side_con contact"><a href="#"><img
src="http://www.aa25.cn/upload/2010-09/21/images/tel.gif" alt="联系我们"
width="222" height="112" /></a></div>
        </div>
      </div>
    </div>
    <div class="clearfloat"></div>
    <div id="footer">
      <dl>
      <dt><a href="#">关于我们</a>  ||  <a
href="#">产品目录</a>  ||  <a href="#">联系我们</a>  ||  <a
href="#">友情链接</a>  ||  <a href="#">反馈问题</a>  ||  <a
href="#">广告合作</a></dt>
        <dd>Copyright © 2007-2010 aa25.cn  All Rights
Reserved<br />
            标准之路  版权所有  京 ICP 备 10007159 号</dd>
      </dl>
    </div>
  </div>
  </body>
  </html>
```

标准之路（www.aa25.cn）提示：可以先修改部分代码后再运行。

5. 相对路径和相对于根目录路径

上面的例子学完后，会发现在 HTML 中插入的图片路径是/images/pic4.gif，而在 CSS 中插入的图片路径是../images/nav_bg.gif，后者比前者多出了“../”，这是什么意思呢？

这就是相对路径和绝对路径，../表示返回上一级，因为 CSS 文件在 CSS 文件夹里，图片在 images 文件夹下，那么 layout.css 就需要返回上一级找到 images 文件夹才能找到相应的图片。直接以文件夹名或是../开头表示和当前平级，因为 index.html 和 images 文件夹平级。不管是带../还是不带，这种写法都叫相对路径；另一种叫相对于根目录路径，它的写法必须以/开始，意思是从根目录开始一级一级向下查找，不管在哪里，要使用 pic4.gif 这个图片，路径都必须是/images/pic4.gif；还有一种写法叫绝对路径，是以 http://加域名开始的，这个就不多说了。

使用相对路径时，当根目录放到一个二级目录下时，文件仍然可以正常访问，而使用相对于根目录路径时，其中一个页面放到其他位置时，照样能关联相关的图片和其他文件，本例如果用相对于根目录路径的话，把 index.html 放到一个文件夹下后，还是可以正常访问的。总之两种方法各有优劣，根据需要采用一种合适的方法即可。相对路径和相对于根目录路径是可以相互更改的，在“站点管理/编辑/高级设置”的本地信息里有链接（图4-200），默认为文档（就是所说的相对路径），也可以改为站点根目录，相对路径一般为直接目录名，需要返回上级时用../，向上返回两级时用../../；相对于根目录路径始终以/开头，不管该文件现在在哪一级，它都是以根目录开始向下找。

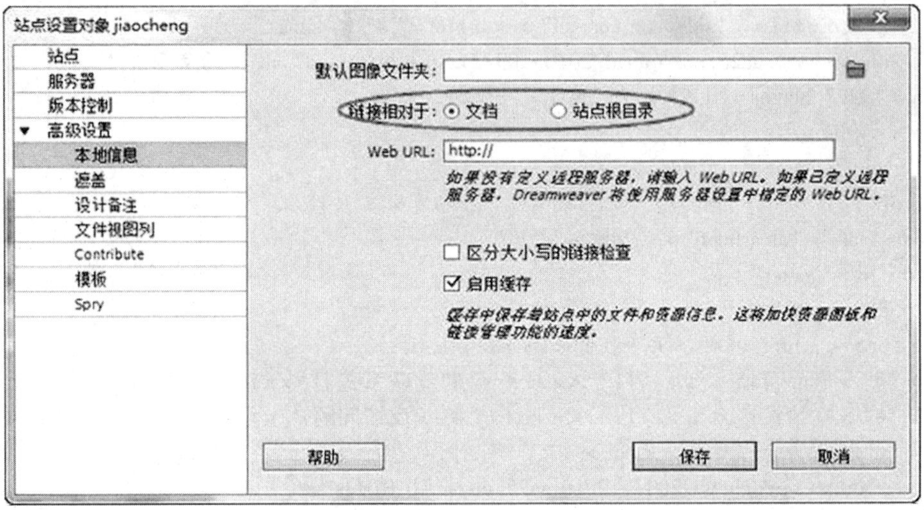

图 4－200

第十二节 DIV＋CSS 网页标准布局实例教程（三）

前边两节学完后，前台工作已经基本完成，下面的任务是程序员添加程序了。为什么说是基本完成呢？因为要做的工作还很多，不但要把首页作出来，其他的列表页、详细页等页面也得做。还要配合程序员把整个网站完成，这样才能呈现给用户。应部分同学的要求，讲解一下程序如何添加，这样和程序员配合起来也更默契，还有怎么链接 FTP 上传下载，后期出现问题怎么调试等。添加程序部分只需要了解即可，链接 FTP 上传下载、页面调试和查找问题一定要掌握。

1. 创建服务器环境

程序语言有许多种，常用的有 ASP、PHP、JSP 等，之前做的 HTML 页面可以直接在浏览器上运行，因为 HTML 是客户端语言，而这些是服务器端语言，也就是说所看到的页面是经过服务器加工之后传输过来的，不管使用哪种语言环境，最终目的就是把数据库的数据读取出来展示到网页上。不同的语言有不同的运行环境，要想运行这些语言，首先要创建一个适应它们的环境，下面以 PHP 为例，讲解一下 PHP 环境的搭建。

下载 Wamp 安装完成后，PHP 运行所需的 Apache、MySQL、PHP5 等已经都具备了，安装完成后需要启动 WampSeaver，启动后会在托盘区显示图 4－201 所示图标，当它正常运行后，说明服务器环境已经创建成功。接下来打开图 4－201 所示的 php. ini 文件，找到 short_ open_ tag，把值改为 On，作用是开启短标签支持，以免后面使用短标签时报错。有关软件的安装及服务器环境问题不做过多介绍，ASP 环境的搭建更简单。

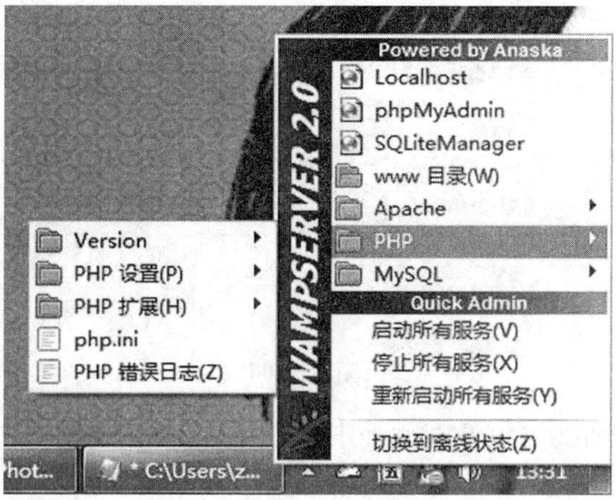

图 4－201

2. 建立数据库

PHP 的作用是从数据库读取数据，下面就先创建一个数据库，并录入部分数据。单击图 4－201 的 phpMyAdmin，然后会在浏览器中打开数据库。创建一个名为“jiaocheng”的数据库和“news”的表，如图 4－202 和图 4－203 所示。

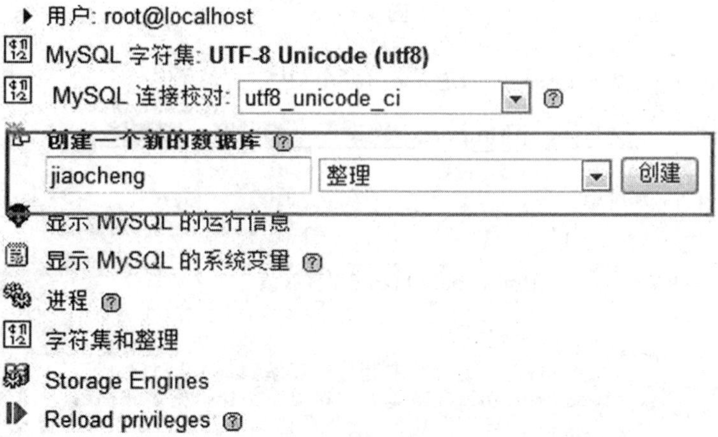

图 4－202

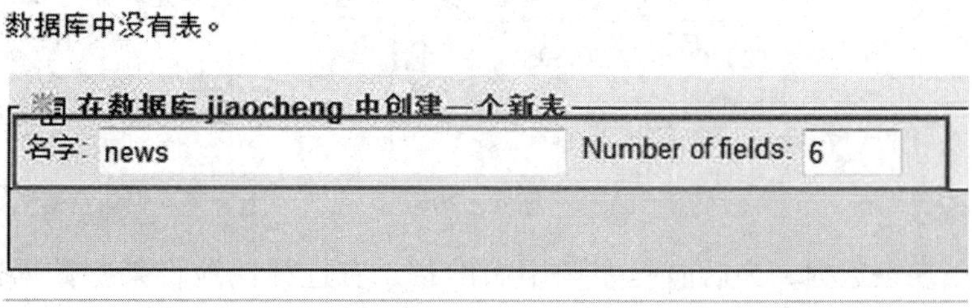

图 4－203

设置表结构如图 4－204 所示。

字段	类型	长度/值*1	整理
id	INT	10	
title	VARCHAR	100	gb2312_chinese_ci
pic	VARCHAR	100	gb2312_chinese_ci
content	TEXT		gb2312_chinese_ci
add_time	DATETIME		

图 4－204

注意：将 ID 字段设置为主键并在额外中选择 auto_increment 选项。表结构创建完后，选择插入以插入一条数据，如图 4－205 和图 4－206 所示。

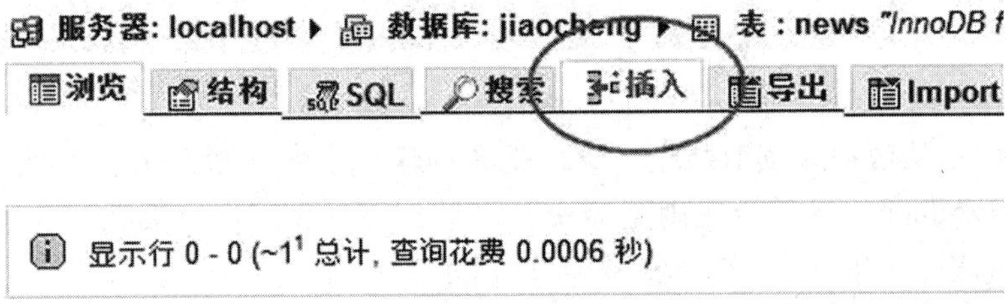

图 4－205

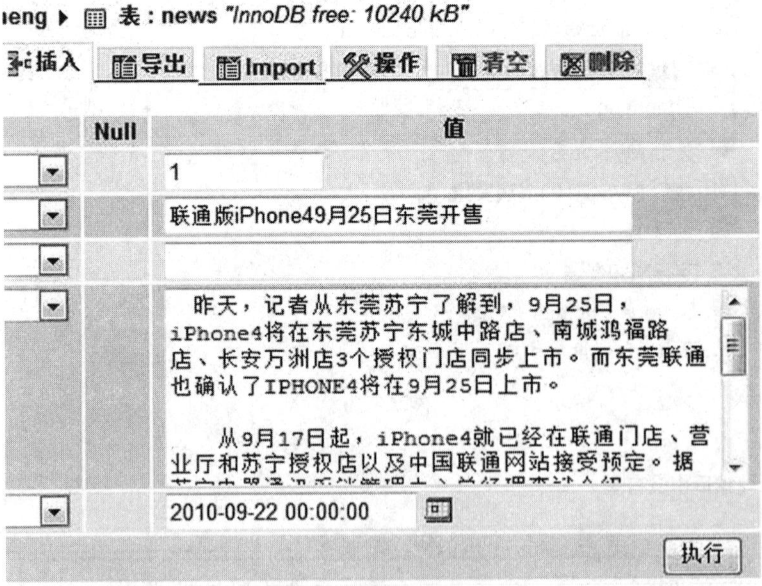

图 4－206

依次插入更多条数据，为后面程序调用做准备，有选择性地将某些数据插入形象图片，以便在幻灯处调用，如图 4－207 所示。

id	title	pic	
1	联通版iPhone49月25日东莞开售		昨天，i 长安万...
2	等待iPhone4 为谁消得人憔悴	images/pic.jpg	北京第 ...
3	联通iPhone4资费说明与解释	images/pic1.jpg	套餐说明：1、本套餐 2、国内指 3、"...
4	iPad内地首发 消费者购买渐显理性		9月17 的秋装还能
5	联通iPhone4驾到 行水套餐选购知几何	images/pic3.jpg	iPad已 于水...
6	联通开始确认iPhone4用户预约信息		9月21
7	苹果沪上第二家直营店周六亮相 将在华开25家新店		苹果" 淮海路香...
8	联通版iPhone 4即将上市 16G合约价5880元	images/pic2.jpg	中广网北京 iPhon...

图 4－207

3．本地和远程服务器连接

只有本地和远程服务器连接后，才能把做的页面上传到服务器上运行。连接的前提是知道服务器的地址及网管分配的用户名和密码，有了这些后，在 DW 的站点——管理站点中选中 jiaocheng，然后编辑，在弹出的对话框中选择服务器选项，然后填写 FTP 地址、用户名和密码，如果一切正常应该可以顺利连接，单击“测试”按钮，如果无法连接，就需要查找问题，如图 4－208 所示（DW CS5 界面）。

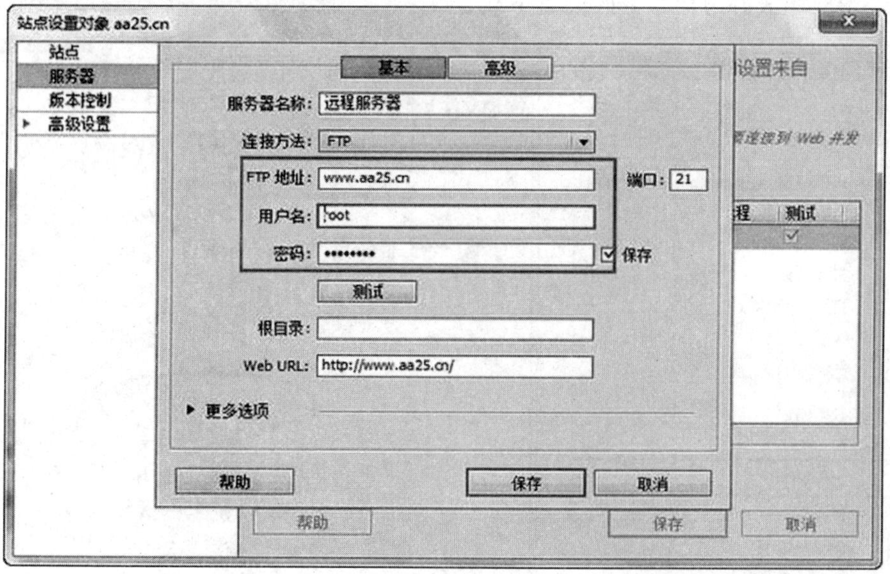

图 4－208

刚才在自己计算机上创建了服务器环境，那么这里的连接就用本地网络，如图4－209所示。

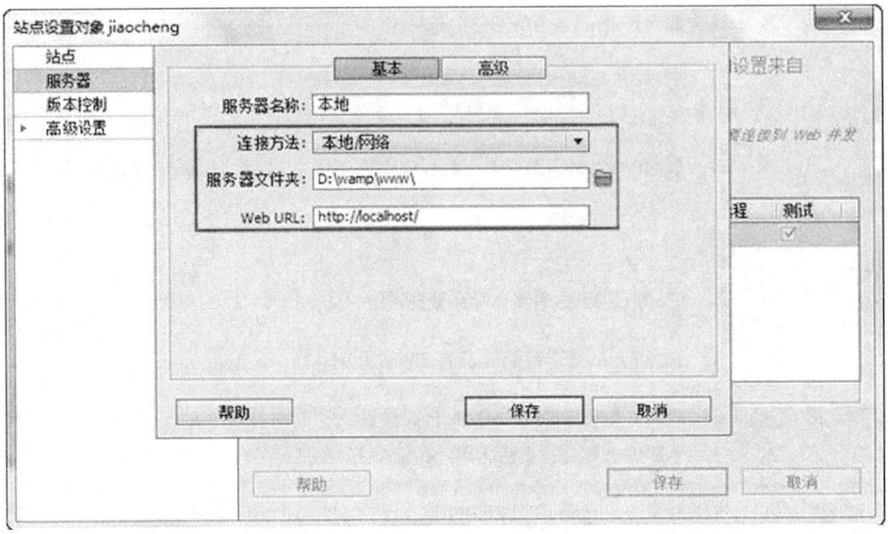

图4－209

设置完后，在文件面板站点上单击鼠标右键，选择上传（图4－210），将文件上传到服务器文件夹中。

之后打开浏览器，在地址栏中输入 http://localhost/index.html 即可访问，或者直接在DW中单击地球图标，也可以直接打开浏览器预览。如果能正常打开页面，说明本地和服务器连接成功，修改完文件后，把文件上传到服务器即可，如图4－211所示。如果是协同办公，修改文件之前一定要先下载，这样才能保证本地的文件是最新的，如果上次修改完之后，别人又修改了而你没下载，直接修改本地的文件又上传了，那么别人的修改将被覆盖掉，所以一定要养成好习惯，修改前先下载。

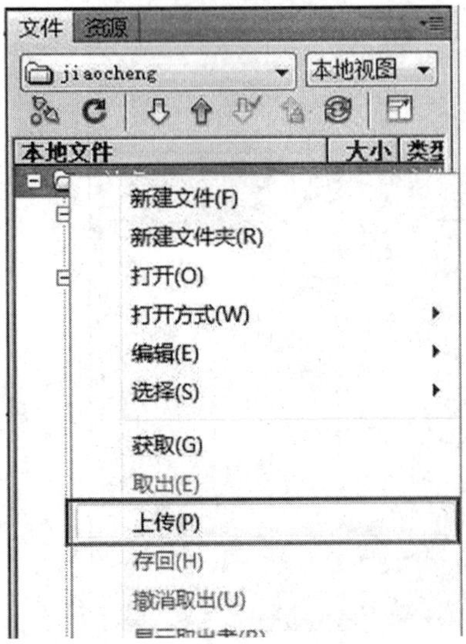

图4－210

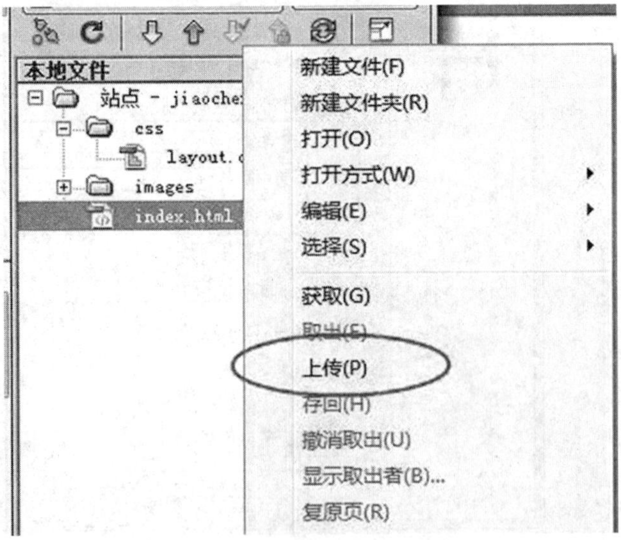

图4－211

4. PHP 读取数据

以上的工作都完成后，下面就该用程序读取数据了。首先需要创建一个数据库链接文件，让 PHP 程序可以访问数据库，这样才能读取里边的数据，在根目录下创建一个 inc 文件夹，并创建一个 conn. php 文件，然后打开文件，在源代码里插入如下代码：

```
<?
$conn = mysql_connect ("localhost","root","") or die ("数据库链接出错" . mysql_error());
mysql_select_db ("jiaocheng", $conn);
mysql_query("set names 'gbk'");
?>
```

之所以单独创建一个文件，是因为后面很多页面都要用，这样只需包含这个页面即可，不用每个页面再写这段代码。数据库链接文件创建好后，下面就该在 index. html 中调用了。注意：这里要将后缀改为 php 才行，如果还是 HTML 的话，它将直接输出，不会经过服务器加工。接下来打开 index. php，在源代码的最顶部插入如下代码，把 conn. php 文件包含进来：

```
<?
include("inc/conn.php");
?>
```

记得要把 inc 文件夹上传到服务器。下面就先做“热门新闻”列表，把原来做的#news_ list 下的 ul 列表改为如下形式：

```
<ul>
<?
$sql = "select * from news order by id desc limit 0,6";
$query = mysql_query($sql);
while($row = mysql_fetch_array($query)){
?>
<li><span><?=$row['add_time']?></span><a href="#"><?=$row['title']?>
</a></li>
<?}?>
</ul>
```

第一句是创建一个 SQL 查询语句，表示查询 news 表以 id 的倒序排列且只查询前 6 条，接下来循环读取出来。上传预览一下，如图 4 -212 所示发生了变形，一方面标题太长，另一方面日期应该只显示月和日，日期通过程序只取月日两位。处理标题有两种方法：一种是用程序截取，一种是 CSS 超出隐藏。下面先把日期改了，把 <?=$row['add_time']?> 替换为 <?=date('m-d', strtotime($row['add_time']))?>。

图 4－212

把日期改短后，显示正常了，但为了防止以后出现长标题把页面撑乱，需要程序员注意截取一下标题或者用 CSS 来实现，CSS 超出隐藏的话可以给 li 定义高度和 overflow: hidden 属性。从数据库中读取数据就这么简单，下面说一下幻灯部分的实现，如图 4－213 所示。

```
<div id="pic">
<?
$sql2="select * from news where pic<>'' order by id desc limit 0,4";
$query2=mysql_query($sql2);
while($row2=mysql_fetch_array($query2)){
  if($pic==""){
    $pic="$row2[pic]";
  }else{
    $pic=$pic."|$row2[pic]";
  }
}?>
  <script language='javascript' type="text/javascript">
    linkarr = new Array();
    picarr = new Array();
    textarr = new Array();
    var swf_width=269;
    var swf_height=210;
    var files = "<?=$pic?>";
    var links = "#|#|#|#";
    var texts = "";
    for(i=1;i<picarr.length;i++){
```

图 4－213

与上边的读取方法一样，只不过用 if 判断一下“ $ pic”是否为空，来解决开头没有“｜”的问题。上传后再预览一下，已经显示出来，打开源代码，刚才添加的程序部分并没有显示出来，取而代之的是数据库中的数据，这就是程序的奇妙之处，如图 4－214 所示。

```
<div id="news_list">
  <ul>
    <li><span>09-22</span><a href="#">联通版iPhone 4即将上市 16G
    <li><span>09-22</span><a href="#">苹果沪上第二家直营店周六亮
    <li><span>09-22</span><a href="#">联通开始确认iPhone4用户预约
    <li><span>09-22</span><a href="#">联通iPhone4驾到 行水套餐选
    <li><span>09-22</span><a href="#">iPad内地首发 消费者购买渐显
    <li><span>09-21</span><a href="#">联通iPhone4资费说明与解释 
    </ul>
</div>
```

图 4－214

有关程序部分就讲这么多，相信大家应该已经明白了，剩下的可以自己对照着操作试试。

5. 页面调试及浏览器兼容

在和程序员配合完成网站的过程中或网站上线后，常常会出现一些小问题，如页面撑开、显示错乱等，就需要查找问题出在哪里。查找这些问题，希望大家装上火狐浏览器（因为它是相对标准的浏览器，这样显得更专业一些，最主要是有调试用的插件），装上之后还需要安装两个插件即 Web Developer 和 Firebug，如图 4 - 215 和图 4 - 216 所示。

图 4 - 215

图 4 - 216

插件的下载可单击图 4 - 215 中的“工具/附加组件”，然后输入关键字搜索到后下载安装即可。

Web Developer 作用很强大，如图 4－217 所示可以查看当前页面所用到的图片，包括 CSS 中的背景图片。

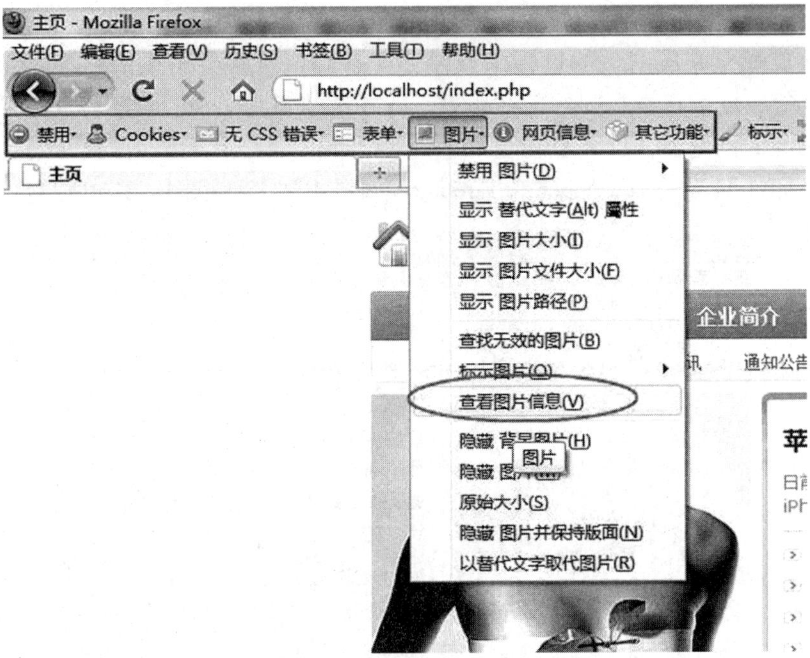

图 4－217

Firebug 是一个更好的插件，使用时单击浏览器右下角的萤火虫图标（图 4－218）或者按 F12 键，会启用这个插件。如需查看某一部分代码，单击插件上的“查看页面元素”按钮后，鼠标移到网页上，会出现一个相应的框，当框选中需要查看源代码的元素后单击，在插件区域就显示出当前区域的代码及样式，可以禁用某些样式，还可以添加新的样式来查找问题所在，如图 4－219 所示。

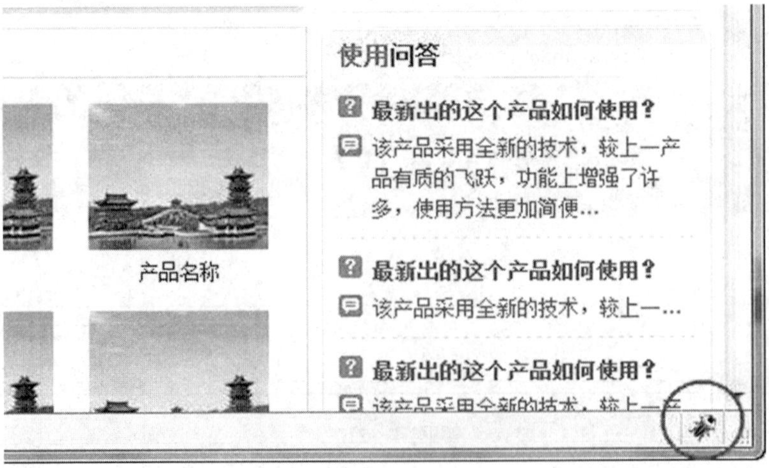

图 4－218

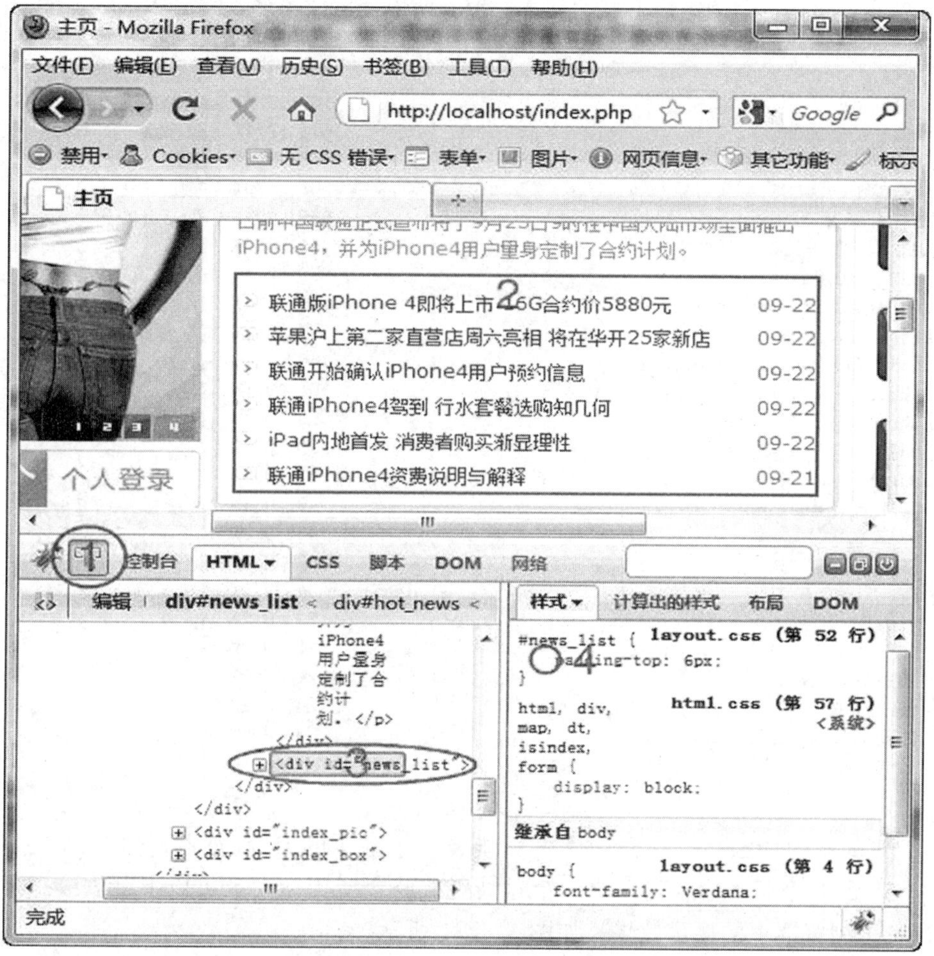

图 4-219

如图 4-219 所示，先点 1 中的“查看页面元素”按钮，然后鼠标移动到 2 的地方，将会出现图中所示的线框，然后单击鼠标左键，会在插件中选中 3 位置的代码并在 4 位置出现对该区域生效的所有样式，即是上边框选部分的代码和样式，当鼠标移动到 4 位置时，会出现一个禁止图标，单击后禁用当前样式，这样便于查找问题所在，另外还可以在后边双击插入新的样式。

希望大家多多研究，对查找问题能起到事半功倍的效果。不过这些修改只停留在浏览器层面，不会对本地和服务器上的文件做任何改动，查找到哪里出问题后，应及时在 DW 里将出错的地方改过来。

学会怎么调试页面后，兼容问题也是一个不容忽视的问题，现在浏览器市场鱼龙混杂，别的不说，IE 的 6、7、8 版本兼容就够让人头疼的，现在又出了 IE9，还有火狐、Chome、Opera、Safari 等，而且标准不统一，出现一片混乱的状况。从图 4-220 中标准之路网站的访问情况来看，目前 IE6 仍然占最大比重，而 IE6 恰恰也是让设计者最为头疼的浏览器，bug 太多。鉴于这种混乱情况，目前只用考虑兼容最常用的 IE6、7、8 和火狐即可，其他使用人数很少的浏览器可以暂不考虑。只要掌握了各个浏览器的特性，避免一些使它解析错误的写法，不用太多的 css hack 就可以使页面在各个浏览器下显示基本一致，所以需要大家多观察、多实践、多总结。

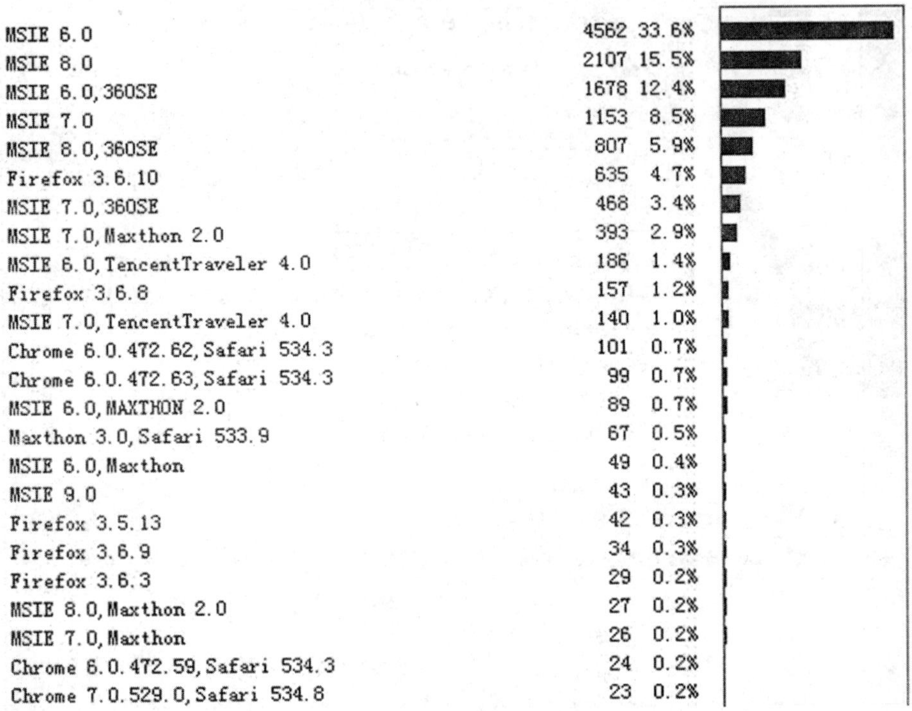

图 4－220

因 IE 浏览器的特殊性，一台计算机只能装一个版本的 IE 浏览器，但有高人提供了 IE Tester，把 IE 的几个版本集成到一块，专门供测试兼容使用。大家可以下载安装一下，测试下页面在各个浏览器下的显示效果，如图 4－221 所示。

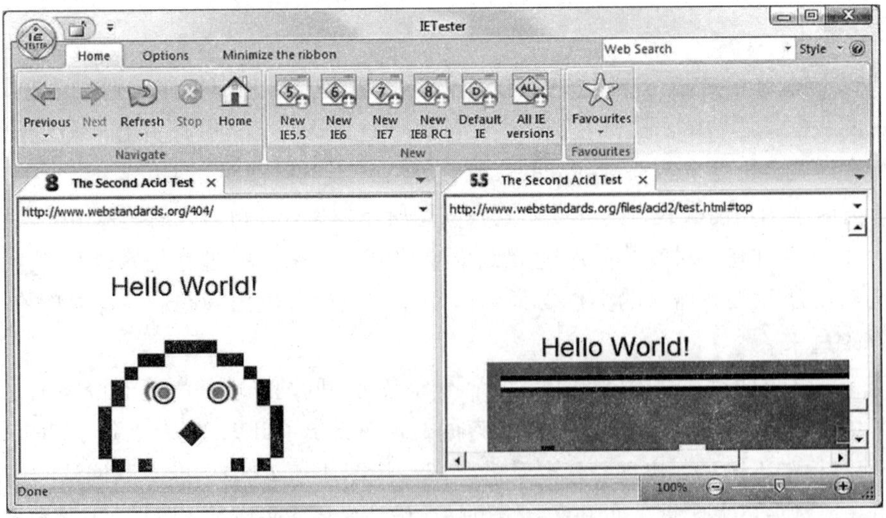

图 4－221

第五章　VBScript 初步

本章介绍如何使用 Visual Basic 的 Scripting 版本（VBScript），它是 Active Sever Pages 的缺省脚本语言。VBScript 通过变量、操作符、循环、分支、函数和子例程，扩展了 HTML 的功能。通过在 HTML 网页中嵌入 VBScript 脚本语言，可以使静态的 HTML 网页成为动态网页。

第一节　VBScript 介绍

VBScript 是 Microsoft Visual Basic 的简化版本，是一种容易学习和使用的脚本语言。这意味着它比 Basic 语言成熟、易上手。编制简单的程序时，脚本语言容易使用，但简单的句法也使开发大程序变得困难。

VBScript 是 Active Sever Pages 的缺省语言，也可以在 ASP 网页中使用其他脚本语言，如 JavaScript，Perl 等。

考虑到 VBScript 适合初学者掌握，本章的 ASP 例子程序都使用 VBScript。

VBScript 既可以作为客户端编程语言，也可以作为服务器端编程语言。

客户端编程语言是指可以由浏览器解释执行的语言。当编制的脚本（程序）被下载到一个兼容的浏览器中时，浏览器将自动执行该脚本。

客户端编程语言的优点：

（1）浏览器能够完成所有的工作，减轻服务器的负担；

（2）客户端程序运行起来比服务器端程序快得多，当浏览器的用户执行一个操作时，不必通过网络对其作出响应，客户端程序就可以作出响应；

（3）脚本代码必须用标记将 <script> 和 </script> 标记嵌入到 HTML 页面中。

实例 5－1

```
<html>
<head>
<title>New Document </title>
</head>
<body>
<script language="VBScript">
<!--
dim num1        '定义变量'
If IsNumeric(num1) Then        '判断是否为数字'
```

```
            If   num1 < 1 or num1 > 50   Then
              MsgBox "num1 是 1 到 50 之外的数字!"
                Else
              MsgBox "num1 是 1 到 50 之间的数字!"
        End If
    Else
        MsgBox"请输入数字!"
    End if
    // -- >
     </script >
     </body >
     </html >
```

客户端脚本部分的注释标记 <! -- 和// -- > 不是必需的，但一般应该加上，因为客户端脚本由浏览器执行，若浏览器不支持该脚本语言，则浏览器将会把代码显示出来（浏览器把脚本代码本身作为 HTML 页面的内容输出）。

VBScript 的客户端脚本，只能在 Microsoft 的 IE 浏览器上运行，其他的浏览器大都不支持。

VBScript 也可以作为服务器端编程语言。服务器端编程语言执行站点主机上的所有操作。

服务器端编程语言的优点：

（1） VBScript 脚本在服务器上执行，不受浏览器的限制，网页通过网络传送给浏览器，Web 浏览器收到的只是标准的 HTML 文件；

（2） 服务器端脚本用分隔符 <% 和% > 包括，或者使用 <Script RunAt = Server> 和 </Script> 标记表示脚本在服务器端运行。

在以下的讲述中创建的 ASP 网页，将用 VBScript 作为服务器端编程语言。

第二节　在 Active Sever Pages 中使用 VBScript

创建可以执行 VBScript 脚本的网页，需要把网页文件以后缀名 asp 保存。如果不这样，文件的脚本将不会被服务器解释。

实例 5 - 2

```
< html >
< head >
< title > Simple VBScript </title >
</head >
< body >
<% for xx = 1 to 10 % >
< b > Welcome to UESTC !  </b > < br >
< % next % >
</body >
```

```
</html>
```

该脚本将把“Welcome to UESTC!”显示 10 次。

字符对 <% 和% >的使用，指明脚本的开始和结束。当 Web 服务器看到这个特殊字符对时，会把它们之间的内容作为脚本解释执行。

如文本 <% for xx = 1 to 10 % >和文本 <% next % >都是 Visual Basic 脚本的例子，这两行结合起来构成一个 10 次的循环。

| 第三节 | VBScript 基础

1. 变量或函数的输出

变量或函数的输出要用到符号对 <% = 变量或函数% >，也可以写成 Response. Write 变量或函数。

实例 5－3（ASP 网页中变量的输出）

```
<html>
<head>
<title>Simple VBScript</title>
</head>
<body>
<% for xx = 1 to 10% >
<% = xx % > <b>: Hello Magic! </b>
<% next % >
</body>
</html>
```

表达式 <% = xx% >的作用是显示变量 xx 的值。在每个“Hello Magic!”前面有一个数字，该数字代表变量 myvar 的值。

实例 5－4（用 <% = 和% >输出函数值）

```
<html>
<head>
<title>Simple VBScript</title>
</head>
<body>
This page was created on : <% = Now % >
<br>Have a nice day!
</body>
</html>
```

以上 ASP 网页在网页顶部打印当前日期和时间。

VBScript 函数 Now 返回当前的系统日期和时间。当这个文件被 Web 服务器解释时，Now 函数将返回服务器当前时间，并通过 <% = Now% >显示出来。

不能把没有返回值的VBScript命令放在符号对<% =和% >之间，否则将会产生错误，如下列代码。

```
<% =for i=1 to 100% >
```

注意：符号对<%和% >与符号对<% =和% >，前者用来指明脚本的开始和结束；后者用来显示变量和函数的值。

2. 声明变量

变量是计算机内存中已经命名的内存位置，该位置可以存储脚本运行时能更改的信息，在程序中常用变量来临时存储数据。

在VBScript中，变量命名必须遵循以下规则：

(1) 变量名必须以字母开头；

(2) 变量名中不能含有句号；

(3) 变量名不能超过255个字符；

(4) 变量名不能和关键字同名；

(5) 变量名在被声明的作用域内必须唯一。

VBScript变量不区分大小写。

变量的声明有隐式和显示两种方式。

1) 隐式声明

在VBScript脚本中，使用变量前不需专门声明。

实例5-5

```
<html>
<head>
<title>Simple VBScript</title>
</head>
<body>
<% myvar0 = "Hello World!" % >
<% =myvar0% >
</body>
</heml>
```

在该例中，变量myvar0没有经声明而直接被分配了一个值“Hello World!”，并且这个值被输出到浏览器，这不会产生错误。

虽然隐式声明很方便，但如果敲错了变量的名字，就会导致错误。如在程序中将myvar0（数字零）输为myvaro（英文小写的o），VBScript遇到新的名字，无法确定到底是隐式声明了一个新的变量或是变量的拼写错误，只好用新名字创建一个新的变量，而这个新声明的变量的值为empty。

所以，在编写长而复杂的程序时，最好先声明变量然后再使用，这样的脚本易于调试。否则如果敲错了变量的名字，将会产生错误。

2) 显式声明

下面的例子演示了变量必须先声明后使用。

实例 5-6

```
<% OPTION EXPLICIT %>
<html>
<head>
<title>Simple VBScript</title>
</head>
<body>
<%
DIM myvar0
myvar0 = "Hello Magic!"
%>
<% =myvar0%>
</body>
</html>
```

上例中，OPTION EXPLICIT 语句强制所有的变量必须专门声明。DIM 语句声明了变量 myvar0，如果不声明这个变量，将会收到错误信息“Variable is undefined：‘myvar0’”。

用 DIM 语句可同时声明多个变量，只要把变量名用逗号隔开即可：

```
DIM x1,x2,x3,x4,xya,bbc
```

注意：OPTION EXPLICIT 语句的位置很特殊。必须把 OPTION EXPLICIT 语句作为 ASP 网页的起始语句之一。它必须出现在任何 HTML 标识或其他 VBScript 命令之前。否则，该语句将被视为非法语句。

3. 变量子类型

VBScript 只有一种数据类型，即 Variant 类型。由于 Variant 类型是 VBScript 中唯一的数据类型，Variant 类型可以在不同场合代表不同类型的数据，Variant 是一种特殊的变量类型，它可以代表许多其他类型的变量。

当用 DIM 语句声明一个变量时，不用为变量定义数据类型。VBScript 中所有变量都是相同的数据类型。

当给一个变量赋值时，Variant 型变量自动与所赋值的类型保持一致。

参考如下的例子：

```
<% myvar1 = "Keep Catch" %> <% =TYPENAME(myvar1)%>
<% myvar2 =3% > <% =TYPENAME(myvar2)%>
```

变量 myvar1 和 myvar2 被分配了两个不同数据类型的值。

VBScript 函数 TYPENAME（）可以显示该变量代表的实际数据的子类型。

给变量 myvar1 分配字符串数据“Keep Catch”时，myvar1 的子类型是 string。

给变量 myvar2 分配整数 3 时，myvar2 的子类型是 integer。

4. 变量的数据范围

不同的变量子类型可以代表的数据有不同的范围。表 5-1 列出了变量子类型和它们的数据范围的完整信息。

表 5－1

子类型	范围
Byt	0 到 255
Boolean	true 或 false
Integer	－32 768 到 32 767
Long	－2 147 483 648 到 2 147 483 647
Single	负数：－3. 402 823E38 到－1. 401 298E－45 正数：1. 401 298E－45 到 3. 402 823E38
Double	负数：－1. 797 693 134 862 32E308 到－4. 940 656 458 412 47E－324 正数：4. 940 656 458 412 47E－324 到 1. 797 693 134 862 3E308
Currency	－922 337 203 685 477. 580 8 到 922 337 203 685 477. 580 7
Date	1000 年 1 月 1 日到 9999 年 12 月 31 日
object	任何对象的引用
string	变长字符串，长度从 0 个字符到大约 20 亿个字符

注意：string 子类型可以代表的数据范围非常大，可以把整个网页甚至整部小说保存在一个字符串变量中。

常用的子类型转换函数见本章的函数部分，可以用它们来转换数据的子类型。

5. 空变量和空值变量的讨论

1） 空变量

声明一个变量后，如果还没有初始化，则该变量的值是 empty（为空），这个值是自动分配的。

当定义一个变量后，如果尚未给该变量赋值，那么当该变量参与数值运算时，该变量的值作为 0 进行运算；当该变量参与字符串操作时，该变量被作为“”（空字符串）处理。

只要将任何值（0、零长度的字符串或 null）赋予变量，变量的 empty 将会消失。

将变量恢复为空变量，关键字 empty 赋予变量，如：

```
myvar = empty
```

函数 ISEMPTY（）可以检测一个变量是否为空变量，如：

```
<%
dim myvar, myvar2
myvar = "Hello Magic!"
myvar: <% = ISEMPTY(myvar)% >
myvar2: <% = ISEMPTY(myvar2)% >
% >
```

上面检测了两个变量 myvar 和 myvar2 是否为空。因为 myvar 已经被分配了一个值，当把变量 myvar 作为函数 ISEMPTY（）的参数时，该函数返回 false；而 myvar2 没有分配数据，因此以 myvar2 为参数时，函数 ISEMPTY（）返回 true。

空变量与被分配了长度为 0 的字符串或数字 0 的变量是不同的。如语句 myvar = “” 和 myvar =0 都给变量 myvar 分配了一个值，在这两种情况下，该变量都不是空的。只有一个从未被赋过值的变量才是空变量。

2）空值变量

如果将关键字 null 赋予变量，则变量不包含任何有效的数据，如果表达式包含 null，计算结果总是 null。

将 null，含 null 的变量，或计算结果为 null 的表达式作为参数传递给大多数函数，将使函数返回的结果为 null，可使用函数 ISNULL（）来测试。

空变量与包含空值的变量是不同的。一个被分配了空值 null 的变量不是空变量，而是有值为 null。

6. 声明常量

VBScript 可以声明常量。常量与变量有相似之处，但是一旦声明了一个常量，该常量的值将不能被改变。

可以使用 Const 语句在 VBScript 中创建用户自定义常量。

实例 5-7

```
<%
CONST Pi =3.14159
%>
```

在上例中，常量 Pi 被分配了值 3.141 59，因为 Pi 是一个常量，在后面的脚本中将不能再给它分配新值，否则将会出现错误提示。

可以一次定义多个常量，将每个常量定义用逗号隔开即可。如：

```
<%
CONST Pi =3.14159, SITE_NAME = "www.rwsky.net"
%>
```

最好采用一个命名方案以区分常数和变量。这样可以避免在运行 VBScript 时对常数重新赋值。如可以使用“vb”或“con”作常量名的前缀，或将常量名的所有字母大写。将常量和变量区分开可以在开发复杂的 VBScript 脚本时避免混乱。

7. 创建和修改数组

1）固定数组

数组是一个可以存储一组值的变量，当需要存储一组相关的值时，可以创建数组。

实例 5-8

```
<%
DIM Product(10)
Product (0) = "asp book"
Product (1) = "cup"
```

```
Producr (2) ="video card"
%>
```

在上例中，DIM 语句用来声明一个数组。与前面讨论的变量不同，数组在使用之前必须声明。这个 DIM 语句声明了一个可以存储 11 个值的数组。

注意：VBScript 中数组的下标从 0 开始，每个数组的元素个数都比声明语句中的数字多 1。用刚才讨论的数组 Product，可以存储 11 个值。如果向该数组中添加超过 11 个元素，将发生错误。

声明一个数组后，数组的每一个元素都可以使用唯一的下标来识别，下标用于指明某个数组元素在数组中的位置，例中下标为 1 的数组元素的值是“cup”。如果要输出该元素的值，可以用以下语句：

```
<%=Product(1)%>
```

上例中数组是一个一维数组，作用与一个列表相似。当然，也可以创建多维数组，考虑如下的二维数组：

```
<%
DIM Product(10,1)
Product(0,0)="asp book"
Product(0,1)="database book"
Product(1,0)="video card"
Product(1,1)="cup"
Product(2,0)="coat"
Product(2,1)="cap"
%>
```

这个脚本中 DIM 语句创建了一个二维数组。这个数组的作用类似于表，第一个下标指定行，第二个下标指定列。

使用数组时，并不只限于使用二维数组。可以声明最大到 60 维的数组。要创建一个多维数组，只要简单地在数组声明语句中增加一个维数即可。如：

```
DIM Product(10,10,10,10)
```

这个声明创建了一个四维数组，每一维可以存储 11 个元素。这意味着这个数组共可以保存 14 641 个数值（11×11×11×11=14 641）。可以看到，随着维数的增加，数组的大小增加得很快。

由于在 VBScript 中，对每个数组元素都要分配内存空间，因此不要不切实际地声明太大的数组。

2）动态数组

前面接触的都是固定大小的数组，这种数组一旦声明，将不能改变数组中的元素个数。要想改变一个固定数组的大小，必须删除它再重新创建。不过 VBScript 提出了一种动态数组。如：

```
<%
DIM Product()                /*在此没有说明数组的大小*/
```

```
REDIM Product(2)
Product(0) = "asp book"
Product(1) = "video card"
Product(2) = "cup"
REDIM PRESERVE Product(3)
Product(3) = "database book"
%>
```

在上例中，DIM 语句把数组 Product 声明为动态数组。当声明一个动态数组时，不需要指定数组的维数，但在第一次给一个动态数组分配数值之前，必须使用 REDIM 语句指定数组的维数。

数组 Product 首先被创建为只能有三个元素，接下来再次使用 REDIM 语句增大这个数组的大小，该数组被重定义维数以包含四个元素，可以把值"database book"保存在重定义的数组中。

注意第二个 REDIM 语句中关键字 PRESERVE 的使用。当一个数组被重设维数时，使用关键字 PRESERVE 能使该数组中的内容保留下来。如果不使用这个关键字，数组将丢失所有数据，产生一个空的数组。

对于多维数组，可以用 REDIM 语句增加维数，也可以减少维数。但是，当删除某一维或减小某一维的大小时，数据将会丢失。

使用关键字 PRESERVE 只能修改一个多维数组最后一维的大小，可以增大最后一维，不丢失数据，或减小最后一维，丢失一部分数据。当然，如果需要增加或减少多维数组的维数，就不能使用 PRESERVE，而且进行该操作时无法保存数组中的数据。可以使用 REDIM 语句扩展或减缩一个数组任意多次。

8. 数组函数

1）UBOUND（）

使用数组时，函数 UBOUND（）返回一个数组的大小。准确地说，返回的是数组的某一维的大小。如：

```
<%
DIM Product(10,33)
%>
<% =UBOUND(Product)%>
<% =UBOUND(Product, 1)%>
<% =UBOUND(Product, 2)%>
```

第一个 UBOUND（）函数的返回值是 10，即在缺省情况下，这个函数返回的是一个函数的第一维的上界。第二个 UBOUND（）函数的返回值与第一个相同，它返回的是数组 Product 的第一维的上界。第三个 UBOUND（）函数的返回值是 33，这是数组 Product 的第二维的维数。

当一个数组不是自己声明的，但编程时需要确定数组的大小时，函数 UBOUND（）是非常有用的。

2）ISARRAY（）

操作数组的一个有用的函数是ISARRAY（），它也可以用来测试一个变量表达式是否是一个数组。

实例5－9

```
<%
DIM Product(10)
DIM somevar
%>
<% =ISARRAY(Product)%>
<% =ISARRAY(somevar)%>
```

在上例中，第一个ISARRAY（）函数返回true，因为Product实际上是一个数组；第二个ISARRAY（）函数返回false，因为变量somevar没有被声明为一个数组。

3）ERASE

VBScript的ERASE语句可以用来操作固定大小的数组和动态数组。

对静态数组使用ERASE语句，可以清空数组的数据。

（1）若数组是一个字符串数组，ERASE语句把该数组的所有元素重新初始化为空字符串。

（2）若数组是一个数值数组，ERASE语句可以把该数组的所有元素重新初始化为0。如：

```
<%
DIM Product(2)
Product(1) = "Running shoes"
ERASE Product
%>
<% =Product(1)%>
```

当这个脚本执行时，不会输出任何信息。ERASE语句清空了数组Product的所有数据。

对动态数组使用ERASE语句，会删除数组本身。当删除了一个数组后，内存就被释放。在重新使用这个数组之前，必须将该数组重新初始化。如：

```
<%
DIM Product()
REDIM Product(100)
Product(1) = "shoes"
ERASE Product
%>
```

上面脚本创建了一个Product的动态数组。该数组的下标值为1的元素被赋值。然后用ERASE语句删除了这个数组。如果在它被删除后试图访问这个数组的任何元素，将会发生错误。在再次使用这个数组前，必须用REDIM重新声明该数组。

对一个访问率很高的站点来说，内存是非常珍贵的。因此，当一个动态数组不再需要时，最好使用ERASE语句删除它。

9. 如何在 Visual Basic 脚本中添加注释

在 VBScript 中，注释符采用西文单引号“'”，作为注释的开始；或用 REM 注释，可以和语句在同一行并写在语句的后面，也可单独占一行。

```
<%
REM I am a VBScript comment.
'I am also a VBScript comment.
%>
```

在上例中，REM 和单引号都是用来建立注释的。

这两种注释只能用来注释一行。用 REM 语句或单引号建立的注释在一行的末尾结束。也可以把注释与其他 Visual Basic 语句写在同一行中，Web 服务器解释 VBScript 脚本时会略过脚本的注释，不会发送给浏览器。如：

```
<%

  for i = 1 TO 100 'start of a loop
  myvar = myvar + 1 'increments myvar
  next             'end of a loop

%>
```

10. 如何将单行语句分成多行

有时一条语句可能会很长，这会给打印和阅读带来不便，此时可用续行符“ _ ”（一个空格紧跟一个下划线）将长语句分成多行。

空格 ↓

```
<%
   strTemp =
      "SARS 作为一个不为人知的新型传染病种" &  _
      "今春 SARS 突然在中国爆发,给中国民众" &  _
      "带来了巨大灾难,主要在于人们对 SARS" &  _
      "病毒不了解,使人们措手不及。但是经过" &  _
      "这场非典战役后,大家对它有了较为全面" &  _
      "的认识,特别是对它的病状、传播途径和" &  _
      "治疗有了较全面的掌握,因此我们相信" &  _
      "不可能再爆发像今春那样大规模的非典疫情
Response. Write strTemp
%>
```

11. VBScript 运算符

VBScript 有一套完整的运算符，包括算术运算符、比较运算符、连接运算符和逻辑运算符。

当表达式包含多个运算符时，将按预定顺序计算每一部分，这个顺序被称为运算符优先级。可以使用括号越过这种优先级顺序，强制首先计算表达式的某些部分。运算时，总是先执行括号中的运算符，然后再执行括号外的运算符。但是，在括号中仍遵循标准运算符优先级。

当表达式包含多种运算符时，首先计算算术运算符，然后计算比较运算符，最后计算逻辑运算符。若所有比较运算符的优先级相同，即按照从左到右的顺序计算比较运算符。算术运算符和逻辑运算符等的优先级见表5－2。

表5－2

算术运算符		比较运算符		逻辑运算符		连接运算符	
描述	符号	描述	符号	描述	符号	描述	符号
求幂	^	等于	=	逻辑非	Not	字符串连接	&
负号	－	不等于	< >	逻辑与	And	字符串连接	+
乘	*	小于	<	逻辑或	Or		
除	/	大于	>	逻辑异或	Xor		
整除	\	小于或等于	< =	逻辑等价	Eqv		
求余数	Mod	大于或等于	> =	逻辑隐含	Imp		
加	+	对象引用比较	Is				
减	－						

连接运算符可以将两个字符串连接起来，生成一个新的字符串，建议使用“&”。

实例5－10

```
<%
    strwebsite = "新闻网"
    strschool = "电子科大党委宣传部"
    strtemp = strwebsite&"属于" + strschool
<% = strtemp% >
% >
```

使用&运算符时，参与连接的两个表达式可以不全是字符串，即&能强制将两个表达式做字符串连接，如：

```
<%
    intnum = 02S10078
    strtemp = "您的学号是"   &   intnum
  <% = strtemp% >
% >
```

逻辑等价 Eqv：

表达式1　Eqv　表达式2　　仅当两个表达式相同时结果才为真

(6－3)Eqv　(8－5)　结果为真

逻辑隐名 Imp

表达式1　Imp 表达式2　仅当第一个表达式为真时结果才为真

(9<6)Imp(9>8)　结果为假

12. 分支语句

VBScript 的流程共有顺序、分支、循环三种，顺序不单独讲解。

1）IF…THEN 语句

VBScript 最常用的分支语句是 IF…THEN 语句。

实例 5-11

```
<%
if time > #5:00:00pm# then   '(字符#用来界定日期或时间常量)
    Greeting = "Good Evening"
end if
%>
```

语句的作用是在时间是下午五点之后，把“Good Evening”赋给变量 Greeting。end if 指定了分支代码块的结束，也可以在 end if 前放置多条语句。

实例 5-12

```
<%
if time  > #5:00:00pm# then
    Greeting = "Good Evening!"
      Evening_Visitor = Evening_Visitor + 1
end if
%>
```

两个语句都只有在时间是下午五点以后的情况下才执行。

与 IF…THEN 搭配使用的是 ELSE 表达式，跟在 ELSE 表达式后的语句只有条件为 false 时才被执行。如：

```
<%
if time > #5:00:00pm# then
    Greeting = "Good Evening!"
    else
        Greeting = "Good some other time!"
end if
%>
```

同样也可以在 ELSE 语句后放置多个语句。因为一个条件要么为 true，要么为 false，因此 THEN 表达式后和 ELSE 表达式后的语句中，只有一组可以被执行。

分支语句支持嵌套，如：

```
<%
if time > #5:00:00pm# then
    if time  <  10:00:00pm# then
        Greeting = "Good Evening!"
    else
            Greeting = "Good Late Evening!"
    end if
```

```
else
    Greeting = "Good some other time!"
end if
%>
```

在上例中，如果是在晚上十点之前，问候语是“Good Evening!”，如果时间晚于十点，则问候语是“Good Late Evening!”。如果不是在五点之后，则使用问候语“Good some other time!”。

如果在一个分支中，只需执行一个语句，可以不使用 end if 表达式，但是仍然建议使用 end if 表达式，这样程序看起来更清楚。

实例 5-13

```
<%
if time < #5:00:00pm# then Greeting = "Good Bye!"
%>
<%
if time < #5:00:00pm# then Greeting = "Good Day!"
  else Greeting = "Good Evening!"
%>
```

2）SELECT CASE 语句

该语句允许一次测试多个条件，从而执行不同的程序块，其中 SELECT CASE 语句后面跟的可以是表达式或变量。如：

```
<%
SELECT CASE Visitor_Name
CASE "Bill"
    Greeting = "Welcome Bill!"
CASE "Bush"
    Greeting = "Welcome bush!"
CASE ELSE
    Greeting = "Welcome Someone!"
END SELECT
%>
```

在上例中，变量 Visitor_Name 代表站点访问者的名字。如果 Visitor_Name 匹配某个条件，则相应的问候语被分配给变量 Greeting；否则执行 CASE ELSE 表达式后面的语句。CASE ELSE 语句是可选的，如果省去这个表达式，并且所有的 CASE 条件都没有与 Visitor_ Name 匹配，则不执行任何语句。

13. 循环语句

1）VBScript 中循环的实现

当知道循环的次数时，可使用 FOR…NEXT 循环，如：

```
<% for i = 1 to 500 %>
Hello Again!
<% next %>
```

在上例中，句子“Hello Again!”被在浏览器中打印 500 次。

可以通过使用关键字 STEP 构造反向的循环。如：

```
<% for i =500 to 1 step 1 % >
Hello Again!
<% NEXT% >
```

这个例子输出与上个例子完全相同的结果。但是在这个例子中，FOR…NEXT 循环从数字 500 开始，反向循环到 1。

可以在循环中使用不同的步长。在下面的例子中，变量 i 每次被增加 10：

```
<% for i =1 to 500 step 10   % >
<%  = I % > <br >
<% next % >
```

2）循环的退出

可以用 EXIT FOR 语句从一个 FOR…NEXT 循环中退出。假定你在遍历一个数组，寻找某个字符串表达式的匹配值，当已经找到一个匹配元素时，就不需要继续执行循环。如：

```
<%
dim myarray(10)
myarray(4) = "Shoes"
for i =0 to ubound(myarray)
    if myarray(i) = "Shoes" then
       exit for
    end if
next
% >
```

在上例中，如果数组中某个元素的值与表达式“Shoes”相匹配，则立即退出 FOR…NEXT 循环。变量 i 的值等于被匹配的元素的索引值。

VBScript 还提供了另一个遍历数组或集合的循环语句，即 FOR EACH…NEXT 语句，参考下面的例子：

```
<%
dim myarray(10)
myarray(4) = "Shoes"
for each i in myarray
    if i = "Shoes" then
        exit for
    end if
next
% >
```

这个例子中的脚本执行与上一个例子完成相同的任务。当字符串表达式得到匹配时，立即退出循环。但是，当脚本完成时，变量 i 的值等于“Shoes”。与 FOR…NEXT 循环不同，这里的变量 i 不是一个计数器，而是代表循环所操作的数组或集合的每个成员的值。如果需要显示一个数组的所有元素的值，可以写成：

```
<% for each i in myarry% >
<% = I % >
<% next % >
```

当知道循环的次数执行一组指令时，FOR…LOOP 循环是非常方便的。但在许多情况下，在一个循环执行之前，不知道循环执行的次数，这就需要使用 WHILE 循环或 DO 循环。

3）WHILE 循环

当 WHILE 后面的表达式结果为 true 时，重复执行循环体内的语句。

实例 5－14

```
<%
TheFuture = DATEADD("s",5,TIME)
  WHILE TIME < TheFuture
% >
<% =TIME% >:Waiting For The Future...  <br>
<%
  WEND
% >
<B>The Future's Here!  </B>
```

在 WHILE 和 WEND 之间的所有语句被重复执行，直到时间过去 5 秒。WHILE 语句测试当时时间是否小于变量 TheFuture 中的时间。一旦当前时间大于或等于 TheFuture，则退出循环。

该例中出现了 DATEADD 函数，该函数的使用方法如下：

DateAdd（interval，number，date）

该函数返回加上一段时间间隔的日期，如：

```
DateAdd("d",10,"2000-6-18")=2000-06-28
DateAdd("m",-1,"2000-6-18")=2000-05-18
```

DataAdd 函数的参数见表 5－3，其中 interval 参数的设定值见表 5－4。

表 5－3

参数	说明
interval	字符串表达式，加上时间间隔的单位
number	数值表达式，要加上的时间间隔的数目，其数值可以为正数（得到未来的日期），也可以为负数（得到过去的日期）
date	日期表达式

表 5－4

值	说明
yyyy	年
q	季

（续）

值	说明
m	月
y	一年的日数
d	日
w	一周的日数
ww	周
h	时
n	分钟
s	秒

4）DO 循环

Do 循环与 WHILE 循环密切相关；

（1）Do While 条件为真，重复执行；

（2）Do Until 条件为真，退出循环。

```
<%
  Do While sentence < > "Hello There!"
  sentence = "Hello There!"
%>
<%  = sentence% >
<%
Loop
%>
```

在上例中，当变量 sentence 的值不等于字符串“Hello There!”时，处在 DO 语句和 LOOP 语句之间的语句被重复执行。在循环体内变量 sentence 被赋值“Hello There!”，WHILE 条件只在第一次迭代时为 true。这个 DO 循环体内的语句只执行一次，字符串“Hello There!”在屏幕上打印一次。

也可以构造一个一直执行直到某个条件为真退出的循环，如：

```
<%
dim sentence
sentence = "Hello There"
Do Until sentence = "Hello There!!!"
     sentence = sentence & "!"
%>
<% =sentence% >
<%
Loop
%>
```

DO 循环只执行 3 次，一旦变量 sentence 的值等于“Hello There!!!”就不再执行循环。

也可以把表达式 While 或 Until 转移到循环的底部，这样唯一的区别是循环一定会先执行一次，然后才进行判断。如：

```
<%
Do
sentence = "Hello There!"
%>
<%
Loop Until sentence = "Hello There!"
%>
```

使用DO循环时，用EXIT DO语句可退出循环。如：

```
<%
Rept = ""
Do until 1 <> 1
Rept = Rept & "!"
if Rept = "!!!!!" then
    Exit do
end if
Loop
%>
<% = Rept %>
```

在上例中，DO循环一直执行到1不等于1，换句话说它将永远循环下去。然而，在每一次循环中，变量Rept被追加一个感叹号。当变量Rept等于字符串"!!!!!"时，Exit do语句强制退出循环。

注意：在使用WHILE或DO构造循环时，如果循环条件设置不当，极易构造出死循环。如果偶尔运行一个死循环，经过一定时间之后（通常是90秒），脚本超时，然后会自动结束。如果一个脚本要进行大量费时的操作，运行时间较长，有可能超出超时时间，即脚本本身没有问题，但是被系统当成意外而将其提前终止。为了避免这种情况，在ASP中可以设定脚本的超时时间：Server. ScriptTimeOut = 时间（以秒为单位）。

第四节 VBScript常用函数

VBScript有很多现成的函数可以直接调用，熟悉这些函数将提高编程效率，一些比较常用的函数见表5－5。

表5－5

功能描述	语言元素
返回数字的绝对值	Abs函数
返回一个Variant值，其中包含一个数组	Array函数
返回与字符串中首字母相关的ANSI字符编码	Asc函数

（续）

功能描述	语言元素
返回与所指定的 ANSI 字符编码相关的字符	Chr 函数
返回一个表达式，该表达式已被转换为 Integer 子类型的 Variant	CInt 函数
返回一个表达式，该表达式已被转换为 String 子类型的 Variant	CStr 函数
返回当前的系统日期	Date 函数
返回一个 1 到 31 的整数，包括 1 和 31，代表一个月中的日期值	Day 函数
计算一个表达式的值并返回结果	Eval 函数
返回一个数的整数部分	Fix 函数
返回一个字符串，代表一个数的十六进制值	Hex 函数
返回一个 0 到 23 的整数，包括 0 和 23，代表一天中的小时值	Hour 函数
在一个对话框中显示提示信息，等待用户输入文本或单击按钮，并返回文本框中的内容	InputBox 函数
返回一个字符串在另一个字符串中首次出现的位置	InStr 函数
返回一个字符串在另一个字符串中出现的位置，从字符串尾开始计算	InStrRev 函数
返回数组的指定维上最小可用的下标	LBound 函数
返回一个已转换为小写的字符串	LCase 函数
返回字符串左端的指定数量的字符	Left 函数
返回一个字符串中的字符数或存储一个变量所需的字节数	Len 函数
返回在一个字符串中指定数量的字符	Mid 函数
返回 0 到 12 的一个整数，包括 0 和 12，代表一年中的月份值	Month 函数
返回一个字符串，指明所指定的月份	MonthName 函数
在对话框中显示一条消息，等待用户单击某个按钮，并返回一个值，该值指明用户单击的是哪个按钮	MsgBox 函数
返回与计算机的系统日期和时间相对应的当前日期和时间	Now 函数
返回一个字符串，代表一个数的八进制值	Oct 函数
返回一个字符串，其中指定的子字符串已被另一个子字符串替换了指定的次数	Replace 函数
返回字符串中从右端开始计算的指定数量的字符	Right 函数
返回一个随机数	Rnd 函数
返回一个数，该数已被舍入为小数点后指定位数	Round 函数
返回一个指定长度的重复字符串	String 函数
返回一个复制的字符串，其中已删除串首和串尾的空格	Trim 函数
返回一个已转换为大写的字符串	UCase 函数
返回一个代表年份的整数	Year 函数

1. Abs 函数

Abs 函数：返回数字的绝对值。格式：

```
Abs(number)
```

其中，number 参数可以是任意有效的数值表达式。如果 number 包含 Null，则返回 Null；如果是未初始化的变量，则返回 0。

说明：数字的绝对值是其无符号的数值大小，如 Abs（－1）和 Abs（1）都返回 1。下面示例利用 Abs 函数计算数字的绝对值：

```
Dim TestNumber
TestNumber = Abs(50.3)          '返回 50.3。
TestNumber = Abs(-50.3)         '返回 50.3。
```

2. Array 函数

Array 函数：返回数组。格式：

```
Array(arglist)
```

其中，arglist 参数是赋给包含在 Variant 中的数组元素的值的列表（用逗号分隔）。如果没有指定此参数，则会创建零长度的数组。

说明：用于引用数组元素的表示符，由跟随有括号的变量名组成，括号中包含指示所需元素的索引号。在下面的示例中，第一条语句创建名为 A 的变量；第二条语句将一个数组赋值给变量 A；第三条语句将包含在第二个数组元素中的值赋给另一个变量。

```
Dim A
A = Array(10,20,30)
B = A(2)   'B is now 30。
```

注意：未作为数组声明的变量仍可以包含数组。

3. Asc 函数

Asc 函数：返回与字符串的第一个字母对应的 ANSI 字符代码。格式：

```
Asc(string)
```

其中，string 参数是任意有效的字符串表达式。如果 string 参数未包含字符，则将在运行时出现错误。

说明：下面例子中，Asc 返回每一个字符串首字母的 ANSI 字符代码。

```
Dim MyNumber
MyNumber = Asc("A")         '返回 65。
MyNumber = Asc("a")         '返回 97。
MyNumber = Asc("Apple")     '返回 65。
```

4. Chr 函数

Chr 函数：返回与指定的 ANSI 字符代码相对应的字符。格式：

```
Chr(charcode)
```

其中，charcode 参数是可以标识字符的数字。

说明：从 0 到 31 的数字表示标准的不可打印的 ASCII 代码，如 Chr（10）返回换行符。

下面例子利用 Chr 函数返回与指定的字符代码相对应的字符：

```
Dim MyChar
MyChar = Chr(65)      '返回 A。
MyChar = Chr(97)      '返回 a。
MyChar = Chr(62)      '返回 >。
MyChar = Chr(37)      '返回%。
```

5. CInt 函数

CInt 函数：返回表达式，此表达式已被转换为 Integer 子类型的 Variant。格式：

```
CInt(expression)
```

其中，expression 参数是任意有效的表达式。

说明：通常可以使用子类型转换函数书写代码，以显示某些操作的结果应被表示为特定的数据类型，而不是默认类型。如在出现货币、单精度或双精度运算的情况下，使用 CInt 或 CLng 强制执行整数运算。

CInt 函数用于进行从其他数据类型到 Integer 子类型的国际公认的格式转换。如对十进制分隔符（如千分符）的识别，可能取决于系统的区域设置。

如果 expression 在 Integer 子类型可接受的范围之外，则会发生错误。

下面的示例利用 CInt 函数把值转换为 Integer：

```
Dim MyDouble, MyInt
MyDouble = 2345.5678        'MyDouble 是 Double。
MyInt = CInt(MyDouble)      'MyInt 包含 2346。
```

注意：CInt 不同于 Fix 和 Int 函数删除数值的小数部分，而是采用四舍五入的方式。当小数部分正好等于 0.5 时，CInt 总是将其四舍五入成最接近该数的偶数。如 0.5 四舍五入为 0 以及 1.5 四舍五入为 2。

6. CStr 函数

CStr 函数：返回表达式，该表达式已被转换为 String 子类型的 Variant。格式：

```
CStr(expression)
```

其中，expression 参数是任意有效的表达式。

说明：通常可以使用子类型转换函数书写代码，以显示某些操作的结果应被表示为特定的数据类型，而不是默认类型。如使用 CStr 强制将结果表示为 String。

CStr 函数用于替代 Str 函数来进行从其他数据类型到 String 子类型的国际公认的格式转换。如对十进制分隔符的识别取决于系统的区域设置。

expression 根据表 5－6 决定返回的数据。

表 5－6

expression	CStr 返回
Boolean	字符串，包含 True 或 False
Date	字符串，包含系统的短日期格式日期
Null	运行时错误
Empty	零长度字符串（""）
Error	字符串，包含跟随有错误号码的单词 Error
其他数值	字符串，包含此数字

下面的示例利用 CStr 函数把数字转换为 String：

```
Dim MyDouble, MyString
MyDouble = 437.324                    ' MyDouble 是双精度值。
MyString = CStr(MyDouble)             ' MyString 包含"437.324"。
```

7. Day 函数

Day 函数：返回 1 到 31 的一个整数（包括 1 和 31），代表某月中的一天。格式：

```
Day(date)
```

其中，date 参数是任意可以代表日期的表达式。如果 date 参数中包含 Null，则返回 Null。

下面例子利用 Day 函数得到一个给定日期的天数：

```
Dim MyDay
MyDay = Day("October 19, 1962")  'MyDay 包含 19。
```

另外，Date（），Hour（），Minute（），Mouth（），Second（），Weekday（），Year（）这些函数也有如上用法。

8. Eval 函数

Eval 函数：计算一个表达式的值并返回结果。格式：

```
[result = ]Eval(expression)
```

参数：result——可选项，是一个变量，用于接收返回的结果，如果未指定结果，应考虑使用 Execute 语句代替；

expression——必选项，可以是包含任何有效 VBScript 表达式的字符串。

说明：在 VBScript 中，x = y 可以有两种解释。第一种解释是赋值语句，将 y 的值赋予 x。第二种解释是测试 x 和 y 是否相等，如果相等 result 为 True，否则 result 为 False。Eval 方法总是采用第二种解释，而 Execute 语句总是采用第一种解释。

下面的例子说明了 Eval 函数的用法：

```
Sub GuessANumber
  Dim Guess, RndNum
  RndNum = Int((100) * Rnd(1) + 1)——' 产生 1 到 100 的随机数。
  Guess = CInt(InputBox("Enter your guess:",,0))
```

```
  Do
    If Eval("Guess = RndNum") Then
      MsgBox "祝贺你！猜对了！"
      Exit Sub
    Else
      Guess = CInt(InputBox("对不起,请再试一次",,0))
    End If
  Loop Until Guess = 0
End Sub
```

9. Hex 函数

Hex 函数：返回表示十六进制数字值的字符串。格式：

```
Hex(number)
```

其中，number 参数是任意有效的表达式。

说明：如果 number 参数不是整数，则在进行运算前将其四舍五入为最接近的整数。

```
Dim MyHex
MyHex = Hex(5)      ' 返回 5。
MyHex = Hex(10)     ' 返回 A。
MyHex = Hex(459)    ' 返回 1CB。
```

与此类似的还有 Oct（）函数，即转换成 8 进制字符串。

10. InputBox 函数

InputBox 函数：在对话框中显示提示，等待用户输入文本或单击按钮，并返回文本框内容。格式：

```
InputBox(prompt[,title][,default][,xpos][,ypos][,helpfile,context])
```

参数：prompt——字符串表达式，作为消息显示在对话框中，其最大长度约为 1 024 个字符，这取决于所使用的字符的宽度，如果 prompt 中包含多个行，则可在各行之间用回车符（Chr（13））、换行符（Chr（10））或回车换行符的组合（Chr（13）&Chr（10））分隔各行；

title——显示在对话框标题栏中的字符串表达式，如果省略 title，则应用程序的名称将显示在标题栏中；

default——显示在文本框中的字符串表达式，在没有其他输入时作为默认的响应值，如果省略 default，则文本框为空；

xpos——数值表达式，用于指定对话框的左边缘与屏幕左边缘的水平距离（单位为缇），如果省略 xpos，则对话框会在水平方向居中；

ypos——数值表达式，用于指定对话框的上边缘与屏幕上边缘的垂直距离（单位为缇），如果省略 ypos，则对话框显示在屏幕垂直方向距下边缘大约三分之一处；

helpfile——字符串表达式，用于标识为对话框提供上下文相关帮助的帮助文件，如果已提供 helpfile，则必须提供 context；

context——数值表达式，用于标识由帮助文件的作者指定给某个帮助主题的上下文编号，如果已提供 context，则必须提供 helpfile。

说明：如果同时提供了 helpfile 和 context，就会在对话框中自动添加“帮助”按钮。

如果用户单击“确定”或按下回车键，则 InputBox 函数返回文本框中的内容。如果用户单击“取消”，则函数返回一个零长度字符串。

下面例子利用 InputBox 函数显示一个输入框并且把字符串赋值给输入变量：

```
Dim Input
Input = InputBox("输入名字")
MsgBox("输入:"&Input)
```

11. InStr 函数

IuStr 函数：返回某字符串在另一字符串中第一次出现的位置。格式：

InStr([start,]string1, string2[, compare])

参数：start——可选项，数值表达式，用于设置每次搜索的开始位置，如果省略将从第一个字符的位置开始搜索，如果包含 Null 则会出现错误，如果已指定 compare 则必须有 start 参数；

string1——必选项，接收搜索的字符串表达式；

string2——必选项，要搜索的字符串表达式；

compare——可选项，指示在计算子字符串时使用的比较类型的数值，0 是二进制比较，1 是文本比较，如果省略将执行二进制比较。

下面的示例利用 InStr 搜索字符串：

```
Dim SearchString, SearchChar, MyPos
SearchString ="XXpXXpXXPXXP"    '目标字符串。
SearchChar = "P"    '寻找"P"。
MyPos = Instr(4, SearchString, SearchChar, 1)    '进行文本比较,开始位置是4,返回6。
MyPos = Instr(1, SearchString, SearchChar, 0)    '进行二进制比较,开始位置是1, 返回 9。
MyPos = Instr(SearchString, SearchChar)    '在默认状态下,(起始位置为1,二进制比较)返回 9。
MyPos = Instr(1, SearchString, "W")    '返回0,未找到。
```

InStrRev（）函数是从目标字符串的结束处开始搜索，返回第一次出现处的相对于结束的位置。

12. InStrRev 函数

InStrRev 函数：返回某字符串在另一个字符串中出现的从结尾计起的位置。格式：

InStrRev(string1, string2[, start[, compare]])

参数：string1——必选项，接收搜索的字符串表达式；

string2——必选项，被搜索的字符串表达式；

start——可选项，数值表达式，用于设置每次搜索的开始位置，如果省略则默认值为 -1，表示从最后一个字符的位置开始搜索，如果包含 Null 则出现错误；

compare——同 InStr 函数。

13. LCase 函数

LCase 函数：返回字符串的小写形式。格式：

```
LCase(string)
```

其中，string 参数是任意有效的字符串表达式。如果 string 参数中包含 Null，则返回 Null。

说明：仅大写字母转换成小写字母，所有小写字母和非字母字符保持不变。

下面的示例利用 LCase 函数把大写字母转换为小写字母：

```
Dim MyString
Dim LCaseString
MyString = "VBSCript"
LCaseString = LCase(MyString) ' LCaseString 包含 "vbscript"。
```

与之对应的是 UCase 函数，把所有的小写字母转换成大写字母。

14. Left 函数

Left 函数：返回指定数目的从字符串的左边算起的字符。格式：

```
Left(string, length)
```

参数：string——字符串表达式，其最左边的字符被返回，如果 string 参数中包含 Null，则返回 Null；

length——数值表达式，指明要返回的字符数目，如果是 0 则返回零长度字符串，如果大于或等于 string 参数中的字符总数则返回整个字符串。

说明：可使用 Len 函数确定 string 参数中的字符数目。

下面的示例利用 Left 函数返回 MyString 的左边三个字母：

```
Dim MyString, LeftString
MyString = "VBSCript"
LeftString = Left(MyString, 3)      'LeftString 包含 "VBS"。
```

Right 函数从字符串右边返回指定数目的字符。Mid 函数从字符串中间返回指定数目的字符。

15. MonthName 函数

MonthName 函数：返回表明指定月份的字符串。格式：

```
MonthName(month[, abbreviate])
```

参数：month——必选项，月份的数值定义，如一月是 1，二月是 2，以此类推；

abbreviate——可选项，Boolean 值，表明月份名称是否简写，如果省略默认值为 False，即不简写月份名称。

下面的示例利用 MonthName 函数为日期表达式返回月份的缩写：

```
Dim MyVar
MyVar = MonthName(10, True)       ' MyVar 包含 "Oct"。
MyVar = MonthName(10)       'MyVar 包含"October"。
```

16. MsgBox 函数

MsgBox 函数：在对话框中显示消息，等待用户单击按钮，并返回一个值指示用户单击的按钮。格式：

MsgBox(prompt[, buttons][, title][, helpfile, context])

参数：prompt——作为消息显示在对话框中的字符串表达式，prompt 的最大长度大约是 1 024 个字符，这取决于所使用的字符的宽度，如果 prompt 中包含多个行，则可在各行之间用回车符（Chr（13））、换行符（Chr（10））或回车换行符的组合（Chr（13）&Chr（10））分隔各行；

buttons——数值表达式，表示指定显示按钮的数目和类型、使用的图标样式，默认按钮的标识以及消息框样式的数值的总和，有关数值可参阅下面“设置”部分，如果省略则 buttons 的默认值为 0；

title——显示在对话框标题栏中的字符串表达式，如果省略则将应用程序的名称显示在标题栏中；

helpfile——字符串表达式，用于标识为对话框提供上下文相关帮助的帮助文件，如果已提供 helpfile，则必须提供 context，但在 16 位系统平台上不可用；

context——数值表达式，用于标识由帮助文件的作者指定给某个帮助主题的上下文编号，如果已提供 context，则必须提供 helpfile，但在 16 位系统平台上不可用。

1）设置

buttons 参数可以有表 5－7 所示值。

表 5－7

常数	值	描述
vbOKOnly	0	只显示确定按钮
vbOKCancel	1	显示确定和取消按钮
vbAbortRetryIgnore	2	显示放弃、重试和忽略按钮
vbYesNoCancel	3	显示是、否和取消按钮
vbYesNo	4	显示是和否按钮
vbRetryCancel	5	显示重试和取消按钮
vbCritical	16	显示临界信息图标
vbQuestion	32	显示警告查询图标
vbExclamation	48	显示警告消息图标
vbInformation	64	显示信息消息图标
vbDefaultButton1	0	第一个按钮为默认按钮
vbDefaultButton2	256	第二个按钮为默认按钮
vbDefaultButton3	512	第三个按钮为默认按钮
vbDefaultButton4	768	第四个按钮为默认按钮

（续）

常数	值	描述
vbApplicationModal	0	应用程序模式，用户必须响应消息框才能继续在当前应用程序中工作
vbSystemModal	4096	系统模式，在用户响应消息框前，所有应用程序都被挂起

第一组值（0 至 5）用于描述对话框中显示的按钮类型与数目；第二组值（16，32，48，64）用于描述图标的样式；第三组值（0，256，512）用于确定默认按钮；而第四组值（0，4096）用于决定消息框的样式。在将这些数字相加以生成 buttons 参数值时，只能从每组值中取用一个数字。

2）返回值

MsgBox 函数有表 5－8 所示返回值。

表 5－8

常数	值	按钮
vbOK	1	确定
vbCancel	2	取消
vbAbort	3	放弃
vbRetry	4	重试
vbIgnore	5	忽略
vbYes	6	是
vbNo	7	否

说明：如果同时提供了 helpfile 和 context，则用户可以按 F1 键以查看与上下文相对应的帮助主题。

如果对话框显示“取消”按钮，则按 Esc 键与单击“取消”按钮的效果相同。如果对话框包含“帮助”按钮，则有为对话框提供的上下文相关帮助。但是在单击其他按钮之前，不会返回任何值。

当 Microsoft Internet Explorer 使用 MsgBox 函数时，任何对话框的标题总是包含“VBScript”，以便于将其与标准对话框区别开来。

下面的示例演示 MsgBox 函数的用法：

```
Dim MyVar
MyVar = MsgBox ("Hello World!", 65, "MsgBox Example")
    'MyVar 根据不同的响应返回 1 或者 2。
```

17. Replace 函数

Replace 函数：返回字符串，其中指定数目的某子字符串被替换为另一个子字符串。格式：

```
Replace(expression, find, replacewith[, compare[, count[, start]]])
```

参数：expression——必选项，字符串表达式包含要替代的子字符串；

find——必选项，被搜索的子字符串；

replacewith——必选项，用于替换的子字符串；

start——可选项，expression 中开始搜索子字符串的位置，如果省略默认值为 1，在和 count 关联时必须用；

count——可选项，执行子字符串替换的数目，如果省略默认值为 -1，表示进行所有可能的替换，在和 start 关联时必须用；

compare——可选项，1 为文本比较，0 为二进制比较，默认为 0。

说明：Replace 函数的返回值是经过替换（从由 start 指定的位置开始到 expression 字符串的结尾）后的字符串，而不是原始字符串从开始至结尾的副本。

下面的示例利用 Replace 函数返回字符串：

```
Dim MyString
MyString = Replace("XXpXXPXXp", "p", "Y")        '二进制比较从字符串左端开始。返回 "XXYXXPXXY"。
MyString = Replace("XXpXXPXXp", "p", "Y", 3, -1, 1)      '文本比较从第三个字符开始。返回 "YXXYXXY"。
```

18. Round 函数

Round 函数：返回按指定位数进行四舍五入的数值。格式：

```
Round(expression[, numdecimalplaces])
```

参数：expression——必选项，数值表达式被四舍五入；

numdecimalplaces——可选项，数字表明小数点右边有多少位进行四舍五入，如果省略则 Round 函数返回整数。

下面的示例利用 Round 函数将数值四舍五入到两位小数：

```
Dim MyVar, Pi
Pi = 3.14159
MyVar = Round(Pi, 2)      'MyVar 为 3.14。
```

19. Rnd 函数

Rnd 函数：产生一个小于 1、大于 0 的随机数。要获得指定范围内的随机数，可以使用以下公式：

```
Int((upperbound - lowerbound + 1) * Rnd + lowerbound)
```

其中，upperbound 是上界；lowerbound 是下界。

20. String 函数

String 函数：返回具有指定长度的、重复字符组成的字符串。格式：

String (number, character)

其中，number 参数指定要重复的次数，character 参数指定是要重复的字符。

```
Dim MyString
MyString = String(5, "*")        '返回"*****"。
```

```
MyString = String(5,42)          ' 返回" ***** "。
MyString = String(10,"ABC")      ' 返回"AAAAAAAAAA"。
```

21. LTrim、RTrim 和 Trim 函数

LTrim、RTrim 和 Trim 函数：返回不带前导空格（LTrim）、后续空格（RTrim）或前导与后续空格（Trim）的字符串副本。格式：

```
LTrim(string)
RTrim(string)
Trim(string)
```

其中，string 参数是任意有效的字符串表达式。如果 string 参数中包含 Null，则返回 Null。

下面的示例利用 LTrim，RTrim 和 Trim 函数分别除去字符串开始空格、尾部空格、开始和尾部空格：

```
Dim MyVar
MyVar = LTrim("   vbscript ")   'MyVar 包含 "vbscript "。
MyVar = RTrim("   vbscript ")   'MyVar 包含 "   vbscript"。
MyVar = Trim("   vbscript ")    'MyVar 包含"vbscript"。
```

第六章　ASP 入门到精通

第一节　ASP 入门基础概述

ASP（Active Server Pages，活动服务器页面）是目前最为流行的开放式 Web 服务器应用程序开发技术。使用它可以将 HTML 语言、脚本语言和 Active 控件组合在一起，产生动态、交互、具有数据库访问功能且高效率的基于 Web 的应用程序。

ASP 技术的优势主要表现在以下几个方面：

（1）ASP 运行环境的配置非常方便，只要在 Windows 平台上安装 PWS 或 IIS，Web 服务器与 ASP 应用服务器的配置便基本完成了；

（2）ASP 技术简单易学，使用 ASP 编写服务器端脚本可以创建功能强大的 Web 应用程序，如果已经熟悉 VBScript 或 JavaScript 脚本语言，学习 ASP 就不会有什么困难；

（3）使用 ASP 技术进行开发时，可以通过建立自己的 COM 组件，将应用程序的商业逻辑封闭在可重用的模块中，以便在脚本、其他组件或其他程序中调用。

第二节　静态网页和动态网页

静态网页与动态网页的区别在于 Web 服务器对其处理方式不同，了解这种区别对于 ASP 概念的理解至关重要。

1. 静态网页

静态网页是标准的 HTML 文件，其文件扩展名是 .htm 或 .html。它可以包含 HTML 标记、文本、Java 小程序、客户端脚本以及客户端 ActiveX 控件，但这种网页不包含任何服务器端脚本。该网页中的每一行 HTML 代码都是在放置到 Web 服务器前由网页设计人员编写的，在放置到 Web 服务器后便不再发生任何更改，所以称为静态网页。

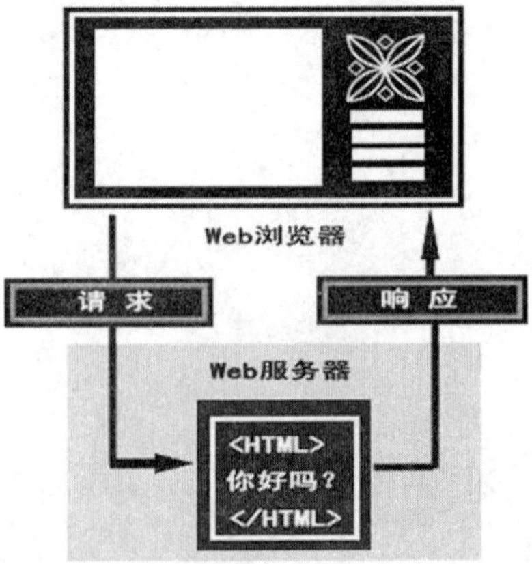

图 6－1

静态网页的处理流程如图 6－1 所示，具体实现步骤如下：

（1）Web 浏览器请求静态网页；

（2）Web 服务器查找静态网页；

（3）Web 服务器将静态网页发送到请求浏览器。

当用户单击 Web 页上的某个链接，或在浏览器中选择一个书签，或在浏览器的“地址”框中输入一个 URL 地址并单击“转到”时，浏览器向 Web 服务器发送一个页请求。

Web 服务器收到该请求，通过文件扩展名（. htm 或 . html）判断出是 HTML 文件请求，并从磁盘或存储器中获取适当的 HTML 文件。

Web 服务器将 HTML 文件发送到浏览器，由浏览器对该 HTML 文件进行解释，并将结果显示在浏览器窗口中。

2. 动态网页

动态网页与静态网页之间的区别在于动态网页中的某些脚本只能在 Web 服务器上运行，而静态网页中的任何脚本都不能在 Web 服务器上运行。当 Web 服务器接收到对静态网页的请求时，服务器将该页发送到请求浏览器，而不做进一步处理。当 Web 服务器接收到对动态网页的请求时，它将作出不同的反应：它将该页传递给一个称为应用程序服务器的特殊软件扩展，然后由这个软件负责完成页。应用服务软件与 Web 服务器软件一并安装、运行在同一台计算机上。动态网页的处理流程如图 6－2 所示，具体实现步骤如下：

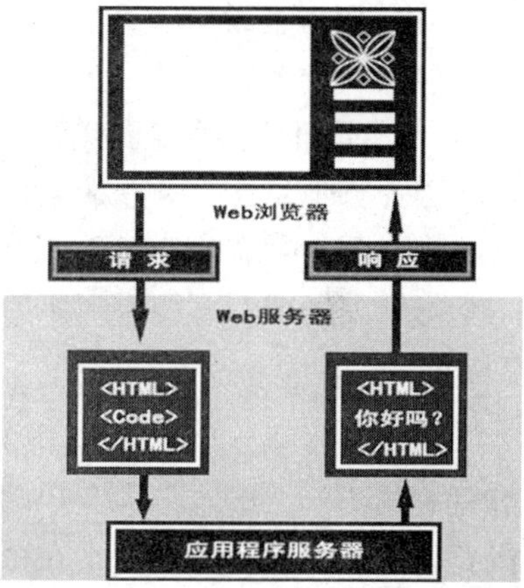

图 6－2

（1）Web 浏览器请求动态网页；

（2）Web 服务器查找该页并将其传递给应用程序服务器；

（3）应用程序服务器查找该页中的脚本命令并完成页；

（4）应用程序服务器将完成的页传递回 Web 服务器；

（5）Web 服务器将完成的页发送到请求浏览器。

当用户单击 Web 页上的某个链接，或在浏览器中选择一个书签，或在浏览器的“地址”框中输入一个 URL 地址并单击“转到”时，浏览器向 Web 服务器发送一个页面请求。

Web 服务器收到该请求，通过文件扩展名（. asp）判断出是动态网页文件请求，并从磁盘或存储器中获取适当页然后将该页传递给相应的应用程序服务器。

应用程序服务器查找该页中的脚本命令，并通过在服务器上执行这些脚本命令最终完成页，然后将脚本程序代码从页上删除，由此得到的结果是一个静态网页。

应用程序服务器将所生成的页传递回 Web 服务器。

Web 服务器将该页发送到浏览器，当该页到达客户端计算机时，所包含的全部内容都是纯 HTML 代码，由 Web 浏览器对这些 HTML 代码进行解释，并将结果显示在浏览器窗口中。

| 第三节 |　ASP 和脚本语言

1. ASP

ASP 就是一个编程环境，在其中可以混合使用 HTML、脚本语言以及组件来创建服务器端功能强大的 Internet 应用程序。如果以前创建过一个站点，其中混合了 HTML、脚本语言以及组件，就可以在其中加入ASP程序代码，并且还可以通过使用组件包含一些商业逻辑规则。组件可以被脚本程序调用，也可以被其他的组件调用。

2. ASP的工作原理

当在Web站点中融入ASP功能后，将发生如下情况：

（1）用户调出站点内容，默认页面的扩展名是.asp；

（2）浏览器从服务器上请求ASP文件；

（3）服务器端脚本开始运行ASP；

（4）ASP文件按照从上到下的顺序开始处理，执行脚本命令和HTML页面内容；

（5）页面信息发送到浏览器。

因为脚本是在服务器端运行的，所以Web服务器完成所有处理后，将标准的HTML页面送往浏览器，这意味着ASP只能在可以支持的服务器上运行。让脚本驻留在服务器端的另外一个好处是用户不可能看到原始脚本程序的代码，看到的仅仅是最终产生的HTML内容。

3. 脚本语言

脚本是指嵌入到Web页中的程序代码，所使用的编程语言称为脚本语言。按照执行方式和位置的不同，脚本分为客户端脚本和服务器端脚本。客户端脚本在客户端计算机上被Web浏览器执行，服务器端脚本在服务器端计算机上被Web服务器执行。脚本语言是一种解释型语言，客户端脚本的解释器位于Web浏览器中，服务器端脚本的解释器则位于Web服务器中。静态网页只能包含客户端脚本，动态网页则可以包含客户端脚本和服务器端脚本。

Microsoft公司开发了两种标准的脚本语言：VBScript和JScript。VBScript是程序开发语言Visual Basic家族的最新成员，它将灵活的脚本应用于更广泛的领域，包括Microsoft Internet Explorer中的客户端脚本和Microsoft Internet Information Server中的服务器端脚本。不过Netscape公司的Navigator浏览器不支持客户端的VBScript脚本，因此最好不要在客户端使用VBScript语言，在服务器端则不必考虑浏览器的支持问题。JScript是一种解释型的、基于对象的脚本语言。

第四节 创建基本表单

表单是用来收集站点访问者信息的域集。表单从用户收集信息，然后将这些信息提交给服务器进行处理。表单可以包含允许用户进行交互的各种控件，如文本框、列表框、复选框和单选按钮等。站点访问者填写表单的方式有输入文本、单击单选按钮或复选框以及从下拉列表中选择选项等。在填好表单之后，站点访问者便送出所输入的数据，该数据就会根据所设置的表单处理程序，以各种不同的方式进行处理。基本语法格式如下：

```
<form name = "表单的名称" method = "get | post" action = "URL" >
    ……
</form>
```

Form标记具有表6-1所示属性。

表 6－1

属性	含　义
method	指定将表单数据传输到服务器的方法，其取值可以是： （1）post，在 HTTP 请求中嵌入表单数据； （2）get，将表单数据附加到请求该页的 URL 中。 注：若要使用 get 方法发送长表单，URL 的长度应限制在 8 192 个字符以内。如果发送的数据量太大，数据将被截断，从而导致意外或失败。此外，在发送用户名和密码、信用卡号或其他机密信息时，不要使用 get 方法，而应使用 post 方法
action	指定将要接收表单数据的服务器端程序或动态网页的 URL 地址
onSubmit	指定提交表单时调用的事件处理程序
onReset	指定重置表单时调用的事件处理程序
target	指定一个目标窗口，其取值如下： （1）_ blank，在未命名的新窗口中打开目标文档； （2）_ parent，在显示当前文档的窗口的父窗口中打开目标文档； （3）_ self，在提交表单所使用的窗口中打开目标文档； （4）_ top，在当前窗口内打开目标文档，确保目标文档占用整个窗口
name	指定表单的名称，以标识表单；命名表单后，可以使用脚本语言（如 VBScript 或 JScript）来使用或控制表单

在一个网页中可以创建多个表单，每个表单都可包含各种各样的控件，如单选按钮、复选框和文本框等，但表单不能嵌套。

| 第五节 | 使用输入型表单控件

为了让用户通过表单输入数据，可以使用 input 标记创建各种表单控件，通过将 input 标记的 type 属性设置为不同的值，可以创建不同类型的输入型表单控件。

1. 单行文本框

1）格式

```
<form name = "表单的名称" method = "get | post" action = "URL" >
<input type = "text" name = "字符串" value = "字符串" size = "整数" maxlength = "整数" >
</form >
```

2）属性

单行文本框具有表 6－2 表示属性。

表 6－2

属性	含　义
name	指定文本框的名称，通过它可以在脚本中引用该文本框

（续）

属性	含 义
value	指定单行文本框的初始值
size	指定单行文本框的宽度
maxlength	指定允许在文本框内输入的最大字符数

3）实例代码

实例 6-1

```
<html>
<head> <title>简单的登录表单</title>
</head>
<body>
<form method="post" name="form1" action="1.asp">
<table align="center" bgcolor="#d6d3ce" width="500">
<tr bgcolor="#0099cc">
<th colspan="2" align="center">
<font color="#ffffff">登录表单</font></th>
</tr>
<tr>
<td align="right" width="150" height="50">用户名:</td>
<td width="350" height="50"><input type="text" name="姓名" size="20"></td>
</tr>
<tr>
<td colspan="2" align="center"><input type="reset" name="reset1" value="重设数据">
  <input type="submit" name="submit1" value="提交数据">
</tr>
</table>
</form>
<%
dim t1,a,b
t1=request.form("姓名")
if t1<>"" then
a="<center><b>您的姓名为:"
b="</b></center>"
response.write a & t1 & b
else
response.write "<center><b>您还没有输入大名</b></center>"
end if
%>
</body>
</html>
```

2. 在表单中使用密码控件

1）格式

```
<form name="表单的名称" method="get | post" action="URL">
```

```
<input type = "password" name = "字符串" value = "字符串" size = "整数" maxlength = "整数" >
</form>
```

其属性有 name、value、size 和 maxlength 四项，含义可参见表 6－2。

2）实例代码

实例 6－2

```
<html>
<head> <title>简单的登录表单 </title>
</head>
<body>
<form method = "post" name = "form1" action = "2.asp" >
<table align = "center" bgcolor = "#d6d3ce" width = "500" >
<tr bgcolor = "#0099cc" >
<th colspan = "2" align = "center" >
<font color = "#ffffff" >登录表单 </font> </th>
</tr>
<tr>
<td align = "center" width = "250" height = "50" >用户名: <input type = "text" name = "姓名" size
= "14" > </td>
<td align = "center" width = "250" height = "50" >密码: <input type = "password" name = "密码"
size = "14" > </td>
</tr>
<tr>
<td colspan = "2" align = "center" > <input type = "reset" name = "rest1" value = "重设数据" >
   <input type = "submit" name = "submit1" value = "提交数据" >
</tr>
</table>
</form>
<%
dim t1,ps,a,b,c
t1 = request.form("姓名")
ps = request.form("密码")
if t1 <> "" and ps <> "" then
a = " <center> <b>您的姓名为:"
b = " </b> </center>"
c = " <center> <b>您的密码为:"
response.write a & t1 & b & " <br>"
response.write c & ps & b
else
response.write " <center> <b>您还没有输入大名和密码。 </b> </center>"
end if
%>
</body>
</html>
```

3. 在表单中添加按钮控件

1）格式

<form name="表单的名称" method="get | post" action="URL">
<input type="submit|reset|button" name="字符串" value="字符串" onClick="过程名">
</form>

2）属性

按钮控件具有表6-3所示属性。

表6-3

属性	含义
ame	指定按钮控件的名称
alue	指定单行按钮控件的初始值
type	指定按钮控件的类型，取值有以下三种。 （1）submit：创建一个提交按钮。在表单中添加提交按钮后，站点访问者可以在填写好表单之后提交。当提交表单时，表单数据（包括提交按钮的名称和值）以ASCII文本形式送到由表单的action属性指定的表单处理程序。一般来说，表单中必须有一个提交按钮。 （2）reset：创建一个重置按钮。在表单中添加重置按钮后，站点访问者可以将表单重新设回其默认值。单击该按钮时，将删除任何已经输入到域中的文本并清除所做的任何选择。但是，如果框中含有默认文本或选项为默认，单击重置按钮将会恢复这些设置值。 （3）button：创建一个自定义按钮。在表单中添加自定义按钮时，为了赋予按钮某种操作，必须为按钮编写脚本。

3）事件

按钮控件还支持onClick事件。

4）实例代码

实例6-3

```
<html>
<head><title>在表单中使用按钮控件</title>
<script language="vbscript">
sub mysub()
ab="这是按钮的单击事件"
msgbox ab
end sub
sub mysub1()
Window.location.href="http://www.ddvip.com"
end sub
</script>
```

```
</head>
<body>
<center><H3>调用事件过程</h3><hr width="70%" color="#009999">
<input type="button" name="button" value="事件" onclick="mysub">
<input tupe="button" name="button1" value="网易" onclick="mysub1">
</center>
</body>
</html>
```

5）代码注解

（1）在表单中定义了两个自定义按钮，并通过单击按钮事件（onClick）分别调用名为 mysub 和 mysub1 的两个过程。

（2）mysub（）过程的功能是弹出一个信息框。

（3）mysub1（）过程的功能是将当前网页跳转到网易的首页。

4. 在表单中添加图形化按钮

1）格式

```
<form name="表单的名称" method="get | post" action="URL">
<input type="image" src="URL" name="字符串">
</form>
```

2）属性

图形化按钮具有表 6－4 所示属性。

表 6－4

属 性	含 义
name	指定图形化按钮的名称
type="image"	表示以一个图像作为提交按钮
url	指定图像的 URL 地址

3）实例代码

实例 6－4

```
<html>
<head><title>图形化按钮的使用</title>
<script language="vbscript">
sub mysub1()
Window.location.href="http://www.ddvip.com/"
end sub
sub mysub2()
Window.location.href="http://www.ddvip.com/"
end sub
sub mysub3()
Window.location.href="http://www.ddvip.com/"
```

```
end sub
sub mysub4()
ab = "这是按钮的单击事件"
msgbox ab
end sub
</script>
</head>
<body>
<center> <h1>图形化按钮的使用</h1> <hr width = "70%" color = "#009999" >
<input type = "image" src = "4.jpg" name = "image4" value = "提交数据" onglick = "mysub1" >
<input type = "image" src = "5.jpg" name = "image5" value = "提交数据" onclick = "mysub2" >
<input type = "image" src = "6.jpg" name = "image6" value = "提交数据" onclick = "mysub3" >
<form method = "post" name = "form1" action = "4.asp" >
<table align = "center" bgcolor = "#d6d3ce" width = "500" >
<tr bgcolor = "#0099cc" >
<th colspan = "2" align = "center" >
<font color = "#ffffff" >登录表单</font> </th>
</tr>
<tr>
<td align = "right" width = "150" height = "50" >用户名:</td>
<td width = "350" height = "50" > <input type = "text" name = "姓名" size = "20" > </td>
</tr>
<tr>
<td colspan = "2" align = "center" > <input type = "image" src = "1.jpg" name = "image1" >
<input type = "image" src = "2.gif" name = "image2" onclick = "mysub4" >
</tr>
</table>
</form>
<%
dim t1,a,b
t1 = request.form("姓名")
if t1 < > "" then
a = " <center> <b>您的姓名为:"
b = " </b> </center> "
response.write a & t1 & b
else
response.write " <center> <b>您还没有输入大名</b> </center> "
end if
%>
</center>
</body>
</html>
```

5. 在表单中添加复选框

如果想让访问者选择一个或多个选项或都不选，可以在表单中添加复选框。

1） 格式

```
<form name="表单的名称" method="get | post" action="URL">
<input type="checkbox" name="字符串" value="字符串" [checked]>
</form>
```

2） 属性

复选框具有表6－5所示属性。

表6－5

属性	含 义
name	指定复选框的名称
value	指定提交时的值
type="checkbox"	type 属性设置为 checkbox，表明是复选框控件
checked	可选项，若使用该属性，则当第一次打开表单时该复选框处于选中状态

3） 实例代码

实例6－5

```
<html>
<head><title>使用复选框控件</title>
</head>
<body>
<center>
<h1>使用复选框控件</h1><hr>
<input name="text1" type="text" value="你今天心情好吗?" style={font:30} size="20"><p>
斜体<input type="checkbox" name="chk" checked>
粗体<input type="checkbox" name="chk">
下划线<input type="checkbox" name="chk">
删除线<input type="checkbox" name="chk">
</center>
<Script for=chk Event=onClick Language=VBScript>
if chk(0).checked then
text1.Style.Fontstyle="italic"
else
text1.Style.Fontstyle="normal"
end if
if chk(1).checked then
text1.style.fontweight="bold"
else
text1.style.fontweight="normal"
end if
text1.style.textdecorationUnderline=chk(2).checked
text1.style.textdecorationlineThrough=chk(3).checked
</Script>
</body>
```

```
</html>
```

6. 在表单中添加单选按钮

如果想让访问者从一组选项中选择一个，可以在表单中添加单选按钮。

1）格式

```
<form name="表单的名称" method="get | post" action="URL">
<input type="radio" name="字符串" value="字符串" [checked]>
</form>
```

2）属性

单选按钮具有表6-6所示属性。

表6-6

属性	含 义
name	指定单选按钮的名称
value	指定提交时的值
type = "radio"	表明是单选按钮
checked	可选项，若使用该属性，则当第一次打开表单时该单选按钮处于选中状态

3）实例代码

实例6-6

```
<html>
<head><title>熟悉单选按钮的使用</title>
</head>
<body>
<form method="post" name="form1" action="6.asp">
<table align="center" bgcolor="#d6d3ce" width="500">
<tr bgcolor="#0099cc">
<th colspan="2">
<font color="#ffffff">登录表单</font></th>
</tr>
<tr>
<td align="right" width="150" height="50">用户名:</td>
<td width="350" height="50"><input type="text" name="姓名" size="20"></td>
</tr>
<tr>
<td align="right" width="150" height="50">性别:</td>
<td width="350" height="50"><input type="radio" name="性别" value="男" checked>男
  <input type="radio" name="性别" value="女">女</td>
</tr>
<tr>
<td colspan="2" align="center"><input type="reset" name="rest1" value="重设数据">
  <input type="submit" name="submit1" value="提交数据">
```

```
</tr>
</table>
</form>
<%
dim t1,r1,a,c,d
a = "<center><b>欢迎"
c = "大侠的到来。</b></center>"
d = "侠女的到来。</b></center>"
t1 = request.form("姓名")
r1 = request.form("性别")
if t1 <> "" and r1 = "男" then
response.write a & t1 & c
else
response.write a & t1 & d
end if
%>
</body>
</html>
```

7. 在表单中添加文件域

如果想让站点访问者通过表单来选择文件，可以在表单中添加文件域。文件域由一个文本框和一个“浏览”按钮组成，用户既可以在文本框中输入文件的路径和文件名，也可以通过单击“浏览”按钮从磁盘上查找和选择所需文件。

1）格式

```
<form name = "表单的名称" method = "get | post" action = "URL">
<input type = "file" name = "字符串" value = "字符串" size = "整数">
</form>
```

2）属性

文件域具有表 6－7 所示属性。

表 6－7

属性	含 义
name	指定文本域的名称
value	给出文本域的初始值
slze	指定文本域的宽度
type = "pile"	表明是文件域控件

3）实例代码

实例 6－7

本实例通过一个文本域来选择一个文件的路径和文件名，然后在同一页显示选择文件的绝对路径。

```
<html>
<head><title>文件域示例</title>
</head>
<body>
<form method = "post" name = "form1" action = "7.asp">
<table align = "center" bgcolor = "#d6d3ce" width = "500">
<tr>
<th colspan = "2" bgcolor = "#0099cc"><font color = "ffffff">文件域</font></th>
</tr>
<tr>
<td height = "50" align = "right"><font color = "000000">请选择文件:</font></td>
<td height = "50"><input type = "file" name = "文件名" size = "16"></td>
</tr>
<tr>
<td height = "50" align = "right"><input type = "submit" value = "提交" name = "btnSubmit"></
td>
<td height = "50"><input type = "reset" value = "重置" name = "btnReset"></td>
</tr>
</table>
</form>
<%
dim f1
f1 = request.form("文件名")
if f1 <> "" then
a = "<center><b>您选择的文件绝对路径为:"
b = "</b></center>"
response.write a & f1 & b
else
response.write "<center><b>您还没有选择文件。</b></center>"
end if
%>
</body>
</html>
```

8. 在表单中添加隐藏域

若要在表单结果中包含不希望让站点访问者看见的信息，可以在表单中添加隐藏域。每一个隐藏域都有自己的名称和值。当提交表单时，隐藏域就会将信息用设置时定义的名称和值发送到服务器上。

1）格式

```
<form name = "表单的名称" method = "get | post" action = "URL">
<input type = "hidden" name = "字符串" value = "字符串">
</form>
```

2）属性

隐藏域具有表 6-8 所示属性。

表 6-8

属性	含 义
name	指定隐藏域的名称
value	给出隐藏域的默认值
type = "hidden"	表明是隐藏域控件

3）实例代码

实例 6-8

```
<html>
<head> <title>隐藏域的应用</title> </head>
<body>
<br> <br> <br> <br>
<center>
<form name = "form1" >
<b>下面是您隐藏域的信息：</b>
</center>
<input type = "hidden" name = "yourhiddeninfo" value = "部门 = 财务处" >
</form>
<script>
alert("隐藏域的值是：" + document.form1.yourhiddeninfo.value)
</script>
<body>
</html>
```

实例 6-9

```
<!DOCTYPE html PUBLIC "-//W3C//DTD XHTML 1.0 Transitional//EN" "http://www.w3.org/TR/xhtml1/DTD/xhtml1-transitional.dtd" >
<html xmlns = "http://www.w3.org/1999/xhtml" >
<head>
<meta http-equiv = "Content-Type" content = "text/html; charset = gb2312" />
<title>hide</title>
<style type = "text/css" >
<!--
.style1 {
color: #ffffff;
font-size: 24px;
}
.style2 {font-size: 18px}
-->
</style>
</head>
<body>
<form id = "form1" name = "form1" method = "post" action = "" >
<table width = "500" align = "center" >
```

```
<tr>
<td height="50" align="center" bgcolor="#6699cc"><span class="style1">隐藏域练习</
span></td>
</tr>
<tr>
<td height="50" align="center" bgcolor="#cccccc"><span class="style2">姓名</span>:
<input name="姓名" type="text" id="姓名" size="10" maxlength="10" /></td>
</tr>
<tr>
<td height="50" align="center" bgcolor="#cccccc"><input type="hidden" name="h" value="
大成" />
<input type="submit" name="Submit" value="提　　交" />
<input type="reset" name="Submit2" value="重　　置" /></td>
</tr>
</table>
</form>
<center>
<%
name=request.form("姓名")
h=request.form("h")
if name<>"" and h=name then
file="http://www.ddvip.com/index.html"
response.redirect file
else
response.write"您还没有访问此页面的权限"
end if
%>
</center>
</body>
</html>
```

第六节　使用其他表单控件

除了使用 input 标记创建输入型表单控件外，也可以使用 textarea 标记创建多行文本框，或使用 select 标记创建选项选单，还可以使用 fieldset 标记对表单中的控件进行分组。

1. 在表单中使用多行文本框控件

1）格式

```
<form name="表单的名称" method="get | post" action="URL">
<textarea name="字符串" rows="整数" cols="整数" [readonly]>......</textarea>
</form>
```

注意：在 <textarea> 和 </textarea> 中输入的文本将作为该控件的初始值。

2）属性

多行文本框控件具有表 6-9 所示属性。

表 6-9

属性	含 义
name	指定多行文本框的名称
rows	指定多行文本框的行数
cols	指定多行文本框的宽度（以字符串为单位）
readonly	指定多行文本框不能被用户修改

3）实例代码

实例 6-10

```
<html>
<head><title>多行文本域</title>
<style type="text/css">
body,td,th {
font-size: 11pt;
color: #000000;
line-height: 1.5;
}
body {
margin-top: 50px;
margin-bottom: 0px;
}
</style>
</head>
<body>
<form method="post" name="form1" action="8.asp">
<table align="center" bgcolor="#d6d3ce">
<tr>
<th bgcolor="#0099cc"><font color="ffffff">多行文本域</font></th>
<tr>
<td height="50" align="left"><font color="000000">请您留言:</font></td>
</tr>
<tr>
<td height="50"><textarea name="内容" cols="50" rows="4">赠人玫瑰,手留余香。</textarea></td>
</tr>
<tr align="center">
<td height="50" align="center"><input type="submit" value="提交" name="btnSubmit">
<input type="reset" value="重置" name="btnReset"></td>
</tr>
</table>
```

```
<p> <p> <center> ******************************************** </center>
</form>
<%
dim f1
f1 = request. form("内容")
if f1 < >"" then
a = " <center> <b>您的留言为:"
b = " </b> </center>"
response. write a & f1 & b
else
response. write " <center> <b>您还没有留言。 </b> </center>"
end if
% >
</body>
</html>
```

2. 在表单中使用列表框

使用列表框控件，可以让访问者从列表单中选择选项。

1）格式

```
<form name ="表单的名称" method ="get | post" action ="URL" >
  <select name ="字符串" size ="整数" [multiple] >
     <option [selected] value ="字符串" >选项 1 </option>
      <option [selected] value ="字符串" >选项 1 </option>
      ......
  </select>
</form>
```

2）属性

列表框具有表 6-10 所示属性。

表 6-10

属性	含　义
name	指定选项控件的名称
size	指定在列表中一次可以看到的选项数目
multiple	指定是否允许作多项选择
selectedindex	返回或设置哪个选项被选取
length	返回列表框中的选项个数
style	设置列表框的样式、如高度、宽度、字体等，如" style = width：100px；height = 30px"

option 具有表 6-11 所示属性。

表 6－11

属性	含 义
text	指定选项文本
value	指定选项的值
selected	可选项，加上本项表示该项是预置的，同一个 <select> 标记只能有一个

3）实例代码

实例 6－11

```
<html>
<head> <title>使用列表框</title>
<style type="text/css">
body,td,th {
font-size: 11pt;
color: #000000;
line-height: 1.5;
}
body {
margin-top: 50px;
margin - bottom: 0px;
}
</style>
</head>
<body>
<center> <h3>使用列表框</h3> <hr width="50%">
<select size=2 style="width:100px;" name="select1">
<option value="Bei jing">北京</option>
<option value="Shang hai">上海</option>
<option value="Tian jin">天津</option>
<option value="Chong qing">重庆</option>
</select>
<p>
列表框中的选项个数:<input type="text" name="text1" size=3> </p>
选定项的 value 值为:<input type="text" name="text2" size=10> </p>
选定项的 text 值为:<input type="text" name="text3" size=10> </p> </center>
<Script for="select1" event="onClick" Language="VBScript">
i=select1.selectedindex
text1.value=select1.length
text2.value=select1.options(i).value
text3.value=select1.options(i).text
</Script>
</body>
</html>
```

4）代码注解

（1）本例通过 <select> </select> 标记定义了一个名为 select1 的列表框，并通过 <option> </option> 标记定义各个选项。

（2）在同一页面处理该表单，并显示各项值。

3. 对表单控件分组

为了便于管理，可以将表单中的各控件进行分组。用 <fieldset> 标记必须以 legend 标记开头，以指定控件组的标题，在 legend 标记之后可以跟其他表单控件，也可以嵌套 legend 标记。

1）格式

```
<form name = "表单的名称" method = "get | post" action = "URL" >
<fieldset >
<legend >控件组标题</legend >
组内表单控件
</fieldset >
</form >
```

2）实例代码

实例 6－12

```
<html >
<head > <title >控件组件实例</title > </head >
<body >
<form >
<table align = "center" >
<tr > <td >
<fieldset >
<legend > <b >个人资料</b > </legend >
<table bgcolor = "#d6d3ce" width = "400" align = "center" >
<tr >
<td align = "right" >姓名：</td >
<td > <input type = "text" name = "t1" size = "20" > </td >
</tr >
<tr >
<td align = "right" >性别：</td >
<td > <input type = "radio" name = "r1" checked value = "男" >男     
<input type = "radio" name = "r1" value = "女" >女 </td >
</tr >
<tr > <td align = "right" >出生日期：</td >
<td > <input type = "text" name = "t2" size = "20" > </td >
</tr >
<tr >
<td valign = "top" align = "right" >个人特长：</td >
<td > <textarea rows = "3" name = "s1" colos = "20" > </textarea > </td >
</tr >
```

```
</table>
</fieldset>
</td>
</tr>
<tr>
<td>
<! -- ***************************************** -- >
<fieldset>
<legend> <b>专业与课程</b> </legend>
<table bgcolor="#d6d3ce" width="400" align="center">
<tr>
<td valign="top" align="right">所学专业:</td>
<td> <select size="1" name="d1">
<option selected>计算机及应用</option>
<option>计算机网络技术</option>
<option>计算机软件</option>
</select> </td> </tr>
<tr> <td valign="top" align="right">所学课程:</td>
<td> <select size="3" name="22" multiple>
<option>计算机应用基础</option>
<option>办公软件</option>
<option>数据库应用基础</option>
<option>Visual Basic 程序设计</option>
<option>ASP 动态网页设计</option>
</select> </td>
</tr>
</table>
</fieldset>
<p align="center">
<input type="submit" value="提交" name="b1">  
<input type="reset" value="全部重写" name="b2"> </p>
</td>
</tr>
</table>
</form>
</body>
</html>
```

3) 代码注解

(1) 本实例是一个在表单内套了一个2行1列的表格，第一行和第二行分别嵌入一个表单分组控件。第一个分组控件用于组织提交“个人资料”，第二个分组控件用于组织提交“专业与课程”。

(2) 表单内的2行1列的表格，只是为了设定表单的宽度。

第七节 表单的综合实例

下面通过一个注册表单对表单中常用的控件进行应用。

1. 注册表单页代码（login. htm）

```
<html>
<head><title>注册表</title>
<style type="text/css">
<!--
body,td,th {
font-size: 11pt;
color: #009999;
line-height: 1.5;
}
body {
background-color: #ffffff;
margin-top: 0px;
margin-bottom: 0px;
}
a:link {
color: #0000ff;
text-decoration: none;
}
a:visited {
text-decoration: none;
color: #0000ff;
}
a:hover {
text-decoration: underline;
color: #ff0000;
}
a:active {
text-decoration: none;
}
.style2 {color: #0000ff}
.style4 {color: #ff0000}
-->
</style>
<meta http-equiv="Content-Type" content="text/html; charset=gb2312"></head>
<body background="4.jpg">
<br><br><br><br><br><br>
<form name="form1" method="post" action="show.asp">
<table width="580" border="2" align="center" bgcolor="#b5b5b4">
```

```
<tr bgcolor="#000066" height="40">
<td colspan="2" align="center"><font color="#ffffff"><b>请　　注　　册</b></font>
</td>
</tr>
<tr height="30">
<td align="center">姓名:
<input type="text" name="姓名"></td>
<td align="center">密码:
<input type="password" name="密码"></td>
</tr>
<tr height="30" align="center">
<td>男:
<input type="radio" name="性别" value="男" checked>
女:
<input type="radio" name="性别" value="女"></td>
<td>学历:   <select name="学历" style="width:156px">
<option value="初中">初中
<option value="高中">高中
<option value="中专">中专
<option value="大专">大专
<option value="本科" selected>本科
<option value="研究生">研究生
<option value="博士生">博士生
</select></td>
</tr>
<tr height="30" align="center">
<td colspan="2">
<input type="checkbox" name="爱好" value="读书">读书 
<input type="checkbox" name="爱好" value="郊游">郊游 
<input type="checkbox" name="爱好" value="跳舞">跳舞 
<input type="checkbox" name="爱好" value="唱歌">唱歌 
<input type="checkbox" name="爱好" value="看新闻">看新闻 
<input type="checkbox" name="爱好" value="聚会">聚会 
</td>
</tr>
<tr>
<td colspan="2">
<font color="red"><b>  您最喜欢的格言:</b></font>
<p><textarea name="格言" rows="6" cols="70">    世上要学的、要
懂的、要知道的东西太多了,而人无全才,所以我做人的原则是:永远不去讥笑那些在某一方面比自己弱
的人。</textarea></td>
</tr>
<tr>
<td colspan="2" align="center">
<input type="submit" name="提交" value=" 提 交 "> 
<input type="reset" name="重置" value=" 重 置 ">
```

```
</td>
</tr>
</table>
</form>
</body>
</html>
```

2. 信息显示页面（show. asp）

```
<html>
<head><title>注册表</title>
<style type="text/css">
<!--
body,td,th {
font-size: 11pt;
color: #009999;
line-height: 1.5;
}
body {
margin-top: 0px;
margin-bottom: 0px;
}
a:link {
color: #0000ff;
text-decoration: none;
}
a:visited {
text-decoration: none;
color: #0000ff;
}
a:hover {
text-decoration: underline;
color: #ff0000;
}
a:active {
text-decoration: none;
}
.style2 {color: #0000ff}
.style4 {color: #ff0000}
-->
</style>
<body background="4.jpg">
<br><br><br><br><br><br>
<%
dim name,ps,sex,schoolage,like1,adage
name=request.form("姓名")
```

```
ps = request. form( "密码" )
sex = request. form( "性别" )
if sex = "男" then
sex = "帅哥"
else
sex = "亮妹"
end if
schoolage = request. form( "学历" )
like1 = request. form( "爱好" )
adage = request. form( "格言" )
% >
< center >
< table border = "2" width = "500" >
< tr >
< th colspan = "2" bgcolor = "#009966" > < font color = "#ffffff" >您的资料如下: < /font > < /th >
< /tr >
< tr align = "center" height = "350" valign = "middle" bgcolor = "#ffffff" >
< td aling = "center" >
欢迎 < % = name % > < % = sex % > 的光临! < p >
您的爱好是: < % = like1 % > < p >
您的学历是: < % = schoolage % > < p >
您的密码是: < % = ps % > < p >
< table >
< tr > < th > < font color = "red" >您的格言是: < /font > < p > < /th > < /tr >
< tr >
< td >
< % = adage % >
< /td >
< /tr >
< /table >
< /td >
< /tr >
< /table >
< /center >
< /body >
< /html >
```

|第八节| VBScript 概述

1. VBScript 简介

VBScript 是一种脚本语言，也是 ASP 的默认语言，可以在 HTML 文件中直接嵌入 VBScript 脚本，从而扩展 HTML，使它不仅仅是一种页面格式语言。带有 VBScript 脚本的网页可以对用户的操作作出反应。

2. HTML 页面中添加 VBScript 代码

VBScript 脚本作为 HTML 文档的一部分存在。也就是说，这些代码必须放在 HTML 文档中才能执行。脚本代码可以放在 HTML 文档的任何位置，即 body 或 head 部分之中。通常应将脚本代码集中放在 head 部分中，这样能确保在 body 部分调用代码之前读取并解码所有脚本代码。

在 HTML 页面添加 VBScript 脚本代码时，应以 <script>标记开始，而以</script>标记结束。基本语法格式如下：

```
<script Language="脚本语言名称" [event="事件名称"] [for="对象名称"]>
<! --
脚本代码
-->
</script>
```

script 标记具有以下 3 个属性。

（1）Language：指定脚本代码所使用的脚本语言。对于 Internet Explorer 浏览器来说，该属性的取值可以是“VBScript”或“JScript”，前者可以简写为“VBS”。

（2）event：指定与脚本代码相关联的事件。

（3）for：指定与事件相关联的对象。

在上述语法中，之所以将脚本代码嵌入在注释标记<! --和-->之间，是为了避免不能识别 script 标记的浏览器将代码显示在页面中。

注意：script 标记可以在 HTML 文档的 head 和 boby 部分出现任意次。

大部分脚本代码放在 Sub 或 Functip 过程中，这类代码仅在 HTML 页面加载时执行一次，可以在加载 Web 页面时初始化数据或动态地改变页面的外观。

第九节 VBScript 基本元素

1. VBScript 数据类型

VBScript 只有一种数据类型，即 Variant，称为变体型。Variant 是一种特殊的数据类型，根据使用的方式，它可以包含不同类别的信息。因为 Variant 是 VBScript 中唯一的数据类型，所以它也是 VBScript 中所有函数的返回值的数据类型。

最简单的 Variant 可以包含数字或字符串信息。Variant 用于数字上下文中时作为数字处理，用于字符串上下文中时作为字符串处理。也就是说，如果使用看起来像是数字的数据，则 VBScript 会假定其为数字并以适用于数字的方式处理。与此类似，如果使用的数据只可能是字符串，则 VBScript 将按字符串处理，也可以将数字包含在引号（""）中使其成为字符串。

Variant 包含的值信息类型称为子类型。大多数情况下，可将所需的数据放进 Variant 中，而 Variant 也会按照最适用于其数据的方式进行操作。

Variant 包含的数据子类型见表 6 - 12。

表 6 - 12

子类型	描　述
Boolean	包含 True 或 False
Byte	包含 0 到 255 的整数
Currency	-922 337 203 685 477. 580 8 到 922 337 203 685 477. 580 8
Long	包含 -2 147 483 648 到 2 147 483 648 整数
Single	包含单精度浮点数，负数范围从 -3. 402 823E38 到 -1. 401 298E -45，正数范围从 1. 401 298E -45 到 3. 402 823E38
Double	包含双精度浮点数，负数范围从 -1. 797 693 134 862 32E308 到 -4. 940 656 458 412 47E -324，正数范围从 4. 940 656 458 412 47E -324 到 1. 797 693 134 862 32E308
Date（Time）	包含表示日期的数字，日期范围从公元 100 年 1 月 1 日到公元 9999 年 12 月 31 日
String	包含变长字符串，最大长度可为 20 亿字符
Object	包含对象
Error	包含错误号
Integer	包含 -32 768 到 32 767 的整数

2. VBScript 变量与常量

变量是一种使用方便的占位符，用于引用计算机内存地址，该地址可以存储脚本运行时可更改的程序信息。如可以创建一个名为 ClickCount 的变量来存储用户单击 Web 页面上某个对象的次数。使用变量并不需要了解变量在计算机内存中的地址，只要通过变量名引用变量就可以查看或更改变量的值。在 VBScript 中只有一个基本数据类型，即 Variant，因此所有变量的数据类型都是 Variant。

1）变量的命名规则

变量命名必须遵循 VBScript 的标准命名规则：第一个字符必须是字母，不能包含嵌入的句点（.）；长度不能超过 255 个字符；在被声明的作用域内必须唯一；不能与 VBScript 的关键词相同。

2）声明变量

在 VBScript 中，通常使用 Dim 语句、Public 语句和 Private 语句显式声明变量，并分配存储空间。其语法格式如下：

{Dim|Private|Public} <变量名 1>[,<变量名 2>][,<变量名 3>]...[,<变量名>]

说明：

（1）Public 语句声明的变量可用于全部脚本中的所有过程；

（2）语句 Dim 声明的 Script 级变量可用于脚本中的所有过程，但过程级变量只能用于过程中；

（3）Private 语句声明的变量只能在声明该变量的脚本中使用；

（4）声明多个变量时，使用逗号分隔变量，如 Dim a，b，c，d。

另一种方式是通过直接在脚本中使用变量名这一简单方式隐式声明变量。这通常不是一个好习惯，因为这样有时会由于变量名被拼错而导致在运行脚本时出现意外的结果。因此，最好使用 Option Explicit 语句声明所有的变量，并将其作为脚本的第一条语句。即它必须出现在任何 HTML 标识或其他 VBScript 命令之前，否则该语句将被视为非法语句。

3）变量的作用域与存活期

变量的作用域由声明它的位置决定。如果在过程中声明变量，则只有该过程中的代码可以访问或更改变量值，此时变量具有局部作用域，并被称为过程级变量。如果在过程之外声明变量，则该变量可以被脚本中所有过程识别，称为脚本级变量，具有脚本级的作用域。

变量存在的时间称为存活期。脚本级变量的存活期从被声明的一刻起，直到脚本运行结束。对于过程级变量，其存活期仅是该过程运行的时间，该过程结后，变量随之消失。在执行过程时，局部变量是理想的临时存储空间。在不同过程中，可以使用同名的局部变量，是因为每一个局部变量只被声明它的过程识别。

4）给变量赋值

使用赋值语句可以将某个值赋给某个变量，其格式如下：

变量名 = 值

如：

```
RserName = "影子"
Password = "698726as"
BirthDate = #1975 - 12 - 25"
```

5）标量变量和数组变量

在多数情况下，只需要为声明的变量赋一个变量值。只包含一个值的变量被称为标量变量。在某些情况下，将多个相关值赋给一个变量更为方便，因此可以创建包含一系列值的变量，称为数组变量。数组变量和标量变量的声明是相似的，唯一的区别是声明数组变量时，变量名后面带有括号（）。如 myWeekDay（6），表示声明了一个包含 7 个元素的一维数组。

数组并不仅限于一维。数组的维数最大可以为 60，声明多维数组时，使用逗号分隔括号中每个表示数组大小的数字。如 Dim MyTable（5，9），表示声明了一个 6 行 10 列的二维数组。

6）动态数组

还可声明动态数组，即在运行脚本时大小发生变化的数组。对动态数组的最初声明使用 Dim 语句或 ReDim 语句。若要使用动态数组，括号中不能包含数字，必须随后使用 ReDim 确定维数和每一维的大小。如下面的 Dim 语句将动态数组的初始大小设为 25，而后的 ReDim 语句将数组的大小重新调整为 30，同时使用 Preserve 关键字在重新调整大小时保留数组的内容。

```
Dim myArray(25)
……
ReDim AnotherArray(30)
```

7）简单的应用实例

```
<html>
<head><title>数组的应用</title>
<script language="VBScript" for="button1" Event="onClick">
Dim myWeekDay(6)
Dim myWeek
myweekDay(0)="星期日"
myweekDay(1)="星期一"
myweekDay(2)="星期二"
myweekDay(3)="星期三"
myweekDay(4)="星期四"
myweekDay(5)="星期五"
myweekDay(6)="星期六"
myWeek=WeekDay(Date)-1
Select Case true
Case myWeek=1
Msgbox "今天是" & myweekDay(1) & ",一周的开始,努力工作哟。"
Case myWeek=2
Msgbox "今天是" & myweekDay(2) & ",还要努力工作哟。"
Case myWeek=3
Msgbox "今天是" & myweekDay(3) & ",继续努力工作哟。"
Case myWeek=4
Msgbox "今天是" & myweekDay(4) & ",还有两天就到周末了,坚持。"
Case myWeek=5
Msgbox "今天是" & myweekDay(5) & ",哈哈,明天是周末。"
Case myWeek=6
Msgbox "今天是" & myweekDay(6) & ",今天可以疯狂的玩了。"
Case myWeek=0
Msgbox "今天是" & myweekDay(0) & ",好好休息,明天又是新的一周开始。"
End select
</script>
</head>
<body>
<form name=form1>
<input type="button" name="button1" value="请查看今天是周几">
</form>
</body>
</html>
```

3. VBScript 运算符

VBScript 运算符包括算术运算符、连接运算符、比较运算符和逻辑运算符几种类型。当表达式包含多个运算符时，将按预定顺序计算每一部分，该顺序称为运算符优先级。运算时按照先括号内后括号外的顺序执行，在括号中仍要遵循标准运算符优先级，优先级相同时按照从左到右的顺序计算。

1）算术运算符（表6－13）

表6－13

运算符	名称	表达式例子	运算符	名称	表达式例子
^	乘方	a^b	*	乘法	a * b
/	浮点除法	a/b		整数除法	a
+	加法	a + b	-	减法	a - b
Mod	求余的模运算	a Mod b	-	取负	- a

2）比较运算符（表6－14）

表6－14

运算符	描述	True 如果	False 如果	Null 如果
<	小于	表达式1 < 表达式2	表达式1 > = 表达式2	表达式1 or 表达式2 = Null
< =	小于或等于	表达式1 < = 表达式2	表达式1 > 表达式2	表达式1 or 表达式2 = Null
>	大于	表达式1 > 表达式2	表达式1 < = 表达2	表达式1 or 表达式2 = Null
> =	大于或等于	表达式1 > = 表达式1	表达式1 < = 表达式2	表达式1 or 表达式2 = Null
=	等于	表达式1 = 表达式2	表达式1 < > 表达式2	表达式1 or 表达式2 = Null
< >	不等于	表达式1 < > 表达式2	表达式1 = 表达式2	表达式1 or 表达式2 = Null
Is	用于对象			表达式1 or 表达式2 = Null

3）逻辑运算符（表6－15）

表6－15

运算符	名称	例子	说明
and	与	（4 >5） and （3 <4）	值为 False，两个表达式的值均为真，结果才为真
or	或	（4 >5） or （3 <4）	值为 True，两个表达式中只要一个值为真，结果就为真，只有两个表达式的值均为假，结果才为假
not	非	not （1 >0）	值为 False，由真变假或由假变真，进行取“反”操作
xor	逻辑异或	（10 >8） xor （8 >6）	值为 True，两个表达式的值同为真或假，整个表达式为真，否则为假

4）连接运算符（表6－16）

表6－16

连接运算符	&	字符串连接	对两个表达式进行字符串连接

5）运算符的优先级（表 6－17）

表 6－17

优先顺序	运算符类型	运算符
1	算术运算符	^（指数运算）
2		－（负数运算）
3		*、/（乘法和除法）
4		（整数除法）
5		Mod（求余运算）
6		＋、－（加法和减法）
7	连接运算符	&（字符串连接）
8	比较运算符	=、< >、<、>、< =、> =、Is
9	逻辑运算符	not
10		and
11		or
12		xor

| 第十节 |　VBScript 的输入与输出语句

1. MsgBox 函数

信息框函数（MsgBox）是常用的输出信息的函数。它在对话框中显示信息，等待用户单击按钮，并返回一个整数以标明用户单击了哪一个按钮。其语法格式如下：

变量 = MsgBox(信息内容)[, < 对话框类型 > [, < 对话框标题 >]])

说明： 信息内容指定在对话框中出现的文本，在信息内容中使用硬回车符（CHR13）可以使文本换行。对话框的宽度和高度随着内容的增加而增加，最多可以有 1 024 个字符。

对话框类型指定对话框中出现的按钮和图标，一般有三个参数，即出现按钮、图标类型、默认按钮，其取值和含义分别如表 6－18 至表 6－20 所示。

表 6－18

值	常量	说明
0	vbOKOnly	确定按钮
1	vbOKCancel	确定和取消按钮
2	vbAbortRetryIgnore	终止、重试和忽略按钮
3	vbYesNoCancel	是、否和取消按钮
4	vbYesNo	是和否按钮
5	vbRetryCancel	重试和取消按钮

表 6－19

值	常量	说明
16	vbCritical	停止图标
32	vbQuestion	问号（?）图标
48	vbExclamation	感叹号（!）图标
64	vbInformation	信息图标

表 6－20

值	常量	说明
0	vbDefaultButton1	指定默认按钮为第一按钮
256	vbDefaultButton2	指定默认按钮为第二按钮
512	vbDefaultButton3	指定默认按钮为第三按钮

说明：以上三种参数值可以相加以达到所需要的样式。

2．Msgbox 的返回值

Msgbox 的返回值指明在对话框中选择哪一个按钮，见表 6－21。

表 6－21

返回值	常量	按钮
1	vbOK	确定按钮
2	vbCancel	取消按钮
3	vbAbort	终止按钮
4	vbRetry	重试按钮
5	vbIgnore	忽略按钮
6	vbYes	是
7	vbNo	否

3．简单实例

```
<html>
<head>
<title>Msgbox()函数的应用</title>
</head>
<body>
<script for="button1" event="onClick" language="VBScript">
a=Msgbox("明天去春游吗?",vbYesNo,"校长问大家")
if a =6 then
Msgbox "我很乐意与大家一起去春游。",Yes,"OK"
else
```

```
Msgbox "我明天工作忙,不能去,祝大家玩的开心。",Yes,"NO"
end if
</script>
<input type="button" name="button1" value="单击看校长提出什么问题">
</html>
```

4. 输入框函数

输入框函数（InputBox）显示一个能接受用户输入的对话框，并返回用户在对话框中输入的信息。其语法格式如下：

变量 = InputBox（ <信息内容>[，<对话框标题>][，<默认内容>]）

注解：信息内容指定在对话框中出现的文本。在信息内容中使用硬回车符（CHR（13））可以使文本换行。对话框的高度和宽度随着信息内容的增加而增加，最多可以有 1 024 个字符。对话框标题指对话框的标题。默认内容可以指定输入框的文本框中显示的默认文本。如果用户单击“确定”按钮，文本框中的文本（字符串）将返回到变量中，若用户“取消”按钮，返回的将是一个零长度的字符串。

如果省略了某些可选项，必须加入相应的逗号分隔符。

简单实例：

```
<html>
<head>
<title>InputBox()函数的应用</title>
</head>
<body>
<script language="VBScript" for="button" event="onClick">
myInput=Inputbox("请许下您的心愿","许愿","祝我全家平安!")
Msgbox myInput,vbYes,"这是我的心愿"
</script>
<div align="center"><input type="button" name="button" value="这是我的心愿"></div>
</html>
```

第十一节 单条件选择结构

单条件选择结构是最常用的双分支选择结构，其特点是所给定条件（条件表达式）的值如果为真则执行 x1 块，否则就执行 x2 块。

1. 行 If 语句

其语法格式如下：

if <条件>then[<语句 1>][Else <语句 2>]

简单实例：

```
<html>
```

```
<head>
<title>Msgbox()函数的应用</title>
</head>
<body>
<script language="VBScript" for="button1" event="onClick">
dim myWeek,a
myWeek=WeekDay(Now)-1
if myWeek=0 then a="要好好休息哟。" else a="努力工作呀!"
msgbox "今天是星期" & myWeek & "," & a
</script>
<center><input type="button" name="button1" value="请查看今天是星期几"></center>
</html>
```

说明：当程序运行到 If 语句时，首先测试变量 myWeek 是否为零，如果为零，则执行 Then 后的语句（a="要好好休息哟。"），否则执行 Else 后的子句（a="要努力工作呀!"）。在执行完 Then 或 Else 之后的语句后，会从 End If 之后的语句继续执行。Else 子句是可选的。可以在<语句1>或<语句2>中使用冒号（:）将多个命令组合成一条语句。

2. 块 If 语句

虽然行 If 语句使用方便，可以满足许多选择结构程序设计的需要，但是当 Then 部分和 Else 部分包含较多内容时，在一行中就难以容纳所有命令。因此，VBScript 提供了块 If 语句，将一个选择结构用多个语句行来实现。块 If 语句又称多行 If 语句，其语法结构如下：

```
if<条件>Then
[语句列1]
[Else
[语句列2]]
End if
```

简单实例：

```
<html>
<head>
<title>块 If 语句的应用</title>
</head>
<body>
<script language="VBScript" for="button1" event="onClick">
dim a,b
a=Text1.value
if Not IsNumeric(a) then
Msgbox "您输入的不是数值数据"
Else
b="您输入的数据是:" & a &",它的平方根是:" & sqr(a)
Msgbox b,"求一个数的平方根"
End if
</script>
<center>请输入数值数据:<input type="text" name="text1" size="10">
```

```
<input type="button" name="button1" value="求一个数的平方根"></center>
</html>
```

3. If 语句的嵌套

If 语句可以嵌套使用，即在 If 语句的操作块（语句列 1 或语句列 2）中使用 If 语句。

简单实例：铁路托运行李，从甲地到乙地，规定每张客票托运费的计算方法是行李重量不超过 50 千克时，每千克 0.5 元，超过 50 千克而不超过 100 千克时，其超过部分每千克 1.5 元，超过 100 千克时，其超过部分每千克 2 元。请计算并输出托运的费用。

分析：设行李重量为 W 千克，应付运费为 X 元，则运费公式为：

当 $W <= 50$ 时，则 $X = 0.5 * W$

当 $50 < W <= 100$ 时，则 $X = 0.5 * 50 + 1.5 * (W - 50)$

当 $W > 100$ 时，则 $X = 0.5 * 50 + 1.5 * 50 + 2 * (W - 100)$

实现代码如下：

```
<html>
<head><title>托运费计算</title></head>
<body>
请输入行李重量:<input name="text2" type="text" size="10"> kg  
<input type="button" name="button3" value="计算运费">
<script language="VBScript" for="button3" event="onClick">
w = text2.value
if not isNumeric(w) then
Msgbox "您输入的不是数值数据"
else
if w <= 50 then
x = 0.5 * w
else
if w <= 100 then
x = 0.5 * 50 + 1.5 * (w - 50)
else
x = 0.5 * 50 + 1.5 * 50 + 2 * (w - 100)
end if
end if
Msgbox "行李的托运费是:" & x & "元",,"计算行李费"
end if
</script>
</body>
</html>
```

| 第十二节 |　多分支条件选择结构

多分支条件选择结构的特点是从多个选择结构中，选择第一个条件为真的路线作为执行的线路，即所给定的选择条件为真时，就执行 A1 块；如果为假则继续检查下一个条件，如果条件都为假，就执行其他操作块，如果没有其他操作块，则不作任何操作就结束选择。其语法结构如下：

```
Select Case <测试条件>
[Case <表达式 1>
[<语句列 1>]]
[Case <表达式 2>
[<语句列 1>]]
...
[Case Else
[<其他语句列>]]
End Select
```

简单实例 1：

```
<html>
<head>
<title>If...then 语句的使用</title>
<Script Language = "VBScript">
<! --
Sub bchange(choice)
Select Case choice
case 1
document.bgcolor = "#9ad3af"
case 2
document.bgcolor = "#f3fac5"
case 3
document.bgcolor = "#cdc8f7"
case 4
document.bgcolor = "#f8c7da"
case 5
document.fgcolor = "#69011c"
case 6
document.fgcolor = "#264436"
case 7
document.fgcolor = "#d76817"
case 8
document.fgcolor = "#544976"
End Select
End Sub
-- >
</Script>
</head>
<body>
<center>
<h2>背景和文字颜色的选择</h2>
<p><table border=2>
```

```
<tr> <th>背景颜色<th>选择<th>文字颜色<th>选择</tr>
<tr> <td>淡绿<td> <input type=radio onClick="bchange(1)"> <td>深红<td> <input type=radio onClick="bchange(5)"> </tr>
<tr> <td>淡黄<td> <input type=radio onClick="bchange(2)"> <td>深绿<td> <input type=radio onClick="bchange(6)"> </tr>
<tr> <td>淡紫<td> <input type=radio onClick="bchange(3)"> <td>桔黄<td> <input type=radio onClick="bchange(7)"> </tr>
<tr> <td>淡粉<td> <input type=radio onClick="bchange(4)"> <td>深蓝<td> <input type=radio onClick="bchange(8)"> </tr>
</table>
</center>
</body>
</html>
```

简单实例 2：

```
<html>
<head>
<title>asp 简单程序</title>
</head>
<body>
<%
dim aa,bb,cc,dd,ee,ff,my_time
my_time=time()
aa=#00:00:00#
bb=#07:00:00#
cc=#12:00:00#
dd=#14:00:00#
ee=#20:00:00#
ff=#23:59:59#
x=time()
select case true
case x>=aa and x<bb
response.write("早上好,欢迎您的光临!")
case x>bb and x<cc
response.write("上午好,欢迎您的光临!")
case x>cc and x<dd
response.write("中午好,欢迎您的光临!")
case x>dd and x<ee
response.write("下午好,欢迎您的光临!")
case x>ee and x<ff
response.write("晚上好,欢迎您的光临!")
end select
%>
</body>
</html>
```

第十三节 ASP 概述

ASP 是一个服务器端脚本编写环境，用于创建动态的交互式 Web 服务器应用程序。在 ASP 动态网页中，不仅可以包含服务器端脚本代码，也可以使用 ASP 内建对象和服务器组件，此外还可以包含服务器端文件。

1. 在 ASP 页面中添加服务器端脚本

服务器端脚本是一系列指令，用于向 Web 服务器发出命令。若要在 ASP 页面中插入服务端脚本，首先需要设置所使用的脚本语言，有以下 3 种设置方式。

1）使用@ Language 指令

@ Language 指令设置用于解释脚本命令的语言，语法格式如下：

<%@ Language = 脚本语言% >

注意：@ Language 指令必须放在文档的第一行，在“@”符号与关键字“Language”之间要有一个空格。

2）使用 <Script>标记相关属性

若要在文档中包含服务器端脚本，也可以使用 Script 标记的 Language 属性来设置所有的脚本语言，并使用 Runat 属性指明脚本是在服务器端运行的。如：

```
<Script Language = "VBScript"  runat = "server" >
……
</Script>
```

3）使用 Internet 信息服务管理单元

可以使用 Internet 信息服务管理单元来为安装在 Web 服务器端上的所有 ASP 动态网页设置默认的脚本语言。以 XP 系统为例，选择“开始/程序/管理/Internet 服务器”命令。

在 Internet 信息服务管理单元窗口中，选择默认站点。单击鼠标右键，选择“属性”命令，以打开属性表。在“主目录”选项卡中，单击“配置”按钮，单击“选项”选项卡，在“默认 ASP 语言”框中输入要使用的主要脚本语言。

简单实例（显示字体的 7 种大小）：

```
<%@  Language = VBScript % >
<html>
<head>
<title>如何设置所使用的脚本语言</title>
</head>
<body>
<% for i =3 to 7 % >
<Font color = "red"  size = <% = i % > >
欢迎来闪客启航学习！ <br>
</font>
```

```
<% next %>
</body>
</html>
```

2. ASP 的包含文件

如果要在一个页面中重复调用一段子程序或在多个页面中调用一段子程序，可以将这一段子程序单独放在一个文件中，称其为被包含文件，然后在每个要调用这段子程序的 ASP 页中将“被包含文件”包含进来。其格式如下：

```
<! --#include Virtual | file = "文件名" -- >
```

说明：“文件名”是被包含的文件名。“Virtual”表示被包含文件的路径开始于虚拟目录。如果一个被命名为 aa. inc 的文件属于一个名为/bb 的虚拟目录，则把 aa. inc 的内容插入到包含该命令的文件中的代码为 <! --#include virtual = "/bb/aa. inc" -- >。file 表示使用相对路径，相对路径开始于含有当前文件的目录。如当前文件位于 bb 中，而被包含文件 aa. inc 在 bbcc 目录中，则把 aa. inc 插入到包含该命令行的文件中的代码为 <! --#include file = "cc/aa. inc" -- >。如果被包含文件存在于父文件所在的文件夹或其子文件夹中，可以使用 file 参数指定相对路径，也可以使用 Virtual 参数指定虚拟路径；如果被包含文件存在于父文件夹所在文件夹的上层文件夹中，则只能使用 Virtual 参数指定虚拟路径。

简单实例：通过使用 myFont. inc 包含文件定义一个设置字的风格的过程。此被包含文件放在调用此被包含文件的同一目录下。

被包含文件（myFont. inc）：

```
<! --定义 Print 过程 -- >
<% Sub Print(msg,fontname,fontsize,color)% >
<p > <font face = <% =fontname % > size = <% =fontsize % > color = <% =color % > > <% =
msg % > </Font > </p >
<% end Sub % >
```

调用被包含文件的文件：

```
<% @ Language = "VBScript" % >
<html >
<head >
<title >#include 命令的应用示例 </title >
<! -- #include file = "myFont. inc" -- >
</head >
<body >
<%
'调用被包含文件中定义的 Print 过程,以显示两行字符串
Print "春眠不觉晓,处处闻啼鸟。","华文彩云","5","green"
Print "夜来风雨声,花落知多少。","楷体_GB2312","6","red"
% >
</body >
</html >
```

第十四节 Response 对象概述

使用 Response 对象可以将输出信息发送到客户端，包括直接发送信息给浏览器、重定向浏览器到另一个 URL 地址或设置 Cookie 的值等功能。

Response 提供了集合、属性和方法来进行参数的传递。Response 对象唯一一个集合 Cookies 的属性列表见表 6－21，Response 对象的属性见表 6－22，Response 对象的方法见表6－23。

表 6－21

集合	描 述
Domain	指定只有某个 Domain（网域）可以取该 Cookies，只写属性
Expires	Cookies 的过期日期，为了在会话结束后将 Cookies 存储在客户端磁盘上，必须设置该日期。若此项属性的设置没有超过当前日期，则在任务结束后 Cookies 将到期，只写属性
Path	指定只有特定路径可以存取该 Cookies，默认为应用程序的路径属性
Secure	用于设定 Cookies 是否在一个安全的渠道传递。当一个安全渠道没有在 HTTP 首页被发现，Cookies 信息将不被发送
HasKeys	指定 Cookies 是否包含关键字 Key，只读属性

表 6－22

属性	描 述
Buffer	表明页输出是否被缓冲
CacheControl	决定代理服务器是否能缓存 ASP 生成的输出
Charset	将字符集的名称添加到内容类型标题中
ContentType	指定响应的 HTTP 内容类型
Expires	指定在浏览器缓存页面超时前缓存的时间
ExpiresAbsolute	指定浏览器上缓存页在超时的日期和时间
IsClientConnected	表明客户端是否与服务器断开
Pics	将 Pics 标记的值添加到响应的标题的 Pics 标记字段中
Status	服务器返回的状态行的值

表 6－23

方 法	描 述
AddHeader	从名称到值设置 HTML 标题
AppendToLog	在请求的 Web 服务器日志条目后添加字符串
BinrayWrite	将信息写入到当前 HTTP 输出中，并且不进行任何字符集转换

（续）

方法	描述
Clear	清除任何缓冲的 HTML 输出
End	停止处理 ASP 文件并返回当前的结果
Flush	立即发送缓冲的输出
Redirect	将重指示的信息发送到浏览器，尝试链接另一个 URL
Write	将变量作为字符串写入当前的 HTTP 输出

| 第十五节 | Response 对象的 Cookies 集合

Cookies 集合是 Response 对象和 Request 对象共有的一项经常用到的集合。用户通过 HTTP 标头访问一个主页时，每次都要重新开始。因此，如果要判断某个用户是否曾经进入本网站，就可以使用 Cookies。当用户第一次访问此网站时，可以利用 Response 对象的 Cookies 集合将数据存储到客户端计算机，当用户再一次访问此网站时，则可以利用 Request 对象的 Cookies 集合获取相关信息。

Cookies 存放在浏览器端的本机磁盘上，而不是存放在服务器端。通常，Cookies 包含用户的有关信息（如身份识别号码、密码、用户在 Web 站点上购物的方式或用户访问该站点的次数等）。无论用户何时连接到服务器，Web 站点都可以访问其 Cookies 信息。

注解：什么是 HTTP 标头？当客户端浏览器向服务器发送页面请求时，除了将所请求页面的 URL 地址传送给服务器之外，也将浏览器的类型、版本等信息一起传送到服务器，这些信息统称为请求标头；当服务器响应客户端浏览器的请求时，除了所请求的文件传递给客户端之外，也将该文件的大小、日期等信息一起传送给客户端，这些信息称为响应标头，请求标头和响应标头统称为 HTTP 标头。

利用 Response 对象的 Cookies 集合将数据存储到客户端的计算机上的语法格式如下：

```
Response. Cookies(Cookies 名)[(Key)]|. 属性] = 值
```

注解：Key 为可选参数，如指定 Key，则 Cookies 为一个字典，该参数值将被设置为“值”，并可以在以后的接收中使用。“索引值”用于检索多个变量值中的某一个；属性是指 Cookies 的属性。Cookies 默认的生命周期起始于它被写入浏览器端的那一刻，结束于浏览器结束执行时。如果要设置 Cookies 的存在期限，可以使用 Response. Cookies （name）. Expries 属性。当存在期限已满时，Cookies 将自动从浏览器的本机磁盘上删除。向客户端写入 Cookies 值时应注意，由于 Cookies 是作为 HTTP 传输的一部分发送给客户端的，所以设置 Cookies 的代码必须放在标记的前面。

下面是一段判断用户登录时，其用户名和密码是否输入正确的简单程序。

在用户登录页面中创建了一个名为 UserName 的 Cookies，通过 UserName 和 password 这两个 Key 值来保存用户名和用户密码。其代码如下（文件名：4－2a1. asp）：

```
<%
Response. Cookies("User")("UserName") = "含笑" '创建一个名为"User"的 Cookies 中"UserName"
的值。
Response. Cookies("User")("password") = "111111" '创建一个名为"User"的 Cookies 中"password"
的值。
Response. Cookies("UserName"). Expires = date() + 1
Response. Cookies("password"). Expires = date() + 1
%>
<html>
<head> <title>用户个人资料</title> </head>
<body>
<center>
<form name = "Form1" method = "get" action = "4 - 2a. asp" >
<p>用户姓名:<input name = "UserName1" type = "text" >
<p>密码:<input name = "password1" type = "password" >  
<input type = "submit" name = "btnSubmit" value = "提交" >  
<input type = "reset" name = "reset" value = "重写" >
</center>
</form>
</body>
</head>
```

通过 Request 对象的 Cookies 集合读取 Cookies 中的值，将通过表单传递过来的用户名和密码与其进行比较，如果都一样，则提示“您已登录成功。”，否则返回登录页面。其代码如下（文件名：4 -2a2. asp）：

```
<% @ Language = "VBScript" %>
<% Response. Buffer = true %>
<html>
<head>
<title>读写 Cookies 示例</title>
</head>
<body>
<center>
<%
dim UserName,password,a,b
UserName = Request. Querystring("UserName1") '将名为"UserName1"控件的值赋给变量 UserName。
password = Request. Querystring("password1") '将名为"password1"控件的值赋给变量 password。
a = Request. Cookies("User")("UserName") '读取 Cookies 中 UserName 的值,并将其赋给变量 a。
b = Request. Cookies("User")("password") '读取 Cookies 中 password 的值,并将其赋给变量 b。
%>
<font size = '7' color = 'red' face = '华文彩云'>
<%
if UserName = a and password = b then '如果在 UserName 控件中输入的值等于 Cookies 中 UserName 的
值,而且在 password 控件中输入的值等于 Cookies 中 password 的值,则提示"您已登录成功!"。
response. write "您已登录成功!"
```

```
else
response. Redirect "4 - 2a1. asp" '否则,返回到用户信息输入页面。
end if
% >
</font >
<hr size = "2"  width = "70%"  color = "#cc9999" >
<%
Response. Cookies( "User" ). Expires = date( ) + 100 '设置 Cookies 的有效期是 100 天。
% >
<a href = "4 - 2a1. asp" >返回上一页 </a> *** || *** <a href = "4 - 2a2. asp" >返回教材 </a>
</center >
</body >
</html >
```

注意：执行上述 ASP 程序后，可以在客户端磁盘上找到写入的 Cookies 文件。Cookies 文件的存储位置与所使用的操作系统有关：如果使用的是 Windows 98，可以在 WindowsCookies 文件夹中找到该文件；如果使用的是 Windows2000/XP 系统，Cookies 文件存放在 C：Documents and Settings 中该用户目录上的 Cookies 子目录中。

| 第十六节 |　Response 对象的常用方法

1. Write 方法

Response 对象的 Write 方法可以向发往客户端浏览器的 HTML 文件中直接输出信息。也就是说，Response 对象的 Write 方法将信息从 Web 服务器输出到浏览器。其语法格式如下：

```
Response. Write Variant
```

注解：Variant 参数值可以包含任何有效的 HTML 标记，但不能包括字符组合“% >”，如果要在浏览器显示的信息中包含符号“% >”，则必须写为:% >，以免被视为 ASP 代码的结束标记。使用 VBScript 编写脚本时，由于 VBScript 的静态字符串常量的长度不能大于1 022 个字符，所以若要使用 Write 方法来输出长度超过 1 022 个字符的内容，则不能使用字符串常量作为参数，而应当使用其他形式（如变量）来引用该内容。在编写时，Response. Write 可以用“ = ”来替代。如 <% Response. Write Y % > 也可以写成 <% = Y % >。Response. Write 方法与 VBScript 中的 Document. Write 方法功能相似，其区别在于：Response 对象是 ASP 内置对象，其 Write 方法的功能是从 Web 服务器向客户端浏览器输出数据；Document 是浏览器对象，其 Write 方法的功能是直接向浏览器输出数据。

下面例子使用 Response. Write 方法向客户端浏览器输出一个完整的 HTML 文件。代码如下：

```
<% @ Language = "VBScript" % >
<%
Response. Write " <html > "
```

```
Response. Writc " <head> "
Response. Write " <title> Response 对象 Write 方法的应用实例 </title> "
Response. Write " </head> "
Response. Write " <body> "
Response. Write " <center> "
Response. Write " <font color = 'red' size = '6' face = ' 华文彩云 ' > ** 留意您的宝石 ** </font> "
Response. Write " </center> "
Response. Write " <hr size = '2' color = 'green' width = 70% > "
Response. Write " <font color = '#cc9999' size = '5' > "
Response. Write"     上帝是公平的,无论对谁,都赐予一个盛着宝物的锦囊,那里面装有时间、健康、梦幻、激情、才干等足以让我们开创美好生活的宝石,有的人感激于上帝的馈赠,用这些宝石来换取更多的宝石,而有的人却很轻易地扔掉了这些宝石;最终弄得两手空空,只留下一串羡慕、追悔、抱怨…… <br> "
Response. Write" 别随手扔掉你的宝石。从现在开始,弯下腰来,攥紧拳头,播撒汗水,去寻觅、去思索、去创造,用上帝赐予你的锦囊去获取生命中更多的瑰宝!"
Response. Write " </font> "
Response. Write " </body> "
Response. Write " </html> "
% >
```

2. 重定向网址

Response 对象的 Redirect 方法可以使浏览器从当前网页转向其他网页。其语法格式如下:

Response. Redirect 路径

注解:“路径”是指新网页的网址;由于 Response. Redirect 的作用是告诉浏览器打开新网页,所以 Response. Redirect 必须放在没有数据输出到浏览器之前,换句话说,Response. Redirect 就放在程序的 <html> 标记前面,若要在 <html> 标记后调用它,则必须将 Response. Buffer 属性设为 True。

下面例子通过系统时钟判断当前时间是否大于或等于凌晨 5 点,而且小于或等于晚上 19 点,若是则重定向到 4 - 2c1. htm 页面,否则重定向到 4 - 2c2. htm 页面。代码如下:

```
< % @ Language = VBScript % >
< % Response. Buffer = True % >
<html>
<body>
< %
myTime = time( )
if myTime > = #5:00:00# and mytime < = #19:00:00# then
PageName = "4 - 2c1. htm"
else
PageName = "4 - 2c2. htm"
end if
Response. Redirect PageName
% >
</body>
```

```
</html>
```

4 -2c1. htm 页面代码如下：

```
<html>
<head> <title>现在是开放网站时间</title> </head>
<body>
<font color="red" size="7" face="华文彩云" align="center"> <b>欢迎光临本网站！ </b>
</font>
</body>
</html>
```

4 -2c2. htm 页面代码如下：

```
<html>
<head> <title>现在是关闭网站时间</title> </head>
<body>
<font color="green" size="7" face="华文彩云" align="center"> <b>本网站每天的 19 点到凌晨 5 点是休站时间。谢谢合作！ </b> </font>
</body>
</html>
```

3. Response 的 End 方法

Responser 对象用 End 方法可以结束 ASP 程序的运行。其语法格式如下：

```
Response. End
```

下面的例子设置网页的有效时间段，若超过了该时间段，则显示相应的信息，并结束程序的执行，而不显示网页的内容。其代码如下（文件名：4 -2d. asp）：

```
<%@ Language=VBScript %>
<% Response. Buffer=True %>
<%
myTime=time( )
if myTime<=#5:00:00# or mytime>=#19:00:00# then
Response. Write "<font color='green' size='7' face='华文彩云' align='center'>现在时间为"
Response. Write myTime
Response. Write "<p>网页开放时间为凌晨 5 点到晚上 7 点。目前暂不开放！ </p>"
Response. End
end if
%>
<html>
<body>
<center> <p>现在时间为<%=myTime %> </p>
<font size="7" face="华文彩云" color="red">欢迎光临！ </font> <p>
<a href="4-2-3. asp">返回教材</a>
</center>
</body>
</html>
```

4. Response 的 Clear 方法

Clear 方法用于清除缓冲区中的所有 HTML 输出，可以用来防止显示第二个页面时，第一个页面也显示出来。它把第一个页面从 Buffer 中清空了。但 Clear 方法只清除响应正文而不清除响应标题。可以用该方法处理错误情况。但如果将 Response. Buffer 设置为 True，则该方法将导致运行时出现错误。其语法格式如下：

```
Response. Clear
```

下面的例子将 Buffer 设为 True，但没有调用 Response 的 Clear 方法。代码如下（文件名：4 -2e. asp）：

```
<% Response. Buffer = true % >
<html>
<head> <title>Response 输出时使用缓冲页示例</title> </head>
<body>
<p align = "center" >Response 输出时使用缓冲页
<br> <br> </p>
<%
startTime = Timer
for i = 1 to 20000
Response. Write "使用缓冲"
Next
EndTime = timer
interval = EndTime-startTime
'Response. Clear
Response. Write " <center> <p> <font size = '7' face = '华文彩云' color = 'green' >本页面将 Buffer
设置为 True. </font> <p>"
Response. Write " <b>花费时间为" & Interval & "秒。 </b> </center>"
% >
<center> <a href = "4 -2 -3. asp" >返回教材 </a> </center>
</body>
</html>
```

5. Response 的 Flush 方法

Flush 方法可以立即发送缓冲区中的输出。如果没有将 Response. Buffer 设置为 True，该方法将导致运行时出现错误。其语法格式如下：

```
Response. Flush
```

下面例子调用 Response. Flush 方法，立即将缓冲区的输出发送给浏览器。代码如下：

```
<% Response. Buffer = true % >
<html>
<head> <title>Response 输出时使用缓冲页示例</title> </head>
<body>
<div align = "center" >
Response 输出时使用缓冲页
```

```
<br> <br> </p>
<%
startTime = Timer
for i =1 to 2000
Response. Write "使用缓冲"
Response. Flush
Next
EndTime = timer
interval = EndTime-startTime
Response. Write " <center> <p> <font size = '7' face = ' 华文彩云 ' color = 'green' > 本页面调用了
Response. Flush 方法。结果缓冲不作用,信息输出时间比使用缓冲页要长。 </font> <p> "
Response. Write " <b> 花费时间为" & Interval & "秒。 </b> </center> "
% >
</div>
<p>
<center> <a href = "4 -2 -3. asp" > 返回教材 </a> </center>
</body>
</html>
```

| 第十七节 |　Response 对象的常用属性

1. Buffer 属性

Response 对象的 Buffer 属性是用来确定是否输出缓冲页，也就是控制何时将输出信息送至请求浏览器。Buffer 的取值可以是“True”或“False”，若取 True 表示使用缓冲页，若 Web 服务器输出使用缓冲页，则只有当前页的所有服务器脚本处理完毕或是调用了 Flush 或 End 方法，才将数据传送至客户端；若取 False 表示不使用缓冲页，数据在当前页的所有服务器脚本处理的同时传送至客户端。其语法格式如下：

```
Response. Buffer = True | False
```

注解：在 ASP 页面中，设置 Buffer 属性的语句应放在 <% @ Language % >命令后面的第一行。如果当前 ASP 脚本缓冲设为 True 但未调用 Flush 方法，则服务器将使客户端的请求保持活动，不必为每一个客户端创建新的连接，从而可节省时间。如果在 HTML 或脚本输出之后更改 Buffer 属性值，则会出现错误。

2. Expires 属性

Response 对象的 Expires 属性用来确定在浏览器上缓冲存储页面距离过期还有多少时间（以分为单位）。如果用户在某个页面过期前返回该页面，就会显示缓冲区中的页面，否则将从服务器重新读取该页面。其语法格式如下：

```
Response. Expires [ = number]
```

注解：将此属性设置为 0 可以使缓存的页面立即过期。如果此属性在一页上设置了多次，则使用最短的时间。此属性较为实用，如当客户通过 ASP 的登录页面进入 Web 站点后，应该利用该属性使登录页面立即过期（设置 Response. Expires =0），以确保安全。

下面的两个页面（4 -2f. asp 和 4 -2f1. asp）都调用了 Expires 属性，在 4 -2f. asp 页面中将 Expires 的值设为 1。这表明在浏览器上缓冲存储的页面可保持 1 分钟，当在地址栏内输入此页面的 URL 地址并按回车键（不要按 F5 键或单击“刷新“按钮），则会看到显示的时间保持不变，1 分钟后缓冲存储的页面到期，所显示的时间开始变化。在 4 -2f1. asp 页面中将 Expires 的值设为 0，每当在地址栏中输入文件的 URL 地址时，都会看到显示的时间在发生变化。

4 -2f. asp 页面代码如下：

```
<% @ Language = "VBScript" % >
<% Response. Buffer = true % >
<% Response. Expires = 1 % >'将 Expires 的属性设置为 1。
<html >
<head > <title >使用了 Expires 属性,显示时间 </title > </head >
<body >
<center >
<font face = "华文彩云" size = "7" color = " red" > <b >现在是: <%  = time( ) % > </b > </
font >
</center >
</body >
</html >
```

4 -2f1. asp 页面代码如下：

```
<% @ Language = "VBScript" % >
<% Response. Buffer = true % >
<% Response. Expires =0 % >'将 Expires 的属性设置为 0。
<html >
<head > <title >使用了 Expires 属性,显示时间 </title > </head >
<body >
<center >
<font face = "华文彩云" size = "7" color = " red" > <b >现在是: <%  = time( ) % > </b > </
font >
</center >
</body >
</html >
```

注意：请把上述两个实例的代码复制、粘贴到自己相应的软件中生成 Web 页，并放到自己计算机上的主目录下测试。

3. ExpiresAbsolute 属性

Response 对象的 ExpiresAbsolute 属性指定缓存于浏览器中页面的确切到期日期和时间，Expires 属性指定的是相对过期时间。在未到期之前，若用户返回到该页，则该缓存中的页面就会显示出来。如果未指定时间，则该主页在当天午夜就会到期。如果未指定日期，则该主页在脚本运行到当天指定时间时就会到期。其语法格式如下：

Response. ExpiresAbsolute [= [date] [time]]

下面的语句指定页面在 2005 年 11 月 21 日晚上 8 时 18 分 15 秒到期。

<% Response. ExpiresAbsolute = " November 21,2005 20:18:15# % >

注明： 如果 ExpiresAbsolute 属性在页面中被多次设置，则以最早到期的日期和时间为准。

4. IsClientConnected 属性

此属性用于确定客户端浏览器在服务器上最后一次处理 Response. Write 命令后，是否与 Web 服务器保持连接。可以利用这个属性检查浏览器和服务端是否仍然连接，来控制脚本是否停止执行。当然，IsClientConnected 属性仅仅在上一个 Response. Write 被调用，且浏览器仍然处于连接状态时才有效。如果运行一个运行时间很长的脚本程序而没有输出任何东西，那么这个属性也就不会产生作用。

| 第十八节 | Request 对象概述

Request 对象在 HTTP 请求期间检索客户端浏览器传递给服务器的值。也就是说，用它来与客户端交互，收集客户端信息或服务器端的环境变量，然后将收集的这些信息发送给服务器端或其他 ASP 页面。

1. Request 对象的集合

Request 对象共有 5 个集合，如表 6 - 24 所示。

表 6 - 24

集合名称	说　明
ClientCertificate	当客户端访问一个页面或其他资源时，用来向服务器表明身份的客户证书的所有字段或条目的数值集合，每个成员均为只读（用于检索存储在发送到 HTTP 请求中客户端证书中的字段值）
Cookies	根据用户的请求，用户系统发出的所有 Cookies 的值的集合，这些 Cookies 仅对相应的域有效，每个成员均为只读（用于检索在 HTTP 请求中发送的 Cookies 的值）
Form	method 的属性值为 post 时，所有作为请求提交的 <form> 段中的 HTML 控件单元的值的集合，每个成员均为只读（用于检索 HTTP 请求正文中表单元素的值）
QueryString	表单信息通过 get 方式发送时，服务器端或另一个 ASP 页面就使用该方法接收（用于检索 HTTP 查询字符串中变量的值）
SeverVariables	随同客户端请求发出的 HTTP 报头值，以 Web 服务器的几种环境变量的值的集合，每个成员均为只读（用于检索预定的环境变量的值）

注意：在这些集合中，最常用的是 Form、Cookies 和 QueryString 集合。

2. Request 对象的属性

TotalBytes 是 Request 对象唯一的属性，它提供关于用户请求的字节数量的信息，返回由客户端发出的请求信息的字节数。使用中往往关心的是请求信息的值，而不是它的长度，所以这个属性很少用于 ASP 页。

3. Request 对象的方法

BinaryRead 是 Request 对象的唯一方法，它允许访问从用户页面 <form> 段中传递给服务器的请求信息的完整内容。其语法格式如下：

```
Requset. BinaryRead(count)
```

说明：count 表示当数据作为 post 请求的一部分发往服务器时，从客户请求中获得数据的字节数。该方法返回一个 Variant 数组（或者 SafeArray）。如果 ASP 代码已经引用了 Request. Form 集合，这个方法就不能再用。同样，如果用了 BinaryRead 方法，也不能再访问 Request. Form 集合。

4. Request 对象的使用

在 ASP 中，当请求一个页面或传递一个表单时，Request 对象为脚本提供了客户端浏览器所提供的全部信息。其语法格式如下：

```
Request. [集合|属性|方法](变量)
```

5. ASP 与表单的交互

在动态网页设计中，往往由表单来接收用户输入的信息。表单标记的语法格式如下：

```
<Form method = 传送方式 action = "URL" > . . . </Form>
```

其中，“URL”设置处理程序的相对或绝对位置，“传送方式”用于指明交互表单的信息传送方式，有 post 和 get 两种。

使用表单传送信息的方式通常有以下三种方法：

（1）由 HTML 网页中的表单传送信息给处理该信息的 ASP 文件；

（2）由 ASP 文件中的表单传送信息由其自身进行处理；

（3）由 ASP 文件中的表单传送信息给另一个 ASP 文件来处理。

下面使用网页名为 1. htm 的 HTML 网页中的表单输入并提交信息，再由名为 1. asp 的服务器端的表单处理程序中的 Request 对象读取浏览器端的数据并返回相应信息。

1. htm 网页代码如下：

```
<html>
<head> <title>利用表单输入信息</title> </head>
<body>
<form action = "8 - 1. asp" Method = "post" >
姓名: <input type = "Text" name = "姓名" size = 8 > <br> <p>
性别:男 <input type = "Radio" name = "性别" value = "男" Checked >
```

```
女<input type="Radio" name="性别" value="女"><p>
<input type="Submit" value="提交">
<input type="Reset" value="重写">
</form>
</body>
</html>
```

1. asp 网页代码如下：

```
<html>
<head><title>使用 Request 对象获得表单信息</title></head>
<Body>
<p align="center">欢迎您登录本站点<p>
<%
Response.Write"您是:" & Request.Form("姓名")
if Request.Form("性别")="男" then
Response.Write"。是一位帅男。"
else
Response.Write"。是一位亮妹。"
end if
%>
<p><a href="1.htm">返回上一页</a></P>
</Body>
</html>
```

下面将上面两个页面合并成一个网页，即将表单传过来的信息由其自身进行处理。代码如下：

```
<html>
<head><title>利用表单输入信息</title></head>
<body><h3 align=center>ASP 与表单的交互</h3><br>
<center>
<%
xm=Request.Form("姓名")
xb=Request.Form("性别")
if xm<>"" then
Response.Write"<p>欢迎登录本站<br>"
Response.Write"您的大名是" & xm &"。"
if xb="男" then
Response.Write"。是一位帅男。"
else
Response.Write"。是一位亮妹。"
end if
Response.Write"<p><a href='4-3-1.asp' target='txtFrame'>返回上一页</a>"
Response.End
end if
%>
请输入
```

```
<form Action = "2. asp" method = post >
姓名: <input type = "text" Name = "姓名" size = 8 >
性别:男 <input type = "Radio" Name = "性别" value = "男" checked >
女 <input type = "Radio" Name = "性别" value = "女" > <p >
<input type = "Submit" value = "提交" >
<input type = "Reset" value = "重写" >
</form >
</center >
</body >
</html >
```

第十九节 使用 Form 集合

当使用表单的 Post 方式提交数据时，表单中的数据被保存在 Request 对象的 Form 集合中。使用 Form 集合来传递数据的语法格式如下：

Request. Form(元素名)[(索引值)|. 表单某元素的个数]

注解：元素名为 Form 集合所要检索的表单元素（控件）名称；索引值指定表单元素多个值中的某一个，如 checkbox、select 等控件对象，要指定某一个值时就要使用索引值。在利用 Form 集合读取参数时，与之相对应的 HTML 在页面中的表单的 Method 属性一定要设置成 Post，否则将无法读取参数。Request 对象中的 Form 集合是 Request 对象中的一个子对象，而表单中的 Form 是 HTML 页面中表单的标签名。前者接收由后者通过 Post 方法传递过来的信息。

1. 读取 Form 集合中特定元素对象的值

下面是某招聘单位要求被招聘人员填写的基本情况表。提交表单的代码如下（文件名：4 – 3a. htm）：

```
<html >
<head > <title >读取 Form 集合中特定元素对象的值</title > </head >
<body >
<p align = center >输入数据的表单
<form Action = "4 – 3a. asp" Method = "post" >
<table align = center Border = 1 >
<tr valign = baseline >
<td >姓名: <input type = "text" name = "xm" size = 8 >
<td >性别:男 <input type = "Radio" name = "xb" value = "男" checked >
女 <input type = "Radio" name = "xb" value = "女" >
<td >密码: <input type = "Password" name = "mm" size = 12 >
<tr > <td colspan = 3 >所学专业
<input type = "Checkbox" name = "ah" value = "汉语" >汉语
<input type = "Checkbox" name = "ah" value = "日语" >日语
<input type = "Checkbox" name = "ah" value = "西班牙语" >西班牙语
```

```
<input type="Checkbox" name="ah" value="英语">英语
<input type="Checkbox" name="ah" value="德语">德语
<tr><td>特长:<br>
<Select name="xl" style="width:200px" size=4>
<option value="社交">社交
<option value="计算机">计算机
<option value="体育运动">体育运动
<option value="文艺爱好" Selected>文艺爱好
<option value="善于管理">善于管理
</Select>
<td colspan=2>生活格言:<br>
<textarea name="adage" cols=40 rows=4></textarea>
</table>
<p align=center><input type="Submit" value="提交">
<input type="Reset" value="重写">
</form>
</body>
</html>
```

调用表单处理程序的代码如下（文件名：4－3a. asp）：

```
<html>
<head><title>读取 Form 集合中特定元素对象的值</title></head>
<body>
<center>
Request 对象的 Form 集合示例<p>
<hr size="2" width="80%" color="#cc9999">
<p><font color="red"><h2>欢迎登录本站点</h2></font><p>
下面是您所填写的基本信息,请确定是否正确。<p>
<%
Response.Write("您的姓名是:" & Request.Form("xm") & "<p>")
Response.Write("您的性别是:" & Request.Form("xb") & "<p>")
Response.Write("您的密码是:" & Request.Form("mm") & "<p>")
Response.Write("您所学专业是:" & Request.Form("ah") & "<p>")
Response.Write("您的特长是:" & Request.Form("xl") & "<p>")
Response.Write("您的格言是:")
Response.Write Request.Form("adage") & "<p>"
%>
这些信息对吗?
<a href="4-3a.htm">如不对,返回</a> ** || ** <a href="4-3-2.asp">请点这里返回到
教材</a></p>
<center>
</body>
</html>
```

2. 读取 Form 集合中所有元素对象的值

还以上题为例，表单提交的代码与文件 4－3a. htm 基本一样，将其取名为 4－3b. htm，

其代码如下：

```
<html>
<head> <title>读取 Form 集合中特定元素对象的值</title> </head>
<body>
<p align=center>输入数据的表单
<form Action="4-3b.asp" Method="post">
<table align=center Border=1>
<tr valign=baseline>
<td>姓名：<input type="text" name="姓名" size=8>
<td>性别：男<input type="Radio" name="性别" value="男" checked>
女<input type="Radio" name="性别" value="女">
<td>密码：<input type="Password" name="密码" size=12>
<tr> <td colspan=3>所学专业
<input type="Checkbox" name="所学专业" value="汉语">汉语
<input type="Checkbox" name="所学专业" value="日语">日语
<input type="Checkbox" name="所学专业" value="西班牙语">西班牙语
<input type="Checkbox" name="所学专业" value="英语">英语
<input type="Checkbox" name="所学专业" value="德语">德语
<tr> <td>特长：<br>
<Select name="特长" style="width:200px" size=4>
<option value="社交">社交
<option value="计算机">计算机
<option value="体育运动">体育运动
<option value="文艺爱好" Selected>文艺爱好
<option value="善于管理">善于管理
</Select>
<td colspan=2>生活格言：<br>
<textarea name="生活格言是:" cols=40 rows=4> </textarea>
</table>
<p align=center> <input type="Submit" value="提交">
<input type="Reset" value="重写">
</form>
</body>
</html>
```

在表单处理程序代码中，使用“For each…IN”循环语句，读取 Form 集合中所有元素对象的值代码如下（文件名 4-3b.asp）：

```
<html>
<head> <title>利用表单输入信息</title> </head>
<body> <h3 align=center>ASP 与表单的交互</h3> <br>
<center>
<%
xm=Request.Form("姓名")
xb=Request.Form("性别")
if xm<>"" then
```

```
Response. Write" <p>欢迎登录本站<br>"
Response. Write"您的大名是" & xm &"。"
if xb = "男" then
Response. Write"。是一位帅男。"
else
Response. Write"。是一个亮妹。"
end if
Response. Write" <p> <a href='4-3-1. asp' target='txtFrame'>返回上一页</a>"
Response. end
end if
%>
请输入
<form Action="2. asp" method=post>
姓名:<input type="text" Name="姓名" size=8>
性别:男<input type="Radio" Name="性别" value="男" checked>
女<input type="Radio" Name="性别" value="女"> <p>
<input type="Submit" value="提交">
<input type="Reset" value="重写">
</form>
</center>
</body>
</html>
```

3. 读取 Form 集合中某元素对象的特定值

如果想显示应聘者的第二专业是什么，可以通过 Form 集合中的索引值来读取。表单信息提交程序完全用 4-3b. htm 代码，只是在保存文件时将文件名改成 4-3c. htm，并将表单中的提交方式改为 action=4-3c. asp。调用表单处理程序如下（文件名：4-3c. asp）：

```
<html>
<head> <title>读取 Form 集合的某个多值元素的特定值</title> </head>
<body>
<center>
读取 Form 集合的某个多值元素的特定参数值<p>
<hr size="2" width="80%" color="#cc9999">
<p>欢迎您登录本站点<p>
<%
Response. Write(Request. Form("姓名") & "的第二个专业是:")
Response. Write(Request. Form("所学专业")(2) & " <br>")
%>
<p align="center">这些信息对吗?
<a href="4-3c. htm">如不对,返回</a> *** || *** <a href="4-3-2. asp">返回教材</a>
</center>
</body>
</html>
```

4. 读取 Form 集合的某元素对象的全部参数值

现在要读取某应聘者所修的所有专业，信息提交还是由文件 4-3b. htm 来完成，将它另存为4－3d. htm，并将表单中的提交方式改为 action＝4－3c. asp。信息处理程序的文件名为4－3d. asp，其代码如下：

```
<html>
<head><title>读取 Form 集合的某个多值元素的特定值</title></head>
<body>
<center>
读取 Form 集合的某个多值元素的特定参数值<p>
<hr size="2" width="80%" color="#cc9999">
<p>欢迎您登录本站点<p>
<%
For i=1 to Request.Form("所学专业").count
Response.Write(Request.Form("姓名")& "的" & i & "专业是:")
Response.Write(Request.Form("所学专业")(i)&"<br>")
Next
%>
<p align="center">这些信息对吗?
<a href="4-3d.htm">如不对,返回</a> *** || *** <a href="4-3-2.asp">返回教材</a>
</center>
</body>
</html>
```

第二十节　使用 QueryString 集合

当使用表单的 Get 方式提交数据时，表单中的数据被保存在 Request 对象的 QueryString 集合中。除了读取表单对象传递的参数外，QueryString 集合还可以通过读取 HTTP 查询字符串中的参数值来传递参数。使用 QueryString 集合来传递数据的语法格式如下：

Request. QueryString（变量名）[（索引值）|. 变量的个数]

注解：“变量名”为在 HTTP 查询字符串中指定要检索的变量名称；“索引值”用于检索多个变量值中的某一个；HTTP 查询字符串中的变量值由问号（?）后面的值指定。

1. 利用 QueryString 集合读取表单的参数

下面是某招聘单位要求被招聘人员填写的基本情况表。提交表单的代码如下（文件名：4－3e. htm）：

```
<html>
<head><title>读取 Form 集合中特定元素对象的值</title></head>
<body>
<p align=center>输入数据的表单
<form Action="4-3e.asp" Method="Get">
<table align=center Border=1>
<tr valign=baseline>
<td>姓名:<input type="text" name="姓名" size=8>
```

```
<td>性别:男<input type="Radio" name="性别" value="男" checked>
女<input type="Radio" name="性别" value="女">
<td>密码:<input type="Password" name="密码" size=12>
<tr><td colspan=3>所学专业
<input type="Checkbox" name="所学专业" value="汉语">汉语
<input type="Checkbox" name="所学专业" value="日语">日语
<input type="Checkbox" name="所学专业" value="西班牙语">西班牙语
<input type="Checkbox" name="所学专业" value="英语">英语
<input type="Checkbox" name="所学专业" value="德语">德语
<tr><td>特长:<br>
<Select name="特长" style="width:200px" size=4>
<option value="社交">社交
<option value="计算机">计算机
<option value="体育运动">体育运动
<option value="文艺爱好" Selected>文艺爱好
<option value="善于管理">善于管理
</Select>
<td colspan=2>生活格言:<br>
<textarea name="生活格言是:" cols=40 rows=4></textarea>
</table>
<p align=center><input type="Submit" value="提交">
<input type="Reset" value="重写">
</form>
</body>
</html>
<html>
<head><title>读取 Form 集合中特定元素对象的值</title></head>
<body>
<center>
request 对象的 Form 集合示例<p>
<hr size="2" width="80%" color="#cc9999">
<p><font color="red"><h2>欢迎登录本站点</h2></font><p>
下面是您所填写的基本信息,请确定是否正确。<p>
<%
Response.Write("您的姓名是:" & Request.Form("xm") & "<p>")
Response.Write("您的性别是:" & Request.Form("xb") & "<p>")
Response.Write("您的密码是:" & Request.Form("mm") & "<p>")
Response.Write("您所学专业是:" & Request.Form("ah") & "<p>")
Response.Write("您的特长是:" & Request.Form("xl") & "<p>")
Response.Write("您的格言是:")
Response.Write Request.Form("adage") & "<p>"
%>
这些信息对吗?
<a href="4-3a.htm">如不对,返回</a>**||**<a href="4-3-2.asp">请点这里返回到
教材</a></p>
<center>
```

```
</body>
</html>
```

2. 利用 QueryString 集合读取 HTTP 查询字符串中的参数

QueryString 集合可以检索 HTTP 查询字符串中的变量值。HTTP 查询字符串中的变量值由问号（?）后面的值指定。

下面是一个简单的通信录。查询页面（文件名：4－3f. htm）代码如下：

```
<html>
<head><title>通过 Request(variable)方法读取 QueryString 的变量</title></head>
<body>
<p align="center">通过 Request(variable)方法读取 QueryString 的变量<p>
<center>
<p align="center">ASP 培训班通信录<p><p>
<a href="4-3f.asp? name=难书&Tele=111111&Add=人民路3弄63号">难书</a>
<a href="4-3f.asp? name=空口袋&Tele=222222&Add=中山南路号28弄1号">空口袋</
a>
<a href="4-3f.asp? name=天空&Tele=333333&Add=光明路6弄123">天空</a>
<a href="4-3f.asp? name=听涛&Tele=444444&Add=南京路58弄5号">听涛</a>
<a href="4-3f.asp? name=白雪&Tele=555555&Add=天津路6弄65号">白雪</a>
<a href="4-3f.asp? name=含笑&Tele=666666&Add=北京路252弄3号">含笑</a>
</center>
</body>
</html>
```

显示查询结果页面（文件名为：4－3f. asp）代码如下：

```
<html>
<head><title>通过 Request(variable)方法读取 QueryString 的变量值</title></head>
<body>
<center>
<p align="center">通过 Request(variable)方法读取 QueryString 的变量值<p>
<hr size="2" width="80%" color="#cc9999">
<Font color="green" face="华文彩云" size="5"><%=Request.QueryString("name")%>的通
信录是:</Font>
<p><p>电话:<%=Request.QueryString("tele")%>
住址:<%=Request.QueryString("add")%>
<p align="center">您是要查询<%=Request.QueryString("name")%>的通信地址吗?
<a href="4-3f.htm">如不对,返回</a>***||***<a href="4-3-2.asp">返回教材</
a>
</center>
</body>
</html>
```

解读：首先通过 4－3f. htm 文件提供超链接方式，传递 HTTP 查询字符串。然后再通过 4－3f. asp 文件中的 Request. QueryString（变量）读取由 HTTP 传递过来的查询字符串。

| 第二十一节 | Cookies 集合

（1）通过 Response 对象的 Cookies 集合来创建 Cookies。其语法格式如下：

Response. Cookies（Cookies 名）[（key）|. 属性] = 值

注解： key 为可选参数，如指定 key，则 Cookies 就是一个字典，该参数值将被设置为“值”，并可以在以后的接收中使用；“索引值”用于检索多个变量值中的某一个；属性是指 Cookies 的属性。Cookies 默认的生命周期起始于它被写入浏览器端的那一刻，结束于浏览器结束执行时。如果要设置 Cookies 的存在期限，可以使用 Response. Cookies（name）. Expires 属性。当存在期限已满时，Cookies 将自动从浏览器的本机磁盘上删除。

（2）通过 Request 对象的 Cookies 集合可以读出 Cookies，并向服务器端传递。其语法格式如下：

Request. Cookies（Cookies 名）

其中，Cookies 名是已创建的 Cookies 的名称。

（3）Cookies 属性见表 6－25。

表 6－25

属性名称	说　明
Domain	指定只有某个 Domain（网域）可以取该 Cookies，只写属性
Expires	Cookies 的过期日期，为了在会话结束后将 Cookies 存储在客户端磁盘上，必须设置该日期。若此项属性的设置没有超过当前日期，则在任务结束后 Cookies 将到期，只写属性
Path	指定只有特定路径可以存取该 Cookies，默认为应用程序的路径属性
Secure	用于设定 Cookies 是否在一个安全的渠道传递。当一个安全渠道没有在 HTTP 首页被发现，Cookies 信息将不被发送
HasKeys	指定 Cookies 是否包含关键字 Key，只读属性

使用 Cookies 制作一个简单的网页计数器，表单提交页面的代码如下（文件名：4－3g. htm）：

```
<html>
<head> <title>用户个人资料</title> </head>
<body>
<center>
<form name="Form1" method="get" action="4-3g.asp">
<p>姓名：<input name="txtuserName" type="text">
<p>性别：<input name="optUserSex" type="radio" value="男">男  
<input name="optUserSex" type="radio" value="女">女
<input Type="submit" name="btnSubmit" value="提交">  
<input Type="reset" name="reset" value="重写">
```

```
</center>
</form>
</body>
</head>
</html>
```

统计本页面被访问多少次的处理程序页面的代码如下（文件名：4－3g. asp）：

```
<% @ Language = "VBScript" % >
<% Response. Buffer = true % >
<html>
<head>
<title>读写 Cookies 示例</title>
</head>
<body>
<center>
<%
n = Request. Cookies("User")("VisitedTimes")
txtUserName = Request. QueryString("txtUserName")
optUserSex = Request. QueryString("optUserSex")
if n = "" then
n = 1
else
n = n + 1
end if
%>
<font size = "7" color = "red" face = "华文彩云">
<%
if optUserSex = "男" then
Response. Write txtUserName & "先生,欢迎您访问本站!"
elseif optUserSex = "女" then
Response. Write txtUserName & "小姐,欢迎您访问本站!"
End if
%>
</font>
<hr size = "2" width = "70%" color = "#cc9999">
<%
Response. Write"<p>本页面当前已被访问<b>" & n & "</b>次了。</p>"
Response. Cookies("User")("VisitedTimes") = n
Response. Cookies("User"). Expires = date() +7    '设置名为 User 的 Cookies 的有效期为 7 天。
%>
<a href = "4 -3g. htm">返回上一页</a> *** || *** <a href = "4 -3 -4. asp">返回教材</a>
</center>
</body>
</html>
```

注意：通常 Cookies 文件存放在 C：WindowsCookies 目录中（对于 Windows 系统），对于

Windows2000/XP 系统，Cookies 文件通常存放在 C：Documents and Settings 中该用户目录下的 Cookies 子目录中。如果客户关闭了 Cookies 选项，Session 就不起作用。在 IE6 中，单击“工具”菜单中的“Internet 选项”菜单项，打开“Internet 选项”对话框，选择“隐私”“选项卡，单击其中的“高级”按钮，在打开的“高级隐私策略设置”对话框中选中“覆盖自动 Cookies 处理”复选框，然后选择“拒绝”选项，这时就关闭了 Cookies。

第二十二节 Server 对象概述与属性

1．Server 对象概述

通过 Server 对象可以使用服务器上的许多高级功能。使用 Server 对象可以创建各种服务器组件实例，从而实现访问数据库对文件进行输入输出以及在 Web 页上自动轮换显示广告图像等功能，使用 Server 功能也可以完成调用 ASP 脚本、处理 HTML 和 URL 编码以及获取服务器对象的路径信息等任务。Server 对象通过属性和方法来访问 Web 服务器，从而实现对数据、网页、外部对象、组件的管理。

2．Server 对象的属性

Server 对象只支持一个 ScriptTimeout 属性，用于指定超时值，在脚本运行超过指定的时间时，即作超时处理。其语法格式如下：

```
Server. ScriptTimeout = 指定的值
```

注解：ScriptTimeout 属性的设置必须在 ASP 程序之前，否则为无效设置。

设置 ScriptTimeout 属性值为 100，并在浏览器中显示 ASP 程序允许运行的最长时间。代码如下：

```
<% Server. ScriptTimeout = 100% >
<html>
<head> <title> Response 显示此页面运行的最长时间 </title> </head>
<body>
<div align = "center" > <font size = "7" face = "华文彩云" color = "red" >
对象的 ScriptTimeout 属性的应用 <p>
<% Response. Write "此页面运行的最长时间为" & Server. ScriptTimeout & "秒。<p>" % >
<a href = "4 - 4 - 1. asp" >返回教材 </a> </font>
</center>
</body>
</html>
```

第二十三节 Server 对象的方法

Server 对象共有四个方法，分别为 MapPath 方法、CreateObject 方法、HTMLEncode 方法和 URLEncode 方法。

1．Server 对象 MapPath 方法

此方法可以将指定的相对或虚拟路径映射到实际的物理路径。其语法格式如下：

```
Server. MapPath(路径)
```

使用 Server 对象的 MapPath 方法转换路径，其代码如下：

```
<html>
<head> <title>Server 对象的 MapPath 方法转换路径</title>
<style type="text/css">
body,td,th {
font-size: 14pt;
color: #009999;
line-height: 1.5;
}
body {
background-color: #d0dbf2;
margin-top: 200px;
margin-bottom: 0px;
}
</style>
</head>
<body>
<p align="center" color="#cc9999"> <b>Server 对象的 MapPath 方法转换路径</b> </p>
<table align="center" border=0>
<tr>
<td>服务器的根目录是:</td>
<td> <% =Server. MapPath("/")%> </td> </tr>
<tr>
<td>当前目录的上层目录是:</td>
<td> <% =Server. MapPath("../") %> </td> </tr>
<tr>
<td>当前目录是:</td>
<td> <% =Server. MapPath("./") %> </td> </tr>
<tr> <td>当前文件是:</td>
<td> <% =Server. MapPath("4-4b. asp") %> </td> </tr>
</table>
</body>
</html>
```

2．CreateObject 方法

此方法用于创建已经在服务器上注册的服务器组件的实例，包含所有的 ASP 内置的组件和一方提供的 ActiveX 组件。组件只有在创建实例以后才可以使用。在此组件扩展了 ASP 的功能。其语法格式如下：

```
Server. CreateObject(ObjectParameter)
```

其中，ObjectParameter 是要创建的 ActiveX 组件类型，其格式如下：

[出版商名.]组件名[.版本号]

下面的脚本创建一个名为 MyObject 的 MSWC. AdRotator 服务器组件，该组件可以在 Web 页上自动轮换广告。

```
<% set MyObject = Server. CreateObject("MSWC. AdRotator") %>
```

说明：在使用 CreateObject 创建 ActiveX 组件时，关键字 Set 一定不能丢掉，否则在使用所定义的对象时会发生错误。在默认情况下，使用 Server. CreateObject 方法创建的对象具有页使用域。换言之，在当前 ASP 页处理完成后，服务器将自动释放这些对象。试图创建与 ASP 内建对象同名的实例对象是错误的。下述代码将返回错误：

```
<% Set Response = Server. CreateObject("Response")%>
```

当所创建的对象不再需要时，释放其所占的系统资源。通常使用 Nothing 来消除实例对象。如要释放一个名为 Rst 的对象，可以采用下面的代码：

```
<% Set Rst = Nothing %>
```

3. HTMLEncode 方法

Server 对象的 HTMLEncode 方法用于对指定的字符串进行 HTML 编码，从而使该字符串以所需的形式显示出来。其语法格式如下：

```
Server. HTMLEncode(String)
```

其中，String 是需要进行 HTML 编码的字符串。

在 4－4c. asp 页面中输出“<”和“>”这两个标记符号，就要使用 Server 对象的 HTMLEncode方法来实现。其代码如下：

```
<html>
<head>
<title>Server 对象的 HTMLEncode 方法</title></head>
<body>
<p align="center">Server 对象的 HTMLEncode 方法</p>
<%
Response. Write "<center>"
Response. Write "设置水平线宽度的语法格式如下：<p>"
Response. Write server. HTMLEncode ("<hr width='70%'>")
Response. Write "</center>"
%>
</body>
</html>
```

4. URLEncode 方法

使用 Server 对象的 URLEncode 方法可以将指定的字符串转换成 URL 编码。其语法格式如下：

```
Server. URLEncode(String)
```

其中，String 是指定要编码的字符串。

当超链接的查询字符串含有空格时，则不能在页面之间传送。如：

```
<a href = "NextPage. asp? UserName = Sand Smile" >
```

此时，可以使用 Server 对象的 URLEncode 方法对查询字符串进行 URL 编码。如下：

```
<% userName = Server. URLEncode( "Sand Smile" ) % >
<a href = "NextPage. asp? UserName = " <% = UserName % > "下一页 </a>
```

使用 Server 对象的 URLEncode 方法将指定的字符串转换成 URLEncode 编码的字符串，代码如下：

```
<html>
<head> <title> Server 对象的 URLEncode 方法 </title>
<style type = "text/css" >
body, td, th {
font-size: 14pt;
color: #009999;
line-height: 1.5;
}
body {
background-color: #f6e9df;
margin-top: 100px;
margin-bottom: 0px;
}
</style>
</head>
<body>
<center> <font size = "6" color = "#cc6699" > Server 对象的 URLEncode 方法示例 </font> <p>
<%
Response. Write( " <font size = '4' color = '#cc9999' >欢迎来启航学习 ASP。<br>" )
Response. Write "Http = sand. flasher123. com/fladher123asp/index. htm" & " <p>"
Response. Write Server. URLEncode( " <font size = '5' color = '#66cc99' >欢迎来启航学习 ASP。</font> <p>" )
Response. Write Server. URLEncode( "Http = sand. flasher123. com/fladher123asp/index. htm" & " <br> </font>" )
% >
</center>
</body>
</html>
```

第二十四节 Session 对象概述

Session 对象其实指的就是用户从到达某个站点直到离开为止的那段时间内，服务器端分配给用户的一个存储信息的全局变量的集合，这些变量可以是自动生成的，也可以是编程者在服务器端脚本定义的。

当用户在应用程序的 Web 页面之间跳转时，存储在 Session 对象中的变量将不会丢失，而且在整个用户会话中会一直存在下去。

当用户请求 ASP 应用程序的某个页面时，若用户尚未建立 Session 对象，服务器端就会自动创建一个 Session 对象，并指定一个唯一的 Session ID，这个 ID 只允许此 Session ID 的拥有者使用，不同用户的 Session 存储着各自特定的信息，如用户姓名、性别、浏览器类型、显示器分辨率、访问时间等，这将有利于服务器对用户身份的鉴别，从而实现 Web 页面的个性化。

Session 对象有两种结束方法：一种是隐式方法，另一种是显式方法。隐式方法是当用户访问 Web 服务器的时间间隔超过 Session 对象的 TimeOut 属性设置的时间限制时，Session 对象自动结束；显式方法则是利用 Session 对象的 Abadon 方法来终止 Session 。当 Session 结束之后，Session 对象的变量也将被释放，其值不可再用。

Session 对象的语法格式如下：

Session. 集合| 属性 | 方法

Session 对象属性见表 6－26。

表 6－26

属性	含　义
CodePage	将用于符号映射的代码页，决定将被用以显示动态内容的代码页
LCID	返回现场标识，决定用于显示动态内容的位置标识
SessionID	返回用户的会话标识，在创建会话时，服务器会为每一个会话生成一个单独的标识
TimeOut	应用程序会话状态的超时时限，以分（钟）为单位

Session 对象集合见表 6－27。

表 6－27

集合	含　义
Contents	包含已用脚本命令添加到会话中的项目，Contents 是 Session 对象的默认集合
StaticObjects	包含通过 object 标记创建的并给定了会话作用域的对象，这些对象在 global. asa 文件中创建

Session 对象方法见表 6－28。

表 6－28

方法	含　义
Abandon	破坏 Session 对象并释放其资源
Contents. Remove	从 Contents 集合中删除一个项目
Contents. RemoveAll	从 Contents 集合中删除所有项目

Session 对象事件见表 6－29

表 6－29

事件	含 义
Session_OnStart	创建 Session 对象时产生这个事件
Session_OnEnd	结束 Session 对象时产生这个事件

第二十五节 保存会话信息

1．使用 Contents 集合保存会话信息

（1）Contents 集合是使用 Session 对象定义的在 ASP 应用程序中的一组变量。这些变量的作用域为用户层，并且在整个 ASP 应用程序中都是可用的。这是 Session 对象默认的集合，因此下述两种格式是等价的：

```
Session. Contents("变量名")
Session("变量名")
```

其中，“变量名”是需要操作的 Session 变量名称。

（2）实例代码（1. asp）：使用 Session 对象编写一个简单的计数器程序。

```
<html>
<head> <title>使用 Session 变量 </title> </head>
<body>
<center>
<p>使用 Session 变量 <p>
</center>
<%
Session. Contents("counter") = Session. Contents("counter") + 1
%>
<center>
<font size = "6" face = "方正舒体" color = "blue" >
您是第 <% = Session. Contents("counter")% > 次来访!
</font>
</center>
</body>
</html>
```

2．使用 StaticObjects 集合保存会话信息

StaticObjects 集合包含 Session 对象中用 object 标记创建的所有对象。

（1）StaticObjects 集合的语法格式：

```
Session. StaticObjects(Key)
```

其中，参数 Key 指定要检索的属性。

（2）创建具有会话作用域的对象：在 global. asa 文件中，使用 object 标记，并将 scope 属性设置为“Session”，可以创建有会话作用域的对象。如：

```
<object bunat = "Server" scope = "Session" ID = 名称 progid = 类名 > </object>
```

（3）使用 For Each…Next 语句遍历 StaticObjects 集合中的每一个对象：StaticObjects 集合可以用于确定对象特定属性的值，或者用于遍历集合并获取所有对象的全部属性。使用循环控制结构可以遍历 StaticObjects 集合中的关键字。脚本如下：

```
<%
    For Each objprop in Session. StaticObjects
        Response. Write objprop & " :" & Session. StaticObjects( objprop) & " <br > "
    Next
% >
```

（4）不能在 Session 对象中存储内建对象。如下面每一行脚本都将返回错误。

```
<%
    set Session( "var1" ) = Session
    set Session( "var2" ) = Request
    set Session( "var3" ) = Response
    set Session( "var4" ) = Server
    set Session( "var5" ) = Application
% >
```

3. 使用 Session 对象存储数组

不仅可以将标量变量和对象存储在 Session 对象中，也可以将数组变量存储在 Session 对象中。若要创建一个 Session 数组，应首先声明一个普通数组并对其元素赋值，然后将该数组存储在 Session 数组中，若要检索或改变 Session 数组中的元素，应首先将该数组复制给一个本地数组，然后对本地数组中的元素进行操作，完成修改后将本地数组存储在 Session 对象中。

不要直接更改 Session 数组中的元素。如以下脚本即无法运行：

```
<% Session( "StoredArray" ) (3) = "new value" % >
```

实例代码（2. asp）：

```
<% @ Language = "VBScript" % >
<html>
<head>
<title> Session 数组应用实例 </title>
<head>
<body>
<%
dim myArray( )                                 '创建一个普通的数组并对其进行初始化。
redim myArray(5)
MyArray(0) = "Hello"
MyArray(1) = "Some other string"
Session( "StoredArray" ) = MyArray              '将数组存储到 Session 对象中。
```

```
Server. Execute "3. asp"                         '调用另一个. asp 文件。
Response. Write " <br>执行完毕!"
%>
</body>
</html>
```

3. asp 页代码：

```
<%
LocalArray = Session("StoredArray")              '将 Session 数组复制给一个本地数组。
LocalArray(1) = "World"                          '修改本地数组元素的值。
Response. Write LocalArray(0) & "," & LocalArray(1)  '输出本地数组的值。
Session("StoredArray") = LocalArry               '将本数组存储到 Session 对象中。
%>
```

第二十六节　使用 Session 对象识别会话

ASP 为每一个用户会话分配了唯一的识别标志。在创建会话时，服务器会为每一个会话生成一个单独的标识，该标识以长整型数据类型返回，并且随用户在 Web 站点上保存。使用 Session 对象的 SessionID 属性可以返回用户的会话标识，其格式如下：

```
Session. SessionID
```

SessionID 属性的用途之一是跟踪访问者的活动情况。

下面使用 Session 对象的 SessionID 属性显示用户的会话标识，通过服务器变量 SCRIPT_NAME 获得用户访问的当前路径，使用 Response 对象的 AppendTolog 方法在请求的 Web 站点日志文件中添加一个字符串，该字符串由两部分组成：第 1 部分是会话标识，第 2 部分是当前的页面路径。并通过 Session 集合编写一个简单的计数器程序。

```
<html>
<head> <title>会话标识的应用</title> <head>
<body>
<%
who = Session. SessionID
CurrentPage = Request. ServerVariables("SCRIPT_NAME")
Response. AppendTolog who & ":" & CurrentPage
Response. Write " <center>你的会话标识为:" & who & " <p>"
Response. Write "你当前访问的页面路径为:" & CurrentPage & " <p>"
if Session("i") = "" then
session("i") =1
else
session("i") =session("i") +1
end if
Response. Write "本页面被你刷新了" & Session("i") & "次。 </cente>"
%>
```

注解：打开 IE 浏览器窗口，在地址栏输入上述页面的网址，并连续按 F5 键以刷新页面；然后再打开一个 IE 浏览器窗口，在地址栏内输入页面的网址，并连续按 F5 键刷新页面。此时，会看到在两个窗口中出现两个不同的会话标识，在刷新页面时每个窗口中的会话标识保持不变，而且两个窗口中页面刷新的次数是相互独立的。

注意：站点日志文件存储在 WINNTsystem32LogFilesW3SVC1 中，这是一组扩展名为 . log 的文本文件。

| 第二十七节 | 控件会话的结束时间

利用 Session. TimeOut 属性设置超时时限：对于一个登录到 ASP 应用程序的用户，如果用户在系统默认的时间内未进行其他任何操作，当设置的时间一到便自动撤销这个用户的 Session，这样就可以防止系统的资源被浪费。Session 对象的 TimeOut 属性可以用来设置“过期时间”，TimeOut 属性的设置格式如下：

```
Session. TimeOut = MaxTime
```

下面实例说明如何控制会话的结束。

```
<% @ Language = "VBScript" % >
<% Session. Timeout = 60 % >
<html>
<head> <title>控制会话的结束时间</title> <head>
<body>
<%
who = Session. SessionID
CurrentPage = Request. ServerVariables("SCRIPT_NAME")
Response. AppendTolog who & ":" & CurrentPage
Response. Write "<center>你的会话标识为:" & who & "<p>"
Response. Write "你当前访问的页面路径为:" & CurrentPage & "<p>"
if Session("i") = "" then
session("i") = 1
else
session("i") = session("i") + 1
end if
Session. Abandon
Response. Write "本页面被你刷新了" & Session("i") & "次。</centr>"
% >
```

注解：在本例中将会话的超时时限设置为 60 分钟，但每次刷新页面时都会通过调用 Session 对象的 Abandon 方法强制结束本次会话，并开始一个新的会话，而且生成一个新的会话标识。

为了证实这一点，可打开 IE 浏览器窗口，然后在其地址栏输入上述页面的网址，再连续按 F5 键以刷新页面，此时会看到会话标识在不断变化，但页面刷新次数总是显示 1。

第二十八节 处理会话事件

Session 对象有两个事件，即 OnStart 事件和 OnEnd 事件。通过对这两个事件过程编写脚本，可以在会话开始和结束时执行指定的操作。编写这些事件过程的脚本代码时，必须使用 Script 标记并将 Runat 属性设置为 Server，而不能使用一般的 ASP 脚本定界符<% 和 %>。这些事件过程的脚本代码必须包含在一个名为 global. asa 的文件中，而该文件必须存放在应用程序的根目录中。

1. Session_OnStart 事件

Session_OnStart 事件是在服务器创建新会话时发生的。服务器在执行请求的页之前先处理该脚本。Session_OnStart 事件是设置会话期变量的最佳时机，因为在访问任何页之前都会先执行它们。

当会话开始时触发 Session_OnStart 事件，然后运行 Session_Onstart 事件的处理过程。也就是说，当服务器接收到应用程序中的 URL 的 HTTP 请求时，触发此事件，并建立一个 Session对象。

2. 实例

下面例子中，通过 Session_OnStart 事件过程对会话变量 UserName 和 Password 进行初始化。代码如下：

```
<Script Language = "VBScript" Runat = "session" >
Sub Session_OnStart
Session("UserName") = "未知"
Session("Password") = "未知"
End Sub
</Script>
```

假如不希望用户第一次访问时直接进入主页之外的其他页面，可以在 Session_OnStart 过程中对用户请求的页面路径与主页路径进行比较，如果不相同，则调用 Response. Redirect 方法将用户引导到主页。脚本如下：

```
<Script Language = "VBScript" Runat = "server" >
sub Session_OnStart
homePage = "/myasp/index. asp"
Requestpage = Request. ServerVariables("SCRIPT_NAME")
if homePage < >RequestPage then
Response. Redirect homePage
end if
end sub
</script>
```

3. 测试代码

首先创建一个别名为“myasp”的虚拟目录，将 global. asa 文件保存到这个虚拟目录下，再创建一个名为“index. asp”的简单主页，也放到这个虚拟目录下，然后在这个虚拟目录下创建一个名为 1 的子目录，再创建一个名为 1. asp 的简单页面放到这个子目录下。最后在地址栏内输入地址 http://127.0.0.1/myasp/1/1. asp，按回车键后，会发现显示的是 index. asp 页面，地址栏内自动将地址转换成 127.0.0.1/myasp/index. asp。这表明当客户第一次登录到 http://127.0.0.1/myasp/1/1. asp 页面，先调用 Session_OnStart 事件，在这个事件中通过 Request 对象的 ServerVariables 集合中的“SCRIPT_NAME”环境变量获得当前页面的虚拟路径，然后与指定的页面路径进行比较，如果两者不一样，则通过 Response 对象的 Redirect（重定向）方法将页面重新指向指定的页面。

4. Session_OnEnd 事件

当调用 Session. Abandon 方法或在超时时限内没有请求或刷新页面时，便发生该事件并执生 Session_ OnEnd 事件过程，相应的 Session 对象随之自动结束。

在下面的例子中，通过事件过程 Session_OnEnd 将用户标识和结束会话的时间添加到站点日志文件中。

```
<Script Language = "VBScript" Runat = "server" >
sub Session_OnEnd
Response. AppendTolog Session. SessionID & Timer( )
end sub
</script >
```

| 第二十九节 | Application 对象概述

当载入 ASP DLL 并响应对一个 ASP 网页的第一个请求时，创建 Application 对象。该对象提供一个存储场所，用来存储对于所有访问者打开的所有网页都可用的变量和对象。

可以使用 Application 对象在给定的应用程序的所有用户之间共享信息。基于 ASP 的应用程序同所有的 . asp 文件一样在一个虚拟目录及其子目录中定义。因为多个用户可以共享 Application 对象，所以必须要有 Lock 和 Unlock 方法以确保多个用户无法同时改变某一属性。

Application 对象主要被用于：

（1）统计网站访问的人数；

（2）统计广告点击的次数；

（3）创建聊天室；

（4）读取数据库中的数据等。

Application 对象的语法格式如下：

```
Application 集合 | 方法
```

Application 对象提供了两个集合，可以用来访问存储于全局应用程序空间中的变量和对象，见表 6-30。

表 6－30

集　合	含　义
Contents	包含已用脚本命令添加到应用程序中的项目，Contents 是 Application 对象的默认集合
StaticObjects	包含通过 object 标记创建的并给定了应用程序作用域的对象

Application 对象方法见表 6－31。

表－31

方　法	含　义
Contents. Remove	从 Application 对象的 Contents 集合中删除一个项目
Contents. RemoveAll	从 Application 对象的 Contents 集合中删除所有项目
Lock	禁止其他用户修改 Application 对象的变量
Unlock	允许其他用户修改 Application 对象的变量

Application 对象事件见表 6－32。

表 6－32

事　件	含　义
Application_OnStart	当 ASP 启动时触发，在用户请求的网页执行之前和任何用户创建 Session 对象之前，用于初始化变量、创建对象或运行其他代码
Application_OnEnd	当 ASP 应用程序结束时触发，在最后一个用户会话已经结束并且该会话的 OnEnd 事件中的所有代码已经执行之后发生，结束时应用程序中存在的所有变量被取消

第三十节　保存应用程序信息

1. 使用 Contents 集合应用程序信息

Contents 集合是由所有通过脚本语言添加到应用程序的变量和对象组成的集合。可以使用这个集合来获得给定的应用程序作用域的变量列表或指定某个变量为操作对象。Contents 集合是 Application 对象默认的集合，因此下述两种格式的代码是等价的：

```
Application. Contents("变量名")
Application("变量名")
```

其中，“变量名”是需要操作的 Application 变量名称。

使用 Session 对象编写一个简单的计数器程序，代码如下：

```
<html>
<head><title>>Application. Contents 集合的应用</title>
</head>
<body>
```

```
<center> <h3> Application 实例 </h3> <hr width = "70%" > </center>
<%
name = Request. Form( "visitor" )
i = Request. Form( "chatno" )
if name < > "" then
if i = 0 then
Application( "Chinese" ) = Application( "Chinese" ) + 1
chat = "中文"
else if i = 1 then
Application( "English" ) = Application( "English" ) + 1
chat = "英文"
end if
Response. Write " <center> 欢迎 <b> " & name & " </b> ,你是来到"
Response. Write " <b> " & chat & " </b> 讨论区的第"
if chat = "中文" then
Response. Write Application. Contents( "Chinese" ) & "位客人。 <p> "
else
Response. Write Application. Contents( "English" ) & "位客人。 <p> "
end if
Response. Write " <a href = '4 - 6 - 2. asp' > 返回 </a> </center> "
Response. End
end if
% >
<center>
<form method = post>
<table> <tr> <td> 名字: <td> <input type = text name = "visitor" size = 12>
<tr> <td> 讨论区: <td> <Select name = "Chatno" >
<option value = 0> 中文 </option>
<option value = 1> 英文 </option>
</select>
<input type = submit value = "确定" >
</table>
</form>
</center>
</body>
</html>
```

2. 使用 Application. StaticObjects 集合保存应用程序信息

Application 对象的 StaticObjects 集合包含所有在应用程序范围内使用 Object 标记创建的对象，可以使用该集合确定某对象的指定属性的值或遍历集合及检索所有静态对象的所有属性。

StaticObjects 集合的语法格式如下：

```
Application. StaticObjects( Key)
```

其中，参数 Key 指定要检索的项目值。

创建具有会话作用域的对象：在 global. asa 文件中，使用 Object 标记并将 SCOPE 属性设置为“Application”可以创建有应用程序作用域的对象。如：

```
<Object Runat = "Server" SCOPE = "Application" ID = ID PROGID = "MSWC. AdRotator" > </Object >
```

不能在 Application 对象中存储内建对象。如下面每一行脚本都将返回错误：

```
<%
    set Application("var1") = Session
    set Application("var2") = Request
    set Application("var3") = Response
    set Application("var4") = Server
    set Application("var5") = Application
%>
```

3. 使用 Application 对象存储数组

也可以将一个数组存储在 Application 对象中，但不要直接更改存在 Application 数组中的元素。如下面的脚本无法运行。

```
<% Application ("StoredArray") (3) = "new value" %>
```

创建一个数组，代码如下：

```
<% @ Language = "VBScript" %>
<html>
<head>
<title>Application 数组应用示例 </title> </head>
<body>
<%
dim poem()                                   '创建一个数组。
Redim poem(3)                                '为数组分配存储空间。
poem(0) = "姓名:含笑"                         '为数组进行初始化。
poem(1) = "性别:女"
poem(2) = "E-mail: www@163. com"
Application. Lock                            '锁定 Application 对象。
Application("StoredArray") = poem            '将数组存储到 Application 对象中。
Application. Unlock                          '解除对 Application 对象的锁定。
Server. Transfer"3. asp"                     '调用另外一个. asp 文件。
%>
</body>
</html>
```

将 Application 数组复制给一个本地数组并输出到客户端，对其代码进行如下修改：修改本地数组元素的值并输出到客户端，最后将本地数组存储到 Application 对象中。

```
<%
'将 Application 数组复制给一个本地数组并输出到客户端
```

```
LocalArray = Application("StoredArray")
Response. Write " < Div Align = center > "
For each s in LocalArray
Response. Write s & " < br > "
next
Response. Write " < hr width = '50% ' color = '#cc9999' > < p > "
'修改本地数组元素的值并输出到客户端
LocalArray(0) = "姓名:难书"
LocalArray(1) = "性别:女"
LocalArray(2) = "E-mail: ddddd@ 163. com"
For each s in LocalArray
Response. write s & " < br > "
next
Response. Write " < /div > "
'将本地数组存储到 Application 对象中
Application. Lock
Application("StoredArray") = LocalApplication
Application. Unlock
% >
```

| 第三十一节 | 防止或允许更改应用程序变量值

Application 对象有两个方法，即 Lock 和 Unlock 方法。使用这两个方法可以确保多个用户无法同时改变某一属性。

Lock 方法禁止其他客户修改 Application 对象的变量。其语法格式如下：

```
Application. Lock
```

使用 Application 对象的 Unlock 方法可以使其他客户端在使用 Lock 锁住 Application 对象后，修改存储在该对象中的变量。如果为显式调用方法，Web 服务器将在 .asp 文件结束或超时后解锁 Application 对象。其语法格式如下：

```
Application. Unlock
```

实例代码如下：

```
< % @ Language = "VBScript" % >
< html >
< head >
< title > Application 数组应用示例 < /title > < /head >
< body >
< %
dim poem()                                   '创建一个数组。
Redim poem(3)                                '为数组分配存储空间。
```

```
poem(0) = "姓名:含笑"                              '为数组进行初始化。
poem(1) = "性别:女"
poem(2) = "E-mail: www. hanxiao@ 163. com"
Application. Lock                                  '锁定 Application 对象。
Application( "StoredArray" ) = poem                '将数组存储到 Application 对象中。
Application. Unlock                                '解除对 Application 对象的锁定。
Server. Transfer"3. asp"                           '调用另外一个. asp 文件。
% >
```

注解: 当将数组 poem 存储到 Application 对象中时，先使用 Application 对象的 Lock 方法锁定 Application 对象，禁止其他客户更改 Application 对象，当数组已存储到 Application 对象时，就用 Application 对象的 Unlock 方法解除对 Application 对象的禁止，允许其他客户更改 Application 对象。如果为显式调用该方法，Web 服务器将在 . asp 文件结束或超时后解锁 Application对象。